V&R

Kerstin Ziemen (Hg.)

Lexikon Inklusion

Vandenhoeck & Ruprecht

Mit einer Abbildung

Bibliografische Information der Deutschen Nationalbibliothek

Die Deutsche Nationalbibliothek verzeichnet diese Publikation in der Deutschen Nationalbibliografie; detaillierte bibliografische Daten sind im Internet über http://dnb.d-nb.de abrufbar.

ISBN 978-3-525-70187-4

Weitere Ausgaben und Online-Angebote sind erhältlich unter: www.v-r.de

Umschlagabbildung: SchwabScantechnik, Göttingen

Satz: SchwabScantechnik, Göttingen
Druck und Bindung: ⊕ Hubert & Co GmbH & Co. KG,
Robert-Bosch-Breite 6, D-37079 Göttingen

Gedruckt auf alterungsbeständigem Papier.

Inhalt

Vorwort

Inklusion sorgt im deutschsprachigen Raum insbesondere seit der Ratifizierung der *UN-Konvention über die Rechte behinderter Menschen* für unzählige Diskussionen. Nicht erst seit dieser Ratifizierung werden Debatten um das Themenfeld Integration/Inklusion geführt, sondern bereits mehrere Jahrzehnte zuvor. Die daraus resultierenden Erkenntnisse sind für derzeitige Diskurse, Forschungen und Entwicklungen höchst bedeutsam, werden jedoch bislang zumeist nur marginal berücksichtigt. Die seitdem entstandenen Publikationen vermitteln ein differenziertes Bild zum Themenfeld. Das hier vorliegende Lexikon beabsichtigt, wichtige – mit der Thematik Inklusion in Beziehung stehende – Begriffe zu klären.

Grundsätzlich und übergreifend ist Inklusion als ein Prozess der Transformation zu betrachten, der sich auf alle gesellschaftlichen Bereiche, Felder, Organisationen, Institutionen und Lebensaltersphasen bezieht. Unterschiedliche Heterogenitätsdimensionen resp. Differenzlinien, die Separation, Marginalisierung und Exklusion hervorbringen (können), stehen dabei im Fokus.

Entstanden ist das Lexikon aus dem sich seit dem Jahr 2007 entwickelnden Online-Lexikon (www.inklusion-lexikon.de), welches weiterhin zugänglich ist und sich auch zukünftig kontinuierlich weiterentwickeln wird.

Einige AutorInnen haben die Beiträge aus dem Online-Lexikon als Basis genommen und diese aktualisiert und/oder modifiziert. Eine große Anzahl an AutorInnen ist in der hier vorliegenden Printfassung jedoch neu hinzugekommen. Das Lexikon erhebt nicht den Anspruch auf Vollständigkeit. Darüber hinaus war es unmöglich, die unterschiedlichen Facetten der Debatte im deutschsprachigen Raum detailliert aufzunehmen. Somit gilt hier:

»Alles Gesagte ist von jemandem gesagt. Denn jede Reflexion bringt eine Welt hervor und ist als solches menschliches Tun eines einzelnen an einem besonderen Ort« (Maturana & Varela 1990, 32).

Mein besonderer Dank gilt Jonas Michely, der akribisch und motiviert die Erstellung des Manuskriptes unterstützt hat. Die Entstehung des Online-Lexikons wurde seit dem Jahr 2007 von Andreas Köpfer und später Mara Wittenhorst begleitet. Auch ihnen gilt mein Dank.

Literatur

Maturana, Humberto R./Varela, Francisco, J. (1990): Der Baum der Erkenntnis. Die biologischen Wurzeln menschlichen Erkennens. Bern.

Kerstin Ziemen, 2016

Alter

Petr Frantik

Der Begriff *Alter* bezeichnet zum einen die späte Lebensphase (z. B. das hohe und sehr hohe Lebensalter von Menschen) sowie zum anderen die bisherige Lebenszeit von Lebewesen (z. B. die Anzahl der Lebensjahre eines Menschen) bzw. die bisherige Existenzdauer von Gegenständen.

Wissenschaftlich wird das Altern des Menschen und das Leben im hohen und sehr hohen Alter durch die Gerontologie (auch Alters- und Alternswissenschaft genannt) erforscht, wobei interdisziplinär verschiedene (z. B. medizinische, psychologische, soziologische) Forschungsperspektiven integriert werden. Ein Ziel dieser Forschung ist, die heterogenen Bedürfnisse, Lebensbedingungen und Potenziale der älteren Generation zu evaluieren. Durch den demographischen Wandel und die höher werdende Lebenserwartung ist die Phase des Alters zu einer zunehmend gestaltbaren Zeit mit speziellen Möglichkeiten und Herausforderungen zu begreifen. Dies erfordert die Entwicklung neuer Konzepte zur Unterstützung eines selbstbestimmten Lebens im Alter auf Basis empirischer Daten und theoretischer Überlegungen. Die Frage, was ein gutes Leben im Alter ausmacht, wird philosophisch im Rahmen einer *Ethik des Alters* (→ Ethische Aspekte der Inklusion) diskutiert (Rentsch 2013). Hier werden u. a. Aspekte der Wahrung und des Verlustes von Selbstbestimmung sowie Möglichkeiten der aktiven, mitgestaltenden Teilhabe an der Gesellschaft – auch unter Berücksichtigung schwindender Fähigkeiten wie beispielsweise bei Demenz – diskutiert.

Ein weiteres Gebiet der Altersforschung ist die Analyse von sozial konstruierten Vorstellungen vom Alter – sogenannten Altersbildern – die sich je nach historischen und kulturellen Kontexten stark unterscheiden können. So reichte der Umgang mit alten Menschen von unbedingter Verehrung bis hin zu Ausschlüssen vom gesellschaftlichen Leben (de Beauvoir 1972). Durch den demographischen Wandel und Prozesse gesellschaftlicher Pluralisierung entstehen vermehrt Spannungen zwischen althergebrachten Rollenerwartungen, neuen gesellschaftlichen Anforderungen und der → Vielfalt individueller Lebensentwürfe. Die Diskurse um dieses Thema sind durch gesellschaftliche und zuweilen wirtschaftliche Rahmenbedingungen beeinflusst. So ist der aktuelle Trend zu einer aktiven Gestaltung des Alterns, inklusive Fitness und Verantwortungsübernahme, nicht unabhängig vom demographischen Wandel, Fachkräftemangel und den damit zusammenhängenden wirtschaftlichen Engpässen bei der Finanzierung der Alterssicherung zu betrachten. Solch subtil interessensgeleitete und machtförmige Altersbilder sind wiederholt aufzudecken und kritisch zu hinterfragen, um ein gutes Leben auch jenseits von Aktivitätsformeln und Marktkategorien zu gewährleisten (Zimmermann 2012). Die Herausforderung einer inklusiven Gesellschaft besteht in der Ermöglichung von Selbstbestimmung und Teilhabe aller Menschen, besonders auch derjenigen, die in ihrer Leistungsfähigkeit eingeschränkt sind und starke Unterstützung bei Lebensführung und Kommunikation benötigen. Eine stetige Ausdifferenzierung von Altersbildern auf Höhe der jeweiligen Zeit und Theoriebildung ist zentral, um der → Heterogenität des Alters gerecht zu werden und vielfältige Lebensentwürfe unterstützen zu können.

Im Kontext der Pädagogik sind Informationen zu altersspezifischen Entwicklungsphasen (z. B. bezüglich Entwicklungsalter, Lernalter, Wahrnehmungsalter, Sozialalter) relevant, um Lernumgebungen altersgemäß anpassen zu können. Forschungen in Bezug auf die Altersentwicklung von Menschen werden u. a. in der Entwicklungspsychologie geleistet. Neben dem Bereitstellen hilfreicher Erkenntnisse können Modelle der menschlichen → Entwicklung andererseits den Anpassungsdruck an psychologisch oder medizinisch vorgegebene Altersnormvorstellungen erhöhen. So kann es durch Förderbeschulung zu einer → Segregation von Kindern kommen, die den vorgegebenen altersspezifischen Normen zur Einschulung in die Regelschule nicht entsprechen. Eine Aufgabe von inklusiven Bildungseinrichtungen besteht dementsprechend darin, die Heterogenität individueller Lernentwicklungen zu berücksichtigen, um somit einer Segregation oder Exklusion entgegenzuwirken.

Als ein Beitrag zum intergenerationellen Umgang mit dem Thema Alter wird eine gesamtgesellschaftliche → Bildung angestrebt, die das Altern als Teil des menschlichen Lebens bewusst integriert. Der Prozess des Alterns kann so als ein Element des Lebens begriffen werden, in der elementare Sinnhorizonte des menschlichen Daseins zum Vorschein kommen. Dies sowohl rückblickend für die ältere Generation, um das Leben in seiner wertvollen Einmaligkeit zu begreifen, als auch für jüngere Generationen, um ein Bewusstsein für das im Leben Relevante zu gewinnen (Rentsch 2012).

Literatur

Beauvoir, Simone de (1972/2012): Das Alter. 5. Aufl. Hamburg.

Rentsch, Thomas (2012): Ethik des Alterns: Perspektiven eines gelingenden Lebens. In: Kruse, Andreas/Rentsch, Thomas/Zimmermann, Harm-Peer (Hg.): Gutes Leben im hohen Alter. Heidelberg, 63–72.

Rentsch, Thomas (2013): Alt werden, alt sein – Philosophische Ethik der späten Lebenszeit. In: Rentsch, Thomas/Zimmermann, Harm-Peer/Kruse, Andreas (Hg.): Altern in unserer Zeit. Frankfurt a. M., 163–187.

Zimmermann, Harm-Peer (2012): Über die Macht der Altersbilder: Kultur-Diskurs-Dispositiv. In: Kruse, Andreas/Rentsch, Thomas/Zimmermann, Harm-Peer (Hg.): Gutes Leben im hohen Alter. Heidelberg, 75–85.

Anerkennung

Markus Dederich

Anerkennung ist ein sozialphilosophischer Begriff und bedeutet im weitesten Sinn, jemanden als jemand Bestimmtes wahrzunehmen und ihm oder ihr zugleich einen positiven Wert zuzuerkennen. Anerkennung ist ein expressiver Akt, durch den jemandem »die positive Bedeutung einer Befürwortung verliehen wird« (Honneth 2003, 15). Dabei wird angenommen, dass nur diejenigen, die sich durch das kommunikative Handeln ihrer Mitmenschen als positiv zur Kenntnis genommen, respektiert und wertgeschätzt erfahren, auch in elementarer Form sozial anerkannt fühlen (Honneth 1994).

In diesem Sinne gilt Anerkennung in der inklusiven Pädagogik als Antidot gegen die Erfahrung von Missachtung, STIGMATISIERUNG und Ausgrenzung, als Garant für das Gelingen sozialer Integrationsprozesse auf der Basis einer Wertschätzung von Vielfalt sowie als Ressource für die Ausbildung einer positiven Selbstbeziehung.

Honneth (1994), dessen Arbeit den Hauptbezugspunkt der behinderten- und inklusionspädagogischen Rezeption der Anerkennungstheorie bildet, unterscheidet drei Sphären der Anerkennung, deren Bedeutung er zunächst an verschiedenen Formen der Integritätsverletzung aufzeigt: Die leibliche Integrität, die durch Vernachlässigung, Demütigung, Zufügung von Schmerz oder Gewalt verletzt werden kann; das normative Selbstverständnis, dessen Verletzung die Person als Subjekt von Rechten betrifft und zu Entrechtung, einem prekären sozialen Status sowie einem Verlust an Selbstachtung führen kann; schließlich die soziale Wertschätzung, die durch Vorenthaltung von Selbstbestimmung und Verweigerung von Solidarität untergraben werden kann. Im Kontrast zu diesen drei Negativformen differenziert Honneth (1994) zwischen drei Interaktionssphären, die den Ermöglichungsrahmen für die Herausbildung bzw. Wahrung personaler Integrität bilden: die in sozialen Nahbeziehungen besonders wichtige emotionale Zuwendung, die sich u. a. in fürsorglicher Unterstützung zeigt; die rechtliche Anerkennung, die den Status der Person als Rechtssubjekt sicherstellt; schließlich die solidarische Zuwendung, durch die der einzelne Mensch Achtung und Wertschätzung für sein individuelles Sosein und seinen jeweiligen Beitrag zu einem Gemeinwesen erfährt.

Honneths Anerkennungsethik ist trotz ihres großen Einflusses im deutschsprachigen Raum einer Reihe von Einwänden ausgesetzt (Dederich 2013). Hierzu gehören die von Fraser (2003) monierte Ausblendung ökonomischer Ungleichheiten sowie der Hinweis von Felder (2012), soziale Wertschätzung könne ebenso wenig wie Liebe erzwungen werden. Ein weiterer Einwand bezieht sich auf die Sphäre der solidarischen Zustimmung. Er besagt im Kern, dass SOLIDARITÄT nicht grenzen- und bedingungslos, sondern in der Regel selektiv gewährt wird, nämlich jenen Individuen oder Gruppen gegenüber, deren Thema und Anliegen als gesellschaftlich relevant eingeschätzt wird. Dies aber trifft in aller Regel für Menschen mit schwersten Beeinträchtigungen nicht zu. Schließlich ist die Kritik am Vorrang symmetrischer bzw. reziproker, auf Gleichheit beruhender Beziehungen in den Sphären der rechtlichen Anerkennung und der solidarischen Wertschätzung zu nennen. Durch die starke Betonung von Reziprozität und Gleichheit fallen tendenziell all jene aus den Anerkennungsverhältnissen heraus, die Reziprozitätserwartungen nicht erfüllen können. Hier schließt die von Bedorf (2010) aus alteritätsethischer Perspektive formulierte Kritik an, nach der jeder Prozess der Anerkennung zugleich ein Moment der gewaltförmigen Verkennung enthält. Anerkennung beruht darauf, jemanden in einer bestimmten Hinsicht, z. B. als Freund oder hilfsbedürftigen Kranken anzuerkennen. Da Akte der Anerkennung immer in spezifischen Kontexten erfolgen, die ihrerseits vorab festlegen, wer in welcher Hinsicht und als was überhaupt anzuerkennen ist, wird jene Seite des anderen Menschen ausgeblendet und verkannt, die in keinerlei sozialen Bezügen oder Erkenntnisrelationen steht. »Die Anerkennung des Anderen ist stets nur Anerkennung des sozialen Anderen und in diesem Sinne eine Verkennung seiner absoluten Andersheit« (Bedorf 2010, 212). Der Gefahr der Verkennung durch Anerkennung kann nur entgangen werden, wenn das Anerkennen auf jegliche Form herrschaftlichen Zugriffs, auf Aneignung, Anpassungsdruck und Unterwerfung verzichtet. Erst eine so angelegte Anerkennungsethik wäre in der Lage, alle Versuche zu unterlaufen, das Differente entweder abzustoßen oder zu vereinnahmen. Sie wäre so offen angelegt, dass der andere Mensch als unvergleichbares, nicht in sozialen Normen und Erwartungen aufgehendes Wesen *freigegeben* wird.

Trotz der angedeuteten Kritikpunkte liefert die Anerkennungsethik einen in vielen Punkten wichtigen Denkrahmen, anhand dessen sich die Dynamik sozialer Konflikte um ethische Inklusion und → Exklusion beschreiben lässt. Sie hilft plausibel zu machen, dass bislang benachteiligte und marginalisierte Gruppen an die Mehrheitsgesellschaft herantreten und die Forderung nach gleichem Respekt und gerechteren Verhältnissen formulieren.

Literatur

Bedorf, Thomas (2010): Verkennende Anerkennung. Berlin.

Dederich, Markus (2013): Philosophie in der Heil- und Sonderpädagogik. Stuttgart.

Felder, Franziska (2012): Inklusion und Gerechtigkeit. Das Recht behinderter Menschen auf Teilhabe. Frankfurt a. M.

Fraser, Nancy (2003): Soziale Gerechtigkeit im Zeitalter der Identitätspolitik. Umverteilung, Anerkennung und Beteiligung. In: Fraser, Nancy/Honneth, Axel (Hg.): Umverteilung oder Anerkennung. Eine politisch-philosophische Kontroverse. Frankfurt a. M., 13–128.

Honneth, Axel (1994): Kampf um Anerkennung. Zur moralischen Grammatik sozialer Konflikte. Frankfurt a. M.

Honneth, Axel (2003): Unsichtbarkeit. Stationen einer Theorie der Intersubjektivität. Frankfurt a. M.

Anthropologie

Helmwart Hierdeis

Anthropologie (griech. anthropología = das Wissen, die Lehre vom Menschen) steht für die Gesamtheit von Aussagensystemen, die aus dem methodischen Nachdenken über den Menschen (u. a. Philosophie, Theologie) und aus der empirischen Forschung (u. a. Humanbiologie, Psychologie, Neurowissenschaften) hervorgegangen sind und immer noch hervorgehen. Sie erweitern, ergänzen und modifizieren sich gegenseitig. Da sowohl der Mensch als auch die Aussagen über ihn geschichtlich sind, verbieten sich Theorien mit dem Anspruch auf Endgültigkeit. Auffassungen, die ein zeitloses Wesen des Menschen postulieren, gelten als wissenschaftlich nicht haltbar (Hierdeis 2010; Wulf 1994; Wulf & Zirfas 1994).

Die Fähigkeit des Menschen, sich selbst und seinesgleichen zum Gegenstand von Wahrnehmung, Beobachtung, Reflexion und Theoriebildung zu machen, grenzt ihn von anderen höheren Organismen ab. Zusammen mit seiner zentralnervös bedingten überragenden Lernfähigkeit hat sie ihn, bei allen Gemeinsamkeiten mit anderen Lebewesen im Hinblick auf Organismus und Verhalten, zu einer besonders erfolgreichen Rolle in der Evolution geführt (Liedtke 1997). Zeugnisse systematischer Reflexion über den Menschen finden sich zunächst in der Philosophie der Klassischen Antike, in besonderer Weise bei Plato (Präexistenz der menschlichen Seele; der Mensch als Erkennender; Eros als Streben nach Vollkommenheit) und Aristoteles (Wechselbeziehung von Leib und Seele; Unsterblichkeit des Geistes; Ausrichtung des Menschen auf eine höchste Idee). Diese Vorstellungen werden im Frühen und Hohen Mittelalter durch die Kirchenväter (v. a. Augustinus) und durch die Scholastik (v. a. Thomas von Aquin) christlich modifiziert (Mensch als Ebenbild Gottes). Mit dem Aufkommen der empirischen Wissenschaften und mit der Erweiterung der Forschungsrichtungen in der Neuzeit hat die Fülle der anthropologischen Daten und Theorien zugenommen, zugleich die Zahl der Disziplinen, die anthropologisch bedeutsame Informationen liefern. Sie stellen je nach Forschungsgegenstand und methodischer Ausrichtung (z. B. empirisch, hermeneutisch, phänomenologisch) die (relative) Umweltoffenheit und (relationale) Freiheit des Menschen, seine neuronale Steuerung, seine Lernfähigkeit, sein Anpassungsvermögen, seine Körperlichkeit, Geschlechtlichkeit und seine Gebundenheit an das Lebensalter, seine Geistigkeit, seine Geschichtlichkeit, seine Sozialität und Kulturalität (→ Kultur), seine Fähigkeit zur Selbst- und Weltkonstruktion, seine Erziehungsbedürftigkeit, seine biologische, soziale und kulturelle Vielfalt in den Vordergrund. Die Vielzahl anthropologischer und anthropologisch relevanter Informationen zwingt die Teiltheorien methodisch zur Interdisziplinarität und im Hinblick auf die Systematik zu Integrationsversuchen. Für die Pädagogische Anthropologie als Integrationswissenschaft bedeutet das, dass sie ihre zentrale Fragen danach, wie sich die *Menschwerdung des Menschen* durch Erziehung erreichen lässt, stets im Wissenshorizont der übrigen Anthropologien reflektiert (Roth 1966; Liedtke 1997).

Die Auffassung vom Menschen bestimmt, wie die Konfliktgeschichte verdeutlicht (Kolonialisierung; Religionskriege; Rassismus; Ethnozentrismus usw.), das Selbstverständnis von Kulturen und Gesellschaften und die Bewertung davon abweichender Menschen und Systeme. Sie beeinflusst auch den subjektiven und kollektiven pädagogischen Umgang und das erzieherische Handeln. Das wird in der Erziehungsgeschichte u. a. an der Wirksamkeit *optimistischer* bzw. *pessimistischer* → Menschenbilder bzw. am jeweiligen Verständnis des *Normalen* sichtbar. Der pädagogische Handlungsdruck begünstigt monokausale Erklärungen und Begründungen sowie einseitige Auslegungen anthropologischer Daten etwa im Hinblick darauf, was als geschlechts-, alters-, kultur- anlage- oder milieuspezifisch anzusehen ist. Umso wichtiger für humane, gerechte, angemessene und förderliche pädagogische Beziehungen sind informationsreiche und deskriptive anthropologische Theorien, die sich am Ethos der Menschenwürde orientieren und insofern grundsätzlich für Inklusion plädieren. Sie halten das im Einzelfall Sinnvolle und Mögliche offen und können nicht zur Legitimation für pädagogische Handlungen herangezogen werden, die einzelne Menschen oder Gruppen bevorzugen oder benachteiligen.

Literatur

Hierdeis, Helmwart (2010): Anthropologie. In: Wiater, Werner/Belardi, Nando/Frabboni, Franco/Wallnöfer, Gerwald (Hg.): Pädagogische Leitbegriffe im deutsch-italienischen Vergleich. Baltmannsweiler, 18–19.

Liedtke, Max (1997): Evolution und Erziehung. Ein Beitrag zur integrativen pädagogischen Anthropologie. 4. Aufl. Göttingen.

Roth, Heinrich (1966): Pädagogische Anthropologie, Band I. Bildsamkeit und Bestimmung. Hannover.

Wulf, Christoph (Hg.) (1994): Einführung in die Pädagogische Anthropologie. Weinheim.

Wulf, Christoph/Zirfas, Jörg (Hg.) (1994): Theorien und Konzepte der pädagogischen Anthropologie. Donauwörth.

Arbeit

Tim Brüggemann

Das Wort *Arbeit* ist germanischen Ursprungs und bezeichnet eine zielgerichtete, planmäßige, bewusste und sozial eingebundene Tätigkeit zur Existenzsicherung.

Die Bedeutung und Bewertung von Arbeit hat sich im Laufe der Geschichte immer wieder verändert. Das heutige Arbeitsverständnis lässt sich u. a. nach Kehrer (1993) durch folgende Dimensionen kennzeichnen:

- Arbeit ist eine der zentralen Lebensaufgaben.
- Arbeit ist eine zielgerichtete, dauernde, bewusste und bewusstseinsbildende Auseinandersetzung des Menschen mit seiner Umwelt.
- Arbeit sorgt für die planmäßige Sicherung des Überlebens.
- Arbeit ist Voraussetzung um persönlichen Wert und gesellschaftliche Anerkennung zu erlangen.

Die auf Erwerb ausgerichtete Arbeit wird hierbei häufig auch als Beruf bezeichnet, bzw. werden die Begriffe Arbeit und Beruf vielfach synonym verwendet. Im engeren Sinne bezeichnet Beruf jedoch eine Arbeit, die eine spezifische Ausbildung mit dem systematischen Erlernen von Kenntnissen, Fertigkeiten und Fähigkeiten voraussetzt.

Der mittelhochdeutsche Begriff *beruof* bezieht sich in seiner damaligen Deutung auf eine ethisch-religiöse Bindung, die durch die *göttliche Berufung* des Menschen für bestimmte Tätigkeiten zum Ausdruck gebracht wurde (Dostal 2007). Erst im Zeitalter der Industrialisierung wurde der Begriff im allgemeinen Sprachgebrauch üblicher. Zunehmend wurde der Berufsbegriff, der zunächst in einem weltlichen Sinne eine standesbezogene Zugehörigkeit auswies, auch mit einer mit Spezialisierung verbundenen Tätigkeit assoziiert (Dreer 2013). Nach der Zeit des Nationalsozialismus wurde »Berufswahl und Berufsqualifikation zum Schlüssel einer besseren Position in der Gesellschaft« (Dostal 2007, 47). Auch wurden nun persönliche Eignung, Neigung, Interessen und Fähigkeiten mit dem Berufsbegriff stärker in Verbindung gebracht.

Historisch zeigt sich, dass die Bedeutung des Berufsbegriffs in starker Abhängigkeit zur Gesellschaft und den damit einhergehenden Rahmenbedingungen betrachtet werden muss. Eine Prägung erfährt der Begriff heute u. a. durch Entwicklungen wie

- Arbeitslosigkeit;
- Alternative Formen der Erwerbsarbeit;
- Fachkräftemangel.

Oelkers (2007) argumentiert, dass Berufe ihren geschlossenen Charakter zunehmend verlieren und professionelle Arbeit vermehrt in Projekten (zeitlich, materiell befristeten Aufgaben) geleistet wird. Trotz dieser Veränderungen hat der Beruf im 21. Jahrhundert seine Funktion als Strukturierungselement im sozialen Raum nicht verloren.

Bergmann (2004, 344) definiert Beruf »als eine auf Eignung und Neigung gegründete, auf Selbstverwirklichung gerichtete und in einem gesellschaftlich definiertem Rahmen länger dauernd ausgeübte, qualifizierte und bezahlte Arbeit«. Dies ermöglicht die Abgrenzung zu Begriffen wie *Job, Laufbahn* und *Karriere.*

Berufstätigkeit berührt neben ökonomischen auch soziale und personale Aspekte. Der Beruf wird in unseren Kulturkreisen als identitäts- und sinnstiftend wahrgenommen und kann durch seine sozial-integrative Funktion die Brücke des Einzelnen zur Gesellschaft bilden. Um »[...] die Integration der Subjekte in die Gesellschaft als solidarische, teilhabende und mitgestaltende Mitglieder« (Rauschenbach 2005, 16) als Arbeitskräfte zu realisieren, ist es notwendig, alle Menschen individuell zu betrachten und ihnen Hilfe bei dem Zugang zu Ausbildung und zum Arbeitsmarkt zu ermöglichen.

Im Kontext von beruflicher Inklusion greifen dazu verschiedene Rechtskreise und Maßnahmen (z. B. Sozialgesetzbuch (SGB) IX), die dafür Sorge tragen, dass jeder Mensch gemäß seiner spezifischen Ausgangslage die Möglichkeiten und Förderungen erhält, um in der ihm möglichen Form ein Teil der Arbeitswelt zu werden. Auch Maßnahmen zur schulischen Berufsorientierung und zur Vorbereitung des Übergangs Schule – Beruf müssen heutzutage stets inklusiven Grundsätzen entsprechen (siehe hierzu z. B. SGB III § 48) und für alle Jugendlichen zugänglich gestaltet und in jeder Hinsicht barrierefrei sein. Aktuelle Themen im Bereich der Forschung zu den Themen Arbeit und Beruf beschäftigen sich nach Brüggemann (2015) mit:

- Berufsorientierungsprozessen am Übergang Schule-Beruf;
- Diagnostik und Entwicklung berufsbezogener Kompetenzen;
- Rekrutierung von Fachkräften und Attraktivität des Dualen Systems.

Literatur

Bergmann, Christian (2004): Berufswahl. In: Schuler, Heinz (Hg.): Enzyklopädie der Psychologie. Organisationspsychologie – Grundlagen und Personalpsychologie. Band 3. Göttingen.

Brüggemann, Tim (2015): Berufsorientierung aus Unternehmenssicht. Fachkräfterekrutierung am Übergang Schule-Beruf. Münster.

Dostal, Werner (2007): Phänomen Beruf: Neue Perspektiven. In: Oberliesen, Rolf/ Schulz, Heinz (Hg.): Kompetenzen für eine zukunftsfähige arbeitsorientierte Allgemeinbildung. Baltmannsweiler, 45–70.

Dreer, Benjamin (2013): Kompetenzen von Lehrpersonen im Bereich Berufsorientierung. Wiesbaden.

Kehrer, Albert (1993): Arbeit als existentielle Lebensaufgabe. In: Fuchs-Brüninghoff, Elisabeth/Gröner, Heinz (Hg.): Arbeit und Arbeitslosigkeit. Zum Wert von Arbeit heute. München, 9–25.

Oelkers, Jürgen (2007): Die Bedeutung der Arbeit in der Gesellschaft. Vortrag auf dem aprentas Forum »Aufwertung der Berufslehre« am 19.11.2007. Verfügbar unter: http://www.paed.unizh/zh/ap/downloads/oelkers/vortraege/297_Basel.ARbeit.pdf

Rauschenbach, Thomas (2005): Plädoyer für ein neues Bildungsverständnis. In: Aus Politik und Zeitgeschichte, 12/2005, 3–6.

Assistenz – unter der Bedingung schwerster Behinderung

Anke Langner

Assistenzen sind Dienstleistungen für Menschen mit Behinderung, die vor allem durch die *Selbstbestimmt Leben Bewegung* (engl. *Independent Living Action*) an Bedeutung gewonnen haben. Die Geschichte dieser Bewegung kann als eine der Not- und Abwehr von Fremdbestimmung betrachtet werden. Die *Selbstbestimmt Leben Bewegung* hat im besonderen Maße die strukturellen Gewaltverhältnisse, die in Sondereinrichtungen für Menschen mit Behinderung aufgrund eines ungleichen Verhältnisses zwischen ihnen und ihren sogenannten Unterstützenden (keine unabhängigen Personen, sondern Pflegkräfte oder ähnliches) vorhanden sind, thematisiert.

Assistenz soll Selbstbestimmung, Selbstverwirklichung, → Empowerment und Teilhabe (→ Partizipation) jedes Menschen an und in der Gesellschaft verwirklichen oder – wie es die *Selbstbestimmt Leben Bewegung* sagt – dafür sorgen, die Kontrolle über das eigene Leben zu haben. Kontrolle meint dabei das Vorhandensein von Wahlmöglichkeiten zwischen mindestens zwei akzeptablen Alternativen für den Assistenznehmenden zur Minimierung der Abhängigkeit von den Entscheidungen Dritter bei der Bewältigung des Alltags. Für die *Selbstbestimmt Leben Bewegung* impliziert Selbstbestimmung das Recht auf Selbstregulierung der eigenen Angelegenheiten, die Teilhabe am öffentlichen Leben wie auch die Möglichkeit zur Wahrnehmung unterschiedlicher sozialer Rollen. In diesem Sinne ist Selbstbestimmung, wie auch die geforderte Unabhängigkeit, ein relatives Konzept, das jedes Individuum für sich selbst bestimmen muss und das nicht für eine Person bestimmt werden kann. Einem prozesshaften Verständnis von Selbstbestimmung folgend, handelt es sich nicht um eine Eigenschaft oder ein Programm, sondern Selbstbestimmung muss zwischen verschiedenen Personen ausgehandelt werden. Wie Selbstbestimmung dann aussieht oder gelebt wird, hängt davon ab, was eine Person für notwendig und wünschenswert erachtet, um ein zufriedenes und sinnerfülltes Leben führen zu können (Kennedy & Lewin 2004). Gleichzeitig wird die Selbstbestimmung durch die das Individuum umgebenden sozialen Rahmenbedingungen bedingt. Die Selbstbestimmung jedes Menschen ist immer in einem wechselseitigen Abhängigkeitsverhältnis von Individuum und Gemeinschaft einzuordnen. Das klassische Modell, das diesem Anspruch auf Unterstützung bei einer größtmöglichen Teilhabe nachkommt, ist die persönliche Assistenz.

Der Adressatenkreis dieser Form der Assistenz bezieht sich nicht auf alle Menschen mit Behinderung. Vor allem für Menschen mit schweren Behinderungen (→ Komplexe Behinderung) reichen solche Angebote für eine TEILHABE an der Gesellschaft und ein selbstbestimmtes Leben nicht aus oder werden nicht mitgetragen (mitfinanziert). Feuser (2006) erhebt in diesem Zusammenhang die Forderung nach einer ADVOKATORISCHEN ASSISTENZ. Auch diese dient – wie die persönliche Assistenz – der Realisierung der Bedürfnisse des Klienten/der Klientin, jedoch unabhängig von der Schwere ihrer Behinderung. Das Ziel der Advokatorischen Assistenz ist es, die Inanspruchnahme einer Assistenz nicht durch den Fakt der *Selbstständigkeit,* sondern durch den Fakt der *Zuständigkeit* zu bestimmen. Die Zuständigkeit kann nach Steiner (1999) nicht negiert werden, auch wenn Zuständigkeit nicht eigenständig verwirklicht werden kann: »Man muss dann höchstens darüber nachdenken, wie man ihnen helfen kann, diese Zuständigkeit in ihrem Leben umzusetzen« (109).

So handelnde Advokatorische Assistenzen müssen in der Lage sein, Handlungsalternativen zu eröffnen, ohne zu bestimmen, wie zukünftig gehandelt werden soll. Um im Sinne von Autonomie und Selbstbestimmung advokatorisch zu handeln, bedarf es demnach besonderer fachlicher Kompetenzen. Diese schließen sowohl eine fundierte Kenntnis und Analyse der Lebensgeschichte der assistenznehmenden Person ein – eine verstehende Perspektive ihr gegenüber – als auch eine spezifische fachliche Qualifikation, die dem wissenschaftlichen Stand des vertretenen Fachgebietes bzw. der Profession entspricht sowie der Berufsethik verpflichtet sein muss, wie Feuser (2006) aufzeigt.

Die Advokatorische Assistenz impliziert stärker als die Persönliche Assistenz die Auseinandersetzung mit dem Phänomen der → Kompetenz. Seitens der Menschen mit schweren und schwersten Behinderungen setzt sie die notwendige Zuerkennung von Kompetenz, ihr Leben selbst bestimmen zu können, voraus. Auf der Seite der Advokatorischen Assistenz ist sie mit der notwendig auszubildenden Kompetenz verbunden, in einem so engen Beziehungs- und Kooperationsverhältnis auftauchende strukturelle und indirekte Gewalt reflektieren und thematisieren zu können.

Literatur

Feuser, Georg (2006): Advokatorische Assistenz für Menschen mit Autismus-Syndrom und/oder geistiger Behinderung. Widerspruch oder Chance? Zugriff am 02.12.2011. Verfügbar unter: http://bidok.uibk.ac.at/library/feuser-advokat.html

Kennedy, Michael/Lewin, Lori (2004): Was ist Selbstbestimmung und was nicht. Zugriff am 07.07.2011. Verfügbar unter: http://bidok.uibk.ac.at/library/kennedy-selbstbestimmung.html

Steiner, G. (1999): Selbstbestimmung und Assistenz. In: Gemeinsam leben, 3/1999, 104–110.

Ästhetische Erfahrung

Hildegard Ameln-Haffke

Ästhetische Erfahrung setzt auf **SINNLICHE WAHRNEHMUNGEN** und auf die Fähigkeit, sich externe Objekte und Phänomene via visuellem, auditivem, sensitivem, olfaktorischem und gustatorischem Sinn (einzeln oder in Kombination) zu erschließen. Dies kann u. a. in künstlerischen (bildnerischen/gestalterischen), musikalischen, dichterischen, darstellerischen und bewegungsmäßigen/tänzerischen Äußerungen Form finden und sichtbar werden: Ästhetische Erfahrungen umfassen **REZEPTIONS- UND PRODUKTIONSPROZESSE**.

Als eine *schöne* Erfahrung im Sinne der Aisthesis (Bernhard 2008) kann diese auf die Gefühle und Emotionen des Rezipienten und/oder Produzenten ein- und rückwirken. Bei Ergriffenheit können zudem tiefe Empfindungen zu einem Flow, einem kurzzeitigen Vergessen des Zeit- und Raumgefüges führen und zu einem Verspüren von besonderer Zufriedenheit und Glück verhelfen.

Ästhetische Erfahrungen sind in erster Linie SELBST-ERFAHRUNGEN und gehen immer mit einer Form der besonderen Selbstreflexion einher. Unterschiedliche Präsentationen des Erlebens bzw. der Erlebnisse werden durch die jeweilige Tiefe der affektiv-ästhetischen Erfahrung bedingt. Diese sind abhängig von momentanen emotionalen Dispositionen und bereits erworbenen persönlichen Erfahrungs-, Verarbeitungs- und Lernmustern und offenbaren ihre subjektiv bedeutsamen Ergebnisse in spezifischen Raum-, Zeit-, Handlungs- und/oder Materialdimensionen. Das Einlassen auf die sinnliche Präsenz in der Besonderheit ihrer Erscheinung im Hier und Jetzt ist das entscheidende Kriterium; über sie lässt sich nur im Nachhinein kommunizieren, weiterhin entbehrt sie einer objektivierbaren Bewertung.

Eine historische Bestimmung der beiden Titelbegriffe *Ästhetik* und *Erfahrung* führt zu einer kaum überschaubaren Fülle von Literatur und Ansätzen u. a. aus Philosophie, Kunst, Pädagogik und Psychologie über die Jahrhunderte hinweg, ideengeschichtlich begonnen in der griechischen Antike.

In Bildungszusammenhängen wird eine Eingrenzung auf die Begriffe ÄSTHETISCHE BILDUNG bzw. ÄSTHETISCHE ERZIEHUNG vorgenommen und findet in Anlehnung an Richter (2003) eine erste Erwähnung bereits im 17. Jahrhundert bei August Hermann Francke (1663–1727). Als Wissenschaftler befasste sich der Philosoph Alexander Gottlieb Baumgarten (1714–1762) erstmals intensiv mit dem Erkenntnisvermögen der Sinne im Zusammenhang mit dem Begriff der Ästhetik. Friedrich von Schiller (1759–1805) setzte sich in 27 Briefen mit der *Ästhetischen Erziehung des Menschen* auseinander und kritisierte darin u. a. Kants Ästhetik-Begriff und das Zwangsdiktat des Vernunftgedankens des Zeitalters der Aufklärung.

Neben unterschiedlichen pädagogischen Positionen seitdem ist für die gegenwärtige Betrachtung der Ansatz des Kunstdidaktikers Otto (1974) immer noch aktuell. In der *Didaktik der ästhetischen Erziehung* wird eine Ausdehnung des Unterrichts auf alles Wahrnehmbare empfohlen sowie die Erweiterung um ein besonderes Mitspracherecht der SchülerInnen bei gleichzeitiger Reduzierung des vorrangingen Vermittlungsanspruchs des Lehrers. Neben der umfassenden Lehrbarkeit von Kunst stellt Otto heraus, dass die Deutung der eigenen Werke und Gestaltungen durch eigene Erfahrungen und ein eigenes Bildverständnis legitim sei, dass aber auch die Betrachtung und Deutung der Werke anderer zum Erfahrungshorizont gehören müsse.

Mit dem Gedanken der Ästhetischen Forschung empfiehlt Kämpf-Jansen (2002) einen darüber hinausreichenden, offeneren didaktischen Ansatz, der das individuelle Erleben und Forschen mittels Alltagsästhetik noch intensiver in das Zentrum des Interesses rückt.

Wesentlich im Sinne von Vorläufern für den gegenwärtig diskutierten Inklusionsgedanken im Zusammenhang der Ästhetischen Erfahrung mittels Kunst sind die in und für heilpädagogische Zusammenhänge entwickelten Ansätze von Richter zum *Therapeutischen Kunstunterricht* (1977) bzw. der *Pädagogischen Kunsttherapie* (1984) bei denen es um die theoretische Verortung und den Praxisbezug der therapeutischen Funktionen Ästhetischer Erziehung geht. Aissen-Crewett legt 1987 z. B. eine Methodensammlung für eine *Ästhetische Erziehung für Behinderte* vor, die Fördermöglichkeiten mittels Kunst empfiehlt. Das wesentliche Moment ist dort die Feststellung, dass gerade die künstlerisch-ästhetische Erfahrung und der künstlerische Ausdruck ohne zusätzliche Sprache auskommen und nonverbal zur Kommunikation beitragen können.

Gegenwärtig interessieren sich Forscher häufig bezugnehmend auf John Dewey (1859–1952) für unterschiedliche ästhetische Ausdrucksprozesse des Menschen, welche zum besseren Verständnis der Aneignung von Lebenswelt verhelfen sollen. Empirische Forschung klärt in diesen Zusammenhängen z. B. die Bedeutung, Disposition und Wahrnehmung (auch des Unbewussten) des Rezipienten mittels psychologischer Befragungsmethoden (Fragebogen, Interview, Beobachtung) und nutzt hermeneutische Verfahren (→ Hermeneutik) und die Methoden der Qualitativen Sozialforschung zur Prüfung der erzeugten Gestaltungen/Produkte (u. a. Mattenklott 2004; Neuß 1999).

Literatur

Bernhard, Peter (2008): Aisthesis. In: Liebau, Eckart/Zirfas, Jörg (Hg.): Die Sinne und die Künste. Perspektiven ästhetischer Bildung. Bielefeld, 19–33.

Kämpf-Jansen, Helga (2002): Ästhetische Forschung. Wege durch Alltag, Kunst und Wissenschaft. Zu einem innovativen Konzept ästhetischer Bildung. Köln.

Mattenklott, Gundel (2004): Ästhetische Erfahrungen in Kindheitserinnerungen. In: Mattenklott, Gundel/Rora, Constanze (Hg.): Ästhetische Erfahrung in der Kindheit. Theoretische Grundlagen und empirische Forschung. Weinheim, 113–132.

Neuß, Norbert (Hg.). (1999): Ästhetik der Kinder. Interdisziplinäre Beiträge zur ästhetischen Erfahrung von Kindern. Frankfurt a. M.

Richter, Hans-Günther (2003): Eine Geschichte der Ästhetischen Erziehung. Niebüll.

Aufmerksamkeitsdefizit(hyperaktivitäts)syndrom – AD(H)S *Norbert Störmer*

Mit dem Begriff *Aufmerksamkeitsdefizit(hyperaktivitäts)syndrom* wird eine bereits im Kindesalter beginnende psychische → Störung bezeichnet, die sich durch Auffälligkeiten in den Bereichen der Aufmerksamkeit und der Impulskontrolle bemerkbar macht.

Die Störung ADHS wird heute häufig und allzu oft leichtfertig bei Kindern diagnostiziert. Dabei wird unterschieden zwischen Kindern, die als unaufmerksam und verträumt oder aber durch eine ausgeprägte körperliche Unruhe (Hyperaktivität) oder aber durch beides auffallen. Gestellt wird diese Diagnose nach den internationalen Klassifikationssystemen ICD 10 (Internationale Klassifikation psychischer Störungen) und DSM 5 (Diagnostisches und statistisches Manual Psychischer Störungen).

Problematisch an der Diagnose ADHS ist, dass bis heute kein allgemein anerkanntes und schlüssiges Erklärungsmodell vorliegt. Sehr häufig wird behauptet, bei ADHS handele es sich um eine organisch bedingte neurobiologische Störung des Neurotransmitterstoffwechsels, was zu Besonderheiten in der Informationsverarbeitung führe. Aus dieser Einschätzung heraus resultiert die sogenannte Dopaminhypothese. Hüther (2001) führt in seinem entwicklungsneurobiologischen Modell hingegen das Dopaminproblem auf psychosozial belastende Erfahrungen zurück, die sich desorganisierend auf die Hirnreifung auswirken. Andere Vorstellungen gehen davon aus, dass die heutigen Lebens- und Lernbedingungen Kindern keinen Raum für ihre Aktionsbedürfnisse lassen. Saul (2015) hingegen sieht in dem ADHS ein Paradebeispiel für eine gesellschaftlich hervorgebrachte Erkrankung. Des Weiteren wird kritisiert, dass im Alltag offenkundig werdende pädagogische Herausforderungen mit dem ADHS zu einer medizinischen Problemlage bzw. zu einer individuellen Störung mit Krankheitswert umdefiniert werden.

Auffallend erscheint, dass in der Diskussion um ADHS dem Aspekt der Aufmerksamkeit fast gar keine Beachtung geschenkt wird (Störmer 2002). Mit dem Begriff Aufmerksamkeit wird eine psychische Kontrollhandlung bezeichnet, die der subjektiv kontrollierten Realisierung von Tätigkeiten dient. Es ist ein Zustand gesteigerter Wachheit und Aktivität, der von der Attraktivität der jeweiligen Situation, eines Gegenstandes oder eines situativen Geschehens abhängig ist. In diesem Sinne sind jedoch Kinder mit der Diagnose ADHS durchaus aufmerksam. Denn in vielen Situationen zeigen sie eine von individuellen Interessen geleitete und über einen längeren Zeitraum auf einen

Gegenstand, eine Anforderung gerichtete Aufmerksamkeit. Zu einem Problem mit der Aufmerksamkeit kommt es dann, wenn Kinder mit institutionell erwünschten Leistungs- und Handlungserwartungen konfrontiert werden, sprich Kinder unter diesen vorgegebenen institutionellen Bedingungen aufmerksam sein sollen. Können oder wollen Kinder diesen Vorstellungen nicht entsprechen, streift sie der psychopathologische Blick. Denn die Diagnose ADHS bezieht sich vorrangig auf diese institutionell wünschenswerte, willentlich herzustellende Aufmerksamkeit.

Nun ist es aber offenkundig, dass es Kindern bisweilen schwerfällt, sich zu konzentrieren, längere Zeit bei einer Sache zu bleiben, sich nicht ablenken zu lassen bzw. wieder zu einer Sache zurückzufinden. Zudem wirken vielfältige Faktoren auf die Strukturierung der Aufmerksamkeit ein. Dies können z. B. aktuelle Probleme, Überforderungen, Unterforderungen, Störungen verschiedenster Art oder aber auch neue (andere) Eindrücke sein. Bezogen auf das jeweilige Vorhaben können sich all diese Faktoren als *störend* erweisen. Es sind jedoch Störungen, die bezogen auf ein sozial bzw. institutionell erwünschtes Handeln hin auftreten und sich somit als genuin pädagogisches Problem zeigen. Folglich muss es darum gehen, in den jeweiligen sozialen Situationen nach gemeinsamen Lösungen zu suchen (Dönges 2002).

Das Problem all der üblicherweise bei ADHS zur Anwendung kommenden Behandlungsformen ist darin zu sehen, dass sie gemäß dem Individualisierungsprinzip die einzelne Person in den Mittelpunkt des Mühens stellen, und die sozialen und interaktiven Dimensionen des Problemzusammenhanges außen vor lassen. Dort nun aber, wo es zu Lernprozessen kommen soll, muss Lernen zunächst so organisiert werden, dass es sich um eine gemeinsam geteilte sinnvolle Tätigkeit handelt. Nur aus dieser gemeinsam geteilten sinnvollen Tätigkeit heraus ist es möglich, kommunikative Kompetenzen entwickeln und Verständnis für andere Personen zu gewinnen (Störmer 2013).

Literatur

Dönges, Christoph (2002): Entpädagogisierung schulischer Aufgabenfelder durch Pathologisierung unerwünschter kindlicher Verhaltensweisen am Beispiel ADS. In: Bundschuh, Konrad (Hg.): Sonder- und Heilpädagogik in der modernen Leistungsgesellschaft - Krise oder Chance? Bad Heilbrunn, 479–489.

Hüther, Gerald (2001): Kritische Anmerkungen zu dem bei ADHS-Kindern beobachteten neurobiologischen Veränderungen und den vermuteten Wirkungen von Psychostimulanzen (Ritalin) In: Analytische Kinder- und Jugendlichen-Psychotherapie, 4/2001, 471–486.

Saul, Richard (2015): Die ADHS-Lüge - Eine Fehldiagnose und ihre Folgen. Stuttgart.

Störmer, Norbert (2002): Zur Konstruktion des Phänomens der Hyperaktivität. In: Feuser, Georg/Berger, Ernst (Hg.): Erkennen und Handeln. Berlin, 245–277.

Störmer, Norbert (2013): Du störst! Herausfordernde Handlungsweisen und ihre Interpretation als Verhaltensstörung. Berlin.

Autismus

Peter Rödler

Autismus bzw. *autistisch* (von griech. autos = *selbst*) wurde von Eugen Bleuler (1911) nicht als Krankheitseinheit, sondern als Verlust der Realitätsprüfung gesehen. Kanner (1943) und Asperger (1944) benannten dann Gruppen von Kindern mit ähnlichen Symptomen als Autisten, die allerdings schon bald als Varianten *eines* Phänomens gedacht wurden.

In den 1970er-Jahren gab es einen erbitterten Streit zwischen psychoanalytischen Ansätzen zum Autismus (Bettelheim, Mahler) und verhaltenstherapeutischen Positionen (Lovaas), der letztlich auf Grund der schneller erkennbaren Erfolge *in der Therapiesituation* und der Abwesenheit von Schuldvorwürfen an die Mütter zugunsten der Verhaltenstherapie entschieden wurde. Allerdings blieb der Transfer der Fortschritte in die Lebensrealität der Klienten aus. Deshalb wurden die Abläufe in Familie und Schule den therapeutischen Ordnungen gemäß gestaltet. Dies war eine immense Belastung für die Angehörigen und widersprach auch der Realität normalen menschlichen Lebens völlig. Die Unzufriedenheit hierüber führte in den 1980er-Jahren zu einer *Anreicherung* mit Elementen der humanistischen Psychologie und Körpertherapien sowie zu mehreren Therapie-Modewellen wie Delacato, Tomatistherapie, Festhaltetherapie (Tinbergen, Prekop, Zaslow), die sich hieraus differenzierenden Körpertherapien sowie Delfintherapie, Diäten u.v.m.

Die Gestützte Kommunikation bildete anfangs zwar auch eine solche Modewelle, nach der Enttäuschung der Annahme einer *generellen* Bedeutung für *Alle* zeigte sich aber, dass sie, professionell reflektiert eingesetzt, als *eine* Kommunikations*option* im Rahmen Sinn ermöglichender pädagogischer Kontexte und Settings im Einzelfall nicht selten überraschend fruchtbare Ergebnisse bis hin zu Freiem Schreiben ermöglichte.

Als Ursache des Autismus gelten neurologisch bedingte Wahrnehmungsstörungen wie:

- genetisch verursachte strukturelle Änderungen im Aufbau der Zellstrukturen,
- sonstige Hirnschädigungen struktureller Art,
- biochemische Hirnstörungen (Dopamin, Serotonin),
- mangelnde Theory of mind durch *Fehlfunktion* der Spiegelneuronen,
- fehlende zentrale Kohärenz,
- Allergien,
- Lebensmittelunverträglichkeiten u.v.m.

Im Bereich der Genetik glaubt man 12–14 Gene identifiziert zu haben, die mit autistischen Verhaltensweisen korrelierbar sind. Die Vermutung einer psychogenen Verursachung des Autismus wird von den meisten Autoren grundsätzlich abgelehnt.

Aufgrund der zunehmend breiteren Diagnostik wurde aus einer *sehr seltenen Störung* (Kanner; mit nur 56 akzeptierten Fällen in acht Jahren), eine Vermutung von vier Autisten pro 10.000 Geburten in den 1970er-Jahren und in letzter Zeit eine Annahme von einer Prävalenz von 60 pro 10.000.

Aufgrund der großen Heterogenität spricht man heute von *Autismus-Spektrum-Störungen* (ASS), wobei durch die → Selbstvertretung der Asperger Autisten *(ASPIEs)* diese früher übersehene Teilgruppe mittlerweile so dominiert, dass die Varianten entsprechend den Beschreibungen Kanners zunehmend aus dem Fokus geraten. Die Beschreibung als ASS ermöglicht eine pädagogische Sichtweise jenseits einer Krankheitseinheit, wie sie Feuser schon seit den 1970er-Jahren vertritt, nämlich einen je individuellen bio-psycho-sozialen Zusammenhang als Grundlage eines je individuell sinnvollen Verhaltens anzunehmen. Aus dieser Sicht ergibt sich als Definition:

Beim *Autismus* handelt es sich *nicht* um eine spezifische Krankheit, sondern um eine grundlegende Handlungsoption *aller* Menschen, wenn sie aufgrund irgendwelcher innerer oder äußerer (biologischer, psychischer oder sozialer) Bedingungen in existenzielle Schwierigkeiten geraten.

Dieses Verständnis in Verbindung mit der Selbstorganisation von Menschen im Allgemeinen führt zu einer Perspektive auf den Einzelfall, das prinzipiell ein erfolgreiches pädagogisches Handeln (nicht Heilung) ermöglicht.

Grundlegend für dieses Vorgehen ist ein Verständnis von Wahrnehmungsverarbeitung, die beim Menschen 10^9 Reize pro Sekunde strukturieren muss(!), dies nur mit Hilfe von orientierenden Intentionen *gerichtet* leisten kann und *ohne diese scheitert.* In dieser Sicht sind autistische Verhaltensweisen also *Kompetenzen,* Wahrnehmungsverarbeitung auf der Basis *eigener* Ordnungen zu realisieren, in einer Welt in der keine *individuell(!)* sinnvollen Ordnungen zur Verfügung stehen. In diesem Zusammenhang bekommen TEACCH oder auch PECS ihre Bedeutung. Übersehen wird dabei allerdings häufig, dass diese Methoden nur ein *Mittel* sind, die Welt zugänglicher zu machen. Ohne einen Sinn-ermöglichenden-Dialog, den diese Methoden absichern können, werden diese Verfahren nur zu einer gesellschaftlich akzeptableren Form des Autismus.

Der pädagogische Ansatz einer *interdisziplinären individuellen* Annäherung an die je spezifische Situation bildet zwar den schwierigsten, aber bei der aufgezeigten Komplexität je unterschiedlicher Aspekte auch den auf Dauer Erfolg versprechendsten Ansatz. Dabei spielt dann sowohl die Wirkung von Medikamenten aber auch das Beziehungsgeschehen der Beteiligten – jenseits von Schuld – eine wichtige Rolle.

Inklusion von Autisten heißt *nicht,* dass ein Mensch sich nicht aus einer Gruppe zurückziehen kann! Es geht allein darum, dass er oder sie nicht auf Grund irgendeines Merkmals aus einer Gruppe systematisch ausgeschlossen wird. Rückzugsräume *müssen* vorhanden sein, immer aber auch die *immer offene Tür,* der *leere Stuhl* etc., d. h. die vernehmbare Einladung zur Teilnahme.

Literatur

Attwood, Tony (2000): Das Asperger-Syndrom: Ein Ratgeber für Eltern. Stuttgart.

Feuser, Georg (2006): Autistische Kinder. Solms-Oberbiel.

Freitag, Christine M. (2008): Autismus-Spektrum-Störungen. München.

Frith, Uta (2003): Autism – Explaining the Enigma. Malden.

Grubich, Rainer (2009): Autismus und Integration – Die Quadratur des Kreises?! Saarbrücken.

Sievers, Mechthild (1982): Frühkindlicher Autismus. Köln.

Autonomie

Helmwart Hierdeis

Der Begriff *Autonomie* (griech. aftonomía = Eigengesetzlichkeit, Selbstständigkeit) meint die in der abendländischen Denktradition grundsätzlich jedem Menschen zugeschriebene Fähigkeit, die Normen seines Handelns selbst zu entwerfen und eigenverantwortlich, d. h. ohne Zwänge von außen, in die Tat umzusetzen.

Für Immanuel Kant ist dieses Vermögen dann Ausdruck menschlicher Vernunft, wenn die subjektiven Entscheidungsgrundlagen generalisierbar sind. Sein sog. Kategorischer Imperativ lautet dementsprechend: »Handle so, dass die Maxime deines Willens zugleich als Prinzip einer allgemeinen Gesetzgebung gelten könnte!« (Kant 1774/1975, 53). Ein solches Autonomieverständnis ist das Ergebnis einer von griechischer Philosophie und Christentum bestimmten Ideengeschichte, in der sich ein Verständnis von der Einzigartigkeit des einzelnen Menschen (→ Individualität) herausgebildet hat. Anderen Kulturen (z. B. Islam, Konfuzianismus) ist es fremd.

Die Praxis der Autonomie ist jeweils gebunden an einen Komplex von anthropogenen, sozialen, historischen, rechtlichen, ökonomischen und pädagogischen Faktoren (z. B. Lernfähigkeit, Freiheitsbedürfnisse von Mitmenschen, Herrschaftsverhältnisse, Werte, Normen, gesetzliche Regelungen, Ressourcen für die Existenzsicherung, förderliche oder hemmende Erziehungskonzepte und -praktiken). In den aufgeklärten Gesellschaften der Neuzeit setzt sich zunehmend die Einsicht durch, dass die Autonomie des einzelnen Menschen rechtlich zu schützen (→ UN-Behindertenrechtskonvention (UN-BRK), Verfassung), gesellschaftlich zu ermöglichen (Demokratie, Mitbestimmung) und pädagogisch zu fördern ist (Ermutigung zu eigenen Entscheidungen, Übertragung von Verantwortung, Aufbau von symmetrischen Beziehungen, Einübung in kommunikatives Handeln und in politische Mitwirkung). Letzteres hat einerseits entwicklungsgemäß zu erfolgen, indem die für das Aufwachsen zuständigen und verantwortlichen Personen abzuwägen haben, was den Heranwachsenden an eigenen Entscheidungen zuzutrauen ist, andererseits darf nicht übersehen werden, dass alle Erziehungsinstitutionen (v. a. Familie und Schule) unter Berücksichtigung ihrer je eigenen Zielsetzungen die Autonomiebedürfnisse (z. B. im Hinblick auf selbstbestimmte Bedürfnisbefriedigung, Kommunikation, Interaktionen) beschneiden. Die Psychoanalytische Pädagogik problematisiert diese Einschränkungen im Rahmen ihrer Trieb- und Entwicklungstheorie (Fürstenau 1964), die Inklusionspädagogik (→ Inklusive Pädagogik) auf der Basis ihres Menschenbildes (→ Menschenbilder). Sie tritt außerdem dafür ein, dass Menschen mit eingeschränkter Autonomie personell und materiell substituiert werden.

In der Geschichte der Pädagogik hat es besonders im 20. Jahrhundert Bewegungen gegeben, die einer stärkeren Autonomie der Heranwachsenden zum Durchbruch verhelfen wollten (Reformpädagogik, antiautoritäre Erziehung, Antipädagogik, Inklusionsbewegung). Da Autonomie immer nur in einem gesellschaftlichen und damit institutionell-organisatorischen Rahmen verwirklicht werden kann, hat die → Erziehung zu einem realistischen Autonomieverständnis – im Sinne einer Balance zwischen notwendiger Anpassung und Freiheit des Verhaltens und Handelns – beizutragen. Die Ausformulierung des institutionell-organisatorischen Rahmens ist ein Dauerthema der Erziehungswissenschaft (Hierdeis 2006; Hierdeis 2010).

Literatur

Czuma, Hans (1997): Autonomie. In: Hierdeis, Helmwart/Hug, Theo (Hg.): Taschenbuch der Pädagogik Band I. 5. Aufl. Baltmannsweiler, 100–110.

Fürstenau, Peter (1964): Zur Psychoanalyse der Schule als Institution. Das Argument, 29 (6), 65–78.

Kant, Immanuel (1774/1975): Beantwortung der Frage: Was ist Aufklärung? In: Weischedel, Wilhelm (Hg.): Immanuel Kant. Werk in 6 Bänden. Band VI. Darmstadt, 53–61.

Hierdeis, Helmwart (2006): Aufklärung, Bildung und Wissen. In: Reinalter, Helmut (Hg.): Aufklärungsprozesse seit dem 18. Jahrhundert. Würzburg, 265–278.

Hierdeis, Helmwart (2010): Autonomie. In: Wiater, Werner/Belardi, Nando/Frabboni, Franco/Wallnöfer, Gerwald (Hg.): Pädagogische Leitbegriffe im deutsch-italienischen Vergleich. Baltmannsweiler, 24–25.

Barrierefreiheit

Wilfried Prammer

Etymologisch lässt sich *Barriere* aus dem galloromanischen Wort *barra* für Querbalken ableiten und findet sich in Wörtern wie z. B. Barrikade wieder (Kluge 1995). Der Begriff *Barrierefreiheit* ist aufs Engste mit dem sozialen Modell von Behinderung verbunden. Das bedeutet, dass als Barriere all jene gesellschaftlichen Phänomene und Ereignisse zu beschreiben sind, die Menschen mit einer Behinderung daran hindern, am gesellschaftlichen Leben teilzuhaben (Kastl 2016).

Dem Begriff der Barrierefreiheit kommt sowohl durch die gesetzlichen Regelungen für die Gleichstellung von Menschen mit Behinderungen, als auch durch die Ratifizierung der → UN-Behindertenrechtskonvention (UN-BRK) eine besondere Bedeutung zu. Dabei werden zwei Aspekte in den Fokus genommen:

a) die Gestaltung der Umwelt, sodass sie von allen Menschen, nicht nur von Menschen mit Behinderungen, in gleicher Weise genutzt werden kann und
b) die Verpflichtung des Gemeinwesens, Teilhabemöglichkeiten in allen Lebensbereichen zu schaffen. Somit umfasst der Begriff der Barrierefreiheit nicht nur die für die Barrierefreiheit typischen umweltbedingten und gestalterischen Barrieren, sondern auch finanzielle, rechtliche, einstellungsbedingte und andere Barrieren, die den gleichberechtigten Zugang behindern (UN-BRK, Zugriff am 11.07.2016, Präambel, Art. 20, Art. 30).

Barrieren in dieser umfassenden Bedeutung sind im Kontext von → Chancengleicheit und GLEICHBEHANDLUNG zu betrachten. Daraus lässt sich ein normativ und rechtlich begründeter Anspruch ableiten, der die Abschaffung bzw. Vermeidung von Barrieren im Sinne aller angeführten Bereiche umfasst. Was die barrierefreie Gestaltung der Umwelt anbelangt, wird in den ergänzenden Texten zum § 4 des Behindertengleichstellungsgesetzes der Bundesrepublik Deutschland der Begriff *Universelles Design* herangezogen. Universelles Design weist über die Belange der Menschen mit Behinderung hinaus und berücksichtigt bei der Gestaltung der Umwelt auch geschlechtliche, ethnische, sprachliche, kulturelle Verschiedenheit (Degener & Diehl 2015). Bei Barrierefreiheit geht es demnach um eine allgemeine Gestaltung des Lebensumfeldes für alle Menschen, die möglichst niemanden ausschließt, und von allen gleichermaßen genutzt werden kann. Eine selbstverständlich einbeziehende gesellschaftliche Gestaltung, die auf Sonderlösungen zugunsten der Bedarfe behinderter Menschen verzichtet, entspricht einer modernen Auffassung von Architektur und → Design. Während Sonderlösungen häufig mindere Standards bieten, kostenintensiv zu verwirklichen sind und nur begrenzte Spielräume eröffnen, ermöglichen allgemeine Lösungen eher eine gleiche und uneingeschränkte Teilhabe ohne zusätzliche Kosten oder mit geringen zusätzlichen Kosten (Web ohne Barrieren, Zugriff am 30.04.2016).

»Dieser Ansatz berücksichtigt auch die internationale behindertenpolitische Diskussion, die auf ›Einbeziehung‹ in die allgemeine soziale Umgebung (›inclusion‹) statt auf spezielle Rehabilitations- und Integrationsbemühungen setzt, die bereits begrifflich die vorherige Ausgliederung und Besonderung voraussetzen.« (Web ohne Barrieren, Zugriff am 30.04.2016).

Im gesellschaftlichen Leben tauchen augenscheinliche Barrieren auf, die auch rasch als solche erkennbar sind. Dies trifft vor allem auf bauliche Barrieren zu (z. B. Stufen und andere Hindernisse (etwa der zu hoch angebrachte Bankomat, das fehlende akustische Signal an der Ampel, der nicht vorhandene Lift). Weniger augenscheinlich treten Barrieren auf, die den Zugang zu Informationen aus unterschiedlichen Quellen für Menschen erschweren oder unmöglich machen. Diese uneingeschränkte Zugänglichkeit (engl. *accessibility*) wird beispielsweise dann erforderlich, wenn sich Menschen mit Lernschwierigkeiten (→ Selbstbestimmung) Texte nicht erschließen können, weil die verwendete Sprache zu komplex ist und ihnen so der Sinnzusammenhang verschlossen bleibt. Initiativen, Barrieren im Bereich der Sprache abzubauen und Texte in leichter Sprache (vgl. Gütesiegel LL Leicht Lesen) zu verfassen, stellen eine notwendige Entwicklung dar. Zu erwähnen sind hier beispielsweise die Gestaltung von Wahlinformationen, Betriebsanleitungen, Gesetzestexten, etc. auf einem entsprechenden Sprachniveau. Letztlich ist auch der Bildungsbereich gefordert, Texte und Inhalte so zu gestalten, dass jeder Mensch Zugang finden kann.

Für Menschen mit einer Sinnesbehinderung (insbesondere Seh- und → Hörbehinderung) treten Barrieren vor allem auch im Bereich der Kommunikation auf. So sind zwar zahlreiche technische Hilfsmittel (z. B. *Screen Reader* für Blinde, Höranlagen und Maßnahmen in der Raumakustik, etc.), wie auch andere Formen der Beseitigung von Barrieren (Hörbücher, Brailleschrift, Untertitelung von Sendungen, Einsatz von Gebärdensprache und Gebärdensprachdolmetscher) im täglichen Leben verwirklicht. Dennoch ist festzustellen, dass dieser Bereich – gerade bezogen auf den Einsatz der Gebärdensprache – noch erheblich ausgebaut werden kann und muss.

Einschränkungen, Handicaps und Behinderungen treten in so vielfältigen Formen auf, dass Barrierefreiheit letztlich nur einen idealtypischen Zustand beschreiben kann und sich daraus die gesellschaftliche Herausforderung ableitet, sich diesem Ideal in der Realität anzunähern. Für alle Menschen sind sowohl in der Natur als auch im gesellschaftlichen Leben Barrieren vorhanden, die nur schwer oder überhaupt nicht zu überwinden sind. Diese Erkenntnis darf nicht dazu führen, Menschen mit einer Einschränkung oder Behinderung, deren grundlegende und gesetzlich schon festgeschriebene Rechte zur Teilhabe am gesellschaftlichen Leben infrage zu stellen.

Damit exkludierende Verhältnisse überwunden und Barrierefreiheit hergestellt werden kann, sind neben der gesetzlichen Verankerung in den jeweiligen Landes- und Bundesgesetzen, die größtenteils bereits realisiert wurden, Entwicklungspläne für eine konkrete Umsetzung zu erarbeiten. Dabei gilt es, in erster Linie bestehende Barrieren zu identifizieren und zu beseitigen. Um dies zu erreichen, müssen Maßnahmen zur Bewusstseinsbildung (wie z. B. Schulungen, verstärkte Öffentlichkeitsarbeit) gesetzt und durchgeführt werden.

Literatur

Bundeskompetenzzentrum Barrierefreiheit (BKB). Zugriff am 12.05.2016. Verfügbar unter: http://www.barrierefreiheit.de/bgg_barrierefreiheit.html

Degener, Theresa/Diehl Elke (Hg.) (2015): Handbuch Behindertenrechtskonvention. Teilhabe als Menschenrecht – Inklusion als gesellschaftliche Aufgabe. Bundeszentrale für politische Bildung (Bonn). bpb-Schriftenreihe Band 1506.

Kastl, Jörg Michael (2016): Begriffsdefinition »Barriere« In: Dederich, Markus/Beck, Iris/Bleidick, Ulrich/Antor, Georg (Hg.) (2016). Handlexikon der Behindertenpädagogik. Schlüsselbegriffe aus Theorie und Praxis. Stuttgart, 102–103.

Kluge, Friedrich (1995): Etymologisches Wörterbuch der deutschen Sprache. Berlin.

UN-Behindertenrechtskonvention (UN-BRK). Zugriff am 11.07.2016. Verfügbar unter: http://www.behindertenrechtskonvention.info/uebereinkommen-ueber-die-rechte-von-menschen-mit-behinderungen-3101/

Web ohne Barrieren, Auszüge aus dem Behindertengleichstellungsgesetz – Barrierefreiheit. Zugriff am 30.04.2016. Verfügbar unter: http://wob11.de/par4barrierefreiheit.html

Beratung

Kerstin Ziemen

Beratung (engl. *guidance, advice*) ist eine Form der Interaktion zwischen Menschen und zielt darauf ab, Fragen, Probleme, Unsicherheiten durch Informationen, Gespräche, Entscheidungs- und Orientierungshilfen zu bearbeiten, einer Lösung zuzuführen bzw. sich dieser anzunähern. Die Ratsuchenden werden dabei unterstützt, selbst eine Lösung zu finden, eine Krise zu verarbeiten oder eigene Frage- und Problemstellungen zu klären.

Wenn in unterschiedlichen BERATUNGSANSÄTZEN auch verschiedene Vorgehensweisen präferiert werden, so sind doch folgende Aspekte grundlegend: Das Beratungsanliegen, die Fragestellung oder das Problem zu formulieren oder herauszuarbeiten, entsprechende Informationen dazu zu sammeln oder bereitzustellen, Kontakte zu vermitteln und Entscheidungshilfen bzw. Orientierungsmöglichkeiten zu geben.

Beratung findet in verschiedensten Formen statt. Neben einer professionellen bzw. institutionellen Form von Beratung gibt es auch nichtprofessionelle Beratung in alltäglichen Situationen. Es werden drei Formalisierungsgrade von Beratung unterschieden: Die informelle Beratung durch Bekannte oder Freunde, die halbformalisierte Beratung, welche Gespräche mit nicht ausgewiesenen, aber durch ihren Beruf zur Beratung qualifizierten Personen wie Lehrkräfte oder Ärzte und Ärztinnen beinhalten, und schließlich die formalisierte Beratung von ausgewiesenem Beratungspersonal in Beratungsstellen (Nestmann, Engel & Sickendiek 2008).

Es besteht eine große Vielfalt an Beratungsansätzen, deren Differenzierung immer weiter voranschreitet. So können etwa lösungsorientierte, klientenzentrierte, systemische, kooperative, ressourcenorientierte Konzepte u. v. a. m. unterschieden werden. Den unterschiedlichen Ansätzen liegen nicht nur verschiedene Vorgehensweisen zugrunde, sondern auch unterschiedliche Theorie- bzw. Menschenbildannahmen (Ricking 2011). Die Komplexität in gesellschaftlichen und sozialen Feldern führt dazu, dass Beratung einen immer größeren Stellenwert im Leben von Menschen einnimmt. Beratung richtet sich in pädagogischen Kontexten an Kinder und Jugendliche, zugleich aber auch an Fachkräfte und Eltern.

Die Beratung von Eltern bzw. Bezugspersonen von Kindern und Jugendlichen mit Behinderung zielt darauf ab, die Eltern bei den auftauchenden Fragestellungen zu unterstützen. Irritationen und Fragen entstehen durch die soziale Situation der Familie (→ Familien von Kindern und Jugendlichen mit Behinderungen), insbesondere die neue fremde Situation nach der Geburt des Kindes und/oder der Diagnosestellung, durch die Reaktionen des Umfelds und die ggf. wahrgenommenen widersprüchlichen Situationen (Ziemen 2002). Es stellen sich u. a. Fragen nach den Auswirkungen der Diagnose, nach der Entwicklung und Unterstützung des Kindes, nach Bildung und Erziehung, Schullaufbahn, Berufsorientierung, Leben als Erwachsene, nach Freizeitmöglichkeiten, aber auch nach der Bewältigung des eigenen Lebens als Familie oder Bezugspersonen, nach vorhandenen Ressourcen und Möglichkeiten der Unterstützung. Eltern beklagen nach wie vor unzureichende, fehlende oder nicht vernetzte Beratungsangebote.

Entwicklungen mit Blick auf Inklusion stellen die Eltern vor allem im schulischen Kontext vor neue Herausforderungen, z. B. durch die Änderungen der Schulgesetze in einigen Bundesländern, den geeigneten Schulort für ihr Kind wählen zu können. Das erfordert eine Beratung, die alle Möglichkeiten offenlegt und die einen Überblick über unterschiedliche Schulformen schafft. Eltern greifen hierbei häufig zu Beratungsangeboten von Selbsthilfegruppen und Vereinen, die erfahrungsbasiert beratend tätig werden und niedrigschwellige Angebote unterbreiten. Das PEER COUNCELING ist ein geeignetes Instrument, um unter Berücksichtigung der Vorgaben der → UN-Behindertenrechtskonvention (UN-BRK) das Recht auf Beteiligung (Art. 4, Abs. 3) durchzusetzen.

Im Kontext von Inklusion kommt der Beratung und Unterstützung der Fachkräfte eine ebenso große Bedeutung zu. Die Beratungsbedürfnisse von Lehrpersonen und Teams an Schulen beziehen sich auf einzelne SchülerInnen und ihre Lernvoraussetzungen; auf Entwicklungspotenziale von SchülerInnen; konkrete didaktische Fragestellungen und Differenzierungsmöglichkeiten im Unterricht; die Gestaltung von Lernarrangements und die Kooperation mit den Eltern. Eine besondere Form der Beratung ist die KOLLEGIALE BERATUNG von Lehrpersonen und Teams. Hierbei geht es um den Austausch bei Problemsituationen im beruflichen Alltag. In pädagogischen Kontexten Herausforderungen zu meistern, wird gelingen, wenn die beteiligten Akteure nach gemeinsamen Wegen suchen bzw. die Möglichkeit nach gegenseitiger Unterstützung und Beratung aus dem System selbst bzw. darüber hinaus auch von außen erhalten und nutzen können.

Literatur

Nestmann, Frank/Engel, Frank/Sickendiek, Ursel (Hg.) (2008): Das Handbuch der Beratung, Band 1 & 2. Tübingen.

Ricking, Heinrich (2011): Beratung statt Selektion. In: Kaiser, Astrid/Schmetz, Dietmar/Wachtel, Peter/Werner, Birgit (Hg.): Didaktik und Unterricht. Stuttgart, 274–279.

Ziemen, Kerstin (2002): Das bislang ungeklärte Phänomen der Kompetenz – Kompetenzen von Eltern behinderter Kinder. Butzbach-Griedel.

Bewegung

Volker Gottfried Kriegel

Der Begriff *Bewegung* wird vielfältig verwendet: Auf den Menschen bezogen, beschreibt er zunächst die durch Muskelkraft bewirkte gänzliche Veränderung der Position des Körpers bzw. der Körperteile zueinander, je nach Lage, Stellung oder Haltung von Kopf, Rumpf oder Gliedmaßen. Der Begriff Bewegung im Sinne von Gemütsregung durchdringt darüber hinaus Gedanken und Gefühle. Und als Bestandteil der sozialen Lebenskultur kennzeichnet er schließlich ebenso soziale Prozesse des gesellschaftlichen Wandels.

Der Begriff *Bewegung* dürfte aufgrund seiner Vielfalt schon früh Gegenstand natürlicher und sozialer Betrachtung gewesen sein. In der Ontogenese wechseln Haltungen und Bewegungen miteinander ab. Und auch die Phylogenese der menschlichen Bewegung erscheint geradezu wie eine Vorbedingung des Lernens. Ein Verstehen durch Begreifen. Bewegungen werden planmäßig verfügbar; sie ermöglichen Fortbewegung und Nahrungssuche, Fortpflanzung, Handwerk und Kult. Erste Darstellungen reichen bis in die Antike zurück (Plato, Aristoteles, Hippokrates); Anfänge einer Bewegungsforschung entstammen der Renaissance (da Vinci, Galilei, Euler, Lagrange); sie sind seit Beginn der Neuzeit eng mit dem Aufkommen wissenschaftlicher Fachdisziplinen (Physiologie, Pädagogik, Psychologie, Psychiatrie) und mit technischen Entwicklungen verknüpft. Im 20. Jahrhundert wuchs dagegen Kritik. Der an der Universität Groningen wirkende Universalgelehrte Buijtendijk (1956, 3) formulierte einmal dazu: »Schon eine oberflächliche Bekanntschaft mit den Erscheinungen des menschlichen Daseins zwingt uns, diese nicht als eine Reihe von Ereignissen, als einen Prozeß, aufzufassen, sondern als Äußerungen des Lebens.«

In der Inklusion steht der relativ unscharfe und mehrdeutige Bewegungsbegriff entweder erstens für die Merkmale des menschlichen Handelns, dabei akzentuiert er den motorisch-funktionellen Aspekt, unter dem der Mensch zu einem sich verhaltendem Wesen wird, aufgrund seines Organismus, in dem sich etwas vollzieht; oder zweitens für die Forderung, jeden Menschen in seinem Willen und in seinem Verlangen nach selbstbestimmter Bewegung zu bestärken. Dann betont er den natürlichen Zustand unseres Daseins, von dem nichts und niemand auszuschließenden ist.

In seiner ersten Bedeutung erscheint Bewegung als sogenannte »willkürliche Bewegung«: Nicht ein einziges Organ führt sie schließlich aus, sondern der ganze Mensch als solcher. Demzufolge ist ihr Ergebnis nicht nur eine »funktionelle Veränderung«, sondern ganzheitlich »gegenständliches Resultat«. Bewegung bewirkt hier eine Veränderung der Lebenssituation. Damit löst sie eine Aufgabe, die eine bestimmte persönliche Absicht oder Einstellung voraussetzt, über die der Mensch bewusst handelnd sein Dasein bestimmt (Rubinstein 1890).

Diese natürliche Fähigkeit ist allen Menschen zu eigen. Und je besser es gelingt, eine Bewegung zu steuern, umso deutlicher erhöht sich der Anteil an Selbstbestimmung in einer Lebenssituation.

Theunissen (2007, 171 f.) nimmt in der zweiten Bedeutung von Bewegung darauf Bezug, wenn er beschreibt, wie bedeutsam dieses Wissen für die Inklusion sei, die hier insgesamt als Behindertenarbeit zu verstehen ist: Denn Letztere hat im Sinne von »Lebensweltorientierung« Menschen mit Behinderung das notwendige Maß an Unterstützung anzubieten, dass ihnen den Zugang zu sozialen »Regelkontexten«, die »Teilhabe an gesellschaftlichen Bezügen« sowie ein »Leben in der ihnen vertrauten (natürlichen) Umgebung« gewährleistet. Zahlreiche Schlüsselbegriffe aus der Heil- und Sonderpädagogik, der Sozialen Arbeit, aus Medizin, Psychologie, Soziologie und Sozialpolitik wie → Empowerment, Handlungsbezogenes Lernen oder Autonomie und Selbstbestimmung sind charakteristisch dafür (Theunissen 2007).

Bewegung als Inbegriff des menschlichen Verhaltens ist für die Inklusion also zweifach relevant; als selbstbestimmtes Leitkonzept und um die Gesellschaft nachhaltig zu einem Ort der sozialen und kommunikativen Selbstgestaltung werden zu lassen, sie zu beeinflussen oder zu verändern.

Darüber hinaus veranlasst die Einführung eines inklusiven Bewegungsbegriffs jedoch auch zu kritischen Abwägungen: Im Hinblick auf eine Analyse des menschlichen Bewegungsverhaltens hat der Terminus Inklusion bislang keinesfalls die ihm gebührende Beachtung gefunden. Und insofern er überhaupt mit dem Begriff Bewegung in Zusammenhang gebracht wird, so meist nur, um darauf aufmerksam zu machen, wie wichtig es doch sei, Bewegung auch für die Inkluison einzufordern. Zwar mehren sich in jüngerer Vergangenheit die erfreulichen Versuche, Bewegung, Spiel und Sport für Heranwachsende mit Behinderung attraktiv zu machen.

Die Thematik Bewegung und Inklusion ist allerdings sehr oft nur in diverse Projektvorhaben eingebunden und bislang auch nicht so systematisch angegangen worden, als dass es in absehbarer Zeit gelänge, Möglichkeiten aufzuzeigen, wie die institutionellen Rahmenbedingungen nachhaltig zu verändern seien, damit der Einführung der Inklusion auch im Zuge einer tatsächlichen Kompetenzförderung konkret Rechnung getragen werden kann (Ziemen 2001).

In den Lehrplänen für Sport findet sich zum Beispiel kaum erwähnt, was die bildungspolitischen Kriterien zu diesem Thema sind, wie die Abstimmung vor Ort erfolgen soll, wie Regeln und Absprachen diesbezüglich zu gestalten sind und welche Formen des gemeinsamen Lernens sich letztlich hinter der Forderung nach Inklusion verbergen (Kriegel 1999).

Für die schulische Integration – vor allem aber für das bewegungsrelevante Fach Sport – wird künftig intensiver zu klären sein, mit welchen Mitteln dem Phänomen der (exklusiven) Ausgrenzung begegnet werden soll. Denn gerade im Zustand erhöhter körperlich-sportlicher Belastung können soziale Erwartungen in Erfahrungen persönlicher Abschottung umschlagen, weil die erhobenen Anforderungen den individuellen Möglichkeiten nicht entsprechen.

Der Sportunterricht vermittelt als einziges Fach systematisch grundlegende Bewegungs- und Wahrnehmungsmuster, um sich spezifischere, nicht zuletzt an Handlung- und Bewegungsfeldern perspektivisch ausgerichtete Kompetenzen aneignen zu können. Aber bislang ist pädagogisch weitgehend offen, wie diese bildungspolitisch sinnvollen Ambitionen so auf einen individuellen Bezugsrahmen abzustimmen sind, dass eine trotz Behinderung erbrachte Bewegungsleistung im Sinne der Inklusion attraktiver würde.

Vielleicht sollte künftig als Begrifflichkeit inklusive Bewegung dem Begriff Sport vorgezogen werden, da viele Kinder, aber auch Jugendliche und Erwachsene eher zu Bewegung und Aktivität motiviert werden können, jedoch beim Gedanken an den Sport mit Laufschuhen, an Geräten und auch noch im Trainingsanzug eher zurückschrecken. Regelmäßige Bewegung ist inklusiv möglich und wirksam. Die Initiativen dazu sollten sich ohne Unterschied an alle und ebenso an die Institutionen in der Praxis wenden.

Literatur

Buytendijk, Frederik J. J. (1956): Allgemeine Theorie der menschlichen Bewegung. Berlin.

Kriegel, Volker Gottfried (1999): Bildungspolitische Rahmenbedingungen für die Förderung hörbehinderter Schulkinder in Sachsen-Anhalt. Halle (Saale).

Rubinstein, Susanne (1890): Zur Natur der Bewegung. In: Zeitschrift für Psychologie und Physiologie der Sinnesorgane. Leipzig, 2 (1891).

Theunissen, Georg (2007): Inklusion. In: Theunissen, Georg/Kulig, Wolfram/Schirbort, Kerstin (Hg.): Handlexikon Geistige Behinderung. Stuttgart, 171–172.

Ziemen, Kerstin (2001): Das bislang ungeklärte Phänomen der Kompetenz – Kompetenzen von Eltern behinderter Kinder. Butzbach-Griedel.

Bildung

Ursula Stinkes

Die Besonderheit der deutschen Pädagogik besteht u. a. in dem Begriff und der Idee der Bildung. Der metaphorische Sinn dieses Begriffs verdankt sich einer langen Tradition, die nicht nur pädagogische, sondern auch theologische Kontexte enthält. Er überwindet den überlieferten und modifizierten Zuchtgedanken, der im Begriff der Erziehung enthalten ist: Kultivierung, Zivilisierung und Moralisierung wie Disziplinierung der Wildheit/Tierheit des Kindes zum Zweck seiner Menschwerdung. Er verweist in sich auf die Figur des Vor- und Nachbildes; ein alter theologischer Zusammenhang (*imago-dei*-Lehre). Dieser Zusammenhang markiert einen Widerspruch: Den Widerspruch zwischen der (Gott-)Ebenbildlichkeit des Menschen und dem Bilderverbot in der Genesis (du sollst dir kein Bildnis machen). In der Aufklärung wird ein nicht-instrumenteller Umgang mit dem Kind hervorgehoben, wobei Bildung hier noch die Figur der Versagung, des Entzugs, der Unverfügbarkeit transportiert (Sich-Bilden als ein Ledig-Werden aller Bilder). Zunehmend wird dieser Entzug durch ein omnipotent aufgeblähtes Ich eingeebnet. Bildung wird SELBSTBILDUNG, SELBSTBESTIMMUNG; eine Art Identitätsfindung ohne Versagung, welche das Edle, Zweckfreie des Menschen freisetzen soll (Meyer-Drawe 1999).

Aus sozialgeschichtlicher Sicht ist Bildung ein die Gesellschaft umformender, aber auch von ihr bestimmter Aspekt der gesellschaftlichen Entwicklung. Bildung erscheint damit auch als eine Geschichte des Bildungsbürgertums, da die bürgerliche Welt ihre Leitorientierungen an ein entsprechendes staatliches Unterrichtswesen knüpft(e) und staatlich institutionalisierte. Der Kampf um GESELLSCHAFTLICHE MACHT drückt sich daher im Begriff der Bildung ebenso aus, wie die Reproduktion von → sozialer Ungleichheit, die Stabilisierung von politischen (Herrschafts-)Verhältnissen sowie die Vision der gesellschaftlichen Praktik des Hervorbringens von → Individualität (Ricken 2006).

Fragen danach, was wir sind und wer wir sein könnten; welche Antworten wir auf die unterschiedlichen Verhältnissetzungen, in denen wir leben, finden können (Selbst-, Welt- und Anderenverhältnisse), bleiben virulent. Davon ausgehend hat Bildung nicht nur individuelle, sondern stets auch soziale Formen zu problematisieren und neu zu erfinden. Vor dem Hintergrund einer zugleich exklusiven wie inklusiven (Ungleichheits-)gesellschaft verschieben sich die Fragestellungen in der MODERNE latent: Die soziale Ebene ist für die moderne Formel der Bildung von Bedeutung. Soweit innerhalb der Behindertenpädagogik der Bildungsbegriff überhaupt reflektiert wird, stehen Fragen nach dem Anderen, seiner Bildungsfähigkeit und nach dem Verständnis von Bildung unter der Bedingung von Behinderung im Mittelpunkt.

Das Urteil der BILDUNGSUNFÄHIGKEIT ließ nach Auswegen der Erweiterung oder Vertiefung des allgemein-erziehungswissenschaftlichen Bildungsbegriffs suchen. Förderung, Kommunikation, Beziehung wurden je nach *Bezugsgruppe* entweder philanthropinisch oder aber, den Prozess der Bildung betonend, als ein sich-bilden (reflexive Dimension) ausgelegt (Ackermann 1990). Der Fokus des selbstbezüglichen Anerkanntwerdens (von behinderten Menschen) dominiert in den Reflexionen, sodass etwa zentrische Bedürftigkeit in den Mittelpunkt der Anforderung an Bildung rückt. Selbstverausgabung und Versagung als zentrale Aspekte menschlichen Existierens kommen wenig in den Blick. Dass es neben einem Anerkanntwerden auch das Bedürfnis nach dem Anderen *als Anderem* gibt, wurde als sekundär verstanden. Nicht nur, aber vor allem auch aus diesem Grund wurde Sozialität seit Beginn der Institutionalisierung der Behindertenpädagogik schulisch und außerschulisch in Form einer homogenen Gemeinschaft (Verbesonderung) institutionalisierbar, praktizierbar und (macht-)theoretisch auslegbar. Im Zuge der Integrationsbewegung wird jedoch eine Form der Kommunität denkbar und praktizierbar, die Eigenheit und Vielfalt in einem Art Zwischenraum ermöglicht: Das Bedürfnis nach dem Anderen als Anderem wird als anthropologisches Muster menschlicher Existenz verstehbar und als gesellschaftskritischer Auftrag differenziert. Bildung wird nicht nur als Übergang von Subjekt zum Objekt und Objekt zum Subjekt deutlich, sondern vor allem als kollektiver Prozess im Medium des Allgemeinen kommunizierbar. Die Weiterentwicklung in Richtung inklusiver Bildung betont das Anerkanntwerden behinderter Menschen als einen (politischen) *Kampf um Anerkennung* und bindet diesen Kampf an visionär aufgeladene gesellschaftliche Prozesse, die bereits bestehen (von Anfang an dabei sein) und zugleich hergestellt werden sollen. Bildung wird als Garant für gesellschaftliche und bildungspolitische Gleichheits- und Gerechtigkeitsverhältnisse unter dem Vorzeichen der Anerkennung von Andersheiten visioniert. Zugleich soll sie eine Art *allgemeinmenschliche* Identität (Dekategorisierungsprozess) freilegen, die frei von konkreten, widersprüchlichen und konflikthaften Verhältnissetzungen (Selbst-, Welt- und Anderenverhältnisse) sei. Ob dieses Bildungsverständnis dazu taugt, Fremdheit und Entzogenheit menschlicher Existenz anzunehmen und zu gestalten sowie gesellschaftskritisch mit Forderungen nach → Bildungsgerechtigkeit zu verbinden, bleibt (noch) offen.

Literatur

Ackermann, Karl-Ernst (1990): Zum Verständnis von »Bildung« in der Geistigbehindertenpädagogik. In: Dreher, W. (Hg): Geistigbehindertenpädagogik – vom Menschen aus. Köln, 65–84.

Meyer-Drawe, Käte (1999): Zum metaphorischen Gehalt von »Bildung« und »Erziehung«. In: Zeitschrift für Pädagogik, 2/1999, 161–175.

Ricken, Norbert (2006): Die Ordnung der Bildung. Beiträge zu einer Genealogie der Bildung. Wiesbaden.

Bildungsgerechtigkeit

Markus Dederich

Bildungsgerechtigkeit bezeichnet sowohl das Ziel als auch spezifische Vorgehensweisen und Verfahren, mehr »Gerechtigkeit in die Schule und in das Bildungswesen zu bringen und damit die Rechte auf Bildung, auf Entfaltung der Persönlichkeit, auf demokratische Teilhabe realisierbar zu machen« (Lindmeier 2011, 159). Das Ziel der Bildungsgerechtigkeit ist die Verringerung nicht hinnehmbarer Bildungsungleichheiten und die Ermöglichung selbstbestimmter Teilhabe und Inklusion bisher marginalisierter

Gruppen. Allerdings besteht keine Einhelligkeit darüber, woran genau sich Bildungsgerechtigkeit bemisst, welche Güter durch Bildungsgerechtigkeit realisiert werden sollen und welche Verfahren zur Erreichung des Ziels der Bildungsgerechtigkeit geeignet und ethisch legitim sind.

Nach Gosepath (2010) bezieht sich GERECHTIGKEIT »auf die Gesamtheit der wechselseitigen Ansprüche und Verbindlichkeiten bzw. der moralischen Rechte und Pflichten, die die Menschen gegeneinander vom Standpunkt der Unparteilichkeit aus haben« (835). Dabei ist die Frage zentral, »wem was zukommt«, genauer: »Wer schuldet in welchen Umständen wem was, auf welche Weise, warum, aus welcher Perspektive, aufgrund welchen Prinzips und mit welcher Anwendung?« (Gosepath 2010, 835). Im Kontext von Problemen der Bildungsgerechtigkeit ist es wichtig, zwischen einer gesellschaftlich bedingten Ungleichverteilung der Zugangschancen von Individuen zu Bildungsangeboten (externe Ungleichheit) und den subjektiven Chancen von Individuen, sich Bildung anzueignen (interne Ungleichheit), zu unterscheiden. Die Forderung nach Bildungsgerechtigkeit wird in der Regel dann erhoben, wenn externe oder interne Ungleichheiten als nicht hinnehmbar eingestuft werden und nach Ausgleich verlangen (Giesinger 2007). Demnach haben Konzeptionen der Bildungsgerechtigkeit die Frage zu beantworten, bei wem unter welchen Voraussetzungen, mit welchen Zielen und Mitteln die ungleiche Verteilung von Bildungschancen ausgeglichen werden soll.

Dies ist nicht nur auf gesellschaftlich-struktureller Ebene eine anspruchsvolle Aufgabe, sondern auch auf einer handlungspraktischen Mikroebene, etwa im inklusiven Unterricht. Hier kommt es aufgrund der Heterogenität der SchülerInnen zu einer Vervielfältigung von gerechtigkeitsrelevanten Gleichheits- bzw. Ungleichheitsverhältnissen. Dies aber wirft eine Reihe von Fragen auf:

a) In welcher Hinsicht bestehen als nicht hinnehmbar einzustufende Ungleichheiten? In Hinblick auf welche Kriterien und in welchem Umfang soll Gleichheit hergestellt werden?
b) Welche angemessenen und legitimen Wege und Mittel zur Herstellung von Gleichheit stehen zur Verfügung?
c) Welche Arten und welches Ausmaß von UNGLEICHBEHANDLUNG im Dienst der Herstellung von Gleichheit sind angemessen und legitim?

Gleichheit und Ungleichheit treten auf verschiedenen Ebenen auf: Auf der intrapersonalen Ebene, die auf die jeweils unterschiedlichen Lernvoraussetzungen mitsamt ihrer sozioökonomischen Hintergründe bezogen ist, auf der Systemebene, etwa in Hinblick auf Lerngelegenheiten, unterschiedliche Schulformen usw. sowie hinsichtlich faktischer Lerneffekte bzw. der Erreichung intendierter Lehr- bzw. Lernziele (Heid 1988). Diese Ebenen sind miteinander verschränkt und beeinflussen sich wechselseitig. Wenn beispielsweise individuelle Lernvoraussetzungen sehr ungleich sind, werden gleiche Lerngelegenheiten und einheitliche BILDUNGSZIELE für alle die Ungleichheiten wahrscheinlich vertiefen. Daher ist es in der → Arbeit mit heterogenen Lerngruppen unverzichtbar, individuell angepasste Lerngelegenheiten zu schaffen und ggfs. individualisierte Bildungsziele zu definieren. Jedoch kann auch die Individualisierung den Effekt haben, die Ungleichheit zu vertiefen, etwa hinsichtlich der Erreichung von gesellschaftlich definierten Minimalzielen von Bildung (Dederich 2013).

Bei allen Bemühungen um ein Mehr an Bildungsgerechtigkeit ist zu bedenken, dass diese dort an ihre Grenzen stoßen, wo die Selektions- und Allokationsfunktion von Schulen ins Spiel kommen. Beide Funktionen erzwingen eine Hierarchisierung individueller BILDUNGSERFOLGE nach Maßgabe von Kriterien, die werthaltige quantitative oder qualitative Unterschiede markieren. Wegen dieses prinzipiellen Problems kann es heute noch nicht als gesichert gelten, dass inklusive Schulen die Wettbewerbschancen marginalisierter Individuen und Gruppen tatsächlich erhöhen und zu mehr Gerechtigkeit führen.

Wenn überhaupt, wird Gerechtigkeit im Bildungssystem nur dann zu erreichen sein, wenn die Vermeidung von SOZIALER MISSACHTUNG sowie von systematischen BENACHTEILIGUNGEN und Ausschlüssen zu einer gesamtgesellschaftlichen und kulturellen Aufgabe wird.

Literatur

Dederich, Markus (2013): Philosophie in der Heil- und Sonderpädagogik. Stuttgart.

Giesinger, Johannes (2007): Was heißt Bildungsgerechtigkeit? In: Zeitschrift für Pädagogik, 3/2007, 362–381.

Gosepath, Stefan (2010): Gerechtigkeit. In: Sandkühler, Hans J. (Hg.): Enzyklopädie Philosophie, Band 1 A-H. Hamburg, 835–839.

Heid, Helmut (1988): Zur Paradoxie der bildungspolitischen Forderung nach Chancengleichheit. In: Zeitschrift für Pädagogik, 1/1988, 1–17.

Lindmeier, Christian (2011): Bildungsgerechtigkeit im schulbezogenen sonder-, integrations- und inklusionspädagogischen Diskurs. In: Dederich, Markus/Schnell, Martin W. (Hg.): Anerkennung und Gerechtigkeit in Heilpädagogik, Pflegewissenschaft und Medizin – Auf dem Weg zu einer nichtexklusiven Ethik. Bielefeld, 159–186.

Chancengleichheit

Georg Feuser

Der Begriff »Chancengleichheit bezeichnet in modernen Gesellschaften das Recht auf gleichen Zugang zu Lebenschancen. Dazu gehören insbesondere das Verbot von Diskriminierung beispielsweise aufgrund des Geschlechts, des Alters, der Religion, der kulturellen Zugehörigkeit, einer Behinderung oder der sozialen Herkunft, das in Menschenrechten festgeschrieben ist« (Wikipedia, Zugriff am 15.01.2016). Chancengleichheit ist im Art. 3, Abs. 3, des Grundgesetzes der Bundesrepublik Deutschland im Sinne eines Benachteiligungsverbotes verankert. Sehr eng verknüpft ist der Begriff mit dem der → Barrierefreiheit. Diese allerdings nicht nur bezogen auf eine rein physisch-mechanische Zugänglichkeit z. B. von öffentlichen Einrichtungen oder Verkehrsmitteln, sondern auch hinsichtlich digitaler Zugänglichkeit oder bezogen auf leichte Sprache.

Allein diese Zusammenhänge verdeutlichen die Bandbreite, die dieser Begriff abdeckt, eingeschlossen die Genderfrage, das Bildungsrecht, → Disability Studies sowie das gesamte Spektrum des mit dem an der → UN-Behindertenrechtskonvention (UN-BRK) orientierten Verständnisses von Inklusion. Gerade diese Bandbreite führt zwangsläufig zu einem Allgemeinheitsgrad des mit dem Begriff Gemeinten, dass er längst auch zu einer politischen Leerformel geworden ist, mit dem im Jargon von *Sonntagsreden* gepunktet werden kann, ohne sich einer überprüfbaren Umsetzung zu verpflichten.

Sowohl die Realisierung der Idee der Menschenrechte wie die der Demokratie sind unmittelbar mit dem Gleichheitsgebot bzw. mit der sozialen Gleichheit verbunden. In ihrer Studie *All on Board. Making Inclusive Growth Happen* von 2014 stellt die OECD fest, dass soziale Ungleichheit das Wohl der Menschen untergräbt und Maßnahmen, die Schere zwischen Arm und Reich zu schließen, nur erfolgreich sein werden, wenn auch der Zugang zu guter Bildung, zu Gesundheit und zu öffentlichen Infrastrukturen berücksichtigt werden. Dass vor allem die BILDUNGSBENACHTEILIGUNG sowohl Folge von Armut als auch die Armut reproduzierende Ursache ist, bleibt pädagogisch weitgehend negiert. Vor allem die Kinderarmut ist ein Entwicklungs- und Behinderungsrisiko (Rohrmann 2013). Dazu stellt der dritte Armuts- und Reichtumsbericht der Bundesregierung 2008 fest: »Auch emotionale Instabilität und Verhaltensauffälligkeiten der Kinder sind nicht selten Begleiterscheinungen von Armut und sozialer Ausgrenzung […] Beeinträchtigt werden auch die kognitive und sprachliche Entwicklung sowie die schulischen Leistungen von Kindern« (Bundesregierung 2008, 89). Die von Weiß schon 2001 angeführten Tendenzen einer »Ignorierung und Bagatellisierung von armutbedingter Deprivation« im Kontext eines wieder stärker um sich greifendes biologistischen Denkens (353) paaren sich mit der die Hilflosigkeit der gegenwärtigen Pädagogik toppenden Formel, dass schwerer lernende und als schwierig erlebte Kinder aus *bildungsfernen Familien* kommen.

Es geht dem Grunde nach also nicht um die bildungspolitisch geforderte Chancengleichheit, um die es in der Pädagogik weitgehend nicht zur Kenntnis genommene kritische Diskurse gibt und die z. B. Bourdieu (2001, 25) in seinen Arbeiten zur Bildungssoziologie als Illusion und als einen »der wirksamsten Faktoren der Aufrechterhaltung der bestehenden Ordnung« hält, die »der sozialen Ungleichheit den Anschein von Legitimität verleiht«. Es geht grundlegend um Gerechtigkeit und im Sinne einer → Bildungsgerechtigkeit darum, dass niemand wegen individueller Merkmale, die die Vielfalt des Menschen ausmachen, auch nicht wegen Art oder Schweregrad seiner physischen und/oder psychischen Beeinträchtigung, von einer »Bildung für Alle im Medium des Allgemeinen in Konzentration auf epochaltypische Schlüsselprobleme«, wie Klafki (1996, 56) formuliert, ausgeschlossen wird. Das bedeutet: Alle dürfen *alles* lernen, jede und jeder auf ihre bzw. seine Weise und allen sind die dafür erforderlichen personellen und sächlichen Hilfen zu gewähren (Feuser 1995). Chancengleichheit, auf die auch die UN-BRK rekurriert, ist eine Illusion. Allein dadurch, dass z. B. die befruchteten Eizellen eineiiger Zwillinge mit einem hohen Grad gleichen genetischen Potenzials, die sie mit dem mütterlichen Organismus verbindende Plazenta an einem je anderen Ort der Uteruswand ausbilden, haben beide nicht mehr die gleichen Bedingungen für ihre weitere Entwicklung und damit keine *gleichen* Chancen mehr. Die unterschiedlichen Bedingungen für die intrauterine Existenz beider werden unter Gesichtspunkten epigenetischer Prozesse auch zu einer unterschiedlichen Realisierung des genetischen Potenzials führen – und dieses umbauen.

Das vornehmste Ziel pädagogischer Inklusionsbemühungen hätte Ungleichheit abzuschaffen, was verlangt, SOLIDARITÄT aufzubauen – von frühester Kindheit an bis in die Bereiche der tertiären Bildung an Hochschulen und Universitäten und in Bezug auf die Berufsbildung.

Literatur

Bourdieu, Pierre (2001): Wie die Kultur zum Bauern kommt. Hamburg.

Bundesregierung (2001/2005/2008): Lebenslagen in Deutschland. Der 1., 2. und 3. Armuts- und Reichtumsbericht der Bundesregierung. Bonn.

Feuser, Georg (1995): Behinderte Kinder und Jugendliche. Zwischen Integration und Aussonderung. Darmstadt.

Klafki, Wolfgang (1996): Neue Studien zur Bildungstheorie und Didaktik. Weinheim.

OECD Fordfoundation (2014): All On Board. Making Inclusive Groth Happen.

Pollmann, Arnd/Lohmann, Georg (Hg.) (2012): Menschenrechte. Stuttgart.

Rohrmann, Eckhardt (2013): Behinderung und Armut. In: Feuser, Georg/Kutscher, Joachim (Hg.): Entwicklung und Lernen. Stuttgart 152–161.

Weiß, Hans (2001): Armut und soziale Benachteiligung: Was bedeuten sie für die Heil- und Sonderpädagogik? In: Die neue Sonderschule, 5/2001, 350–367.

Wikipedia (2016): Chancengleichheit. Zugriff am 15.01.2016. Verfügbar unter: https://de.wikipedia.org/wiki/Chancengleichheit

Curriculum

Ursula Carle

Der Begriff *Curriculum* wurde von Robinsohn (1967) in die deutsche Lehrplandiskussion eingeführt. Abgesehen von sehr unterschiedlichen Erscheinungsformen sind schulische Curricula wissenschaftlich fundierte Programme »geordneter Sequenzen von Lernerfahrungen, die auf beabsichtigte Bildungsziele bezogen sind« (Robinsohn 1967, 75). Eine allgemeine Curriculumtheorie gibt es bis heute nicht.

Durch den aus der amerikanischen Lehrplanentwicklung übernommenen Terminus Curriculum, wollte Robinsohn eine Revision des extrem auf tradierte Inhalte reduzierten didaktischen Problemhorizonts anstoßen. Er forderte eine wissenschaftliche Fundierung der schulischen LEHRPLÄNE durch eine systematische Curriculumforschung. In den USA wurden bereits ab den 1950er-Jahren auf wissenschaftlicher Basis entwickelte Curricula zusätzlich forschungsbasiert mit Materialien unterfüttert. In Schweden wurde versucht, die Effekte wissenschaftlich entwickelter Curricula zu erheben. Eine Serie von OECD-Projekten zur Curriculumentwicklung zwischen 1958 und 1963 hatte das Ziel, die Bildungsqualität in den Mitgliedsstaaten zu erhöhen und zu vereinheitlichen. In der Sowjetunion wurde im

Herbst 1964 eine Kommission aus Wissenschaftlern und Pädagogen eingerichtet, die ein curriculares Programm einschließlich Arbeitsmaterialien ausarbeiteten.

Die Anschlussfähigkeit von Bildungsangeboten war damals bereits angedacht. So forderte Robinsohn ein Curriculum über die ganze Spanne von Elementar- bis Sekundarbereich des Bildungswesens zu entwerfen. Zeitliche und inhaltliche Ordnung betrachtete er als sekundäre Aufgabe. Ein solches Curriculum sollte kein Abbild wissenschaftlicher Fachdisziplinen sein, sondern die Bildungsleistung in den Mittelpunkt stellen sowie kognitive und affektive Erziehung, die Einübung von Fertigkeiten, aber auch Kunst und Philosophie berücksichtigen. Diskutiert wurde, ob ein humanistisch ausgeglichenes problem- und zugleich fachbezogenes Curriculum möglich sei (Goodlad 1968). 1974 empfahl der Deutsche Bildungsrat die praxisnahe Entwicklung von Curricula.

Bis heute wird die Rolle von staatlich verordneten Curricula für die → Chancengleichheit im Bildungswesen kritisch diskutiert, insbesondere wegen zentraler schulischer Prüfungsanforderungen (Carle 2004).

Gefordert wurden einerseits knappe, an Prinzipien orientierte, offene Curricula, die stark auf die situative und fachliche Kompetenz der Lehrperson setzten und andererseits Spiralcurricula, die einen fachlichen bzw. an der fachlichen Lernentwicklung orientierten Aufbau vorgeben. Befürchtet wurde, dass durch Letztere die personalen und sozialen Bedürfnisse zu sehr eingeengt und das Verfolgen eigener Ideen verstellt würde.

Die Lehrplanentwicklung zog ein wachsendes Engagement der Schulbuch- und Lernmittelindustrie nach sich.

Ende der 1980er-Jahre nahm die Detailliertheit der Curricula ab (Rahmenpläne, Kerncurricula). Von den Schulen wurde erwartet, dass sie schulinterne Curricula erstellen. Seit 2004 setzten sich im Anschluss an die Beschlüsse der Kultusministerkonferenz (KMK) auch in Deutschland Bildungsstandards durch, die inhalts- und prozessbezogene Kompetenzen berücksichtigen. 2010 griff die KMK die Umsetzung der Behindertenrechtskonvention in einem Inklusiven Schulsystem auf.

Aktuelle Forschung setzt sich aus verschiedenen Perspektiven kritisch mit der Krise der Curriculumtheorie und -umsetzung auseinander (Scholl 2009; Priestley 2011; Young 2013; Rühle 2015). Die forschungsbasierte Anpassung der Curricula an ein inklusives Bildungssystem steht noch aus.

Literatur

Carle, Ursula (2004): Chancengleichheit durch Bildungspläne und Standards im Elementar- und Primarbereich? In: Heinzel, Friederike/Geiling, Ute (Hg.): Demokratische Perspektiven in der Pädagogik. Wiesbaden, 49–62.

Goodlad, John I. (1968): Curriculum. A Janus Look. In: The Record vol. 70, No. 2, 95–107.

Kultusministerkonferenz (KMK) (2010): Pädagogische und rechtliche Aspekte der Umsetzung des Übereinkommens der Vereinten Nationen vom 13. Dezember 2006 über die Rechte von Menschen mit Behinderungen (Behindertenrechtskonvention – VN-BRK) in der schulischen Bildung (Beschluss der Kultusministerkonferenz vom 18.11.2010) Zugriff am: 15.11.2012. Verfügbar unter: http://www.kmk.org/fileadmin/veroeffentlichungen_beschluesse/2010/2010_11_18-Behindertenrechtkonvention.pdf

Priestley, Mark (2011): Whatever happened to curriculum theory? Critical realism and curriculum change, Pedagogy, Culture & Society, vol. 19, No. 2, 221–237.

Robinsohn, Saul B. (1967): Bildungsreform als Revision des Curriculums. Neuwied.
Rühle, Sarah (2015): Diversität, Curriculum und Bildungsstrukturen: Eine vergleichende Untersuchung in Deutschland und Finnland. Münster.
Scholl, Daniel (2009): Sind die traditionellen Lehrpläne überflüssig? Zur lehrplantheoretischen Problematik von Bildungsstandards und Kernlehrplänen. Wiesbaden.
Young, Michael (2013): Overcoming the crisis in curriculum theory: a knowledgebased approach, Journal of Curriculum Studies, vol. 45, No. 2, 101–118.

Design

Tobias Bernasconi

Der Begriff *Design* bezeichnet den Entwurf von Produkten, geht dabei aber über die reine Formgebung hinaus, indem auch die Interaktion mit potentiellen Benutzern sowie die grundsätzliche Funktion eines Produktes bedacht werden. Dem Design von Produktlösungen kommt mit Blick auf die Teilhabe eine Schlüsselrolle im Kontext inklusiver Gesellschaftsentwicklung zu. Das Konzept des *Design für Alle* orientiert sich dabei an grundsätzlicher → Heterogenität.

Im Kontext von Produktgestaltungsentwürfen kennzeichnen die – oft synonym verwendeten – Begriffe *Inklusives Design, Universelles Design* und *Design für Alle* die Orientierung an einer Vielzahl von potenziellen NutzerInnen unter Berücksichtigung von deren unterschiedlichen körperlichen sowie kognitiven Voraussetzungen. Im Gegensatz zu anderen Gestaltungskonzepten wie dem des *Barrierefreien Designs* oder des *Generationsübergreifenden Designs*, bei denen der Fokus auf bestimmten Aspekten von Beeinträchtigung bzw. → Alter liegt, ist der Ausgangspunkt beim *Design für Alle* eine konstitutiv heterogene Nutzergruppe. Die *Stockholm Declaration* beschreibt *Design für Alle* als »design for human diversity, social inclusion and equality« (EIDD 2004, 1). Das Konzept setzt den Fokus auf die Gestaltung von Produkten, welche von einer heterogenen Gruppe genutzt werden können, ohne dass eine Anpassung oder ein spezielles Design erforderlich wäre (Center for Universal Design 1997). Inclusive Design bzw. Inklusives Design wird definiert als »design of mainstream products and/or services that are accessible to, and usable by, as many people as reasonably possible […] without the need for special adaptation or specialised design« (British Standards Institute 2005). Der Mensch wird in diesem Kontext als einzigartiges INDIVIDUUM angesehen; entsprechend werden Produktlösungen benötigt, die für möglichst alle Mitglieder einer Gemeinschaft nutzbar sind (Bühler 2005). Es handelt sich demnach um einen »integrativer Entwurfsansatz« (Bühler 2005, 864), welcher den Nutzer in den Mittelpunkt der Überlegungen beim Entwurf von Produktlösungen stellt.

Universelles Design folgt sieben Prinzipien (Center for Universal Design 1997):

1. Breite Nutzbarkeit durch Menschen mit unterschiedlichen Fähigkeiten

2. Flexibilität in der Benutzung durch Anpassungsmöglichkeiten.
3. Einfache und intuitive Bedienung unabhängig von spezifischer Erfahrung, Wissen und Sprachfähigkeiten.
4. Sensorisch wahrnehmbare Informationen und Kompatibilität zu Techniken und Geräten, die von Menschen mit sensorischen Beeinträchtigungen benutzt werden.
5. Hohe Fehlertoleranz der Produkte.
6. Niedriger körperlicher Aufwand bei der Nutzung alltäglicher Produkte.
7. Größe und Platz für Zugang und Benutzer mit unterschiedlicher Größe und Beweglichkeit.

Durch diese sieben Prinzipien können Produkte gestaltet werden, die ein großes Potenzial enthalten, eine inklusive Gesellschaftsentwicklung zu unterstützen (Bühler 2005). Auch die → UN-Behindertenrechtskonvention (UN-BRK) führt Universelles Design im Art. 2 als Konzept für Zugänglichkeit zur Infrastruktur ein. Ein Produktdesign, welches Sonderlösungen für Menschen mit Behinderung im alltäglichen Leben verringert, unterstützt damit die Teilhabe am gesellschaftlichen Leben in der allgemein üblichen Weise und kann weitergehend zur GLEICHSTELLUNG und Inklusion von marginalisierten Gruppen in einen gemeinsamen Lebensraum beitragen. *Design für Alle* ist dabei nicht nur auf den Bereich von Technologie im engeren Sinne zu beziehen, sondern bezieht bauliche Begebenheiten sowie übergreifend die Strukturierung von Lebensräumen mit ein. Flexible Klassenzimmer, individuelle Einkaufsmöglichkeiten oder barrierefreie (→ Barrierefreiheit) neue Informations- und Kommunikationsmedien können in einer Art und Weise entworfen werden, die Menschen mit Behinderung *auch* Zugänglichkeit ermöglicht, sondern grundsätzliche Zugänglichkeit für eine heterogene Nutzerschaft anbietet (Bühler 2016). Entsprechend ist nicht eine individuelle Beeinträchtigung der Grund für etwaige Schwierigkeiten bei der Benutzung eines Produktes, sondern das Produkt selber muss unterschiedlichsten Schwierigkeiten begegnen und sie gar nicht erst aufkommen lassen. *Design für alle* schließt demnach individuelle Hilfsmittel für Menschen mit Behinderungen, soweit sie benötigt werden, nicht aus. Neben der möglichst umfassenden Zugänglichkeit müssen Produkte auch Schnittstellen für individuelle Unterstützungsmaßnahmen – im Sinne von technischer, aber auch personaler → Unterstützung – enthalten.

Design im Kontext inklusiver Gesellschaftsentwicklung umfasst damit die Bereitstellung von Infrastrukturen und Umgebungen sowie technische Ausrüstungen und Hilfsmittel. Exklusionsrisiken entstehen dagegen durch Produktentwürfe, die sich dagegen nur an spezifischen Nutzergruppen orientieren.

Literatur

British Standards Institute (2005): British Standard 7000–6:2005. Design management systems – Managing inclusive design – Guide.

Bühler, Christian (2005): Assistive Technologie – Design für alle. Assistive Technology – Design for All. In: Orthopädie-Technik, 12/2005, 858–867.

Bühler, Christian (2016): Barrierefreiheit und Assistive Technologie als Voraussetzung und Hilfe zur Inklusion. In: Bernasconi, Tobias & Böing, Ursula (Hg.): Schwere Behinderung und Inklusion. Oberhausen, 155–169.

Center for Universal Design (1997): The Principles of Universal Design. Zugriff im Dezember 2015. Verfügbar unter: https://www.ncsu.edu/project/design-projects/sites/cud/content/principles/principles.html

EIDD Design for all Europe (2004): Deklaration von Stockholm. Zugriff im Dezember 2015. Verfügbar unter: http://dfaeurope.eu/what-is-dfa/dfa-documents/the-eidd-stockholm-declaration-2004/

Diagnostik

André Frank Zimpel

Der Begriff der **Diagnose** (diagnósis) bezeichnet im Allgemeinen ein differenzierendes Urteil und leitet sich aus dem griechischen Wort *diá-gignṓskein* ab (dt.: etwas durch und durch zu erkennen). Da aber jeder Mensch über ein Universum von Eigenschaften verfügt, ist der Anspruch, eine Persönlichkeit vollständig zu durchschauen, eine maßlose Überforderung. Diese **Überforderung** anzuerkennen, ist eine wichtige Prämisse der Inklusionspädagogik, weil nur so die Zukunft der Lernenden für vielfältige Entwicklungsmöglichkeiten offenbleibt.

Ziel jeder pädagogischen Diagnose sollte die Steigerung der Achtung vor der Gesamtpersönlichkeit sein, denn spätestens seit Janusz Korczak (1998) ist bekannt, dass die Achtung der Persönlichkeit eines Lernenden die unmittelbare und allgemeine Voraussetzung für gelingende Bildung und nachhaltige Erziehung ist.

Ein zentrales Werkzeug der psychologischen und pädagogischen Diagnostik ist der **Normvergleich**. Das lateinische Wort für Richtschnur und Maß *norma* geht wahrscheinlich auf das griechische Wort *γνώμων* (Gnomon) für Schiedsrichter, Kenner und Begutachter zurück. Die heute gebräuchlichste Form einer mathematischen Normierung in den Humanwissenschaften stammt aus der Sozialphysik des belgischen Astronomen und Statistikers Adolphe Quételet (1796–1874): die gaußsche Normalverteilung. Carl Friedrich Gauß (1777–1855) beschrieb mit der Dichtefunktion der Normalverteilung die Streuung von Messfehlern. Quételet beobachtete, dass Körpermaße normalverteilt sind. Das brachte ihn auf die Idee, dass nicht nur **Messfehler** normalverteilt sind, sondern auch menschliche Eigenschaften (Desrosiéres 2005). Heute noch gebräuchlich ist zum Beispiel Quételets Körpermassenzahl (Body-Mass-Index). Das gesuchte Maß, um das Messfehler streuen, ersetzte er durch den Idealtyp eines durchschnittlichen Menschen *(homme moyen).*

Bei einer **Normalverteilung** sind es die unzähligen Kombinationen der Zusammensetzung einer Eigenschaft, die eine hohe Wahrscheinlichkeit des Durchschnitts bedingen. Für die viel unwahrscheinlicheren Extremwerte ist dagegen die geringe Zahl möglicher Kombinationen verantwortlich. Das bedeutet: Die sogenannten normalen Eigenschaften sind in ihrer Zusammensetzung meist untereinander völlig verschieden. Die Zusammensetzungen zweier mittlerer Testwerte können unterschiedlicher sein als sie es im Vergleich zu extremen Testwerten sind

(Zimpel 2012). Die Vorstellung von Normalität als Gruppe homogener Eigenschaften ist illusionär.

Ein weiteres Problem einer NORMORIENTIERTEN DIAGNOSTIK für die Pädagogik ist eine defizitorientierte Sichtweise. Eine sehr einflussreiche Alternative zur normorientierten Diagnostik geht auf den russischen Psychologen Lev Semënovič Vygotskij (1896–1934) zurück. Vygotskijs (1935) Untersuchungen zeigen, dass Lernen jenseits der ZONE DER AKTUELLEN ENTWICKLUNG möglich ist, wenn die Lerntätigkeit eines Kindes von entsprechenden sozialen Bezügen getragen wird.

Diagnostische Untersuchungen der geistigen Entwicklung bedürfen deshalb mindestens ein doppeltes Testen: Wie löst ein Kind eine Aufgabe selbstständig und wie versteht es, angebotene Hilfen zu nutzen? Diesem Grundgedanken folgt die SYNDROMANALYSE. Sie geht auf den Moskauer Neuropsychologen Alexander Romanowitsch Luria (1902–1977) zurück und ergänzt die klassisch neurologische Syndromanalyse durch eine romantische Syndromanalyse, in der die Diagnostizierten selbst zu Wort kommen. Dieser Ansatz wurde von dem New Yorker Neuropsychiater Oliver Sacks (1992) aufgegriffen, gewürdigt und um viele neurologisch biografische Syndromanalysen ergänzt.

Der Bremer Professor Wolfgang Jantzen (1996) hat Lurias Ansatz um eine sozialkritische, antipsychiatrische Dimension bereichert. Um den Kreis zur inklusiven Didaktik zu schließen, bedarf es der Reflexion von Beobachterstandpunkten im Prozess des Diagnostizierens. Zu diesem Zweck wurde an der Universität Hamburg eine systemische Syndromanalyse entwickelt, die über die Vermittlung von Außen-, Innen-, Superbeobachtung und Selbstreflexivität (→ Selbstreflexion) diagnostisch begründete pädagogische Ideen entwickelt (Zimpel 2013a). Für Letzteres ist die Spieltheorie (Zimpel 2013b) Entscheidungshilfe.

Literatur

Desrosiéres, Alain (2005): Die Politik der großen Zahlen: Eine Geschichte der statistischen Denkweise. Berlin.

Jantzen, Wolfgang/Lanwer-Koppelin, Willehad (1996): Diagnostik als Rehistorisierung. Methodologie und Praxis einer verstehenden Diagnostik am Beispiel schwer behinderter Menschen. Berlin.

Korczak, Janusz (1998): Das Recht des Kindes auf Achtung. 6. Aufl. Göttingen.

Sacks, Oliver (1992): Einführung von Oliver Sacks. In: Luria, Alexander: Der Mann, dessen Welt in Scherben ging. Zwei neurologische Geschichten. Reinbek bei Hamburg, 7–20.

Vygotskij, Lev S. (1935): Umstvennoe razvitie detej v processe obučenija. Moskva.

Zimpel, André Frank (2012): Der zählende Mensch. Was Emotionen mit Mathematik zu tun haben. 2. Aufl. Göttingen.

Zimpel, André Frank (2013a): Zwischen Neurobiologie und Bildung. Individuelle Förderung über biologische Grenzen hinaus. 2. Aufl. Göttingen.

Zimpel, André Frank (2013b): Lasst unsere Kinder spielen! Der Schlüssel zum Erfolg. 3. Aufl. Göttingen.

Dialog

Peter Stöger

Dialog bezeichnet ein Gespräch bzw. eine Unterredung. *Día* steht für zwischen und *Logos* für die Rede, das Wort. Der Dialog gestaltet sich innerhalb inklusiver geistiger, geografischer, epochal-historischer Räume, an denen zwei oder mehr Individuen Anteil haben, z. B. bei einem Dialog als Round-table-Gespräch. Dialog ist Zwischenraum, er entsteht *zwischen* den (An-)Teilnehmenden. *Dia-Logos,* das Zwischen-Wort, ist ein Vorgang auf mehreren Ebenen: auf der sprachlichen, der intra- und trans-psychischen, der intra- und trans-kulturellen (-epochalen) und auf der physikalischen Ebene; Ebenen, die im inklusiven Bereich von besonderer Bedeutung sind.

Sokrates und Platon haben die Kunst des Dialogs wesentlich geprägt. Zum einen durch die Mäeutik, das fragend-entwickelnde Erschließen von Phänomenen (Sokrates), zum anderen durch die Einführung des Dialogs als literarische Gattung, bei der sich der Autor selbst im Hintergrund hält und die von ihm vorgestellten Gesprächspartner sprechen lässt (Platon). Platon war es auch, der dem Sokratischen Dialog seines Lehrers zum Durchbruch verholfen hat. Die Dignität (= Würde) der → Person ist die Voraussetzung dafür, dass Dialog gelingen kann. Willkürlich gesetzte inhaltliche Begrenzungen, Begrenzungen ohne sinnhafte innere Notwendigkeit, stehen dem *Dialogischen Prinzip* entgegen. Das dialogische Fragen erreicht seinen Höhepunkt (auch diskussionsethisch) in der Einsicht zur Bescheidung und im Erkennen neuer Fragen. Das Prinzip des Dialogs spielte im Austausch gegensätzlicher Positionen in der Scholastik eine Schlüsselrolle. Außereuropäisch kennt auch der tibetische Buddhismus in der Mönchserziehung dieses Prinzip seit Jahrhunderten. Im Deutschen und im Russischen Idealismus setzte sich das Erkennen durch, dass das Ich stets ein Ich durch Andere und mit Anderen ist.

Buber (1923), der im Dialogischen Prinzip, so wie auch Ebner (*Das Wort und die geistigen Realitäten,* 1919), betont, wie sehr Dialog darauf gerichtet ist, sich nicht vorzuenthalten, hat die Diskussion um den Person- bzw. Subjektbegriff im 20. Jahrhundert maßgeblich geprägt. Im geglückten (inkludierenden) Dialog geschieht prozesshaft, in progressiver Form, eine Art Selbstfindung im Spiegel des Gegenübers. Buber (1923) vertritt die These, dass das Ich aus dem »Du-genannt-werden« entstehe. Ich werde, indem ich das Du wirklich und deshalb wirksam sagen darf. »Ich werde am Du; Ich werdend spreche ich Du. Alles wirkliche Leben ist Begegnung.« (Buber 1983, 18) Diese Gegenseitigkeit ist ein Wirkzeugnis. Das heißt: »Mein Du wirkt an mir, wie ich an ihm wirke.« (Buber 1983, 9) Bubers Dialogisches Prinzip basiert auf dem relationalen Prinzip der personalen Beziehung zum Anderen. Dieses anthropologische Spezifikum charakterisiert alle Formen solidarischer Haltung, so auch im inklusiven Bereich.

Freire (1973) fügt mit seinem Alphabetisierungsprogramm in der zweiten Hälfte des 20. Jahrhunderts seine handlungsorientierte Philosophie eines politisch engagierten Dialogs hinzu. Dieses Moment ist für die → inklusive Pädagogik von Bedeutung, geht es doch in ihr auch um politische Partizipation, ein Kernanliegen von Flieger & Schönwiese (2011).

Literatur

Buber, Martin (1923, 1983): Ich und Du. 11. Aufl. Heidelberg.

Ebner, Ferdinand (1919, 1980): Das Wort und die geistigen Realitäten. Pneumatologische Fragmente, Nachwort von Michael Theunissen. Frankfurt a. M.

Flieger, Petra/Schönwiese, Volker (2011): Menschenrechte – Integration – Inklusion: Aktuelle Perspektiven aus der Forschung. Bad Heilbrunn.

Freire, Paulo (1973): Pädagogik der Unterdrückten. Reinbek bei Hamburg.

Graf, Peter (2013): Dialog. a) Allgemein. In: Lexikon des Dialogs. Grundbegriffe aus Christentum und Islam. Band 1. Freiburg, 130–132.

von Weizsäcker, Carl Friedrich (1963): Ich-Du und Ich-Es in der heutigen Naturwissenschaft. In: Schilpp, Paul/Friedmann, Maurice (Hg.): Martin Buber. Stuttgart, 533–537.

Differenz

Tanja Sturm

Der ursprünglich aus dem Lateinischen stammende Begriff *differentia* bedeutet Unterschied, Verschiedenheit. In der Schulpädagogik wird Differenz v. a. zur Beschreibung von Unterschieden zwischen SchülerInnen herangezogen. Teilweise wird Differenz synonym mit → Heterogenität oder Diversity (→ Diversität) verwendet.

Differenzen werden in der deutschsprachigen Erziehungswissenschaft v. a. im Zusammenhang mit → sozialer Ungleichheit bzw. → Bildungsgerechtigkeit und ihrer Überwindung diskutiert (Wenning 2007). In der Schulpädagogik werden sie insbesondere im Sinne unterschiedlicher biografischer Erfahrungen aber auch Merkmalen von SchülerInnen und damit verbundener Formen der Bildungsbenachteiligung thematisiert. Neben einer makroanalytischen Perspektive (Ausmaß der Benachteiligungen entlang spezifischer Differenzkategorien) werden ihre prozessuale Hervorbringung und Bearbeitung sowie damit verknüpfte Ungleichheiten in schulischen und unterrichtlichen Interaktionen in der mikro- bzw. mesoanalytischen Perspektive betrachtet. Gemeinsam ist den Perspektiven, dass sie Schule als einen Ort auffassen, der einen Anteil an der (Re-)Produktion sozialer Ungleichheit entlang von Differenzen hat.

Weiterhin lassen sich zwei theoretische Perspektiven auf Differenzen unterscheiden. Theorien, die der ersten Perspektive zuzuordnen sind, schreiben Differenzen meist den SchülerInnen im Sinne spezifischer Merkmale zu und verorten deren Ursachen damit in den Personen. Dieses Verständnis knüpft an kognitionspsychologische Überlegungen an und wird empirisch besonders mit Formen der standardisierten Bildungsforschung bearbeitet, es findet sich z. B. in den PISA-Studien (Baumert u. a. 2001). Differenzen werden zwar grundsätzlich als von außen an Schule und Unterricht herangetragen verstanden, die Schule ist aber herausgefordert, einen *Umgang* mit den Unterschieden zu entwickeln, der am Ziel des Abbaus sozialer Ungleichheit orientiert ist.

Konträr zu dieser Perspektive ist der zweite Ansatz, der Differenzen als sozial konstruiert und kulturell hervorgebracht versteht (Trautmann & Wischer 2011). Gemeinsam ist den kultursoziologischen Perspektiven, die hier zu subsumieren sind, dass sie Differenzen als in spezifischen sozialen, kulturellen und historischen Kontexten hervorgebracht begreifen, sie also als Teil und Produkt von Interaktionen verstehen. Differenzen markieren folglich keinen abgeschlossenen Zustand, sondern werden fortwährend interaktiv hervorgebracht (Bohnsack & Nohl 2001). Den kultursoziologischen Positionen ist weiter gemeinsam, dass sie Interaktionen nicht ausschließlich als verbal hervorgebracht, sondern auch in körperlich-räumlicher Hinsicht betrachten (Reckwitz 2003). Eine empirische Annäherung erfolgt insbesondere durch qualitativ-rekonstruktive Verfahren.

Beiden Perspektiven ist gemeinsam, dass Differenzen entweder einzeln, z. B. Geschlecht, oder in ihrer Verbindung oder Überlagerung (→ Intersektionalität), z. B. Geschlecht und Migrationshintergrund, betrachtet werden. Neben gesellschaftlich relevanten Differenzdimensionen, wie sozio-ökonomischer Milieuzugehörigkeit (→ Differenzlinie sozio-ökonomische Lage), Geschlecht (→ Differenzlinie Geschlecht) und Ethnizität (→ Differenzlinie Kultur und Sprache) werden in der Schulforschung seit Kurzem Leistungsdifferenzen als zentrale, schuleigene Unterscheidungslinie betrachtet (Sturm 2015).

Während Differenzen umgangssprachlich häufig als Abweichung gegenüber einer Norm konzipiert werden, werden sie im fachsprachlichen Diskurs als Ausdruck pluraler Gesellschaften betrachtet (Bohnsack & Nohl 2001). Differenzen verweisen in demokratisch-kapitalistischen Gesellschaften zumeist auf hierarchische und vertikale Unterschiede zwischen Personen(gruppen). Folglich findet auch ihre schulische und unterrichtliche Bearbeitung im Spannungsfeld des Abbaus von Ungleichheit und der → Anerkennung von Verschiedenheit statt.

Aktuelle Forschungsfragen beziehen sich auf die

- Konstruktion und Bearbeitung von Differenzen im Kontext von Schule und Unterricht;
- Zusammenhänge zwischen gesellschaftlichen Differenzdimensionen und schulischem Bildungserfolg und die
- Balance von Gemeinsamkeiten und Differenzen im Kontext inklusiver Schulung, inklusiven Unterrichts.

Literatur

Bohnsack, Ralf/Nohl, Arnd-Michael (2001): Ethnisierung und Differenzerfahrung. In: Zeitschrift für Qualitative Bildungs-, Beratungs- und Sozialforschung (1), 15–36.

Reckwitz, Andreas (2003): Grundelemente einer Theorie sozialer Praktiken. Eine sozialtheoretische Perspektive. In: Zeitschrift für Soziologie, 4/2003, 282–301.

Sturm, Tanja (2015): Inklusion: Kritik und Herausforderung des schulischen Leistungsprinzips. In: Erziehungswissenschaft (51), 25–32.

Trautmann, Matthias/Wischer, Beate (2011): Heterogenität in der Schule. Eine kritische Einführung. Wiesbaden.

Wenning, Norbert (2007): Heterogenität als Dilemma für Bildungseinrichtungen. In: Boller, Sebastian/Rosowski, Elke/Stroot, Thea (Hg.): Heterogenität in Schule und Unterricht. Handlungsansätze zum pädagogischen Umgang mit Vielfalt. Weinheim, 21–31.

Differenzierung

Ursula Carle

Differenzierung im Unterricht bezeichnet das parallele Angebot von Lernarrangements für verschiedene Lernausgangslagen. Äußere Differenzierung dient der Homogenisierung (→ Homogenität) mit Hilfe einer Leistungs- oder Interessensgruppierung. Innere Differenzierung kann sich auf Individuen oder Kleingruppen beziehen. Die Kinder bleiben in ihrer Schulklasse, erhalten aber unterschiedliche Aufgaben. Innere Differenzierung stellt sowohl an die → Unterrichtsplanung als auch an → Diagnostik und an das Leistungsfeedback hohe Ansprüche. Im inklusiven Unterricht ist sie unabdingbar. Sie erfordert die strukturell abgesicherte soziale Integration der Lerngemeinschaft, um Prozessen der inneren → Exklusion keine Nahrung zu geben. Während die Begriffe der Individualisierung und Personalisierung Fragen der Einmaligkeit jedes Menschen in den Blick nehmen, fokussiert der Begriff Differenzierung quasi die unterrichtsstrukturelle Antwort darauf.

Äußere Differenzierung trennt Kindergruppen dauerhaft oder langfristig nach bestimmten Merkmalen bzw. prognostizierter Leistungsfähigkeit. Es gibt keine stichhaltigen Nachweise, dass eine solche Differenzierung zu besseren Lernergebnissen führt. Diese Form wird auch heute noch praktiziert, entspricht aber nicht den Anforderungen an ein inklusives Schulsystem, weil sie systemisch exkludiert.

Demgegenüber dient innere Differenzierung (= Binnendifferenzierung) dazu, innerhalb der Klasse Über- und Unterforderung einzelner Kinder zu vermeiden. Lernangebote werden (bzgl. Inhalten, Zielen, Methoden, Zeiten) so gestaltet, dass sie allen Gewinn bringen und nicht hierarchische Spezialisierungen ermöglichen. So soll erreicht werden, dass alle am Unterricht teilhaben können. Binnendifferenzierung gedeiht folglich nur in einer solidarischen Lerngemeinschaft. Sie erfordert einen diagnostischen Blick der Lehrperson, eine offene Unterrichtsplanung mit Feedbackstrukturen und ein Konzept differenzierter und wertschätzender individueller und kollektiver Leistungsbewertung. Unabdingbar ist die Einführung eines Repertoires von unterschiedlichen Arbeitsmethoden, die allen SchülerInnen Beteiligungsmöglichkeiten sichern (Carle & Metzen 2014).

Es können verschiedene didaktische Zugänge je nach Lernanlass und pädagogischem Konzept gewählt werden. Grob lassen sich zwei Richtungen unterscheiden:

- Offener Unterricht, der mit komplexen Aufgaben selbstdefinierte Zugänge und Schwierigkeitsgrade ermöglicht und gemeinsame Verantwortung für Lernergebnisse fordert.
- Adaptiver Unterricht, der mit abgestuften Aufgaben an die Lernvoraussetzungen der einzelnen Kinder anknüpft und von der individuellen Verantwortung für das eigene Lernergebnis ausgeht.

Komplexe Aufgaben müssen für alle Lernenden Anknüpfungspunkte an das jeweils individuell Gelernte und die persönlichen Erfahrungen bereithalten. Außerdem müssen sie jedem Kind Handlungsmöglichkeiten eröffnen. Die Sachstruktur des gemeinsamen Lerngegenstands muss folglich für die und mit den SchülerInnen so entworfen werden, dass sie unterschiedliche Seiteneinstiege zulässt, auch für Voraussetzungen, die nur unscharf analysiert werden konnten. Projektorientiertes Arbeiten und eine entwicklungslogische Didaktik bieten dieser Art der Differenzierung ein geeignetes theoretisches Gerüst (Ziemen 2008).

Bei der Differenzierung durch adaptive Aufgaben kommt es darauf an, wie die Anforderungen an die Ressourcen der verschiedenen SchülerInnen angepasst werden, z. B. durch Variation der Aufgabenverteilung in einer Gruppe, der Bearbeitungsweisen, der Hilfsmittel und der Lernunterstützung, der zur Verfügung stehenden Zeit, des Anspruchsniveaus bzw. der Ziele und der Ergebnispräsentation. Diese Vorgehensweise unterstellt, dass die Lehrperson auf der Basis einer geeigneten → Diagnostik relativ genau in der Lage ist, das Lernen der SchülerInnen aufgabenbasiert zu steuern und zu überwachen. Sie führt bei Lehrpersonen in hoch heterogenen Gruppen eher zu Überforderung als ein offeneres Vorgehen.

Beide Herangehensweisen können auch kombiniert werden, indem z. B. die Differenzierung durch abgestufte Aufgaben eher für Übungen eingesetzt wird, offenes Arbeiten dagegen zur Erschließung neuer Wissenshorizonte bzw. zur Anwendung von Wissen und Erfahrung auf neue Herausforderungen.

Zur Differenzierung existiert umfangreiche erziehungswissenschaftliche und fachdidaktische Fachliteratur (Groeben v. d. 2013; Bohl, Bönsch, Trautmann & Wischer 2012). Die Forschung zur Konstruktion und zum Einsatz guter (differenzierter) Aufgaben bedarf der Ausweitung (Carle & Košinàr 2012).

Literatur

Bohl, Thorsten/Bönsch, Manfred/Trautmann, Matthias/Wischer, Beate (Hg.) (2012): Binnendifferenzierung. Teil 1: Didaktische Grundlagen und Forschungsergebnisse zur Binnendifferenzierung im Unterricht. Immenhausen b. Kassel.

Carle, Ursula/Metzen, Heinz (2014): Wie wirkt Jahrgangsübergreifendes Lernen? Internationale Literaturübersicht zum Stand der Forschung, der praktischen Expertise und der pädagogischen Theorie. Eine wissenschaftliche Expertise des Grundschulverbandes. Frankfurt a. M.

Groeben von der, Annemarie (2013): Verschiedenheit nutzen. Aufgabendifferenzierung und Unterrichtsplanung. Berlin.

Carle, Ursula/Košinar, Julia (2012): Die gute Aufgabe gibt es nicht. Zur Relationalität von Aufgabenqualität. In: Košinàr, Julia/Carle, Ursula (Hg.). Aufgabenqualität in Kindergarten und Grundschule. Grundlagen und Praxisbeispiele. Baltmannsweiler, 239–246.

Ziemen, Kerstin (2008): Entwicklungsorientierung und Differenzierung in didaktischen Prozessen. In: Ziemen, Kerstin (Hg.). Reflexive Didaktik. Annäherungen an eine Schule für alle. Oberhausen, 161–172.

Differenzlinie Behinderung

Markus Dederich

Der Diskurs über den Behinderungsbegriff hat eine Reihe unterschiedlicher Modelle und Definitionen hervorgebracht, jedoch kein allgemein geteiltes Begriffsverständnis. Dennoch erschließt sich ein Bedeutungskern, wenn man beim semantischen Feld der Bezeichnung ›Behinderung‹ ansetzt. Wörter wie ›Erschwernis‹, ›Hemmung‹, ›Einschränkung‹, oder ›Engpass‹ verweisen darauf, dass etwas in Bezug auf eine vorgängige Erwartung oder Norm nicht, nicht im antizipierten Umfang oder nicht auf die als üblich erachtete Weise geht. Noch deutlicher zeigt sich die negative Tönung des Begriffs im englischen Wort **DISABILITY**, dass eine Negation der **ABILITY** (Fähigkeit, Können, Eignung, Geschicklichkeit, Vermögen, Qualifikation usw.) anzeigt. Die definitorisch maßgebliche Differenz ist die Einschränkung, die Fehlfunktion, der **DEFEKT** oder Mangel.

Zu den Effekten der Unterscheidung von ability und disability gehört die Produktion einer als homogen wahrgenommenen sozialen Gruppe, deren verbindendes Glied eine negative und daher zu Abwertung führende Eigenschaft ist. Vor allem in den → Disability Studies wurde herausgearbeitet, dass diese bedeutungsgebende, wertende und hierarchiebildende Unterscheidung mit gesellschaftlichen Praxen der ungleichen Verteilung von Gütern und Privilegien sowie der Gewährung bzw. Vorenthaltung von → Anerkennung gekoppelt ist.

Die Vielfalt verschiedener Definitionen und Modelle von Behinderung ist u. a. darauf zurückzuführen, dass die mit dem Thema befassten Disziplinen (v. a. die Medizin, Psychologie, Pädagogik, Soziologie sowie die Rechtswissenschaft) den Begriff aus ihrer jeweiligen disziplinären Perspektive fassen und mit unterschiedlichen Leitdifferenzen arbeiten. Historisch gesehen ist die Bezeichnung bestimmter Menschen als *behindert* relativ neu. Das Wort *Behinderung* wurde erstmals im Zusammenhang mit der Krüppelfürsorge im frühen 20. Jahrhundert verwendet, setzte sich aber erst seit den 1960er-Jahren in verschiedenen Zusammenhängen, etwa der Medizin, der Pädagogik und dem Recht, »als abstrakte Generalisierung« (Lindmeier 1993, 28) durch.

Seit den 1970er-Jahren hat es zahlreiche Versuche gegeben, die medizinisch konturierten und individualisierenden Engführungen des Behinderungsbegriffs mitsamt seiner oftmals (sonder-) anthropologischen Implikationen einer Kritik zu unterziehen und alternative Theorien bzw. Modelle zu entwickeln. Die Kritikpunkte am Behinderungsbegriff sind zahlreich und betreffen u. a. seine Verdinglichungs- und Stigmatisierungseffekte, seine fehlende Spezifität und seine pädagogische Fragwürdigkeit. In der Behindertenpädagogik und den Disability Studies entstanden verschiedene Alternativmodelle und -theorien zum medizinisch-psychologischen Modell von Behinderung, die etwa im Kontext gesellschafts- oder diversitätstheoretischer, machtanalytischer, phänomenologischer, systemtheoretischer, psychoanalytischer oder körperhistorischer Rahmungen ausbuchstabiert wurden (Goodley 2011). Einige dieser Modelle arbeiten auch Schnittstellen zu anderen wissenschaftlichen und politischen Diskurszusammenhängen heraus, etwa den

Gender-, Cultural- und Queer-Studies. Andere nehmen eine intersektionale Perspektive (→ Intersektionalität) ein und stellen fest, dass die Differenzkategorie *Behinderung* in Wechselwirkung mit anderen Ungleichheitslagen, vor allem der bekannten Trias *race, class* und *gender,* steht.

Trotz aller Unterschiede weisen diese neueren Theorien und Modelle einen gemeinsamen Nenner auf: sie konzipieren Behinderung als relationalen Begriff. Dieser bezeichnet kein Individuum mit spezifischen Störungen oder Beeinträchtigungen, sondern ein mehrdimensionales Geflecht von Beziehungen und Relationen, aus dem erst der Sachverhalt hervorgeht, der als Behinderung bezeichnet wird (Dederich 2009). Gemeinsam ist diesen Modellen bzw. Theorien auch, dass sie Behinderung nicht als klassifikatorische oder diagnostische, sondern als kritisch-analytische Kategorie verwenden. Sie versuchen theoretisch zu erfassen, wie kulturelle, soziale, politische und wissenschaftliche Resonanzen auf Menschen, die erwartungswidrige Eigenschaften zeigen, zu Deutungs- und Interpretationsmustern in der Gesellschaft verdichtet, als (Alltags-)Wissen verankert und durch soziale und institutionell regulierte Praktiken tradiert, aber auch weiterentwickelt und verändert werden. In praktischer Hinsicht zielen sie auf soziale Entdiskriminierung, institutionelle Nichtaussonderung, rechtliche Gleichstellung, individuelle Selbstbestimmung, psycho-soziales Empowerment, Verbesserung der gesellschaftlichen Teilhabe, Anerkennung usw.

Insbesondere im Kontext der pädagogischen Inklusionsdebatte ist aus den vielfältigen Aspekten der Kritik am Begriff der Behinderung die Forderung nach einer DEKATEGORISIERUNG erhoben worden, d. h. einem möglichst weitgehenden Verzicht auf den Begriff. Interessanterweise wird diese Forderung in den Disability Studies kaum erhoben. Dies hat im Kern zwei Gründe: Mit der konsequenten Dekategorisierung wäre Behinderung auch als analytisch-kritische Kategorie zur Aufdeckung gesellschaftlicher Bedingungen, die spezifische Formen von Benachteiligung, Ausgrenzung oder Ungerechtigkeit hervorbringen, obsolet. Hinzu kommt, dass mit dem Wegfall der Kategorie legitime gruppenspezifische Ansprüche auf Hilfe und Unterstützung in Frage gestellt werden könnten.

Literatur

Dederich, Markus (2009): Behinderung als sozial- und kulturwissenschaftliche Kategorie. In: Dederich, Markus/Jantzen, Wolfgang (Hg.): Behinderung und Anerkennung. Enzyklopädisches Handbuch der Behindertenpädagogik Band 2. Stuttgart, 15–40.

Goodley, Dan (2011): Disability Studies. An Interdisciplinary Introduction. London.

Lindmeier, Christian (1993): Behinderung – Phänomen oder Faktum. Bad Heilbrunn.

Differenzlinie Geschlecht

Ulrike Schildmann

Der Begriff *Geschlecht* hat seine etymologischen Ursprünge im Althochdeutschen (slahan) und im Mittelhochdeutschen (geslehte). Er bezeichnete bis zum Beginn der Neuzeit »ebenso die Blutsverwandtschaft wie die Familie als soziale Einheit« (Becker-Schmidt 1993, 38), ohne zwischen ererbten und kulturell erworbenen Eigenschaften zu unterscheiden. Erst in der Neuzeit (etwa seit der zweiten Hälfte des 19. Jahrhunderts) wurden mit der Polarisierung der Geschlechtscharaktere die Geschlechtsunterschiede von Frauen und Männern als Ausdruck naturgegebener unterschiedlicher Körperlichkeit angesehen. In den letzten Jahrzehnten jedoch werden diese biologistischen Konstruktionen, vor allem im Rahmen der feministischen **Frauen- und Geschlechterforschung**, grundlegend in Frage gestellt.

»Geschlecht gehört zu den entscheidenden Aspekten des sozialen Lebens, der gesellschaftlichen Verhältnisse und der Kultur. Es handelt sich um eine Arena, in der es um schwierige praktische Fragen der Gerechtigkeit, der Identität und selbst des Überlebens geht«, so die Sozialwissenschaftlerin Raewyn Connell (2013, 13). Im Zentrum der Konstruktionen von Geschlecht steht die reproduktive Arena: »Geschlecht ist eine spezifische Form der sozialen Verkörperung […] Die Besonderheit von Geschlecht (im Vergleich zu anderen Mustern sozialer Verkörperung) liegt im Bezug auf die körperlichen Strukturen und Prozesse der menschlichen Reproduktion« (Connell, 2013, 99 f.).

Raewyn Connell (2013) verfolgt eine Theoriekonzeption, die Geschlecht als historisch wandelbare und dynamische Kategorie ausweist und zwischen folgenden Dimensionen unterscheidet:

- Machtverhältnisse: direkt, diskursiv, kolonisierend
- Produktion, Konsumtion, vergesellschaftlichte Akkumulation
- Emotionale Beziehungen
- Symbolismus, Kultur, Diskurs.

Diese vier Dimensionen von Geschlecht stellen jedoch keine starren Arrangements dar, sondern beeinflussen sich wechselseitig.

Wie in der sozialwissenschaftlichen, so wird auch in der naturwissenschaftlichen Geschlechterforschung versucht, biologistische Konzeptionen des **Zwei-Geschlechter-Modells** bzw. der Zuordnung von Verhaltensphänomenen und Rollen an eine universelle Zweigeschlechtlichkeit zu entkräften, da die Dichotomie der Zweigeschlechtlichkeit dazu diene, die Hierarchien zwischen den Geschlechtern aufrecht zu erhalten (Schmitz 2006), woraus u. a. resultiere, dass Unterschiede innerhalb einer Genusgruppe (Frauen bzw. Männer) aus dem Blick gerieten und »Phänomene zwischen den beiden Polen (beispielsweise Intersex/Transidentität) […] pathologisiert und medizinisch wieder in das binäre Schema eingepasst« würden (Schmitz 2006, 333).

In inklusiven pädagogischen (→ Inklusive Pädagogik) Kontexten spielt die Differenzlinie Geschlecht eine unübersehbar wichtige Rolle:

Alle Strukturkategorien, die soziale Ungleichheitslagen anzeigen und deshalb in der inklusiven Pädagogik besonderer Aufmerksamkeit bedürfen – so vor allem soziale Herkunft, → Alter, Behinderung, Migrationshintergrund – gehen bestimmte (nicht immer gleichbleibende) Wechselwirkungen mit der Kategorie Geschlecht ein. Diese werden im Rahmen der INTERSEKTIONALITÄTSFORSCHUNG (einer Weiterentwicklung der kritischen feministischen Frauen- und Geschlechterforschung) (→ Intersektionalität) analysiert.

Über die Wechselwirkungen zwischen Geschlecht und Behinderung etwa ist auf der quantitativen Ebene bereits bekannt, dass von sogenanntem sonderpädagogischen Förderbedarf in Deutschland mit dessen von Regel- und Sondereinrichtungen charakterisierten Bildungssystem bisher knapp doppelt so viele Jungen wie Mädchen betroffen sind, andererseits aber nach Abschluss der Schule – mit dem Übergang ins Arbeitsleben – Mädchen und Frauen mit Behinderungserfahrungen erheblich mehr strukturellen Barrieren begegnen als ihre männlichen Peers (Schildmann 2013).

Auf der qualitativen Ebene der inklusiven Pädagogik ist vor allem die Konstruktion der (starren) sozialen Zweigeschlechtlichkeit zu überdenken. In alle planbaren Bildungsprozesse sind zum einen die zu beobachtenden Differenzierungen innerhalb eines jeden Geschlechtes und zum anderen auch geschlechtliche Varianten im Sinne von Intersexualität/Transidentität u. ä. zu integrieren, um dem Anspruch eines wertschätzenden Umgangs mit menschlicher → Vielfalt in der Pädagogik näher zu kommen.

Literatur

Becker-Schmidt, Regina (1993): Geschlechterdifferenz – Geschlechterverhältnis: soziale Dimensionen des Begriffs »Geschlecht«. In: Zeitschrift für Frauenforschung, 1+2/1993, 37–46.

Connell, Raewyn (2013): Gender. Wiesbaden.

Schildmann, Ulrike (2013): Wechselwirkungen zwischen Geschlecht und Behinderung von der frühen Kindheit bis ins hohe Erwachsenenalter. In: Behindertenpädagogik, 1/2013, 68–81.

Schmitz, Sigrid (2006): Entweder – Oder? Zum Umgang mit binären Kategorien. In: Ebeling, Smilla/Schmitz, Sigrid (Hg.) (2006): Geschlechterforschung und Naturwissenschaften. Wiesbaden, 331–346.

Differenzlinie Kultur und Sprache

Hans-Joachim Roth

→ Kultur bezeichnet, was von Menschen geschaffen wurde und eine gewisse Konstanz erreicht hat, Artefakte materieller Art (= objektive Kultur) oder auch immaterieller Art wie Philosophien, Weltanschauungen und Deutungsmuster (= symbolische Kultur). Somit sind auch Ideologien, Stereotype und → Vorurteile etwas Kulturelles. **SPRACHE** bezeichnet sogenannte natürliche Zeichensysteme (= Einzelsprachen) sowie die grundsätzliche Handlungsfähigkeit des Menschen, über die Erzeugung von Lauten und Zeichen intersubjektiv zu kommunizieren (= Sprachkompetenz) und dabei Begrenzungen von Raum und Zeit nicht nur situativ, sondern auch historisch zu überwinden (= Literalität). Sprache und Sprechen erzeugen zum einen historische Kohärenz und kulturelle Objektivationen (= kulturelles Gedächtnis), zum anderen bringen sie immer wieder neue und individuelle Impulse hervor (= kulturelle Differenz).

Kulturen sind keine fixen Gebilde, sondern diskursive Konstrukte zur Herstellung von Legitimität. Über Legitimität bzw. Illegitimität kultureller Elemente entscheiden jeweils herrschende gesellschaftliche Normen und Werte. Die Transmissionsriemen zur Herstellung generationenübergreifender Konstanz von legitimer Kultur sind Sprache und → Bildung. Inklusion benötigt daher einen Bildungsprozess, der alle Menschen sprechen und damit zu politischen Menschen werden lässt.

In Anlehnung an Bataille lassen sich Sprechen und Handeln auch als Formen »unproduktiver Verausgabung« und »Überschreitung« verstehen (Bataille 1994, 63/226). Dieses Prinzip gilt für Sprache und Kultur: Sie sind unter- und überdeterminiert zugleich (Bühler 1965). Der Wortschatz bietet eine unendliche und offene Menge der Wörter, die der abgeschlossenen Menge an grammatischen Einheiten und Regeln gegenübersteht, und auf diese Weise einen jeden in die Lage versetzt, unendlich viele verschiedene Sätze und Äußerungen zu bilden (Halliday 2004). *Kultur* bietet unendliche Gestaltungsmöglichkeiten; zugleich fungiert sie als Referenzhorizont zur Ordnung, Orientierung und Regulierung des individuellen wie des sozialen Lebens. Fülle im Zusammenhang mit Sprache bedeutet nicht nur eine Fülle der Sprache und des Sprechens, sondern auch, dem anderen Sprechen wie dem Sprechen des Anderen einen Platz einzuräumen. Zugleich bedeutet Sprache auch Limitierung: Sprache und Sprechen bringen Differenzen in die Welt, Einzelnes, Individualitäten – verbunden mit Ansprüchen auf → Anerkennung, Geltung, oft auch auf Wahrheit und Gültigkeit. Auf diese Weise entsteht im sozialen Leben Ungleichheit – und damit verbunden das Bestreben, Ungleichheiten – anthropologisch oder kulturell – zu legitimieren. *Kulturelle Codes* dienen als differenzierende Mittel zur Markierung und zur Gewinnung von Anerkennung, Zugehörigkeit und IDENTITÄT. Nach Bourdieu (1990) suchen Individuen und soziale Gruppen nach Distinktionsmöglichkeiten, um sich und ihren Einfluss abzugrenzen, mit der Folge von Ausschlüssen weniger mächtiger Personen oder Gruppen.

Sprache und Kultur sind Medium und Ziel von Bildungsprozessen zugleich. Als Medien organisieren sie die Sozialisation von Menschen, so entsteht Intersubjektivität durch die Sprache (Mollenhauer 1991). Bildung zielt auf die Entwicklung des Einzelnen wie auf gesellschaftliche Partizipation. Die Hinführung zur gesellschaftlichen und politischen Partizipation wie auch zur kulturellen Teilhabe führt über die Bildung der Sprache und des Sprechens. Das begründet die Bedeutung sprachlicher Bildung für alle Menschen und ihrer didaktischen Organisation.

Im Kontext von Inklusion bedeutet das, im Bildungssystem eine sprachliche Bildung zu implementieren, die den Bildungserfolg aller Kinder zum Ziel hat, indem sie sie zu einem Sprechen führt, das auf der einen Seite wirkungsvoll ist und auf der anderen Seite individuell sein darf. In diesem Zusammenhang gewinnt eine Perspektive auf sprachliche Diversität an Bedeutung. Sprachliche Diversität lässt sich als Modell von → Intersektionalität erfassen (Roth 2008). Die sprachlichen Differenzlinien lassen sich darin als Ausprägungen von MEHRSPRACHIGKEIT differenzieren: *Äußere Mehrsprachigkeit* besteht angesichts der Existenz verschiedener natürlicher Sprachen; *innere Mehrsprachigkeit* entsteht aufgrund von regionalen Varietäten (Dialekte), Registern (Alltags-, Bildungs-, Fachsprache) sowie schichtspezifischen oder (sub)kulturellen Codes (z. B. Hip-Hop, G-Code, Doitsch). Solche Codes und eine entfaltete Bildungssprache auf der anderen Seite sind die Elemente, über die die Legitimität des Sprechens markiert wird (Bourdieu 1990; Roth 2008). *Institutionelle Mehrsprachigkeit* lässt sich in zweisprachig organisierten Bildungsmodellen beobachten. *Lernersprachliche Mehrsprachigkeit* besteht in der Entwicklung des Individuums zwischen Vorläuferfähigkeiten und entfaltetem Sprachvermögen, sprich einer Abfolge von Stadien des Spracherwerbs mit jeweils unterschiedlichen Gesetzmäßigkeiten. Dieses alles ergibt dann, eingebunden in die bekannten Wirkfaktoren Geschlecht, Bildung und soziale Lage der Familie, Herkunft inklusive der sprachlich-kulturellen Praxen in der Familie, ein differenziertes Geflecht (Abbildung 1) zur Konzeption und Organisation einer inklusiven sprachlichen Bildung, in der alles das Sprechen und alle die Sprachen aufgehoben sein müssen, die selbst keine Ausschlüsse bewirken.

Literatur

Bataille, Georges (1994): Die Erotik. München.

Bourdieu, Pierre (1990): Was heißt hier Sprechen? Die Ökonomie des sprachlichen Tausches. Wien.

Bühler, Karl (1978): Sprachtheorie. Die Darstellungsfunktion der Sprache. Frankfurt, Berlin, Wien.

Halliday, Michael A. K. (2004): An Introduction to Functional Grammar. Rev. by Ch. M.I.M. Matthiessen. 3. Ausg. London.

Mollenhauer, Klaus (1991): Vergessene Zusammenhänge. Über Kultur und Erziehung. 3. Aufl. Weinheim.

Roth, Hans-Joachim (2008): Differenz – Entwicklung – Inklusion. Perspektiven für eine aufbauende sprachliche Bildung. Zugriff am 25.11.2009. Verfügbar unter: https://www.hf.uni-koeln.de/30803

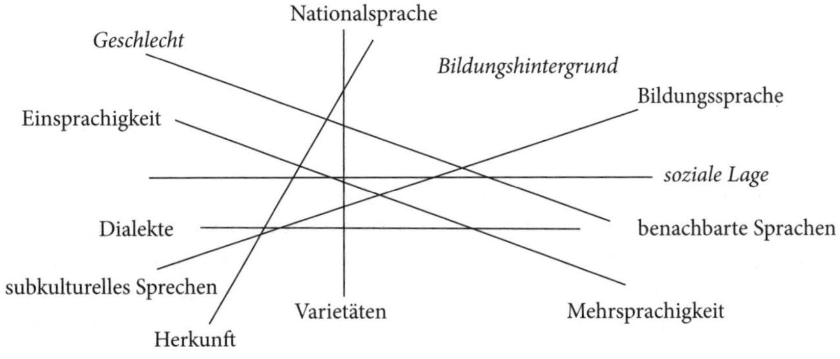

Abbildung 1: Sprachliche Intersektionalität (Roth 2008, 17)

Differenzlinie sozioökonomische Lage *Hans Weiß*

In einem für die Soziale Arbeit wie auch für die Heil- bzw. Behindertenpädagogik relevanten Verständnis bezieht sich die sozioökonomische Lage auf die materiellen/ökonomischen und gesellschaftlich-sozialen Bedingungen der **Lebenslage** (Backes 1997) von Menschen. Je nach ihrer Ausprägung erweitern oder reduzieren diese Bedingungen die individuellen und familiären Handlungs(spiel)räume in zentralen Lebensbereichen wie → Arbeit, Versorgung, Sozialisation, Bildung, Kontakte und Beziehungen, Erholung, Förderung individueller Neigungen und Fähigkeiten usw. sowie die daraus sich ergebenden Teilhabemöglichkeiten.

Im Unterschied zu bipolaren Differenzlinien wie dem Geschlecht liegt die sozioökonomische Lage auf einem Kontinuum von materiellen und sozialen Ausstattungsgegebenheiten. In der Analyse sozialer Ungleichheitsstrukturen werden, je nach theoretischer Fundierung, modellhafte Unterteilungen, z. B. Klassen-, Schichten- oder Statusmodelle konstruiert, in den letztgenannten etwa ein niedriger, mittlerer und hoher sozioökonomischer Status (engl. *socioeconomic status*).

Armut stellt eine besonders brisante Ausprägungsform einer benachteiligten sozioökonomischen Lage dar und bezeichnet einen Zustand materieller Unterversorgung, in dem Menschen in den genannten Lebensbereichen nicht mehr über die Spielräume, Lebens- und Entfaltungschancen verfügen, die (inter-)subjektiv als essenziell gelten. Unter Bezug auf das Capability-Konzept von Amartya Sen lässt sich Armut auch als Mangel an Verwirklichungschancen verstehen (Volkert 2005).

Abgesehen von absoluter Armut, bei der auch das physische Überleben bedroht ist (von der Weltbank operationalisiert mit einem Einkommen von max. 1,25 US-Dollar täglich), ist Armut ein relationales und relatives Phänomen. Welche Lebens- und Entfaltungschancen in einer Gesellschaft als essenziell gelten und ab wann diese nicht mehr gewährleistet sind, unterliegt gesellschaftlichen und politischen Wertvorstellungen und Machtverhältnissen.

Relative Armut wird mithilfe des Einkommens als Hauptkriterium bestimmt. In der EU gelten 60 Prozent des durchschnittlichen Pro-Kopf-Einkommens aller in Größe und Zusammensetzung gleichen Haushalte (haushaltsgewichtetes Nettoäquivalenzeinkommen) als Armutsgefährdungsschwelle; unterhalb dieser Schwelle ist jemand armutsgefährdet oder von *milder Armut* betroffen. Die 40-Prozent-Grenze markiert *strenge* Armut. Auch die 50-Prozent-Grenze wird mitunter verwendet. Als weiteres Kriterium gelten sozialstaatliche Mindestsicherungsleistungen, in Deutschland insbesondere Arbeitslosengeld II/Sozialgeld (oft als Hartz-IV bezeichnet) oder »Grundsicherung im Alter und bei Erwerbsminderung« (SGB II), Sozialhilfe genannt (Hock, Holz & Kopplow 2014, 13).

Auch wenn die sozioökonomische Lage das Individuum und seine Entwicklung nicht vollständig determiniert, stellen sozioökonomische Benachteiligungs-, speziell Armutsverhältnisse, vor allem wenn sie früh einsetzen, lang andauern und familiäre sowie kindliche Handlungsspielräume erheblich einschränken, einen hohen RISIKOFAKTOR für die kindliche Entwicklung dar (Holz 2006). Kinder, die in solche Verhältnisse hineingeboren werden, weisen auch häufiger, sozialmedizinisch erklärbar, biologische Risiken wie Frühgeburtlichkeit, PRÄ-, PERI- UND POSTNATALE KOMPLIKATIONEN und eine insgesamt belastete gesundheitliche Verfassung auf als Kinder in günstigeren sozioökonomischen Lagen. Daher treten nicht nur Lern- und Verhaltensprobleme bis hin zu Schulversagen und gravierenden Lernbeeinträchtigungen bei lebenslage-, z. B. armutsbedingter DEPRIVATION überrepräsentiert auf, sondern auch, allerdings in geringerem Ausmaß, körperliche, geistige und sinnesspezifische Behinderungen (BMFSFJ 2002).

Entwicklungsgefährdungen bis hin zu Behinderungen sind nicht nur eine Folge einer benachteiligten sozioökonomischen Lage, speziell von Armut. Beeinträchtigungen und Behinderungen können umgekehrt auch zu einer benachteiligten sozioökonomischen Lage führen. Solche Wechselwirkungsverhältnisse zwischen den Differenzlinien Armut und (drohende) Behinderung treten auch in den Ländern der sogenannten *Ersten Welt* auf, wenngleich nicht so ausgeprägt wie im globalen Kontext (Weiß 2014).

Forschungsperspektivisch sollten Wechselwirkungen von benachteiligter sozioökonomischer Lage und (drohender) Behinderung unter Bezug auf → Alter, Geschlecht, Migrationshintergrund etc. – auch unter macht- und normierungsspezifischen Aspekten – genauer in den Blick genommen werden, wozu das Intersektionalitäts-Paradigma gut geeignet erscheint (Walgenbach 2015).

Literatur

Backes, Gertrud (1997): Lebenslage als soziologisches Konzept zur Sozialstrukturanalyse. In: Zeitschrift für Sozialreform, 9/1997, 704–727.

Bundesministerium für Familie, Senioren, Frauen und Jugend (BMFSFJ) (Hg.) (2002): Elfter Kinder- und Jugendbericht. Bonn.

Hock, Beate/Holz, Gerda/Kopplow, Marlies (2014): Kinder in Armutslagen. Grundlagen für armutssensibles Handeln in der Kindertagesbetreuung. Weiterbildungsinitiative Frühpädagogische Fachkräfte, WiFF Expertisen, Band 38. München.

Holz, Gerda (2006): Lebenslagen und Chancen von Kindern in Deutschland. In: Aus Politik und Zeitgeschichte 56, 26, 3–11.

Volkert, Jürgen (Hg.) (2005): Armut und Reichtum an Verwirklichungschancen. Amartya Sens Capability-Konzept als Grundlage der Armuts- und Reichtumsberichterstattung. Wiesbaden.

Walgenbach, Katharina (2015): Intersektionalität – Impulse für die Sonderpädagogik und Inklusive Bildung. In: Sonderpädagogische Förderung heute, 2/2015, 121–136.

Weiß, Hans (2014): Armut und Behinderung – Aspekte wechselseitiger Zusammenhänge. In: Schweizerische Zeitschrift für Heilpädagogik, 2/2014, 5–12.

Disability History

Elsbeth Bösl

Disability History ist eine geschichtswissenschaftliche Perspektive, die Behinderung als erkenntnisleitende Kategorie einsetzt, um zu untersuchen, wie Gesellschaften in der Vergangenheit mit → Diversität und Alterität umgingen. Als Teil der interdisziplinären → Disability Studies versteht die Disability History Behinderung als strukturelles Gewaltverhältnis und Effekt von *ableism*. Unter historischer Perspektive lassen sich reduktionistische Sichtweisen der Gegenwartsgesellschaft angreifen und zeigen, wie viele Varianten und Möglichkeiten, mit Diversität umzugehen, es gab und gibt.

Über Behinderung kann die Geschichtswissenschaft nur kompetent forschen, wenn sie diese als kontingent und historisch begreift. Was hätten HistorikerInnen über etwas Individuell-Biologisches zu sagen, das universell und immer gleich ist? Aus den Disability Studies bezieht die Disability History das Konzept von Behinderung als soziokulturelle Kategorie der Unterscheidung, die aus sozialen und kulturellen Praxen, Interaktionen und Diskursen hervorgeht und sich auf Werte und Erwartungen ebenso bezieht wie auf materielle Kräfte und Barrieren. Mithilfe konstruktivistischer Ansätze (→ Konstruktivismus) wird untersucht, wie und in welchen gesellschaftlichen und kulturellen Zusammenhängen (→ Kultur) *dis/ability* hergestellt und ausgestaltet wurde, wie Menschen aufgrund tatsächlicher oder angenommener Unterschiede dieser Kategorie zugeordnet wurden und welche Folgen dies für Individuen und Gesellschaft hatte. Die Schreibweise dis/ability soll verdeutlichen, dass *ability* und *disability* in ihrem wechselseitigen Verhältnis untersucht werden und nur unter konkretem Bezug zueinander sowie zu einem spezifischen gesellschaftlichen Kontext Aussagekraft haben.

Disability History ist weder historische Behindertenforschung noch Segmentgeschichte innerhalb der Geschichtswissenschaft. Es genügt ihr nicht, in kompensatorischer Absicht behinderte Menschen in etablierte historische Narrative im Sinne von *add disability and stir* hineinzuschreiben. Sie versteht sich als Korrektiv der Allgemeinen Geschichtswissenschaft, die Behinderung lange konventionell und ontologisch als individuelles biologisches Merkmal deutete und Erfolgsgeschichten der medizinischen und fürsorglichen Intervention hervorbrachte. Doch auch die in den Disability Studies verbreiteten Narrative von behinderten Menschen als passiven Opfern universaler Ausbeutungsmechanismen und die Versuche, das soziale Modell historisch herzuleiten, werden überprüft. Differenzierte Analysen lösen vereinfachende teleologische Ausgrenzungsgeschichten ab, die Behinderung mit dem Industriekapitalismus begründeten und einen Determinismus der eugenisch-rassistischen Selektions- und Vernichtungspolitik des Nationalsozialismus unterstellten oder ahistorische Bilder *behinderungsfreier* Epochen der Vormoderne schufen. Geschichte(n) der (Nicht-)Behinderung werden neu geschrieben. Die allgemeine Geschichte wird um die Kategorie Behinderung erweitert und erhält eine neue Perspektive auf Master Narratives der Moderne wie Fortschritt, Liberalisierung oder Pluralisierung. Wenn mit dis/

ability Gesellschaften und ihr Wechselverhältnis von Behinderung und Nichtbehinderung untersucht werden, geschieht dies unter breiter Berücksichtigung der gesamtgesellschaftlichen, Kontexte, Dynamiken und Strukturen der jeweiligen Epoche.

Unter politik-, und organisationsgeschichtlichen Ansätzen werden Politiken und Institutionen wie Wohlfahrtsstaaten untersucht. Die neue Einrichtungsgeschichte widmet sich Heimkulturen und gelebten Alltagen. Praktiken des Behinderns und des Befähigens einschließlich der Geschichte des barrierefreien Bauens (→ Barrierefreiheit) werden thematisiert. Unter wissenschaftsgeschichtlichen oder diskursanalytischen Vorzeichen geht es um Wissensordnungen und kategoriale Fremd- und Selbstzuschreibungen wie *Krüppel* oder *Contergankind.* Studien über kulturelle Repräsentationen und Inszenierungen von → Vielfalt und → Differenz haben Witze und Satire, Film und bildende Kunst zum Gegenstand. Behinderte Menschen werden dabei als Subjekte mit einer Pluralität von sozialen Rollen, Funktionen und Positionen aufgefasst. Erfahrungsgeschichtliche Studien sind aber noch selten.

Quellen zu (Nicht-)Behinderung gibt es reichlich, nur muss man das Material oft gegen den Strich, schräg und quer lesen. Behinderung ist gerade da präsent, wo dies nicht explizit gemacht wurde. Was als so selbstverständlich, normal und eindeutig galt, dass es nicht bezeichnet oder hinterfragt werden musste, verweist oft besonders deutlich auf dis/ability. Die Kategorie hilft, Denkweisen, Praktiken und Strukturen zum Vorschein zu bringen, die sonst unerkannt oder unscharf geblieben wären. Dabei ist es sinnvoll, andere Kategorien wie Gender einzubeziehen und intersektionalen Zusammenhängen und Wechselwirkungen (→ Intersektionalität) nachzugehen.

Um ihrem kritischen Anspruch gerecht zu werden, muss die Disability History REFLEXIVITÄT zeigen, denn als Teil des wissenschaftlichen Systems produziert und verbreitet auch sie ein bestimmtes Wissen über Behinderung. Sie sollte sich selbst zum Untersuchungsgegenstand machen und prüfen, wie sie als Wissenschaft → Exklusion betreibt, z. B. bei der Wahl ihrer Themen und Begriffe, durch die Form ihrer Publikationen, bei der Gestaltung von Studiengängen und Studienalltag oder bei den Karrieremustern.

Literatur

Barsch, Sebastian/Klein, Anne/Verstraete, Pieter (Hg.) (2013): The Imperfect Historian. Disability Histories in Europe. Frankfurt a. M.

Bösl, Elsbeth/Klein, Anne/Waldschmidt, Anne (Hg.) (2010): Disability History. Konstruktionen von Behinderung in der Geschichte. Eine Einführung. Bielefeld.

Burch, Susan/Rembis, Michael A. (Hg.) (2014): Disability Histories, Urbana.

Lingelbach, Gabriele/Schlund, Sebastian (2014): Disability History, Version 1.0. In: Docupedia-Zeitgeschichte. Zugriff am 8.7.2014. Verfügbar unter: http://docupedia.de/zg/Disability_History?oldid=106233

Longmore, Paul K./Umansky, Lauri (Hg.) (2001): The New Disability History: American Perspectives. New York, 1–29.

Waldschmidt, Anne (2013): Eine andere Geschichte schreiben? Überlegungen zur Historiografie von ›Behinderung‹ im Anschluss an die Disability Studies. In: Musenberg, Oliver (Hg.): Kultur – Geschichte – Behinderung. Die kulturwissenschaftliche Historisierung von Behinderung. Oberhausen, 101–120.

Disability Studies

Sarah Karim

Bei den *Disability Studies* handelt es sich um eine interdisziplinäre, internationale und emanzipatorische Forschungsrichtung, die das Phänomen **Behinderung** *(disability)* (→ Differenzlinie Behinderung) aus sozialwissenschaftlicher, historischer und kulturwissenschaftlicher Sicht untersucht. Diese Studien verstehen sich als Kritik und Korrektiv zu den vorherrschenden medizinischen, pädagogischen und psychologischen Sichtweisen auf Behinderung und wollen helfen, die Tendenz zu Pathologisierung und Therapeutisierung behinderter Menschen zu überwinden. Forschungen im Kontext der Disability Studies sollten somit nicht als rein deskriptive, sondern auch als emanzipatorische Vorhaben verstanden werden. Wissen über verschiedene Formen von **Beeinträchtigungen**, Heilungs- und Therapiemöglichkeiten oder die Psychologie behinderter Menschen gehört nicht in den Bereich der Disability Studies.

Die Ursprünge der Disability Studies liegen zum einen in den Behindertenbewegungen der 1980er-Jahre, vor allem in Großbritannien und den USA, und zum anderen in der etwa zur gleichen Zeit beginnenden Problematisierung von Behinderung durch kritische SozialwissenschaftlerInnen. Mittlerweile wird auch in Deutschland und anderen Ländern unter diesem Label Forschung betrieben (Waldschmidt 2005). Für die Etablierung der Disziplin bahnbrechend war vor allem die Entwicklung eines alternativen Verständnisses von Behinderung, das den Blick auf die gesellschaftlichen, behindernden Barrieren legt, anstatt Behinderung als medizinisches und somit rein individuelles Defizit zu verstehen. Die Unterscheidung zwischen *disability* (Behinderung) als sozial bedingte und gesellschaftlich hergestellte Benachteiligung und *impairment* als körperliche Beeinträchtigung stand dabei im Zentrum. Dieses neue Verständnis, als *soziales Modell von Behinderung* (Oliver 2009; Waldschmidt 2005) bekannt, bot neben der Stärkung des Selbstbewusstseins behinderter Menschen auch eine enorme politische Mobilisierungskraft. Forderungen nach → Barrierefreiheit, gesellschaftlicher → Partizipation und Inklusion wurden möglich. *Nicht ohne uns über uns!* ist bis heute der Leitsatz der internationalen Behindertenbewegungen.

Das Forschungsverständnis der Disability Studies hat sich in den letzten vier Jahrzehnten weiterentwickelt. Neben der Anwendung des sozialen Modells und kritischer Geschichtsschreibung hat sich auch ein kulturelles Modell von Behinderung konturiert (Waldschmidt 2005). In theoretischer Hinsicht spielen neben Diskurs- und Praxistheorien auch phänomenologische Ansätze eine große Rolle. Nicht nur Behinderung soll untersucht werden, sondern gleichsam **Normalität** in den Analysefokus rücken: In diesem Sinne werden Behinderung und Nichtbehinderung als *dis/ability* zu zwei Seiten einer Medaille. Dabei soll »Behinderung als heuristisches Moment, [genutzt werden,] dessen Analyse kulturelle Praktiken und gesellschaftliche Strukturen zum Vorschein bringt, die sonst unerkannt geblieben wären. […] Nicht behinderte Menschen als Randgruppe, sondern die Mehrheitsgesellschaft wird zum eigentlichen Untersuchungsgegenstand.« (Waldschmidt 2005, 26 f.)

Die Disability Studies lassen sich grob in drei Richtungen einteilen:

- Erstens die *sozialwissenschaftlich* orientierten Disability Studies. In dieser Richtung werden u. a. Theorien aus Soziologie und Politologie etc. herangezogen, um die Lebenswelten von Menschen mit Behinderung zu ergründen. Mittlerweile stehen auch Fragen zur leiblichen Erfahrung von Behinderung und zur sozialen Konstruktion, Normalisierung, Diskursivierung und Naturalisierung (nicht-)behinderter **KÖRPER** im Vordergrund. Weiterhin geht es immer auch um den Erkenntnisgewinn für die allgemeine sozialwissenschaftliche Diskussion.
- Zweitens nehmen sich HistorikerInnen der *geschichtswissenschaftlichen* Erforschung von Lebensweisen behinderter Menschen und dem sich wandelnden Verständnis von Behinderung an. Unter dem Label → Disability History liefern sie Erkenntnisse, um die gesellschaftliche und historische Kontingenz von Behinderung zu erfassen.
- Drittens werden in den *Cultural Disability Studies* die Repräsentationsweisen von Behinderung in Literatur, bildender Kunst, Film und Massenmedien untersucht. ForscherInnen in diesem Feld befassen sich auch mit der Kulturproduktion behinderter Menschen, dem sogenannten *Disability Arts Movement*, und untersuchen alternative Lebensstile, Identitätspraktiken und Merkmale einer *Disability Culture* (Waldschmidt 2005; Swain & French 2000).

Ergänzend bieten die *Feminist Disability Studies* (Garland-Thomson 2005) und die *Queer Disability Studies* (McRuer 2002) intersektionale Dekonstruktionen (→ Intersektionalität) von Behinderung, welche helfen, neue Sichtweisen auf *dis/ability* zu entwickeln und diese in ihren Wechselwirkungen mit anderen Ungleichheitskategorien zu verstehen.

Literatur

Garland-Thomson, Rosemary (2005): Feminist Disability Studies. In: Signs 30, 2/2005, 1557–1587.

McRuer, Robert (2002): Compulsory Able-Bodiness and Queer/Disabled Existence. In: Snyder, Sharon L./Brueggemann, Brenda Jo/Garland-Thomson, Rosemary (Hg.): Disability Studies: Enabling the Humanities. New York, 88–99.

Oliver, Michael (2009): Understanding Disability. From Theory to Practice, 2. Aufl. Houndmills, Basigstoke, Hampshire.

Swain, John/French, Sally (2000): Towards an Affirmation Model of Disability. In: Disability and Society, 4/2000, 569–582.

Waldschmidt, Anne (2005): Disability Studies: Individuelles, soziales und/oder kulturelles Modell von Behinderung? In: Psychologie und Gesellschaftskritik, 1/2005, 9–31.

Diversität

Christine Kladnik

Der Begriff *Diversität* hat seinen Ursprung im Lateinischen und bedeutet → Vielfalt, bzw. Vielfältigkeit, fokussiert auf Verschiedenheit und beruht auf der Wahrnehmung von Unterschieden. Im Bildungsbereich wird der Begriff oft in Verbindung mit der Verwirklichung von → Chancengleichheit verwendet (Speck-Hamdan 2011).

Diversität gilt in der Natur als unverzichtbare Ressource für den Erhalt der ökologischen Systeme. Auch im gesellschaftlichen und pädagogischen Diskurs zur Vielfalt erkennen Diversity-Ansätze die Vielfalt als förderungswürdige Bereicherung an und lehnen es ab, Unterschiedlichkeit als Problem zu definieren (Rosenstreich 2011). Begriffe wie → Heterogenität und → Differenz werden oft synonym gebraucht. Folgt man den Gedanken von Rosenstreich, fokussiert Diversität, bzw. Vielfalt aber mehr auf die Stärken und das Potenzial, das in der Unterschiedlichkeit stecken könnte. Zudem wird ein wertschätzender und nicht diskriminierender Umgang mit gesellschaftlich definierten Gruppen bezogen auf Herkunft, Kultur, Religion, Geschlecht, Alter, Weltanschauung, sexuelle Orientierung, kognitive Entwicklung, usw. impliziert.

Ein Verständnis von Diversität in diesem Sinn erfordert unter anderem die Auseinandersetzung mit Menschenbildern und Normen. Von diesen werden Menschen in ihrer Begegnung mit anderen geleitet. Grundsätzlich ist eine gewisse Normierung, bzw. Kategorisierung zur Bewältigung des Alltags notwendig. Jedoch muss bewusst gemacht werden, dass sich jeder Mensch aufgrund seiner persönlichen Erfahrungen und Hintergründe, auf seinem Selbst- und Fremdbild basierende subjektive Wirklichkeiten konstruiert. Daraus resultieren dann auch Zugehörigkeiten und Kategorien wie *ich,* bzw. *wir,* und die *anderen,* bzw. *andersartigen.* Behinderung (→ Differenzlinie Behinderung), kulturelle und religiöse Unterschiede, usw. sind also Konstrukte, deren Dekonstruktion eine Bedingung für einen positiven Zugang zum Umgang mit Vielfalt darstellt (Mannewitz & Steffens 2014).

Ebenso grundlegend für den Diskurs zur Diversität ist eine Auseinandersetzung mit dem Begriffspaar Gleichheit und Differenz. Prengel beschreibt die beiden Begriffe nicht als Gegensätze, sondern als voneinander abhängig:

»Gleichheitsvorstellungen ohne Ausgrenzungen implizieren die Akzeptanz gleichwertiger Differenzen und gehen damit über die Gleichheitsvorstellungen, die nur für Gleichartiges gelten und Abweichendes ausgrenzen, qualitativ hinaus. Gleichheit als Gleichwertigkeit des Differierenden stellt damit erst die Einlösung der mit dem universell formulierten, aber nur reduziert gemeinten Gleichheitsbegriff verbundenen Versprechungen dar« (Prengel 1995, 47).

Die Anerkennung und Wertschätzung von Diversität ist eine unabdingbare Grundlage für die Umsetzung von Inklusion, bzw. von → inklusiver Pädagogik im Sinne der *Pädagogik der Vielfalt.*

Die Auseinandersetzung und der Umgang mit Diversität als Chance, aber auch als Herausforderung, müssen auf drei Ebenen geschehen:

Die Ebene des Schulsystems muss förderliche Bedingungen, politische und gesetzliche Grundlagen schaffen, die Ebene der Einzelschule einen inklusiven Lern- und Lebensraum ermöglichen. Auf der Unterrichtsebene kommt den Lehrkräften eine ganz entscheidende Rolle zu, indem sie Vielfalt positiv wahrnehmen, didaktische und methodische Kompetenz und Diagnosefähigkeit vorweisen müssen. Dazu braucht es praktische Unterstützung, aber auch Bewusstseinsbildung und Reflexion von Haltungen (Ruberg & Walczyk 2013).

Trotz der Komplexität all dieser Aufgaben und die teilweise widersprüchlichen Anforderungen an Schule und Lehrpersonen (z. B. Standardisierung versus Individualisierung) haben sich viele Schulen bereits auf den Weg zu *Schulen der Vielfalt* gemacht. Vor allem die Begriffe Individualisierung und Differenzierung sind in den pädagogischen Alltag eingezogen. Zu einer echten Anerkennung und Wertschätzung von Diversität und dem Erkennen der Ressourcen und Potenziale, die sich aus der Vielfalt ergeben könnten, sind jedoch noch weitere Entwicklungen sowohl auf der gesellschaftlichen Ebene, als auch im Bereich der Bildung notwendig.

So braucht es Überzeugungsarbeit und umsetzbare Ideen zum Ausschöpfen der vorhandenen Diversität, um jedem Individuum in der Gesellschaft der Verschiedenheit gerecht zu werden, dafür wiederum die individuellen Stärken jedes Einzelnen für die Gemeinschaft, bzw. für individuelle oder gemeinsame Aufgaben zu nutzen und voneinander zu lernen (Speck-Hamdan 2011).

Literatur

Mannewitz, Karin/Steffens, Jan (2014): Behinderung: ein soziales Konstrukt. In: Feyerer, Ewald/Langner, Anke (Hg): Umgang mit Vielfalt. Lehrbuch für Inklusive Bildung. Linz, 39–51.

Prengel, Annedore (1995): Pädagogik der Vielfalt. 2. Aufl. Opladen.

Rosenstreich, Gabriele Dina (2011): Antidiskriminierung und/als/trotz...Diversity Training. In: do Mar Castro Varela, María/ Dhawan, Nikita (Hg.): Soziale (Un)Gerechtigkeit. Kritische Perspektiven auf Diversity, Intersektionalität und Antidiskriminierung. Münster, 230–244.

Ruberg, Christiane/Walczyk Julia (2013): Zwischen Standardisierung und Individualisierung: Heterogenität in der Schule. In: Beutel, Silvia-Iris/Bos, Wilfried/Porsch, Raphaela (Hg): Lernen in Vielfalt. Chance und Herausforderung für Schul- und Unterrichtsentwicklung. Münster, 13–34.

Speck-Hamdan, Angelika (2011): Diversität – Herausforderungen und Chancen für die Pädagogik der frühen Kindheit. Ein Überblick. In: Hammes-Di Bernado, Eva/ Schreiner, Sonja Adelheid (Hg): Diversität. Ressource und Herausforderung für die Pädagogik der frühen Kindheit. Kiliansroda, 14–23.

Dyskalkulie

Katharina Lambert

Der Begriff *Dyskalkulie* wird meist synonym mit den Begriffen **Rechenschwäche** oder **Rechenstörung** für das Phänomen des Nicht-Rechnen-Könnens verwendet. Analog zur → Legasthenie, bei der der Schriftspracherwerb eingeschränkt ist, bezeichnet die Dyskalkulie ein Defizit in der Verarbeitung und Repräsentation von Mengen und Zahlen.

Im Vergleich zur Legasthenie ist die Dyskalkulie jedoch deutlich weniger gut erforscht und es sind noch viele Fragen offen. Es wird davon ausgegangen, dass etwa drei bis acht Prozent aller Kinder betroffen sind. Ein erheblicher Anteil der Kinder mit Dyskalkulie weist überdies eine Komorbidität mit Legasthenie und/oder dem → Aufmerksamkkeitsdefizit(hyperaktivitäts)syndrom AD(H)S auf. Ein zentrales Problem der Dyskalkulieforschung ist eine bestehende Uneinheitlichkeit in Bezug auf Definition und Diagnosestellung. Die in Deutschland am häufigsten verwendeten Kriterien sind das Diskrepanzkriterium (Diskrepanz zwischen IQ und Matheleistung von 1–2 Standardabweichungen) und die Verwendung von Grenzwerten (z. B. Prozentrang unter 5, 10 oder 25). Je nach verwendeten Grenzwerten und Kriterien werden in Studien unterschiedliche Gruppen von Kindern eingeschlossen. Dies hat zur Folge, dass Studien zu teils sehr unterschiedlichen Ergebnissen gelangen (Mazzocco & Myers 2003), was die Ursachensuche erheblich erschwert. Dem starren Einbezug von IQ-Scores in die Diagnosestellung fehlt ebenfalls die empirische Grundlage (Jimenez Gonzalez & Espinel 1999). Auch der Unterscheidung zwischen Dyskalkulie und Rechenschwierigkeiten, wie sie auf Basis unterschiedlicher Kriterien teilweise vollzogen wird, fehlt ein überzeugender Nachweis. Eine solche Differenzierung würde voraussetzen, dass Kinder mit einer Dyskalkulie ein anderes kognitives Profil aufweisen, als Kinder mit Rechenschwierigkeiten. Ob dies tatsächlich der Fall ist und wenn ja, auf Basis welches Kriteriums, kann zum jetzigen Zeitpunkt nicht beantwortet werden.

Im Hinblick auf die Verursachung der Dyskalkulie wird ausgehend von neurokognitiven Befunden angenommen, dass diese auf eine fehlerhafte Verarbeitung von Zahlen und Mengen im Gehirn zurückzuführen ist. Einige Autoren sprechen in diesem Zusammenhang von einem defizitären Zahlensinn (Dehaene 1997). Vermutet werden jedoch auch Schwierigkeiten in domänenübergreifenden Verarbeitungsprozessen wie dem Arbeitsgedächtnis und den exekutiven Funktionen. Allerdings ist die Befundlage im Hinblick darauf, welche Prozesse genau betroffen sind, relativ inkonsistent. Gleiches gilt für die Frage, wie sich Defizite auf unterschiedliche mathematische Anforderungen auswirken.

Weitgehende Einigkeit besteht darin, dass dyskalkulische Kinder Defizite bei der Mengen- und Zahlenrepräsentationen (Moeller, Fischer, Cress & Nuerk 2012) zeigen, die die Basis für das Erlernen von Arithmetik und weiterer mathematischer Konzepte bilden. Betroffene Kinder können beispielsweise Mengen und Zahlen weniger gut im Hinblick auf ihre Größe unterscheiden. Defizite in der VISUELL-RÄUMLICHEN REPRÄSENTATION von Zahlen drücken sich durch eine weniger präzise und eher logarithmische als lineare Anordnung von Zahlen auf dem Zahlenstrahl aus. Betroffene Kinder haben überdies Verständnisschwierigkeiten des zehnerbasierten Stellenwertsystems, was insbesondere beim Umgang mit mehrstelligen Zahlen zutage tritt. Damit verknüpft sind ebenfalls auftretende Probleme in der verbalen Repräsentation von Zahlen, was vor allem im Deutschen mit der inversiven sprachlichen Anordnung von mehrstelligen Zahlen (z. B. einhundertzweiunddreißig) in Transkodierfehler mündet (z. B. 123 statt 132). Diese Schwierigkeiten äußern sich im weiteren Verlauf wahrscheinlich auch bei Defiziten im arithmetischen Faktenwissen wie der Speicherung von Ergebnissen bei einstelligen Additionsaufgaben oder dem kleinen 1x1, bei dem Zahlenwissen verbal im LANGZEITGEDÄCHTNIS gespeichert wird. Es handelt sich hierbei um das am besten untersuchte Symptom bei der Dyskalkulie. Das mangelnde Faktenwissen ist neben der fehlenden Zahlvorstellung ein Grund für das häufig beobachtete langfristige Anhaften an das zählende Rechnen. Dyskalkulische Kinder haben außerdem erhebliche Schwierigkeiten beim Erwerb von strategischem, konzeptuellem und prozeduralem Wissen; auch das Lesen der Uhr oder das Lösen von Textaufgaben kann eingeschränkt sein. In diesen Bereichen steckt die Forschung jedoch nach wie vor in den Kinderschuhen. Umstritten ist auch, ob es spezifische Subtypen von Dyskalkulie gibt, zwischen denen im Hinblick auf Ursache und Defizitmuster unterschieden werden müsste. Erschwert wird dies auch dadurch, dass gängige Testverfahren meist entweder curriculare oder basisnumerische Inhalte abfragen, selten beides. Ratsam wäre es, in die Diagnostik beide Elemente miteinzubeziehen.

In den letzten Jahren wurden vermehrt Anstrengungen unternommen, Förderprogramme zur Unterstützung der betroffenen Kinder zu entwickeln. Studien lassen den Schluss zu, dass der systematische Aufbau basisnumerischer Kompetenzen einerseits präventiv wirken kann, andererseits aber auch für die Entwicklung weiterer Fähigkeiten essentiell ist. Eine reine Wiederholung des Schulstoffs ohne den Aufbau dieser Grundlagen reicht höchstwahrscheinlich nicht aus. Im deutschsprachigen Raum existieren einige mehr oder weniger gut evaluierte Förderprogramme und außerschulische Angebote (Lambert 2015). Darüber hinaus wurden vorwiegend in Grundschulen spezifische Unterstützungsangebote etabliert, die jedoch meist hinsichtlich ihrer Wirksamkeit nicht empirisch überprüft wurden. Zudem besteht nach wie vor eine erhebliche Forschungslücke im Hinblick darauf, wie diese Unterstützungsangebote auf welche Kinder (z. B. mögliche Subtypen) wirken und ob die betroffenen Kinder den Anschluss an ihr Klassenniveau schaffen können oder nicht. Hierin und in der Generierung einer einheitlichen Definition besteht die große Herausforderung der Dyskalkulieforschung in den kommenden Jahren.

Literatur

Dehaene, Stanislav (1997): The number sense: How the mind creates mathematics. New York.

Jimenez Gonzalez, Juan/Espinel, Ana (1999): Is IQ-achievement discrepancy relevant in the definition of arithmetic learning disabilities? Learning Disability Quarterly, 22 (4), 291–301.

Lambert, Katharina (2015): Rechenschwäche – Grundlagen, Diagnostik und Förderung. Göttingen.

Mazzocco, Michele/Myers, Gwen (2003): Complexities in identifying and defining mathematics learning disability in the primary school-age years. Annals of Dyslexia, 53, 218–253.

Moeller, Korbinian/Fischer, Ursula/Cress, Ulrike/Nuerk, Hans-Christian (2012): Diagnostics and intervention in dyscalculia: Current issues and novel perspectives. In: Breznitz, Zvia/Rubinsten, Orly/Molfese, Victoria J./Molfese, Dennis L. (ed.): Reading, Writing, Mathematics and the Developing Brain: Listening to Many Voices. Heidelberg, 233–276.

Elementarisierung

Norbert Heinen

Das lateinische Wort *elementum* meint in der ersten seiner beiden Bedeutungen *Grundstoff.* Von dieser Bedeutung ausgehend fragt die Elementarisierung mehrperspektivisch nach den konstitutiven und interdependenten Grundbestandteilen von Unterricht und will diese durch fünf Elementarisierungsrichtungen identifizieren und für die praktische Unterrichtsarbeit zugänglich machen.

Elementarisierung versteht sich als ein DIDAKTISCHES KONZEPT, das sich auf bildungstheoretische Überlegungen und Entwicklungen bezieht und konkret auf die UNTERRICHTSPRAXIS abzielt. In diesem Sinne stellt Elementarisierung eine Theorie der Praxis für die Praxis dar. Ziel dieser Theorie ist ein von der Sache verantwortbarer und für die SchülerInnen existenziell bedeutsamer Unterricht. Nipkow (1986) versteht Elementarisierung als Verschränkung von vier Elementarisierungsrichtungen, die zusammen ein mehrperspektivisches Modell bilden. Diese vier Richtungen können kurz als Fragen nach den elementaren Erfahrungen, der elementaren Wahrheit, den entwicklungsbedingten elementaren Zugängen und den elementaren Strukturen formuliert werden, die Wegweiser innerhalb der Unterrichtsplanung sein sollen (Nipkow 1984). Eine weitere Elementarisierungsrichtung – Elementare Vermittlungswege – wurde von Heinen (1989) erarbeitet und in das Konzept eingefügt.

Elementarisierung ist keine Vereinfachungsstrategie, die Komplexität reduziert und Inhalte simplifiziert. Vielmehr bildet sie ein Konzept, das Lernprozesse strukturiert und auf Verdichtung und Konkretisierung (Zilleßen 2000) abzielt. Elementarisierung ist in einer Bewegung zwischen den SchülerInnen einerseits und den Unterrichtsinhalten andererseits ausgespannt, d. h. ein wechselseitiger Prozess zwischen Person und Sache bildet ihren Grundcharakter. Zudem verlangt Elementarisierung sowohl von der Lehrperson als auch von den SchülerInnen explizite und implizite Entscheidungen, die schließlich den individuellen Aneignungs- und Reflexionsprozess bestimmen.

Elementarisierungsrichtungen in der Erweiterung nach Heinen (1989) sowie der Charakterisierung nach Lamers und Heinen (2006):

Elementare Strukturen: Die erste Elementarisierungsrichtung fragt aus fachwissenschaftlicher Perspektive nach den konstitutiven Grundbestandteilen, die ein Gebilde konstruieren und als solches kenntlich machen, und richtet sich auf die Identifizierung elementarer Strukturen von Bildungsinhalten.

Elementare lebensleitende Grundannahmen: Wenn die Didaktik ihre Aufgabe nicht primär in wissenschaftspropädeutischer Arbeit sieht, stellt sich unweigerlich die Frage nach dem Adressatenkreis didaktischer Bemühungen. Demzufolge bezieht sich die zweite Elementarisierungsrichtung auf die Auswahlproblematik, die sich unter inhaltlichen und anthropologischen Aspekten stellt. So fordert auf der einen Seite materiale Bildung Berücksichtigung konstitutiver kultureller Elemente, während auf der anderen Seite die Humanwissenschaften eine unreflektierte Reduktion der Komplexität und Besonderheit der

Gegenwarts- und Zukunftsfragen nicht zulassen können.

Elementare Erfahrungen: Die dritte Elementarisierungsrichtung fragt in Fortführung und gleichzeitiger Konkretisierung der zweiten nach elementaren Erfahrungen und meint damit nicht allgemeine menschliche Grundphänomene oder Grunderfahrungen, sondern das Existenziell-Konkrete im Sinne persönlich bedeutender Erfahrungen und ist im Schnittpunkt von kultureller Überlieferung und gegenwärtiger Situation des Menschen aufzuspüren. Lebensleitende kulturelle Grundaussagen und Traditionen sollen dem Menschen im Sinne der von Klafki formulierten doppelseitigen Erschließung so erfahrbar werden, dass ein qualitativ neues Erleben möglich wird, wodurch das Individuum zu neuen Mitgestaltungsmöglichkeiten befähigt wird.

Elementare Zugänge: Elementarisierung fragt in ihrer vierten Sinnrichtung nach den elementaren Zugängen und meint damit die individuellen (entwicklungs-)psychologischen Voraussetzungen der Adressaten, die es in die didaktischen Entscheidungsprozesse einzubeziehen gilt.

Elementare Vermittlungs-/Aneignungswege: Elementarisierung fragt in ihrer fünften Sinnrichtung nach den Methoden und meint damit zunächst den Implikationszusammenhang zwischen den Faktoren des Unterrichts. Darüber hinaus stellt sie die Methodenentscheidung in den Kontext der anderen Elementarisierungsrichtungen, um sowohl zur Lösung des Auswahlproblems als auch des Vermittlungs-/Aneignungsproblems unter Einbeziehung der vielfältigen Wechselbeziehungen beizutragen.

Elementarisierung verlangt LEHR- UND LERNENTSCHEIDUNGEN, die unter lebensweltlichen und biografischen Bedingungen, in sozialen und kulturellen Kontexten, im Zusammenhang von ethisch-moralischen Traditionen getroffen werden oder sich ergeben. Darum ist Elementarisierung keine bloße Methode; sie ist ein Beziehungsgeschehen, das den Umgang von Lehrenden und Lernenden miteinander ebenso betrifft wie die Beziehung des Individuums zur Gemeinschaft. Insofern gibt Elementarisierung als gemeinsamer Suchprozess einem Unterrichtsstil der Achtsamkeit Raum, der dem individuellen Lernprozess und seinem Unverfügbaren Rechnung trägt (Zilleßen 2000).

Der Ursprung der Elementarisierung als eine Konzeption der Religionsdidaktik sowie ihre eindeutige Orientierung an der geisteswissenschaftlichen Pädagogik erklärt die bis in die Gegenwart wirkende Dominanz des Inhaltsaspekts vor den anderen didaktischen Entscheidungsfeldern. Zwar durchbricht die Elementarisierung, indem sie Fachwissenschaft und Mensch als gleichberechtigte und interdependente Partner im Verstehensprozess sieht, die durch den Primat des Inhaltes aufgestellten Barrieren und betont damit ihre von Beginn an angestrebte Unabhängigkeit von der bildungstheoretischen Didaktik. Dennoch ist es bisher nur bedingt gelungen, die fünf Elementarisierungsrichtungen so weiterzuentwickeln, dass alle Aspekte gleich ausdifferenziert und theoretisch fundiert sind, um als gleichbedeutende interdependente Entscheidungsfelder wirken zu können.

Literatur

Heinen, Norbert (1989): Elementarisierung als Forderung an die Religionsdidaktik mit geistigbehinderten Jugendlichen und jungen Erwachsenen. Aachen.

Lamers, Wolfgang/Heinen, Norbert (2006): Bildung mit ForMat – Impulse für eine veränderte Unterrichtspraxis mit Schülerinnen und Schülern mit (schwerer) Behinderung. In: Laubenstein, Desirée/Lamers, Wolfgang/Heinen, Norbert (Hg.): Basale Stimulation: kritisch – konstruktiv. Düsseldorf, 141–205.

Nipkow, Karl Ernst (1984): Elia und die Gottesfrage. Der Evangelische Erzieher, 36, 131–147.

Nipkow, Karl Ernst (1986): Elementarisierung als Kern der Unterrichtsvorbereitung. In: Katechetische Blätter, 600–608.

Zilleßen, Dietrich (2000): Lernentscheidungen: Elementarisierung im Religionsunterricht. In: Zeitschrift für Pädagogik und Theologie, 252–262.

Empowerment

Wolfgang Jantzen

Der Begriff *Empowerment* umfasst in der deutschsprachigen Diskussion Strategien und Maßnahmen, die auf → Autonomie und Selbstbestimmung im Leben von Menschen oder Gemeinschaften zielen. Er verweist auf (1) Selbstverfügungskräfte, (2) politische Macht und Durchsetzungskraft, (3) einen Prozess, in dem gesellschaftliche Randgruppen ihre Angelegenheit selbst in die Hand nehmen und (4) darauf, dass Empfänger sozialer Dienstleistungen Vertrauen in eigene Ressourcen entwickeln können (Theunissen 2013).

Insofern zentriert sich die deutsche Debatte im Wesentlichen auf eine Strategie der Erleichterung der Armut und der Selbstsorge. Ebenso wie in der angloamerikanischen Diskussion wird Empowerment, entsprechend den Definitionen der Weltbank, zu einem komfortablen und unhinterfragten Leitbegriff. Wieso aber Begriffe wie Empowerment und Inklusion sowohl durch neoliberale Regierungen als auch durch IWF, Weltbank, WHO und UNESCO ca. ab Beginn der 1980er-Jahre massiv propagiert wurden, erhellt im Übergang zum neoliberalen Wirtschaftsmodell der Chicago-Boys, der Gruppe um den Ökonomen Milton Friedman, erstmals realisiert in Chile nach dem Staatsstreich vom 11.09.1973. Dieses Modell setzt auf den Markt als universelle Instanz der gesellschaftlichen Regulierung, auf Sozialabbau und Privatisierung bei gleichzeitigem Verschieben der je konkreten Verantwortung für das eigene Leben in die Verfügung der Individuen (Becks Risikogesellschaft, Foucaults Gouvernementalität). Für Deutschland realisiert sich dieser Prozess der Ökonomisierung des Sozialen u. a. über die veränderten §§ 93 ff. des Bundessozialhilfegesetzes (BSHG), die ab 1999 das Prinzip des freien Marktes im Bereich von Behinderteneinrichtungen einführen, oder mit den Hartz-IV Gesetzen von 2002, begleitet von der Erfindung der Ich-AG. Die ausschließliche Rede von einem Umbruch im pädagogischen Bereich mit den Leitideen Empowerment, Partizipation und Inklusion verschleiert gänzlich diese in der Tat hochdynamischen Zusammenhänge.

Empowerment, in politischen Termini ausgedrückt, bedeutet jedoch, Gesellschaft zu demokratisieren, Bedingungen zu schaffen; es bedeutet, das System einer neuen praktischen ebenso wie ideologischen Kolonialisierung, einer zunehmenden Ungleichverteilung zwischen Arm und Reich, weltweit ebenso wie im eigenen Lande, in Frage zu stellen. Wer über Empowerment redet, darf nicht über → Exklusion, über Macht (Power), Herrschaft und Gewalt schweigen. Ihr Kampf gegen diese Prozesse eint die unterschiedlichen Empowerment-Bewegungen ab Ende des 19. Jahrhunderts (Levy Simon 1994).

Vorrangig ist es, Exklusion als das größte Übel der Menschheit zu begreifen; sie ist die »Verletzung der Alterität« (Vidal Fernandez 2009, 21). Jegliche Form von Empowerment muss von der real existierenden Exklusion aus gedacht werden. Jede Person, aus welchen Gründen sie auch ausgeschlossen ist, muss auf alle soziale Hilfe zählen können, um ihre soziale Teilhabe wieder zu erreichen (Vidal Fernandez 2009).

Daher muss Empowerment in Form der Verwirklichung menschlicher Grundbedürfnisse gedacht werden. Dies sind die folgenden vier (Vidal Fernandez 2009):

1. zu existieren *(estar):* Essen, Trinken, ein Dach, Schutz vor Kälte und Hitze, Kleidung;
2. zu machen *(hacer):* wie Personen und Gemeinschaften teilhaben, wie sie die Freiheit der Aktion haben und wie sie sich über Handlungen in dem Geschaffenen ausdrücken;
3. zu haben *(tener):* sorgen, Verbindungen aufbauen und Verantwortlichkeiten, Güter und Geschenke zu schaffen, zu gründen, zu erneuern, zu hoffen, Gemeinschaft im Gedächtnis zu schaffen;
4. zu sein *(ser):* über Identität, Berufung, Vernunft zu verfügen, untergebracht zu sein, mit allen Sinnen zu wissen, wo du dich befindest: historisch, geografisch, emotional, sozial.

Das Wichtigste hierfür ist die Schaffung eines tertiären Sektors von Institutionen, die weder Staat noch Markt sind. Dies bedeutet keine Re-Formulierung der Zivilgesellschaft, sondern eine Dynamik, die durch eine Reihe von Prozessen entsteht und diese hervorbringt:

1. Die Schaffung von Assoziationen und Kooperationen als Räume der Teilhabe und Solidarität in jedem Typ von Institutionen.
2. Keine Begrenzung auf nur eine Logik. Es geht um Fragen der Ökonomie der Liebe, der Güter, der Kommunion und um Traditionen. Wie können Geschichten der Allianz zwischen Personen geschaffen werden? Wie kann Freiwilligkeit befördert und begünstigt werden? Kurz: Der Tertiäre Sektor ist eine Dynamik des Sinns, der Konstruktion möglicher Zukunft; er ist eine Methodologie, historische Subjekte (Vidal Fernandez 2009) zu schaffen.

Empowerment in diesen Traditionen, in den Traditionen einer Philosophie der Befreiung (Dussel), einer Soziologie der Emergenzen (de Sousa Santos), einer Pädagogik der Unterdrückten (Freire) zielt auf Gegengesellschaft, um über sie ein neues Land zu finden (Heydorn). Indem sie dieses tut, realisiert sie deren Keime im Hier und Jetzt.

Literatur

Jantzen, Wolfgang (2013): Reelle Subsumtion und Empowerment. In: Behindertenpädagogik, 1/2013, 44–67.

Levy Simon, Barbara (1994): The Empowerment Tradition in American Social Work: A History. New York.
Solomon, Barbara (1976): Black empowerment: Social work in oppressed communities. New York.
Theunissen, Georg (2013): Empowerment und Inklusion behinderter Menschen. 3. Aufl. Freiburg i. Br.
Vidal Fernandez, Fernando (2009): Pan y rosas. Exclusión y empoderamiento. Madrid.

Entwicklung

André Frank Zimpel

In Anbetracht seiner Bedeutung und Bildkraft ist das Wort *Entwicklung* relativ jung. Das Verb *entwickeln* ist eine Prägung des 17. Jahrhunderts. Doch erst im 18. Jahrhundert verwendete man es im übertragenen Sinne für etwas, das sich stufenweise herausbildet oder entfaltet.

Das relativ späte Auftauchen des Wortes *Entwicklung* illustriert, dass die Wissenschaft in den Jahrhunderten davor vor allem von der Ontologie (dt.: Seinslehre) bestimmt war. Das Bewusstsein für Entwicklungsprozesse wie die Evolution, Phylogenese, Historie und Ontogenese stand lange Zeit im Schatten der Ontologie. Ontologie und Genealogie (Entwicklungslehre) hatten ein unterschiedliches Gewicht. Letztere beschränkte sich vor Darwin hauptsächlich auf Ahnenforschung und Geschlechterkunde.

Im 19. Jahrhundert erhielt der Begriff *Entwicklung* zusätzlich eine fototechnische Bedeutung. Erst dort kam die Idee auf, etwas durch Eingreifen zu entwickeln, zum Beispiel einen Film, eine Idee, eine Beziehung usw. Ursprünglich bezog sich der Entwicklungsbegriff jedoch auf einen aktiven Prozess eines lebendigen Systems, wie etwa die Metamorphose eines Schmetterlings aus einer Raupe. Aus der verpuppten Raupe wickelt sich der schlüpfende Schmetterling förmlich selbst heraus, kurz: Er entwickelt sich.

Vor Charles Darwins (1809–1882) Evolutionstheorie gab es für die Frage nach der Ursache für die Artenvielfalt keine wissenschaftlichen Antworten. Darwin (1984, 5) schrieb dazu selbst als Zeitzeuge am Ende des 19. Jahrhunderts: »Bis vor kurzem glaubte die große Mehrzahl der Naturforscher, die Arten seien unveränderlich und jede einzelne sei für sich erschaffen worden, eine Ansicht, die sehr geschickt verteidigt wurde.«

Die ontologisch-mechanische Denkweise begründete mittlerweile eine mehr als dreihundertjährige Tradition, Beobachtungen auf das Wirken von zeit- und damit entwicklungsunabhängigen (reversiblen) Gesetzen zurückzuführen. Seitdem bemächtigte sie sich Schritt für Schritt aller Bereiche des praktischen und intellektuellen Zusammenlebens der Menschheit. Diese Denkweise zeigt sich beispielsweise auch in der ontologischen Festschreibung von Behinderungen und in selbsterfüllenden Zukunftsprognosen bei der Einweisung in Sonderschulen.

Die Gleichungssysteme, die mechanische Vorgänge beschreiben, sind umkehrbar. Sie können Bewegungen beschreiben, setzen aber voraus, dass diese Bewegungen unabhängig von der Zeit sind. Diese Umkehrbarkeit (Reversibilität) steht im Widerspruch zur Unumkehrbarkeit (Irreversibilität) von Entwicklungen (Zimpel 2013).

Iterationen können unumkehrbare (irreversible) Prozesse beschreiben, wie sie für zeitabhängige Entwicklungen typisch sind (Prigogine 1988): »Während die großen Schöpfer der abendländischen Astronomie das Regelmäßige und Unabänderliche an den Bewegungen der Himmelskörper betonten, erkennen wir jetzt, dass eine solche Qualifikation bestenfalls nur für einen sehr begrenzten Bereich wie etwa die Bewegung der Planeten gilt. Statt Stabilität und Harmonie zu finden, entdecken wir, wo wir auch hinschauen, Entwicklungsprozesse, die zu Verschiedenartigkeit und wachsender Komplexität führen« (25).

Die evolutionäre Perspektive betont einseitig die Potenziale der Anpassung und Fortpflanzung. AUTOPOIETISCHE SYSTEME folgen dagegen einem Pfad, auf dem für ihre Anpassung hinreichend gesorgt ist. Immer wenn der Tanz der Moleküle Leben gewährleistet, ist ein Organismus aus dieser Perspektive vollkommen.

Maturana (1985) entwickelte die Idee der autopoietischen Einheit auf der Grundlage der Eigenwerttheorie (→ Kybernetik) des Kybernetikers Heinz von Foerster (1991). Auf diese Theorie bezog sich in seinem Spätwerk auch Piaget. Dabei handelt es sich vor allem um Entwicklungsmodelle, denen eine iterative Darstellung unumkehrbarer Entwicklungsprozesse zugrunde liegt (Zimpel 2012). Piaget (1976,) berief sich dabei auf Prigogine und Foerster.

Auch bei der Entschlüsselung interaktiver Entwicklungsprozesse sind iterative Computersimulationen Verstehenshilfe. Beispiel: Der Hyperzyklus (→ Kybernetik). Dieses Modell ist von heuristischer Bedeutung für → inklusive Pädagogik (Zimpel 2014).

Literatur

Darwin, Charles (1984): Die Entstehung der Arten durch natürliche Zuchtwahl. 2. Aufl. Leipzig.

Foerster, Heinz v. (1991): Understanding understanding. Essays on cybernetics and cognition. New York.

Maturana, Humberto R. (1985): Erkennen. Die Organisation und Verkörperung von Wirklichkeit. 2. Aufl. Braunschweig.

Piaget, Jean (1976): Die Äquilibration der kognitiven Strukturen. Stuttgart.

Prigogine, Ilya (1988): Vom Sein zum Werden. Zeit und Komplexität in den Naturwissenschaften. 5. Aufl. München.

Zimpel, André Frank (2012): Der zählende Mensch. Was Emotionen mit Mathematik zu tun haben. 2. Aufl. Göttingen.

Zimpel, André Frank (2013): Zwischen Neurobiologie und Bildung. Individuelle Förderung über biologische Grenzen hinaus. 2. Aufl. Göttingen.

Zimpel, André Frank (2014): Einander helfen: Der Weg zur inklusiven Lernkultur. 2. Aufl. Göttingen.

Erziehung

Helmwart Hierdeis

Unter *Erziehung* werden üblicherweise alle Aktivitäten der Erwachsenengeneration verstanden, die dazu dienen, die nachwachsende Generation zu einem selbständigen Leben im Rahmen von → Kultur und Gesellschaft zu führen. Das Prädikat *erziehen* hat seinen wortgeschichtlichen Ursprung im Heraus- oder Wegziehen (von Dingen).

Schon im frühen Mittelalter bezeichnete *erziehen* unterschiedslos das Aufziehen von Menschen und anderen Organismen (Tieren Pflanzen). Unter dem Einfluss des Humanismus erweiterte sich im 16. Jahrhundert die Bedeutung von *erziehen* auch auf Charakter und Geist. Das Wort Erziehung und eine Reihe von damit zusammengesetzten Wörtern (z. B. Erziehungsbedürftigkeit, -anstalt, -geschäft) wurden erst im 18. Jahrhundert gebildet. Erziehung ist ein zeit- und kulturabhängiges Phänomen. Daher muss der Begriff stets neu bestimmt werden. Wie offen oder wie konkret diese Bestimmung zu erfolgen hat, ist immer wieder eine Streitfrage in der Erziehungswissenschaft. Wenn Erziehung als gattungsgeschichtliches Phänomen angesehen wird, ist eine weite Umschreibung sinnvoll: Erziehung = Weitergabe von Verhaltensweisen und Informationen auf nicht-genetischem Wege (Liedtke 1997). Wenn der Begriff dagegen auf besondere Situationen bezogen werden soll, kann er präzisiert werden im Sinne von Handlungen Erwachsener, die in den Entwicklungsprozess Heranwachsender eingreifen, um Lernprozesse in eine gewünschte Richtung in Gang zu setzen oder zu unterstützen (Brezinka 1971). Das Bedürfnis der Erziehungswissenschaft, die wichtigsten Erziehungsfunktionen im Hinblick auf Gesellschaft, → Kultur und → Autonomie (Mündigkeit) des Individuums begrifflich zu fassen, hat unter dem Einfluss der angloamerikanischen Sozialwissenschaften dazu geführt, dass heute indirekte Lernprozesse häufig als Sozialisation, ENKULTURATION und Personalisation bezeichnet werden, während der Begriff Erziehung den intentionalen Anteilen an diesen Prozessen vorbehalten bleibt.

Erziehung ist Faktor und Produkt der Menschheitsgeschichte. Die Menschwerdung beruhte auf Lernprozessen, die durch demonstrierende und lehrende Aktivitäten der jeweils älteren Generation gegenüber der jüngeren angeregt und gelenkt wurden. Im Laufe der Zeit bildeten sich theorieförmige Anschauungen über *richtige* und *falsche,* das heißt über erfolgreiche und weniger erfolgreiche Erziehung heraus. Die Erfindung der Schrift führte in den Schriftkulturen zu expliziten Erziehungstheorien und zu Erziehungsinstitutionen (Schulen), zunächst nur für Eliten, in der Neuzeit dann, besonders aus ökonomischen und politischen Gründen, für ganze Gesellschaften. Beide Entwicklungen haben dazu beigetragen, dass Erziehung heute in den meisten Gesellschaften nicht dem Belieben einzelner überlassen bleibt, sondern organisiert wird.

Im deutschsprachigen Raum hat sich unter den Begriffen *Pädagogik* und *Erziehungswissenschaft* jene Disziplin herausgebildet, in der Erziehung erforscht und reflektiert wird, häufig unter Rückgriff auf die Ergebnisse und Erkenntnisse von *Bezugswissenschaften.* Aufgrund ihrer Herkunft aus den Geisteswissenschaften war die Erziehungswissenschaft bis in die zweite Hälfte des 20. Jahrhunderts überwiegend historisch-hermeneutisch-phänomenologisch ausgerichtet. Erziehung wurde demgemäß als geschichtlich-gesellschaftliches Phänomen angesehen, dessen *Sinn* und *Wesen* zu verstehen und im Hinblick auf seine praktische Bedeutung für Gegenwart und Zukunft zu bedenken war. In den vergangenen 50 Jahren hat sich eine empirische Erziehungswissenschaft etabliert, die Gesetzmäßigkeiten in den Voraussetzungen und Wirkungen von Erziehung aufzufinden versucht. Subdisziplinen wie Feministische, Humanistische, Konstruktivistische (→ Konstruktivismus), Psychoanalytische oder Systemische Erziehungswissenschaft haben eigene Begriffe und Konzepte entwickelt (Hierdeis 2010). In allen genannten theoretischen Positionen wird Erziehung aus der Sicht der Erziehenden erforscht. Die Sicht der jüngeren Generation bleibt nicht nur im Alltag, sondern auch theoretisch unterbelichtet (Huber & Walter 2016).

In aufgeklärten Gesellschaften ist zu beobachten, dass die Beziehungen zwischen den Generationen symmetrischer werden und Erzieher weniger auf physische und psychische Gewalt denn auf Reflexion setzen. Diese Entwicklung ist nicht so sehr auf aufgeklärte Erziehungstheorien als vielmehr auf allgemeine sozioökonomische Modernisierungsprozesse zurückzuführen (Entstehung der bürgerlichen Gesellschaft, Arbeiterbewegung, Demokratisierung). Es gibt jedoch zahlreiche Anzeichen dafür, dass sich einerseits subtile Formen von GEWALT erhalten haben, andererseits viele Menschen durch den Anspruch einer aufgeklärten Erziehung überfordert sind.

Literatur

Brezinka, Wolfgang (1971): Von der Pädagogik zur Erziehungswissenschaft. Eine Einführung in die Metatheorie der Erziehung. Weinheim.

Hierdeis, Helmwart (2010): Erziehung. In Wiater, Werner/Belardi, Nando/Frabboni, Franco/Wallnöfer, Gerwald (Hg.): Pädagogische Leitbegriffe. Baltmannsweiler, 86–87.

Huber, Johannes/Walter, Heinz (Hg.) (2016): Der Blick auf Vater und Mutter. Wie Kinder ihre Eltern erleben. Göttingen.

Liedtke, Max (1997): Evolution und Erziehung. Ein Beitrag zur integrativen Pädagogischen Anthropologie. 4. Aufl. Göttingen.

Ethische Aspekte der Inklusion

Markus Dederich

In der Pädagogik und Politik ist Inklusion einerseits ein beschreibender und kritisch-analytischer, andererseits ein in hohem Maße ethisch aufgeladener, je nach Inklusionsverständnis mit weitreichenden normativen Implikationen verknüpfter Begriff. Im Kern ist die Idee der Inklusion ein ethischer Anspruch, der auf individuelle oder gruppenbezogene Erfahrungen von Stigmatisierung, Marginalisierung, **BENACHTEILIGUNG**, Entrechtung und Ausschluss antwortet und sich in der Forderung nach Nicht-Diskriminierung, → Anerkennung, Zugehörigkeit und selbstbestimmter Teilhabe an der Gesellschaft artikuliert.

Folgt man Prengel (1995), ist die uneingeschränkte Anerkennung von menschlicher Vielfalt das normative Herzstück der Inklusion. Unter den Bedingungen einer gelingenden Inklusion verlieren die Unterschiede zwischen den Menschen – auch solche Unterschiede, die als Negativabweichungen etwa in Bezug auf die Leistungsfähigkeit oder den gesundheitlichen Status gedeutet werden – ihre Bedeutung als soziales Bewertungs- und Hierarchisierungsinstrument. Alle Menschen haben einen legitimen Anspruch darauf, in ihrer Verschiedenheit als gleichwertig respektiert und geachtet zu werden und möglichst barrierefreie Lebensbedingungen vorzufinden. Nach dieser Lesart ist Inklusion letztendlich ein ethisch begründbares Programm zur TRANSFORMATION und HUMANISIERUNG der Gesellschaft insgesamt. Diese Programmatik findet sich auch bei Booth (2012), der herausstellt, die Inklusion beruhe auf einer Reihe von Werten, deren Verwirklichung einen wichtigen Beitrag zur Schaffung einer *guten Gesellschaft* leisten würde, nämlich Gleichheit, Rechte, Partizipation, Gemeinschaft, Mitgefühl, Wertschätzung von Vielfalt, Nachhaltigkeit, Gewaltfreiheit, Ehrlichkeit, Vertrauen, Mut, Liebe zu Menschen und Sachen, Freude, Hoffnung, Schönheit. *Inklusive Gemeinschaften* sind Booth zufolge nur möglich, wenn diese Werte von allen anerkannt und gelebt werden.

Bei genauerer Betrachtung lassen sich individual- und sozialethische Aspekte der Inklusion unterscheiden. Die Individualethik befasst sich einerseits mit Rechten und Pflichten des Individuums und deren Begründung, andererseits mit der Etablierung von Schutzbereichen, die ihrerseits auf entsprechende soziale, rechtliche und ökonomische Rahmenbedingungen der sozialen Ordnung angewiesen sind (Dederich & Schnell 2009). Im Mittelpunkt der Sozialethik hingegen stehen soziale bzw. gesellschaftliche Aspekte der Moral. Sie befasst sich mit Normen und Prinzipien des menschlichen Zusammenlebens sowie moralischen Pflichten des Gemeinwesens gegenüber den Individuen. Ihr zentrales Thema ist die Frage, wie humane Gesellschaften aussehen und welche moralischen Prinzipien ihnen zugrunde liegen. Häufig erfolgt die Formulierung normativer Prinzipien auf der Basis sozialtheoretischer Beschreibungen und Analysen von sozialen, institutionellen und politischen Mechanismen der Herstellung von Benachteiligung, Unterdrückung und AUSSCHLUSS einerseits und politischer und sozialer Inklusion andererseits. In systematischer Hinsicht sind dies Themen der Politischen Philosophie, die ihrerseits gesellschaftsanalytische und gesellschaftstheoretische Fragen in einen normativen Horizont stellt.

Vor diesem Hintergrund erweist sich die Inklusion als das sozialethische Kardinalproblem nicht nur des Erziehungs- und Bildungssystems, sondern der Gesellschaft überhaupt. Sie sucht in normativer Hinsicht die Frage zu beantworten, welche Bedeutung Behinderungen, das Geschlecht, sozio-ökonomische und kulturelle Differenzen, migrationsbedingte Unterschiede usw. für die soziale Teilhabe betroffener Menschen haben und wozu die Gesellschaft ihnen gegenüber verpflichtet ist. Dabei geht es vorrangig um Fragen der Bildung, der politischen Teilhabe sowie der gerechten Verteilung von materiellen und nichtmateriellen Gütern und Ressourcen. Angestrebt wird eine »größtmögliche individuelle Selbstverwirklichung« (Antor & Bleidick 2000, 110) bei einem gleichzeitigen »Minimum sozialer Konflikte und gerechter Verteilung der Lasten« (Antor & Bleidick 2000, 110).

Betrachtet man den ethischen Strang der Diskurse über die Inklusion, zeigt sich eine deutliche Akzentverschiebung weg von eher individualethischen Zugängen hin zu sozialethischen Begründungen. Im Zuge dieser Entwicklung sind gerechtigkeitsethische Aspekte ins Zentrum der Aufmerksamkeit gerückt (Dederich 2013). Diese beziehen sich fast durchgängig auf die → UN-Behindertenrechtskonvention (UN-BRK) und deuten die Inklusion als Menschenrecht (Lindmeier 2012).

Die Inklusion ist mit umfänglichen normativen Ansprüchen verbunden, die weit über das Bildungssystem hinausgehen. Letztlich geht es um die Stärkung der gesellschaftlichen Kohäsion und die wertschätzende Einbindung aller. Insofern ist die Inklusion ein politisches Projekt, dessen Verwirklichung aufs engste mit Fragen der Anerkennung, der Teilhabe und der Gerechtigkeit verbunden ist.

Literatur

Antor, Georg/Bleidick, Ulrich (2000): Behindertenpädagogik als angewandte Ethik. Stuttgart.

Booth, Tony (2012): Der aktuelle »Index for Inclusion« in dritter Auflage. In: Reich, Kersten (Hg.): Inklusion und Bildungsgerechtigkeit. Standards und Regeln zur Umsetzung einer inklusiven Schule. Weinheim, 180–204.

Dederich, Markus (2013): Philosophie in der Heil- und Sonderpädagogik. Stuttgart.

Dederich, Markus/Schnell, Martin W. (2009): Ethische Grundlagen der Behindertenpädagogik: Konstitution und Systematik. In: Dederich, Markus/Jantzen, Wolfgang (Hg.): Behinderung und Anerkennung. Enzyklopädisches Handbuch der Behindertenpädagogik Band 2, Stuttgart, 59–83.

Gröschke, Dieter (1993): Praktische Ethik der Heilpädagogik. Individual- und sozialethische Reflexionen zu Grundlagen der Behindertenhilfe. Bad Heilbrunn.

Lindmeier, Christian (2012): Heilpädagogik als Pädagogik der Teilhabe und Inklusion. In: Sonderpädagogische Förderung heute, 1/2012, 25–44.

Prengel, Annedore (1995): Pädagogik der Vielfalt. 2. Aufl. Opladen.

Exklusion

Karin Terfloth

Der Begriff *Exklusion* stammt vom lateinischen Verb *excludere* (ausschließen, hindern) ab und wird mit *soziale Ausgrenzung* übersetzt. Der Exklusionsbegriff beschreibt im sozialtheoretischen und bildungspolitischen Diskurs soziale Selektionsprozesse und deren Ergebnisse, wie z. B. den Verlust von Teilhabechancen oder den Mangel an sozialer Bedeutung. Exklusion gilt nicht nur als Problemlage von Randgruppen, sondern ist durch Armut und Arbeitslosigkeit auch in der Mitte der Gesellschaft anzutreffen. Exklusion kann auch zum Schutz von Personengruppen dienen, wie z. B. beim Verbot von Kinderarbeit.

Es werden im sozialtheoretischen und -politischen Diskurs zur sozialen Ungleichheit (→ Soziale Ungleichheit)/→ Ungleichheitsforschung zwei Ursprungskontexte zum Exklusionsbegriff unterschieden (Kronauer 1998):

– die Französische Sozial- und Ungleichheitstheorie (Durkheim 1967): Inklu-

sion und Exklusion werden als das Gelingen oder Scheitern von Solidarität innerhalb der Gesellschaft verstanden (Stichweh 2009).
- die Britische Wohlfahrtstheorie (Marshall 1964): Exklusion bezieht sich auf den Verlust von Partizipationschancen an einem Mindestmaß an wirtschaftlicher Wohlfahrt und Sicherheit sowie an den vorherrschenden Standards des gesellschaftlichen Lebens (Kronauer 2010).

In der Debatte zur sozialen Ungleichheit lassen sich drei Argumentationslinien aufzeigen: Exklusion als Ausschluss vom Arbeitsmarkt, als Verlust von sozialen Teilhabemöglichkeiten und als Prozess und Zustand. Exklusion als Prozess und nicht nur als Zustand zu beschreiben, impliziert, dass verschiedene Grade der Ausgrenzung möglich sind und Exklusion umkehrbar ist (Kronauer 2010).

Der Begriff der Exklusion wird normativ verwendet, um die Ausgrenzung von materiellen, politisch-institutionellen oder kulturellen Teilhabemöglichkeiten vor dem Hintergrund der Vorstellung angemessener Lebenschancen, zu beschreiben. In der ARMUTSFORSCHUNG werden im Kontext von Exklusion kumulierende Bedingungen erfasst, z. B. werden die Folgebeziehungen des Ausschlusses aus einem Bereich mit Blick auf die anderen Lebensbereiche betrachtet (Bude 2004).

Exklusion wird auch zur Beschreibung einer von fünf historischen Entwicklungsphasen der professionellen Begleitung von Menschen mit BEHINDERUNG sowie der Behindertenpolitik genutzt: Extinktion (Tötung), Exklusion (sozialer Ausschluss), → Separation (Absonderung), → Integration (Teilhabemöglichkeiten unter Ressourcenvorbehalt) und Inklusion (Verschiedenheit als Normalität). Auf der Stufe der Exklusion wird zwar das Lebensrecht von Menschen mit Behinderung als Basis der Menschenwürde geschützt, die Sicherung des Bildungsrechts oder die Aufgabe des Status der Andersartigkeit werden jedoch nicht erreicht (Wocken 2010). Die Zuweisung der Zugehörigkeit zur Sonderschule wird als Entzug von gerechten Teilhabechancen und Qualifikationsmöglichkeiten für den Arbeitsmarkt gesehen und somit als EXKLUSIONSRISIKO bezeichnet.

Mitte der 1990er-Jahre wurde in der SOZIOLOGISCHEN SYSTEMTHEORIE der Begriff Exklusion als Pendant zur Inklusion geprägt (Luhmann 1995). Inklusion und Exklusion werden als zweiseitiges Beobachtungsschema zur Beschreibung der Relevanz/Irrelevanz von Individuen für Sozialsysteme genutzt. Jedes soziale System bringt Inklusion wie auch Exklusion gleichermaßen hervor. Das Erziehungssystem z. B. realisiert das Inklusionsgebot durch die Schulpflicht und temporäre Exklusion z. B. durch einen Schulverweis. In den verschiedenen Schulformen wird Inklusion über die Aufnahmekriterien zur Mitgliedschaft geregelt. Exklusion stellt den Normalfall dar, da die Mitgliedsbestimmungen selektiv angelegt werden (Hafen 2011). Im Interaktionssystem Unterricht kann Inklusion durch Adressierung erfolgen. Exklusion kann durch nicht erreichbare Leistungsanforderungen und ein nicht angepasstes sprachliches Niveau der Unterrichtskommunikation begünstigt werden.

Exklusion beschreibt keinen fixen Zustand, sondern eine system- und zeitbezogene Beobachtung. Inklusion in einem System kann zeitgleich mit Exklusion in anderen Systemen beobachtet werden.

Exklusion fungiert als Mechanismus der Komplexionsreduktion: Es werden Subsysteme ausgebildet, um Exklusionsfolgen zu mindern, z. B. erfüllt die Disziplin der Sonderpädagogik die Funktion, den Ausschluss aus den Institutionen des Erziehungssystems zu kompensieren. Aktuelle Forschungsfragen beziehen sich auf:

- das Erleben von Exklusion sowie deren Bedeutung für die Identitätsbildung von Lernenden;
- Konsequenzen von Exklusionsprozessen im Bildungssystem;
- alternative Maßnahmen zur Komplexitätsreduktion für Professionelle in sozialen Systemen um Exklusion zu vermeiden.

Literatur

Bude, Heinz (2004): Das Phänomen der Exklusion. In: Mittelweg 36, 4/2007, 3–15.

Durkheim, Emile (1967) [1893]: De la devision du travail social. Paris: PUF. Dt.: Über soziale Arbeitsteilung. Frankfurt 1996.

Hafen, Martin (2011): Inklusion und soziale Ungleichheit In: Systemische Soziale Arbeit – Journal der dgssa 2+3/2011, 75–92.

Kronauer, Martin (1998): »Exklusion« in der Armutsforschung und der Systemtheorie. Anmerkungen zu einer problematischen Beziehung. In: SOFI-Mitteilungen. Nr. 26, 117–126.

Kronauer, Martin (2010): Exklusion. Die Gefährdung des Sozialen im hochentwickelten Kapitalismus. 2. Aufl. Frankfurt.

Luhmann, Niklas (1995): Soziologische Aufklärung. Die Soziologie und der Mensch. Opladen, 237–264.

Marshall, Thomas H. (1964): *Class, Citizenship, and Social Development.* Doubleday, Garden City.

Stichweh, Rudolf (2009): Leitgesichtspunkte einer Soziologie der Inklusion und Exklusion. In: Stichweh, Rudolf/Windolf, Paul (Hg.): Inklusion und Exklusion. Wiesbaden, 29–43.

Wocken, Hans (2010): Qualitätsstufen der Behindertenpolitik und -pädagogik. Zugriff am 26.01.2016. Verfügbar unter: http://www.ev-akademie-boll.de/fileadmin/res/otg/501909-Wocken.pdf

Familien – von Kindern und Jugendlichen mit Behinderungen *Kerstin Ziemen*

Die soziale Situation von Eltern/Familien von Kindern und Jugendlichen mit Behinderung wird durch das Verhältnis zwischen dem Erleben der individuellen Situation, erfahrenen Widersprüchen, zur Verfügung stehenden Ressourcen und erworbenen Kompetenzen bestimmt. Unabhängige Beratung und sozialer Austausch unterstützen die Eltern/Familien bei der Klärung ihrer Fragen.

In der Fachdebatte wurde bis in die 1990er-Jahre die individuelle Ebene der Eltern/Familien mit Kindern und Jugendlichen mit Behinderung, die emotionale Befindlichkeit (z. B. der Stress, die Belastung), die BEWÄLTIGUNG der Situation bzw. die Rolle der unterschiedlichen Familienmitglieder in den Mittelpunkt gestellt. In Abwendung einer einseitig problemorientierten Sichtweise auf Eltern/Familien mit behinderten Kindern und Jugendlichen wurden nach und nach in der deutschsprachigen Diskussion v. a. die Ressourcen, Stärken und Kompetenzen (→ Kompetenz) wahrgenommen.

Der FAMILIE kommt der Charakter einer sozialen Institution zu. Sie gilt als »Stätte des Vertrauens *(trusting)* und des Gebens *(giving)*«, als »überpersönliche Persönlichkeit mit einem gemeinschaftlichen Leben« und als »gesonderte soziale Welt, in der man am Erhalt der Grenzen arbeitet« (Bourdieu 1998, 127). Die Familie ist durch die Übernahme der Reproduktions- und Sozialisationsfunktion gekennzeichnet. Die Beziehungen der Familienmitglieder untereinander werden durch ein spezifisches Kooperations- und Solidaritätsverhältnis bestimmt.

Mit Behinderung (→ Differenzlinie Behinderung) werden zumeist negativ konnotierte Bilder und Vorstellungen aktiviert bzw. reaktiviert. Untersuchungen (Ziemen 2002) ergaben, dass Eltern/Familien durch die Art und Weise der Diagnosemitteilungen Veränderungen im sozialen Kontext erfahren, insofern als dass soziale Regeln des menschlichen Miteinanders, der Kooperation und Kommunikation verletzt werden. Soziale Regelverletzungen zeigen sich z. B. mit der Diagnosestellung, durch äußerst verkürzte und wenig sensible Diagnosemittelungen ohne Beratung der Eltern (Ziemen 2002). Die sozialen Regelverletzungen verändern die soziale Situation der Eltern/Familien. Darüber hinaus geraten die Eltern/Familien zumeist in widersprüchliche Situationen, »in dem Maße, wie sich Eltern einerseits als wert und würdig erleben, die Elternrolle uneingeschränkt ein- und wahrnehmen zu können, andererseits jedoch Abwertungen sich selbst und dem Kind gegenüber zu erfahren« (Ziemen 2004, 54). Eltern geraten häufig in eine Rand- und Außenseiterposition und unter Rechtfertigungsdruck (Ziemen 2004). Auf der reflexiven Ebene entwickeln Eltern unterschiedliche Kompetenzen: Emotionale, kognitive und soziale Kompetenzen. »Emotionale Kompetenzen äußern sich in der Reflexion von eigenen Wünschen, Hoffnungen und Ängsten, welche sich zumeist auf das betroffene Kind und seine Entwicklung beziehen« (Ziemen 2004, 55). Kognitive Kompetenzen wie etwa ein hohes Maß an Informationen über die Diagnose bzw. das Syndrom, die Fähigkeit der genauen Beobachtung des Kindes, die Wahrnehmung von Bedürfnissen, Motiven und Interessen des Kindes, die Erprobung verschiedener Kommunikations-, Spiel-, Handlungsmöglichkeiten mit dem Kind, die Bewertung von pädagogischen, therapeutischen und medizinischen Methoden und Konzepten. Soziale Kompetenzen zeigen sich durch die Reflexion des sozialen Netzes an Beziehungen innerhalb und außerhalb der Familie. »Unterstützungsangebote stabilisieren die Familie, insbesondere […] die Unterstützung durch Selbsthilfegruppen, Verbände bzw. Organisationen […] Innerhalb der sozialen Gemeinschaft Gleichbetroffener ist das Machtgefälle zwischen den Akteuren äußerst gering« (Ziemen 2004, 55). Der Austausch in diesen Gruppen wird zumeist als unterstützend erlebt.

Die elterliche bzw. familiäre Situation in ihrer Differenziertheit und Spezifik muss Ausgangspunkt für → Unterstützung, → Beratung und Begleitung sein.

Im Kontext von Inklusion sind Eltern/Familien nicht immer hinreichend über verschiedene Möglichkeiten, v. a. im schulischen, aber auch außerschulischen Kontext informiert. Unabhängige Beratungsangebote stehen oftmals in nicht ausreichendem Maße oder nicht hinreichend vernetztem Maße zur Verfügung.

Eltern von Kindern und Jugendlichen mit Behinderung haben im deutschsprachigen Raum seit nunmehr über 30 Jahren die Entwicklungen der Integration (v. a. im vorschulischen und schulischen Bereich) forciert. Auch die inklusiven Entwicklungen werden bis heute von den Elternverbänden entscheidend mitbestimmt. Forschungsfragen beziehen sich auf:

- Die Entwicklung von Unterstützungsangeboten für Eltern/Familien unter Berücksichtigung ihrer sozialen Situation;
- die Entwicklung von Beratungskonzepten im Kontext von Inklusion;
- Kooperationsmöglichkeiten zwischen Fachleuten und Eltern.

Literatur

Bourdieu, Pierre (1998): Praktische Vernunft. Zur Theorie des Handelns. Frankfurt a. M.

Ziemen, Kerstin (2002): Das bislang ungeklärte Phänomen der Kompetenz – Kompetenzen von Eltern behinderter Kinder. Butzbach-Griedel.

Ziemen; Kerstin (2004): Familien mit behinderten Kindern und Jugendlichen. In: Behinderte in Familie, Schule und Gesellschaft, 6/2004, 48–59.

Förderung

Wolfgang Jantzen

Der Begriff der *Förderung* bzw. des *Förderns* leitet sich ab vom mittelhochdeutschen *vürdern* und bedeutet ursprünglich *weiter nach oben bringen.* Er findet sich in vielfältigen Bereichen: in der Gewinnung von Bodenschätzen, in der Ökonomie, in der Kultur, im sozialen Leben und natürlich auch in der Bildung. Nach dem Duden (Zugriff am 20.04.2016) bedeutet Fördern »in seiner Entfaltung, bei seinem Vorankommen (finanziell) unterstützen« bzw. »unterstützen, verstärken«.

Im Bereich der Sonderpädagogik findet Anfang der 1990er-Jahre des vergangenen Jahrhunderts ein massiver politischer, wissenschaftlicher, schulorganisatorischer und schulpraktischer Übergang zur Rede von Förderung statt. Insbesondere drückt sich dies in den Empfehlungen der Kultusministerkonferenz zur sonderpädagogischen Förderung in den Schulen der Bundesrepublik Deutschland von 1994 aus. Statt von Sonderschulbedürftigkeit wird von sonderpädagogischem Förderbedarf gesprochen. Soweit sich in der Literatur Begründungen finden, werden u. a. die Vereinheitlichung des Schulwesens nach der Wiedervereinigung mit der DDR, die Ausweitung aus den Bereichen Früherkennung und Frühförderung, die Vermeidung des Prädikats *Behinderung* (→ Differenzlinie Behinderung) sowie ein gewandeltes pädagogisches Selbstverständnis bemüht. In diesem Kontext bündeln sich zahlreiche Komposita wie Förderbedarf, Fördernotwendigkeiten, Förderorte, Förderschulen, Förderzentren, Förderangebote, Förderpädagogik, Förderdiagnostik, Förderdidaktik u. a. m.

Soziologisch ist dieser Begriffswechsel, der alle Bereiche der bisherigen Sonder(schul)pädagogik durchzieht, bisher in keiner Weise aufgearbeitet. Ohne Zweifel ordnet er sich jedoch in eine Reihe weiterer, soziologisch besser untersuchter Prozesse im Übergang zum flexiblen Kapitalismus sowie zu neuen Formen der inneren Kolonisierung ein. Im Kontext der Entwicklung der RISIKOGESELLSCHAFT (Beck 1986) findet ein Wandel zu einer aktivierenden SOZIAL- UND GESELLSCHAFTSPOLITIK statt. In ihr wird die Einheit von Fördern und Fordern zur lebenslangen Steuerungs- und Anforderungsstruktur. Mit dem neoliberalen Rückzug des Staates aus der Sozialpolitik entstehen nicht nur in den Ländern des Südens, sondern auch in jenen des Nordens neue Formen gesellschaftlicher Armut und gesellschaftlicher Überflüssigkeit (in Deutschland z. B. zunehmende Prekarisierung durch Hartz IV).

Innerhalb der Sonder(schul)pädagogik selbst stellt dieser Wechsel zu einem neuen Denkstil einerseits eine notwendige Reaktion auf veränderte gesellschaftliche Prozesse dar, die sich im Bildungswesen insgesamt auswirken, anderseits ist es der Versuch einer rhetorischen Überwindung von Einschlussmilieus bei weitest möglichem Erhalt von Strukturen und Privilegien (nicht zuletzt eines besseren Besoldungsstatus!).

Entsprechend den Analysen von Deleuze zur Kontrollgesellschaft bzw. Foucault zur DISZIPLINARGESELLSCHAFT erfolgt in der Reformrhetorik ein Operieren mit Begriffen wie lebenslange SELBST-ORGANISATION, Selbst-Steuerung, Selbst-Management oder Selbst-Optimierung (Pongratz 2014), Begriffe, die sich tendenziell auch in der Förderpädagogik mit einer Zentrierung auf systemisch-konstruktivistische Ansätze widerspiegeln.

Eingebettet ist diese Entwicklung in schärfere Differenzlinien zu den Überflüssigen, insbesondere im Rahmen einer aktivierenden Sozialpolitik, die Integrationsverweigerer isoliert und bestraft. Für die USA dokumentieren dies insbesondere die Arbeiten von Wacquant (2010). Seit 1980 findet dort ein exponentieller Anstieg der Gefängnisinsassen statt, ohne dass eine entsprechende Veränderung der Kriminalitätsraten festzustellen wäre.

Die Differenzlinie zu verantwortlichen, rationalen und umsichtigen Individuen muss nicht in dieser Form verlaufen. Aber ähnlich der Postulierung des brauchbaren Hilfsschulkindes als Normalkind durch Frieda Buchholz zur Zeit des NS-Staates ziehen traditionelle Förderpädagogik ebenso wie Inklusionspädagogik nach wie vor Differenzlinien – wenn auch unterschiedliche – zu schwerbehinderten ebenso wie zu verhaltensgestörten Kindern. Dies geschieht im Kontext eines sozialpolitischen Wandels im Rahmen der Durchsetzung NEOLIBERALER POLITIK. Drei Jahre vor Inkrafttreten der Hartz-IV-Gesetzgebung traten 1999 die §§ 93 ff. des Bundessozialhilfegesetzes (BSHG) in veränderter Form in Kraft. Dem freien Markt im Heim- und Anstaltsbereich wurde Tür und Tor geöffnet. Hier hat sich unterdessen ein weitreichendes Netzwerk von *punishing the poor* (Wacquant) entwickelt, meist den Konzepten der konfrontativen Pädagogik verpflichtet, deren Vorläufer in den USA zeitgleich mit der exponentiell ansteigenden Pönalisierung (= Bestrafung) armer Bevölkerungsteile entstanden sind.

Eine Einbettung der Begriffsentwicklung von pädagogischer Förderung in diese gesamtgesellschaftlichen Prozesse ist offensichtlich. Im Windschatten der Rede von Förderung ebenso wie von SELBSTSTEUERUNG kommen ganz andere Grundparameter zum Zuge: »Plan, Steuerung und Kontrolle« (Pongratz 2014, 24). Denn Förderung verlangt Planung, Durchführung und Evaluation. Von Bildung und Emanzipation ist schon lange nicht mehr die Rede.

Literatur

Beck, Ulrich (1986): Risikogesellschaft. Auf dem Weg in eine andere Moderne. Frankfurt a. M.

Deleuze Gilles (1993): Unterhandlungen 1972–1990. Darin: Postskriptum über die Kontrollgesellschaften. Frankfurt a. M., 254–262.

Duden (2016): DUDEN. Stichpunkt: Fördern. Zugriff am 20.04.2016. Verfügbar unter: http://www.duden.de/rechtschreibung/foerdern

Foucault, Michel (1993): Überwachen und Strafen. Die Geburt des Gefängnisses. Frankfurt a. M.

Pongratz, Ludwig A. (2014): Vereinnahmung, Widerstand und Teilhabe – Zu den Grenzen der Kontrollbestrebungen aktueller Schulreformen. In Rihm, Thomas (Hg.): Teilhaben an Schule. Wiesbaden.

Wacquant, Loïc (2010): Crafting the neoliberal state: workfare, prisonfare, and social insecurity. In: Sociological Forum, 25, 2, 197–220.

Forschendes Lernen

David Rott

Forschendes Lernen wird seit den 1970er-Jahren als hochschuldidaktisches Konzept diskutiert. Forschendes Lernen umfasst verschiedene Dimensionen und begreift Lernen so, dass es forschungsäquivalent umgesetzt wird. Forschendes Lernen wird in der Aus- und Weiterbildung von Lehrpersonen u. a. als Teilhabe an wissenschaftlichen Unternehmungen, als reflexive Haltung zur eigenen Lernbiografie, als reflektiertes Interaktionshandeln zwischen Lehrenden und Lernenden oder als vorbereitendes Element zur Reflexion späterer Unterrichtshandlungen definiert (Rott 2016 im Druck).

Für die aufgezeigten Zugangsweisen und Definitionsansätze gilt, dass sie »Wissenschaft als einen dynamischen, offenen und reflexiven Prozess und wissenschaftliches Studium als grundsätzliche Teilhabe an diesem« (Bundesassistentenkonferenz 2009, II) verstehen. Die Beteiligung der Studierenden oder auch Lehrpersonen wird besonders hervorgehoben. Herausgestellt wird die Interaktion von Theorie und Praxis durch Verknüpfungen theoretischer Grundlagen, persönlicher Erfahrungen und schulischer Gestaltungsbedingungen.

Als Zielvorgaben lassen sich die Aspekte Reflexion und Haltung sowie das Forschen im eigentlichen und erweiterten Sinn identifizieren. Unter Reflexion und Haltung werden eng verwobene personale Prozesse verstanden. Die Reflexion der eigenen Handlungen in der professionellen Praxis ermöglicht es unter Bezugnahme auf theoretisches Hintergrundwissen, die eigenen Handlungen weiterzuentwickeln. Grundlegend ist eine Haltung, die das Handeln mittels forschungsanaloger Vorgehensweisen infrage stellt und weiterentwickelt (Fichten 2010). Forschen wird in einem eigentlichen und einem erweiterten Sinn verstanden. Entweder lassen sich Forschungshandlungen aktiv umsetzen oder die Handlungen mittels Forschungsmethoden untersuchen und dokumentieren.

Die bildungswissenschaftliche Forschungslage im Allgemeinen und die inklusionspädagogische Forschungslage im

Speziellen zum Forschenden Lernen ist insgesamt als unzureichend zu bezeichnen (Rott 2016 im Druck). Forschendes Lernen ist erfolgreich, wenn eigene Praxis erforscht wird und die Beteiligten dementsprechend persönlich involviert sind, der Zugang über individuelle Perspektiven auf Unterricht oder Schule ermöglicht wird und Motivation sowie Interesse angeregt werden (Fichten 2010). Hinzu kommt die Verbindung des Lernens der Lehrpersonen mit dem der SchülerInnen. Exemplarische Umsetzungsformen sind Fallarbeit, Beteiligung an Forschungsprojekten und AKTIONSFORSCHUNG. Die Beteiligung an Forschungsprojekten kann in unterschiedlichen Formen realisiert werden, etwa in Form von Rechercheaufgaben, Exkursionen, Methodenerprobungen, Hospitationen oder Projektstudien (Huber 2009).

Die Bedeutung Forschenden Lernens für die Inklusive Bildung zeigt sich dann, wenn Inklusion als systemischer, gesellschaftlicher und institutioneller Entwicklungsprozess verstanden wird, der von (angehenden) Lehrpersonen ein professionelles Verhalten in diesem Kontext erfordert. Die Ausgestaltung einer inklusiven Aus- und Weiterbildung von Lehrpersonen bedarf einer Anknüpfung an die schulische Praxis, um Gestaltungsmöglichkeiten realisieren zu können.

In diesem Bereich scheint es relevant, Maßnahmen zu generieren, die eine enge Verknüpfung zwischen theoretischen Grundlagen und praktischen Erfahrungen ermöglichen. Dabei sind alle Phasen der LEHRERINNENBILDUNG mitzudenken. In der Konzeption, aber auch Evaluation geeigneter Maßnahmen Forschenden Lernens spielen die Universitäten bzw. pädagogischen Hochschulen eine besondere Rolle. Es gilt, die Effekte entsprechender Maßnahmen aufseiten der Studierenden und Lehrpersonen zu evaluieren; gleichzeitig müssen die Entwicklungen der betroffenen SchülerInnen berücksichtigt werden. Auf Systemebene gilt es zu zeigen, inwiefern Aktivitäten Forschenden Lernens als potenzieller Motor für Schul- und Unterrichtsentwicklungsprozesse tatsächlich Innovationen unterstützen können.

Literatur

Bundesassistentenkonferenz (2009): Schriften der Bundesassistentenkonferenz: Vol. 5. Forschendes Lernen – Wissenschaftliches Prüfen. Ergebnisse der Arbeit des Ausschusses für Hochschuldidaktik. Bielefeld.

Fichten, Wolfgang (2010): Forschendes Lernen in der Lehrerbildung. In: Eberhardt, Ulrike (Hg.): Neue Impulse in der Hochschuldidaktik. Sprach- und Literaturwissenschaften. Wiesbaden, 127–182.

Huber, Ludwig (2009): Warum Forschendes Lernen nötig und möglich ist. In: Huber, Ludwig/Hellmer, Julia/Schneider, Frederike (Hg.): Forschendes Lernen im Studium. Aktuelle Konzepte und Erfahrungen. Bielefeld, 9–53.

Rott, David (2016): Die Entwicklung von Handlungskompetenz bei Lehramtstudierenden im Bereich der Individuellen Begabungsförderung im Kontext Forschenden Lernens aufgezeigt am Forder-Förder-Projekt Advanced. Münster (im Druck).

Freizeit

Reinhard Markowetz

Das Substantiv *Freizeit* geht auf den spätmittelalterlichen Rechtsbegriff »freye-zeyt« zurück. Freizeit, das ist »schole, Ruhe und Frieden, die Zeit, die man für sich zur Verfügung hat« (Chalendar 1974, 29). Für die Griechen und Römer lag der eigentliche Sinn des Lebens in der Freizeit, die sie *otium,* Muße nannten.

Für ein modernes Verständnis von Freizeit hat sich der positive Freizeitbegriff von Opaschowski (1990) durchgesetzt. Statt von → Arbeit und von Freizeit spricht er von »Lebenszeit, die durch mehr oder minder große Dispositionsfreiheit und Entscheidungskompetenz charakterisiert ist. Je nach vorhandenem Grad an freier Verfügbarkeit über Zeit und entsprechender Wahl-, Entscheidungs- und Handlungsfreiheit lässt sich die gesamte Lebenszeit als Einheit von drei Zeitabschnitten kennzeichnen« (86). Diese Definition von Freizeit lässt sich als Formel fassen: Freizeit = Dispositionszeit + Obligationszeit + Determinationszeit!

Wer heute auf Freizeit verzichten müsste, würde den Verlust an persönlicher wie sozial spürbarer Lebensqualität beklagen. Freizeit bestimmt Lebensstile, steuert unsere Work-Life-Balance, sorgt für → Anerkennung, bietet Raum für Selbstverwirklichung und definiert den sozialen Status. Freizeit ist zudem Ausdruck von Wohlstand und Anzeiger sozialer Klassenunterschiede.

Der Wiener Freizeitforscher Zellmann (2014) hat empirisch belegt, dass bei einem Lebenszeitbudget von Geburt bis zum Tod von durchschnittlich 700.000 Stunden (100 Prozent) der Anteil an *freier Zeit* etwa 369.000 Stunden (53 Prozent) ausmacht. Wir verschlafen 233.000 Stunden (33 Prozent), für die Ausbildung benötigen wir 30.000 Stunden (5 Prozent) und für den Beruf wenden wir 60.000 Stunden (9 Prozent) auf. Die Zahlen verdeutlichen den Stellenwert und die Bedeutung der Freizeit in unserer heutigen POSTMODERNEN GESELLSCHAFT.

Menschen mit Behinderungen haben die gleichen Freizeitbedürfnisse wie alle Menschen. Im Spiegel der Freizeitbedürfnisse (Opaschowski 1990) lassen sich allerdings Benachteiligungen und Einschränkungen für Menschen mit Behinderungen auf deren bio-psycho-soziale Befindlichkeit ausmachen. Behinderung und ARMUT sind eng miteinander verflochten. Behindert wird der, der arm ist und wer behindert ist, wird arm (Cloerkes 2007). Menschen mit Behinderungen erleben in Abhängigkeit von Art und Schweregrad ihrer Behinderung Diskriminierungen und Ungleichbehandlungen, für die es nur bedingt einen NACHTEILSAUSGLEICH gibt. Zu nennen sind zahlreiche Wirkvariablen, die einen Einfluss auf die Freizeitgestaltungsmöglichkeiten und das qualitative Freizeiterleben haben, u. a. der Zeitpunkt des Erwerbs, die Sichtbarkeit, die Prognose des Verlaufs, die rehabilitativen Möglichkeiten einer Behinderung, die Versorgung mit Hilfsmitteln, der Pflege-, Betreuungs- und Hilfebedarf, die Bewegungs- und Mobilitätseinschränkung, die Kommunikationseinschränkung, der Grad des von der Norm abweichenden Verhaltens, die Schul- und Berufsbildung, die berufliche Tätigkeit, die sozio-ökonomischen Verhältnisse der Herkunftsfamilie, das eigene Einkommen und Vermögen, das soziale Netzwerk und die ökosystemischen Verhältnisse, das Ausmaß an subjektiv erlebten sozialen Reaktionen, Vorurteilen und Stigmatisierungen sozialer Interaktionspartner, das Gefüge an personellen, familiären und sozialen Ressourcen, die als Schutzfaktoren wie als Risikofaktoren auf den Lebensbereich Freizeit Einfluss nehmen.

Freizeit ist ein soziales Lackmuspapier, das Aussonderung anzeigt und sehr deutlich auf eine nur ungenügende Teilhabe eines behinderten Menschen in sein vielschichtiges Mensch-Umfeld-System hinweist. Zu fordern ist deshalb ein uneingeschränkter Zugang und die vorbehaltlose Zugehörigkeit zu allen Freizeiteinrichtungen von Städten, Kommunen wie Landkreisen und die selbstverständliche Teilhabe an allen Angeboten der Freizeitanbieter des sozialen Umfeldes!

Wie kaum ein anderer gesellschaftlicher Lebensbereich kumuliert und verzahnt Freizeit im Spiegel des Lebenszyklus sehr unterschiedliche Erfahrungs- und Sozialräume. Eine inklusive Freizeitpädagogik hat deshalb die Vielfalt der Freizeitbereiche (Markowetz 2015) in Blick zu nehmen, um diese Handlungsfelder sozialräumlich zu öffnen, sozialintegrativ wirksam werden zu lassen und so für nachhaltige inklusive Entwicklung zu sorgen. Damit Menschen mit Behinderungen ein Leben mitten in der Gemeinde, in der Stadt und in der Region führen und ihre Freizeitbedürfnisse in allen Freizeitbereichen selbstbestimmt ausleben können, bedarf es neben der Stärkung der → Barrierefreiheit und persönlicher Mobilität insbesondere der → Unterstützung in Form persönlicher → Assistenzen und materieller Erleichterungen.

Das Erfahrungsfeld Freizeit bietet beste Chancen, Inklusion praktisch umzusetzen und auf das Zusammenleben und Zusammenhandeln der Menschen positiv einzuwirken. Die Welt der Vereine allein ist ein noch nicht hinreichend genutzter Sozialraum für inklusives und insbesondere wohnortnahes Freizeiterleben. Gelebte Kontakte und positive Erfahrungen in der Freizeit dürften entscheidend helfen, soziale Reaktionen gegenüber Menschen mit Behinderungen zu beeinflussen, Einstellungen zu ändern und Vorurteile abzubauen.

Literatur

Chalendar, Jaques de (1974): Die Neuordnung der Zeit. Aldingen.

Cloerkes, Günther (2007): Soziologie der Behinderten. Eine Einführung. Heidelberg.

Markowetz, Reinhard (2014): Freizeit im Leben mit Behinderungen. In: Fischer, Erhard. (Hg.): Heilpädagogische Handlungsfelder. Grundwissen für die Praxis. Stuttgart, 230–250.

Markowetz, Reinhard (2015): Freizeit. In: Hedderich, Ingeborg/Biewer, Gottfried/Hollenweger Judith/Markowetz, Reinhard (Hg.): Handbuch Inklusion und Sonderpädagogik. Bad Heilbrunn, 459–465.

Opaschowski, Horst W. (1990): Pädagogik und Didaktik der Freizeit. Opladen.

Zellmann, Peter (2014): Die Zukunft der Arbeit. Stiftingtaler Gespräche am 25.9.2014. Zugriff am 15.05.2016. Verfügbar unter: http://media.arbeiterkammer.at/stmk/veranstaltungen/Prof._Peter_Zellmann_Zukunft_der_Arbeit.pdf

Frühförderung

Norbert Heinen

Unter dem Begriff *Frühförderung* werden unterschiedliche inhaltliche, organisatorische und institutionelle **FÖRDERMASSNAHMEN** der vorschulischen Rehabilitation subsumiert, die sich an behinderte oder von Behinderung bedrohte Kinder im → Alter von 0 bis 6 Jahren sowie deren Eltern richten.

Nach Sohns (2000, 17) umfasst Frühförderung »spezielle Hilfeangebote für Kinder im Vorschulalter mit körperlichen, geistigen oder seelischen Auffälligkeiten und ihre Bezugspersonen mit dem Ziel, eine kindliche Entwicklungsgefährdung möglichst früh zu erkennen und mittels fachlicher und menschlicher Hilfen dazu beizutragen, dem Kind die bestmöglichen Bedingungen zum Aufbau seiner Persönlichkeit und zur Entwicklung seiner Fähigkeiten und Fertigkeiten zur Alltagsbewältigung zu schaffen. Die Hilfeangebote dienen der Kompetenzsteigerung des Kindes, werden jedoch nicht vom Leistungsstand des einzelnen Kindes oder dessen vermuteten Perspektiven abhängig gemacht.«

Frühförderung basiert auf den drei Säulen Früherkennung und Frühdiagnostik, Frühbehandlung und Therapie sowie pädagogische Frühförderung einschließlich der Kooperation mit den Eltern bzw. den Personen, die Elternfunktionen wahrnehmen. Die frühe professionelle Förderung behinderter und von Behinderung bedrohter Kinder kann nur in fächerübergreifender Zusammenarbeit angemessen erfüllt werden. Medizinische, psychologische, pädagogische und soziale Maßnahmen sind dabei als unverzichtbare Bestandteile eines ganzheitlichen Konzepts zu sehen, in das das System Familie einbezogen ist.

Die Arbeit der verschiedenen, in der Frühförderung tätigen Berufsgruppen, die sowohl medizinisch-therapeutischen als auch pädagogisch-psychologischen Professionen entstammen, ist den Leitideen Ganzheitlichkeit, Vernetzung, Interdisziplinarität, Familienorientierung und Inklusion verpflichtet, um dem individuellen **HILFEBEDARF** des Kindes und seiner Familie zu entsprechen.

Institutionell sind mit den Sozialpädiatrischen Zentren (SPZ) sowie den Pädagogischen Frühförderstellen zwei Organisationsformen zu unterscheiden: Während Sozialpädiatrische Zentren ambulante oder stationäre, unter ärztlicher Leitung stehende, Institutionen sind, die überregional und interdisziplinär Hilfe und Unterstützung für Kinder mit Entwicklungsstörungen und Behinderungen bzw. für von Behinderung bedrohte Kinder anbieten, arbeiten Pädagogische Frühförderstellen regional in ambulanter oder mobiler – d. h. die Kinder und ihre Familien aufsuchender – Form unter pädagogischer oder psychologischer Leitung, wobei die Kooperation mit den Familien (→ Kooperation mit Eltern) einen besonderen Fokus bildet.

Die wesentlichen rechtlichen Grundlagen bilden für die medizinische und therapeutische Frühförderung das Sozialgesetzbuch (SGB) V, für die Frühförderung im Rahmen der Eingliederungshilfe das SGB XII, für die Frühförderung im Rahmen der Jugendhilfe das SGB VIII, für die Frühförderung nach dem Rehabilitationsgesetz das SGB IX. Außerdem gelten die Vorgaben der am 1. Juli 2003 in Kraft getretenen Frühförderungsverordnung (FrühV).

Erst seit Beginn der 1970er-Jahre hat sich die Frühförderung in der Bundesrepublik – abgesehen von einigen Vorläuferinstitutionen vornehmlich für hörgeschädigte Kinder und Kinder mit Cerebralparesen – etabliert. Seit dieser Zeit ist ein flächendeckendes Angebot von Einrichtungen geschaffen worden, das sich zwar in den einzelnen Bundesländern sehr unterschiedlich darstellt, insgesamt jedoch die Versorgung absichert. Im Laufe dieser Zeit erwiesen sich viele inhaltliche, formale und organisatorische Neuorientierungen und Neuerungen als unabdingbar, die u. a. aus dem verändernden Adressatenkreis sowie neuen gesellschaftlichen Bedingungen resultierten. Auch aktuell zeigt sich die Notwendigkeit für Weiterentwicklungen in Theorie und Praxis, damit die Frühförderung auf die gesellschaftlichen Umbrüche und Herausforderungen antworten bzw. sich an deren Mitgestaltung aktiv beteiligen kann, um so auch zukünftig einen Beitrag dazu leisten zu können, betroffenen Kindern und ihren Familien die gesellschaftliche Teilhabe (→ Partizipation) zu ermöglichen.

Literatur

Sarimski, Klaus (2009): Frühförderung behinderter Kleinkinder. Göttingen.

Sarimski, Klaus/Hintermair, Manfred/Lang, Markus (2013): Familienorientierte Frühförderung von Kindern mit Behinderung. München.

Sohns, Armin (2000): Frühförderung entwicklungsauffälliger Kinder in Deutschland. Weinheim.

Sohns, Armin (2010): Frühförderung. Ein Hilfesystem im Wandel. Stuttgart.

Geistige Behinderung

André Frank Zimpel

Eltern und Fachleute gründeten am 23. November 1958 in Marburg die *Lebenshilfe für das geistig behinderte Kind e. V.* Der Begriff *geistige Behinderung* verdrängte unter anderem den Begriff *Oligophrenie,* der einen auf erblicher Grundlage beruhenden oder im frühen Kindesalter erworbenen **Intelligenzdefekt** bezeichnet. Die Verortung des Geistes in das Zwerchfell, dem Ort des Lachens, stammt aus der Antike. Der Begriff Oligophrenie (oligos = wenig; frenos = Zwerchfell) wird heute als diskriminierend empfunden. Ähnliches gilt auch für Begriffe wie *Schwachsinn, geistige Retardierung* usw. Aber auch die Bezeichnung *geistige Behinderung* gerät zunehmend in die Kritik.

People First, ein Teil der Selbstbestimmungsbewegung von Menschen mit Behinderung, favorisiert als Alternative für die Bezeichnung *Menschen mit geistiger Behinderung* den Begriff *Menschen mit Lernschwierigkeiten* (→ Lernschwierigkeit).

Die People-First-Bewegung begann 1968 in Schweden. Eine Elternorganisation tagte unter dem Motto: *Wir sprechen für sie!* Auf der Tagung beschlossen die Menschen, um die es eigentlich ging, dass sie wohl doch lieber für sich selbst sprechen wollten. 1974 schlossen sie sich als *developmentally disabled people* zusammen. Sie bezeichnen sich als *People with developmental disabilities,* die gemeinsam lernen wollen, wie sie ihre eigene Stimme finden können. In England bezeichnen sich die People First dagegen als *people with learning difficulties* und in Deutschland wie schon gesagt: *Menschen mit Lernschwierigkeiten.*

Der traditionelle Weg zur Abgrenzung der geistigen Behinderung von der Normalität ist die INTELLIGENZMESSUNG: Die durchschnittliche Punktzahl eines IQ-Tests ist üblicherweise mit hundert und die Standardabweichung mit fünfzehn Punkten festgelegt. Geistige Behinderung entspricht hier einem Wert unter einer zweifachen Standardabweichung nach links (IQ < 70).

Die ICD-10-Klassifikation teilt geistige Behinderung zusätzlich in verschiedene Grade ein. Die International Classification of Functioning, Disability and Health (ICF) – eine von der World Health Organization (WHO) erstellte und herausgegebene Klassifikation zur Beschreibung des funktionalen Gesundheitszustandes, der Behinderung, der sozialen Beeinträchtigung sowie der relevanten Umweltfaktoren für Menschen – versucht, den einseitig defizitorientierten Ansatz zu überwinden. Sie operationalisiert zusätzlich zu körperlichen Eigenschaften auch Aktivitäten, gesellschaftliche Teilhabe und personenbezogene Faktoren.

Schon 1933 forderte Kurt Lewin (1982), eine defizitorientierte Sichtweise des Phänomens der Behinderung der geistigen Entwicklung zu überwinden. Er plädierte zu Recht für die Beachtung der Gesamtpersönlichkeit. Ein Beispiel für eine solche systemische Sichtweise ist die Isolationstheorie (Jantzen, 1987; Zimpel 2009). Sie bezieht sich auf das harmonische Zusammenspiel zwischen Subjekt, Tätigkeit und Objekt, das unter isolierenden Bedingungen empfindlich gestört sein kann.

Seit dem 1. Januar 2009 gilt in Deutschland die UN-Konvention für behinderte Menschen. Dieser UN-Konvention widerspricht die Abschiebung von Menschen in Sondereinrichtungen. Erstmals gibt es dagegen ein Beschwerderecht. Früher oder später wird sich unsere Gesellschaft auf diese grundlegende Veränderung einstellen müssen. Das gilt auch zum Beispiel für das gesamte Schulsystem. Einerseits schafft Inklusion in Schulen den idealen Rahmen, lebendige Erfahrungen im gegenseitigen Helfen zu sammeln (→ Kybernetik). Andererseits ist hier die Gefahr der Einseitigkeit der Hilfe besonders groß (Zimpel 2014).

Literatur

Jantzen, Wolfgang (1987): Allgemeine Behindertenpädagogik. Band 1: Sozialwissenschaftliche und psychologische Grundlagen. Weinheim.

Lewin, Kurt (1982): Eine dynamische Theorie des Schwachsinnigen. In: Graumann, Carl Friedrich/Weinert, Franz Emanuel/Grundlach, Horst (Hg.): Kurt-Lewin-Werkausgabe Band 6. Psychologie der Entwicklung und Erziehung. Stuttgart.

United Nations: Convention on the Rights of Persons with Disabilities. Zugriff am 16.02.2016. Verfügbar unter: http://www.un.org/esa/socdev/enable/rights/convtexte.htm#convtext

Weltgesundheitsorganisation/Dilling, Horst. (2008): Internationale Klassifikation psychischer Störungen: ICD-10 Kapitel V (F). Klinisch-diagnostische Leitlinien. 6. Aufl. Bern.

World Health Organization (Corporate Author) (2001): International Classification of Functioning, Disability and Health. Short Version.

Zimpel, André Frank (2009): Isolation. Kurzstichwort. In: Dederich, Markus/Jantzen, Wolfgang (Hg.): Behinderung, Bildung, Partizipation, Enzyklopädisches Handbuch der Behindertenpädagogik. Band 2: Behinderung und Anerkennung. Stuttgart, 188–192.

Zimpel, André Frank (2014): Einander helfen: Der Weg zur inklusiven Lernkultur. 2. Aufl. Göttingen.

Gemeinsames Unterrichten

Michael Schwager

Gemeinsames Unterrichten (auch **Doppelbesetzung**; seltener → Team Teaching) meint die gleichzeitig stattfindenden Unterrichtstätigkeiten zweier PädagogInnen in Inklusionsklassen. Es begründet sich aus der Heterogenität der Lerngruppe und aus der Notwendigkeit, in den Unterricht verschiedenste Maßnahmen der sonderpädagogischen Förderung zu integrieren. Neben der Klassenverkleinerung stellt es seit den Anfängen der integrativen Beschulung von SchülerInnen mit sonderpädagogischem Förderbedarf die wichtigste personelle Ressource dar, mit der Gemeinsamer Unterricht und Inklusion unterstützt werden, wobei es regional, sowie von Schulform zu Schulform, aber auch von Schule zu Schule sehr unterschiedlich ist, in welchem Umfang diese Ressource zur Verfügung gestellt wird und welche Anforderungen an die pädagogische Qualifikation der PädagogInnen gestellt werden. Entsprechend gilt der Umfang dieser Ressource bereits vielfach als Qualitätskriterium und als Gelingensbedingung schulischer Inklusion.

Gemeinsames Unterrichten ist darauf ausgerichtet, die Mitglieder einer Lerngruppe sowohl individuell, als auch als Mitglied der Lerngruppe angemessen zu bilden, zu fördern und zu erziehen. Die konkrete Umsetzung wird dabei entscheidend von der Zusammensetzung der Lerngruppe, den individuellen Lernvoraussetzungen, den fachlichen, methodischen und medialen Anforderungen der Lerninhalte, sowie von räumlichen und zeitlichen Kontextfaktoren des Unterrichts beeinflusst. Aus diesem Grunde ist das Gemeinsame Unterrichten durch eine Vielzahl von unterrichtenden, fördernden, pflegenden oder auch beobachtenden und diagnostizierenden Tätigkeiten charakterisiert, die die PädagogInnen unter sich aufteilen, bei denen sie sich abwechseln und die sie mit der gesamten Lerngruppe, mit Teilen der Lerngruppe oder auch mit einzelnen SchülerInnen in und außerhalb des Klassenraumes durchführen (Friend & Cook 2013; Arndt & Werning 2013).

Wesentlich für die Qualität des Gemeinsamen Unterrichtens ist die Kooperation der beteiligten PädagogInnen (Lütje-Klose & Willenbring 1999), die unter den Gesichtspunkten der Beziehung, der Art der Kooperation aber beispielsweise auch unter berufsständischen Gesichtspunkten analysiert wird. In jüngerer Zeit wird diese Betrachtungsweise zunehmend von der Frage nach den Qualitätskriterien des Gemeinsamen Unterrichtens als einer besonderen Form des LehrerInnenhandelns abgelöst, welches dann stattfindet, »when two or more educators co-plan, co-instruct, and co-assess a group of students with diverse needs in the same general education classroom« (Murawski 2009, 23; dazu Schwager 2011a/b). Alle beteiligten PädagogInnen sind für die gemeinsame → Unterrichtsplanung, die gemeinsame Unterrichtsdurchführung und die gemeinsame Leistungsbewertung aller SchülerInnen einer Lerngruppe in einem prinzipiell gemeinsamen Klassenraum verantwortlich und zuständig. Damit lassen sich also Formen einer dauerhaften Zuweisung einzelner SchülerInnen(-gruppen) zu einer (z. B. Förderschul-)Lehrerkraft oder einer individuellen Assistenz in dem gleichen Maße als unangemessen charakterisieren, wie dauerhafte Formen der äußeren Differenzierung.

Gemeinsames Unterrichten ist nicht zuletzt dadurch gekennzeichnet, dass die PädagogInnen voneinander und miteinander lernen und dass sie gemeinsam für eine konkrete Lerngruppe und für ein konkretes Fach Formen des auf Inklusion orientierten Unterrichts entwickeln. Insofern ist es auch eine Form der FORTBILDUNG und der UNTERRICHTSENTWICKLUNG.

In Anbetracht der hohen praktischen Relevanz für den Schulalltag und der aktuellen bildungspolitischen Diskussionen ist insbesondere dringlich zu untersuchen,

- welche Vorteile für die Entwicklung inklusiven Unterrichts diese Form des Unterrichtens gegenüber anderen Formen der Unterstützung wie z. B. einer Beratung von Lehrkräften oder des zeitweise individuellen Unterrichts einzelner SchülerInnen durch externe (Förderschul-) Lehrkräfte hat,
- welche praktikablen und wenig zeitaufwändigen Möglichkeiten des Aufbaus und der Durchführung der notwendigen Kooperation es gibt und
- auf welche Weise angehende Lehrkräfte auf diese Form des Unterrichtens vorbereitet werden können.

Literatur

Arndt, Ann-Kathrin/Werning, Rolf (2013): Unterrichtsbezogene Kooperation von Regelschullehrkräften und Lehrkräften für Sonderpädagogik. Ergebnisse eines qualitativen Forschungsprojekts. In: Werning, Rolf/Arndt, Ann-Kathrin (Hg.): Inklusion: Kooperation und Unterricht entwickeln. Bad Heilbrunn, 12–40.

Friend, Marilyn/Cook, Lynn (2013): Interactions: Coliaboration Skills for School Professionals. 7. Aufl. Upper Saddle River.

Lütje-Klose, Birgit/Willenbring, Monika (1999): »Kooperation fällt nicht vom Himmel« – Möglichkeiten der Unterstützung kooperativer Prozesse in Teams von Regelschullehrerin und Sonderpädagogin aus systemischer Sicht. In: Behindertenpädagogik, 1/1999, 2–31.

Murawski, Wendy W. (2009): Collabortive Teaching in Secondary Schools – Making the Co-Teaching Marriage Work! Thousand Oaks.

Schwager, Michael (2011a): Gemeinsames Unterrichten im Gemeinsamen Unterricht. In: Zeitschrift für Heilpädagogik, 3/2011, 92–98.

Schwager, Michael (2011b): »Gemeinsam statt einsam!« – Ein Unterrichtsteam bilden und gemeinsam erfolgreich unterrichten. In: Auf dem Weg zur inklusiven Schule – Ideen und Materialien für Lehrkräfte (Loseblattsammlung). Stuttgart, Teil I Band 1.

Gewaltfreie Kommunikation

Karoline Bitschnau

Der Ansatz der *Gewaltfreien Kommunikation* (GFK) zielt darauf ab, dass Menschen das eigene Denken und die eigene Sprache reflektieren und verändern, um letztlich das gesamtgesellschaftliche Denken und die allgemeine Sprachstruktur zu verändern. Ziel ist die Umgestaltung des individuellen und gesellschaftlichen **Sprachlichen Habitus** (Bitschnau 2007).

Die Gewaltfreie Kommunikation (engl. *Nonviolent Communication*) wurde von Rosenberg Anfang der 1960er-Jahre entwickelt. Ausgehend von der Einsicht, dass eine pathologische Betrachtung des Menschen eine Beschränkung darstellt, suchte er neue Möglichkeiten, um Psychologie anders zu praktizieren. Mit seinem Ansatz arbeitete er in Alltagskonflikten, in Schulen, bei Rassenunruhen und bürgerkriegsartigen Situationen in mehreren Ländern und auf mehreren Kontinenten. In den USA hat er die Umwandlung von Schulen in gewaltgefährdeten Gebieten beratend begleitet. In diesen Schulen sind der Gewaltpegel und das Ausmaß an Vandalismus erheblich zurückgegangen. Im Rahmen seiner Arbeit kam Rosenberg immer mehr zu der Überzeugung, dass eine Ursache für Gewalt in der Art und Weise liegt »wie wir gelernt haben zu denken, zu kommunizieren und mit Macht umzugehen« (Rosenberg 2004b, 11).

Eine wichtige Schlüsselrolle bei der Entstehung der Gewaltfreien Kommunikation spielten auch die Forschungsergebnisse von Rogers (2004) bezüglich der Komponenten einer positiven, zwischenmenschlichen Beziehung, vor allem die Fähigkeit für **Empathie**. Obwohl Menschen ihre Art zu sprechen vielleicht nicht als gewalttätig betrachten, führen Worte oft zu Verletzungen. Folgende Sprachmuster bezeichnet Rosenberg (2005) als sprachliche Gewaltelemente: moralische Urteile, Schuldzuweisungen, Vergleiche, Aussagen, mit denen wir Verantwortung für unser Handeln und unsere Gefühle an andere abgeben (Amtssprache), Forderungen. Im Sinne der GFK wird das eigene Sprachverhalten auf solche Gewaltelemente hin untersucht und eine Ausdrucksform verwendet, die den Fokus auf die Klärung von Beobachtung, Gefühl und Bedürfnis richtet. Glasl (2004, zit. nach Rosenberg 2005, 15) nennt die GFK eine »Methode des gewaltfreien Dialogs« und sieht in dieser gewaltlosen Kommunikationsform die Grundlage »für Konfliktmanagement im mikro-sozialen Bereich, das heißt, in der direkten Auseinandersetzung von Mensch zu Mensch, die somit auch die Basis für Mediation im meso- und makro-sozialen Feld ist.« Die GFK ist somit eine Kommunikations- bzw. Konfliktmethode, die auf psychische und physische Gewalt verzichtet. Menschen werden angeregt, gefühlsbestimmende Gedanken und Bedürfnisse sowohl bei sich selbst als auch bei anderen zu erkennen und eine bedürfnisorientierte Sprache zu entwickeln. Dadurch wird es möglich, innere und äußere Konflikte leichter zu lösen, Stress abzubauen und immer mehr das Vorhandensein von Wahlmöglichkeiten in allen Handlungen anzuerkennen (Bitschnau 2007).

Gewaltfreie Kommunikation nach Rosenberg (2005) heißt: den sprachlichen Ausdruck umzugestalten; eine aktive Form des Zuhörens anzuwenden; aus gewohnheitsmäßigen Reaktionen auszusteigen; wahrzunehmen, was andere fühlen und brauchen; anderen respektvolle Aufmerksamkeit zu schenken; eigene Bedürfnisse klar zu formulieren; die Bedürfnisse der anderen wahrzunehmen; alte Muster wie Verteidigung, Rückzug und Angriff umzuwandeln; Wertschätzung, Aufmerksamkeit und Empathie zu fördern; wissen, dass hinter jeder Handlung der Versuch steht, bestimmte Bedürfnisse zu erfüllen, und dass BEDÜRFNISSE grundsätzlich positiv sind; wissen, dass es auf der Ebene der Bedürfnisse keine KONFLIKTE geben kann sowie ein humanistisches Menschenbild zu vertreten. Gelingende Kommunikation offenbart sich nicht darin, dass es keine Konflikte und keine unterschiedlichen Standpunkte gibt, sondern darin, dass diese überwunden werden. Voraussetzung ist die individuelle Bereitschaft, eigene soziale Kompetenzen (→ Kompetenz) zu erweitern.

Inklusion erfordert einen Struktur- und Kulturwandel. Ziel der Gewaltfreien Kommunikation ist es nicht nur, individuelle und persönliche Beziehungen zu verbessern, sondern auch, gesellschaftliche Strukturen umzugestalten. Die GFK bietet einen Rahmen, um jene Fähigkeiten zu entwickeln, die die Lösung menschlicher Probleme erleichtern. Sie soll nach Rosenberg zu einer umfassenden gesellschaftlichen Transformation des Denkens, Sprechens und Handelns beitragen und Menschen ermöglichen, »auf mitfühlende Weise zueinander in Beziehung zu treten und dementsprechende Resultate zu erzielen.« (Rosenberg 2004a, 65) Deshalb kann die Gewaltfreie Kommunikation einen wichtigen Beitrag leisten, die Idee einer inklusiven Gesellschaft immer mehr umzusetzen.

Literatur

Bitschnau, Karoline (2007): Gewaltfreie Kommunikation als relationale und soziale Kompetenz. Eine empirische Studie zur Qualität zwischenmenschlicher Verständigung. Dissertation im Fachbereich Erziehungs- und Bildungswissenschaften. Innsbruck.

Rogers, Carl R. (2004): Entwicklung der Persönlichkeit. Stuttgart.

Rosenberg, Marshall B. (2004a): Das Herz gesellschaftlicher Veränderung. Wie Sie Ihre Welt entscheidend umgestalten können. Paderborn.

Rosenberg, Marshall B. (2004b): Konflikte lösen durch Gewaltfreie Kommunikation. Ein Gespräch mit Gabriele Seils. Freiburg.

Rosenberg, Marshall B. (2005): Gewaltfreie Kommunikation. Neue Wege in der Mediation und im Umgang mit Konflikten. Paderborn.

Hermeneutik

Manfred Jödecke

Unter *Hermeneutik* findet sich im Deutschen Universalwörterbuch (Duden) nach dem Ausweis des griechischen Ursprungs des Wortes folgende zweigliedrige Bedeutung: »1. Lehre von der Auslegung und Erklärung eines Textes oder eines Kunst- oder Musikwerkes. 2. Das Verstehen von Sinnzusammenhängen in Lebensäußerungen aller Art aus sich selbst heraus (z. B. in Kunstwerken, Handlungen, geschichtlichen Ereignissen)« (Duden 2011).

Grondin (2009, 9ff) konstruiert in seinem historischen Abriss zur Hermeneutik eine vergleichbare Bedeutung: »Im klassischen Sinne des Wortes bezeichnet ›Hermeneutik‹ einmal die Kunst Texte richtig zu deuten. Diese Kunst hatte sich hauptsächlich in Disziplinen entfaltet, die mit der Interpretation heiliger und kanonischer Texte zu tun hatten […] Dilthey bereichert sie um eine neue Aufgabe: Wenn die Hermeneutik sich den Regeln und Methoden der Verstehenswissenschaften widmet, so erscheint sie [in der Einheit von Erleben, Ausdruck und Verstehen – Anm. M. J.] berufen, als [methodologisches und – Anm. M. J.] methodisches Fundament aller Geisteswissenschaften zu dienen. Die dritte Hauptbedeutung […] nimmt die Form einer universellen Interpretationsphilosophie an. Deren Grundidee ist, dass Verstehen und Auslegung nicht nur in den Geisteswissenschaften anzutreffende Methoden sind, sondern grundlegende Vorgänge, die man mitten im Leben selbst findet. Interpretation erscheint damit immer stärker als Wesensmerkmal unserer Welterfahrung«.

Auch herausfordernde oder verstörende Verhaltensweisen von Menschen in konkreten sozialen Entwicklungssituationen können somit als sinnhafter Ausdruck des Erlebens der jeweils Beteiligten interpretiert werden. Um das emphatische Nachvollziehen einer Verhaltensäußerung durch den/die *Beobachter/in* von subjektiver Willkür zu befreien, bedürfen die Interpretationen der Aufrichtung von so etwas, wie einer erklärenden Distanz im VERSTEHENSPROZESS selbst. Erklärende Begriffe oder Kategorien können dazu beitragen, die *rationale Flanke* des Verstehens zu stärken. Die → Kulturhistorische Schule *und Theorie*, grundgelegt in den Schriften Vygotskijs, Leontjews, Lurias, Galperins und Elkonins u. a. stellt Begriffe zur reflexiven Durchdringung von Verstehensprozessen in kohärenter Weise zur Verfügung, denn das kategoriale Netz dieser Theorie wurde in Forschungsprozessen vieler Anwendungsfelder gesellschaftlicher Praxis (Kunst, Literatur, Linguistik, Forensik, Pädagogik, Pathopsychologie, Psychotherapie, Rehabilitation u. v. m.) geknüpft. So orientiert lassen sich verhaltenshermeneutische Herangehensweisen auf den ganzen Lebenszyklus eines Menschen hin anwenden (Jödecke 2007).

Im inklusiven Sinne bedeutsam sind in diesem Zusammenhang auch *Objektivationen von* INNENPERSPEKTIVEN von Krankheit und Behinderung, die immer auch Ausdruck der Bemühungen Betroffener um die Annahme und Bewältigung einer (erschwerten) Lebenssituation, die Wiederherstellung und Sicherung des innerpsychischen Zusammenhangs (Salutgenese) sowie die Biografie und damit auch die Selbstermächtigung (→ Empowerment) in gesellschaftlichen Kontexten sind.

Biologische Schädigungen *(impairments)*, Krankheiten und Verlusterfahrungen werden zu Problemen nämlich erst im Prozess ihrer sozialen Realisation und zwar als mögliche Ausgangsbedingungen gesellschaftlicher Ausschlussprozesse. Diesen Ausschlussprozessen kann und muss auch auf hermeneutisch-handlungsorientierte Weise so entgegengewirkt werden, dass ein Zusammenleben ohne Ausschluss immer wieder möglich wird.

Literatur

Duden (2011): Deutsches Universalwörterbuch. Stichwort »Hermeneutik«. 7. Aufl. Mannheim.

Grondin, Jean (2009): Hermeneutik. Göttingen.

Jödecke, Manfred (2007): »Der Mensch muss werden können, was er seinem Wesen nach ist …« – Reflexionen zum psychischen Gestaltwandel am Beispiel des Jugendalters. In: Behindertenpädagogik, 3+4/2007, 343–373.

Kunzmann, Peter/Burkhard, Franz-Peter/Wiedmann, Franz (2005): dtv-Atlas Philosophie. München.

Heterogenität

Eva Prammer-Semmler

In theoretisch ebenso wie in praktisch ausgerichteten schulpädagogischen Diskussionen ist *Heterogenität* zu einem Schlüsselwort avanciert. Antworten auf die Fragen, was Heterogenität ausmacht, und die Möglichkeiten ihrer Bearbeitung in Schule und Unterricht werden in dem erziehungs- und bildungswissenschaftlich geführten Diskurs fokussiert. Etymologisch lässt sich Heterogenität aus dem Altgriechischen herleiten und bedeutet Verschiedenheit *(heteros)* in Bezug auf Klasse oder Art *(genos)* (Kluge 1995).

Heterogenität braucht ein »Tertium Comparationis« (Heinzel & Prengel 2002, 11). Lerngruppen, Schulen, Lehrende sind immer nur heterogen in Bezug auf ein oder mehrere Merkmale. Dies könnte einen wertfreien Vergleich zwischen Verschiedenem zur Folge haben. Im Regelfall stellt aber eine sozial gesetzte Norm die Bezugsgröße dar. Damit bedeutet Heterogenität eine Abweichung von Häufigkeitsverteilungen, Mittelwerten oder gesellschaftlichen Normalitätsvorstellungen. Mit Heterogenität werden dann nicht mehr Verhältnisse zwischen Verschiedenen, die einander nicht untergeordnet sind, gefasst, sondern es tritt eine Hierarchisierung zwischen Verschiedenen ein. Als besonders auffällig wird beschrieben, dass Heterogenität am intensivsten in der Schulpädagogik diskutiert wird und zwar meistens evaluativ mit den Dimensionen Chance und Herausforderung versus Belastung (Koller, Casale & Ricken 2014).

Walgenbach (2014) führt aus, dass aufgrund der vielfältigen Problemlagen, Themen und Orientierungen innerhalb des Heterogenitätsbegriffes Ordnungsversuche oder Versuche, Heterogenität als ein kohärentes Programm darzustellen, scheitern müssen. Sie schlägt die Unterscheidung von vier Bedeutungsdimensionen im Diskursfeld Heterogenität insbesondere für die Schulpädagogik vor: die evaluative, die ungleichheitskritische und die deskriptive und die didaktische Bedeutungsdimension.

In der evaluativen Bedeutungsdimension wird Heterogenität bewertet. Als Belastung negativ bewertet wird sie, wenn die Normabweichungen von SchülerInnen in den Fokus genommen werden. Da Schule in modernen Gesellschaften Selektions- und Allokationsfunktion übernimmt, stellt in dieser Debatte die Frage nach der Leistungsheterogenität noch immer einen »pädagogischen Sprengstoff«

(Walgenbach 2014, 38) dar. Positiv bewertet wird der Heterogenitätsbegriff dann, wenn er als Chance oder als Ressource markiert wird.

In der deskriptiven Bedeutungsdimension ist Heterogenität als Beobachtung von Unterschieden in Bezug auf ein oder mehrere Merkmale zu begreifen. Unterschiede werden sowohl im Individuum als auch als Ergebnis gesellschaftlicher Entwicklungen festgestellt, diagnostiziert und getestet, um als Ergebnis dieser Feststellungen bedürfnisorientierte pädagogische Konzepte zu entwickeln.

Die ungleichheitskritische Dimension nimmt Heterogenität als Produkt → sozialer Ungleichheiten in den Blick. Soziale Heterogenität wird von außen in die Schule hineingetragen und gleichzeitig auch durch schulische Praktiken reproduziert oder selbst hergestellt. Ungleichheitskritische Diskurse fragen danach, wie Heterogenitätsbegriffe in pädagogischen Feldern konstruiert werden und sich in Hierarchien und Machtfeldern auf der symbolischen Ebene rekonstruieren. Eine Kernfrage ist, wie die Pseudologik zwischen Differenz und Hierarchie zu durchkreuzen ist.

Die didaktische Bedeutungsdimension fokussiert Heterogenität als didaktische Herausforderung. Die Gestaltung von Lehr-und Lernprozessen wird unter dem Aspekt unterschiedlicher Lernvoraussetzungen von SchülerInnen entwickelt, wobei pädagogische → Diagnostik, Individualisierung und → kooperatives Lernen eine bedeutende Rolle spielen.

Ein erweitertes Heterogenitätsverständnis zeigt Prengel (2011), wenn sie auf die Ebene von Heterogenität verweist, die sich offen für Prozesse, Veränderungsdynamiken und Entwicklungen zeigt. Sie weist darauf hin, dass nicht mit der Realisierung idealer und widerspruchsfreier Verhältnisse zu rechnen ist, dass es vielmehr darum geht, in einem prinzipiell offenen Prozess einzelne Schritte und Ansätze wertzuschätzen, die zur Reduzierung von Hierarchien beitragen und so Verbesserungen für die hier Lernenden und Lehrenden mit sich bringen.

Die → inklusive Pädagogik tritt mit dem Ziel an, das Leben, Lernen und Arbeiten in heterogenen Lerngruppen zu verwirklichen. Dabei wird sie sich vorrangig dem ungleichheitskritischen Diskurs, der offen für Veränderungsdynamiken ist, stellen müssen.

Literatur

Heinzel, Frederike/Prengel, Annedore (Hg.) (2002): Heterogenität, Integration und Differenzierung in der Primarstufe. Opladen.

Kluge, Friedrich (1995): Etymologisches Wörterbuch der deutschen Sprache. Berlin.

Koller, Hans-Christoph/Casale, Rita/Ricken, Norbert (Hg) (2014): Heterogenität – zur Konjunktur eines pädagogischen Konzeptes. Paderborn.

Prengel, Annedore (2011): Zwischen Heterogenität und Hierarchie in der Bildung – Studien zur Unvollendbarkeit der Demokratie. In: Ludwig, Luise/Luckas, Helga/Hamburger, Franz/Aufenanger, Stefan (Hg.): Bildung in der Demokratie. Opladen, 83–94.

Walgenbach, Katharina (2014): Heterogenität – Intersektionalität – Diversity in den Erziehungswissenschaften. Opladen.

Homogenität

Eva-Prammer-Semmler

Homogenität bezeichnet die Gleichheit zwischen Eigenschaften im Hinblick auf ein Kriterium. Homogenität bedarf wie →Heterogenität einer Bezugsnorm. Der Herstellungsprozess von Homogenität ist dialektisch mit dem von Heterogenität verbunden. Homogenität entsteht wie Heterogenität als Produkt sozialer Konstruktion.

Sowohl Homogenität als auch Heterogenität sind für sich genommen nicht wertend. Vergleiche finden jedoch in kulturellen und historischen ebenso wie in institutionellen Kontexten statt. Dort gewinnt Differenz oder Gleichheit zwischen Kriterien an Bedeutung und wird sozial ausgehandelt.

Insbesondere in der Institution Schule sind diese Aushandlungsprozesse strukturell verankert. Wenning (2001, 286) bezeichnet die Institution Schule als »Homogenisierungsmaschine«. In der Schule wird Gleichheit nicht als absolute Größe, sondern als Streuung um eine Norm verstanden. Wer sich z. B. mit schulischen Leistungen innerhalb dieser Streuung befindet, wird als relativ gleich bezeichnet.

Im schulischen Kontext besteht die Gleichheit erstmals darin, dass alle Kinder und Jugendlichen als SchülerInnen gesehen werden. Als solche werden sie miteinander verglichen, zueinander und zu anderen Maßstäben in Beziehung gesetzt. Homogenität wie Heterogenität sind Konstruktionen, die perspektivisch – also von einem bestimmten Standpunkt aus betrachtet – hergestellt werden. Dieser Standpunkt kann von außen an die Schule herangetragen werden, wie z. B. durch Selektion, Standards, Klassenziele, Jahrgangsklassen, oder innerhalb von Schulen durch Stereotypen, die von Lehrpersonen produziert werden, entstehen (Sturm 2013).

Mindestens in deutschen und österreichischen Bildungsdebatten wird der Wert homogener Lerngruppen nach wie vor hochgehalten. In diesem Sinn kritisiert Tillmann (2008), dass das Schulsystem nach wie vor auf der Fiktion basiert, man könne durch kontinuierliche Selektion eine homogene Lerngruppe herstellen. Dabei wird auf die Ergebnisse internationaler Bildungsstudien als Argumentationshilfe zurückgegriffen, die eindrücklich nachweisen, dass die Fiktion der Herstellung homogener Lerngruppen keineswegs zu den erwünschten Ergebnissen führen (Trautmann & Wischer 2011).

Für den Unterricht zeichnet sich in Folge das Bild eines gleichschrittigen Frontalunterrichts. Das Bild möglichst einheitlicher Lerngruppen und einer Orientierung an den *Mittelköpfen* steht in einem deutlichen Widerspruch zu einer →inklusiven Pädagogik.

Eine gelegentliche Homogenisierung von Lerngruppen kann allerdings auch in heterogenen Klassen und unter der Prämisse einer inklusiven Pädagogik angedacht werden. Dabei ist zu bedenken, dass die Bildung homogener Lerngruppen innerhalb von heterogenen Klassen offen und flexibel bleibt und dass von den Lernerfahrungen in den homogenen Lerngruppen die gesamte Lerngruppe profitieren kann.

Literatur

Sturm, Tanja (2013): Heterogenität in der Schule. München.

Tillmann, Klaus-Jürgen (2008): Viel Selektion – wenig Leistung: Erfolg und Scheitern in deutschen Schulen. In: Lehberger, Reiner/Sandfuchs,Uwe (Hg): Schüler fallen auf. Heterogene Lerngruppen in Schule und Unterricht. Bad Heilbronn, 62–78.

Trautmann Matthias/Wischer Beate (2011): Heterogenität in der Schule. Eine kritische Einführung. Wiesbaden.

Wenning, Norbert (2001): Differenz durch Normalisierung. In: Lutz, Helma/Wenning, Norbert (Hg.): Unterschiedlich verschieden. Differenz in der Erziehungswissenschaft. Opladen. 275–297.

Hörbehinderung

Susanne Römer

Eine Hörbehinderung ist individuell abhängig vom Zeitpunkt des Eintrittes des Hörverlustes (post-, peri-, prälinguale Hörbehinderung) und der Art der Hörbehinderung (Schallempfindungs-schwerhörigkeit, Schallleitungsschwerhörigkeit, Kombination aus beidem). Unter **Hörverlust** wird ein eingeschränktes Hörvermögen mit zunehmenden Erschwernissen in der Sprach- und Lauterkennung im gesamten Frequenz- und Lautheitsbereich verstanden. Ein Hörverlust wird zunächst meist pathologisch (deaf) gesehen und kann durch technische Hilfsmittel und Förderung teilweise ausgeglichen werden.

Mit individuell angepassten digitalen Hörsystemen (Hörgerät, Klassenhöranlage, Mikrophon) oder dem Cochlear Implantat (CI), einer implantierten Innenohrprothese, kann ein eingeschränkter oder teilweise auch fehlender Höreindruck technisch so ausgeglichen werden, dass ein Hörverstehen ermöglicht bzw. erleichtert wird. Unter einer Auditiven Verarbeitungs- und Wahrnehmungsstörung – AVWS wird eine zentrale Hörstörung u. a. in der auditiven Diskriminierung, in der zeitlichen Verzerrung und in der räumlichen Wahrnehmung verstanden.

Eine soziokulturelle Sichtweise setzt dieser audiologischen Beschreibung eine bewusst selbstgewählte Lebensweise entgegen *(Deaf)*, die sich in vielfältigen Ausformungen der Gehörlosengemeinschaft widerspiegelt (Hintermair, Knoors & Marschark, 2014). Entsprechend darf in der Begleitung schwerhöriger und gehörloser Menschen nicht nur der Grad des Hörverlustes und die Entwicklung von Sprache in den Fokus gestellt werden, sondern auch die Stärkung der Identität. Unterstützung und Förderung dazu können mit differenzierten Konzepten in Form von Peergroup-Kontakten, bilingualen Kommunikationsangeboten und einer zunehmend ganzheitlichen Perspektive schon in der Frühförderung angeboten werden (Becker 2012).

Der Gehörlosengemeinschaft gehören zumeist gehörlose Menschen an, die über die Verwendung der Gebärdensprache eine eigene Bewusstheit und eine eigene Kultur entwickelt haben. Diese Gehörlosengemeinschaft hat untereinander eine identitäts- und selbstbewusstseinsstärkende Funktion.

Schwerhörige Menschen mit zumeist leichten bis mittleren Hörbehinderungen verwenden hingegen eher die Lautsprache zur Kommunikation und fühlen sich der hörenden Gemeinschaft näher. Individuell differenzierte Angebote durch Gebärdendolmetscher, Schrift, einfache Sprache, verbesserte Akustik und Visualisierungen erleichtern beiden Gruppen die Teilhabe an Bildung und Gesellschaft.

Unterschiedliche Kommunikationsformen werden von schwerhörigen und gehörlosen Menschen häufig parallel verwendet: Deutsche Gebärdensprache (DGS), Lautsprachbegleitende Gebärde (LBG), Schrift- und Lautsprache. Die Deutsche Gebärdensprache ist in Deutschland seit 2002 im Behindertengleichstellungsgesetz (§ 6 BGG) rechtlich anerkannt.

Menschen mit Hörbehinderung stellen einen vergleichsweise großen Populationsanteil. Nach unterschiedlicher Zählweise gibt es ca. 60.000 bis 80.000 Gehörlose in Deutschland und nach Angaben des Deutschen Schwerhörigen Bundes ca. 14 Mio. Hörgeschädigte (Leonhardt 2010). 95 Prozent aller gehörlosen und schwerhörigen Kinder werden in hörenden Familien geboren. Die Interessen von Menschen mit Hörbehinderung, CI-Trägern, Gehörlosen, Schwerhörigen, Ertaubten, Eltern hörgeschädigter Kinder und Hörgeschädigtenpädagogen sind in vielfältigen Verbänden und Vereinen im Deutschen Gehörlosenbund mit ca. 100.000 Personen vertreten.

Aufgrund der individuellen Kommunikations- und Interaktionsform muss Menschen mit Hörbehinderungen ein breites Spektrum an kontinuierlicher Unterstützung im schulischen, beruflichen und lebenslangem Lernen als auch in allen anderen gesellschaftlichen und sozialen Kontexten bereitgestellt werden, um ihnen im Sinne der → UN-Behindertenrechtskonvention (UN-BRK) eine gleichberechtigte Form der Teilhabe zu gewähren. Die Teilhabe von Menschen mit Hörbehinderungen in inklusiven als auch traditionellen Settings benötigt weiterhin psychosoziale, medizinische, sprachwissenschaftliche und technische Erkenntnisse in Verbindung mit einem spezifischen und professionellen Erfahrungswissen, um mögliche Nachteile, die aus der Hörbehinderung resultieren, professionell auszugleichen.

Literatur

Becker, Claudia (2012): Vorteile einer bilingualen Frühförderung für die kognitive und sozial-emotionale Entwicklung hörbehinderter Kinder. In: Deutscher Gehörlosen-Bund e. V. (Hg.): Bilingual aufwachsen. Gebärdensprache in der Frühförderung hörbehinderter Kinder. Berlin, 26–31.

Hintermair, Manfred/Knoors, Harry/Marschark, Marc (Hg.) (2014): Gehörlose und schwerhörige Schüler unterrichten. Heidelberg.

Hintermair, Manfred (Hg.) (2012): Inklusion und Hörschädigung. Heidelberg.

Leonhardt, Annette (2010): Einführung in die Hörgeschädigtenpädagogik. München.

Index für Inklusion

Ines Boban & Andreas Hinz

Der *Index für Inklusion* bezeichnet eine Sammlung von Materialien, die die Entwicklung von Bildungseinrichtungen oder kommunalen Kontexten darin unterstützen wollen, den Bedarfen und Bedürfnissen aller Beteiligten besser zu entsprechen. *Index* ist eine Sammlung von Indikatoren, die Weiterentwicklung inspirieren und sie evaluieren helfen.

Der Index wurde um die Jahrtausendwende von Tony Booth und Mel Ainscow mit einer Projektgruppe in England entwickelt. Mittlerweile liegt er in etwa 30 Sprachen vor und wird auf allen Erdteilen genutzt. 2011 wurde in England eine neue Version publiziert, die inklusive Werte, die Verbindung mit anderen Konzepten und die Auseinandersetzung mit Lerninhalten stärker in den Blick rückt.

Das Verständnis von Inklusion im Index ist stark prozessorientiert. Vor dem rechtlichen und normativen Hintergrund der Menschenrechte und der konkretisierenden UN-Konventionen (→ UN-Behindertenrechtskonvention (UN-BRK)) ist damit jede Bildungseinrichtung, Kommune oder andere Konstellation herausgefordert, Barrieren für Lernen und → Partizipation für alle Beteiligten abzubauen. Zudem bezieht sich das Inklusionsverständnis auf alle Zuschreibungen, die gesellschaftlich zu Diskriminierung beitragen können. Damit überwindet es dichotome Gruppenzuschreibungen mit einer Zweiteilung von Menschen in normale und abweichende, denn mit ihnen wird die je zweite Gruppe stigmatisiert und in ihren Möglichkeiten behindert.

Mit diesem Inklusionsverständnis vertritt der Index einen insgesamt auf den Abbau von Diskriminierung gerichteten Ansatz, während in der deutschsprachigen Diskussion Inklusion vor allem auf → Bildung und auf das Zuschreibungsmerkmal Behinderung (→ Differenzlinie Behinderung) und die entsprechende Zielgruppe verkürzt wird.

Wesentlich sind im Index für Inklusion zwei Vorschläge, die jeweils auf die konkrete Situation hin modifiziert werden sollen, sodass die Arbeit mit ihm ohnehin anstehende Entwicklungsaufgaben befördert und nicht zusätzlich belastet.

Zum einen schlägt er ein Phasen-Modell vor, mit dem Orientierung suchende Akteure einem planmäßigen Verlauf folgen können. Es weist viele Parallelen zu anderen Modellen systemischer Organisationsentwicklung auf, es mag sich darin unterscheiden, dass in allen Phasen auf Multiperspektivität aller Beteiligten geachtet wird.

Zum anderen bietet der Index eine immer differenziertere Systematik an, die ein reichhaltiges Buffet zur Anregung des Dialogs zwischen den beteiligten Akteuren bildet. Dabei wird z. B. für Schule zwischen den drei Dimensionen inklusiver Kulturen, Strukturen und Praktiken unterschieden, die sich in sechs Bereiche, 44 Indikatoren und 560 Fragen aufgliedern. Mit dieser großen Zahl von Fragen regt er Akteure zur Reflexion bedeutsamer Aspekte der eigenen Situation an: Bei der ersten Beschäftigung mit dem Material benennen sie viele unterschiedliche Fragen als attraktiv, insofern gibt es keine 20 oder 50 *wichtigsten Fragen* (Boban & Hinz 2015). Darüber hinaus kann es sich anbieten, mit mehreren Versionen des Index zu arbeiten und z. B.

den schulischen (Boban & Hinz 2003) mit dem für Kitas (GEW 2015) oder dem kommunalen Index (MSJG 2011) zu kombinieren, der eine andere Systematik aufweist.

Besonders in der Anfangsphase ist es sinnvoll, externe Prozessbegleitung hinzuzuziehen, sodass ein positiver Schwung abgesichert wird und Akteure nicht in unproduktives Verharren in Problemaspekten, Selbstüberforderung oder Ausweichen vor entscheidenden Fragen geraten.

Wie die Erfahrung zeigt, kann der Index für Inklusion als Brücke zwischen programmatischer Vision und alltäglichem Handeln hilfreich sein. Gleichwohl können auch mit seiner Hilfe nicht die gesellschaftlichen Funktionszuschreibungen, Widersprüche, Exklusionsrisiken (→ Exklusion) und Hierarchien außer Kraft gesetzt werden. Zu diesen exklusiv dominierten Mechanismen steht der Index in einem Spannungsverhältnis, indem er bei → Anerkennung dieser Grundsituation die Suche nach pragmatischen Schritten zu mehr Inklusion unterstützt. Für die Zukunft wird es darauf ankommen, seinen einladenden Charakter als undogmatisches Angebot für die gemeinsame Weiterentwicklung der eigenen Situation fortzuführen.

Literatur

Boban, Ines/Hinz, Andreas (Hg.) (2003): Index für Inklusion. Lernen und Teilhabe in der Schule der Vielfalt entwickeln. Halle (Saale). Zugriff am 23.06.2016. Verfügbar unter: http://www.eenet.org.uk/resources/docs/Index%20German.pdf

Boban, Ines/Hinz, Andreas (Hg.) (2015): Erfahrungen mit dem Index für Inklusion. Kindertageseinrichtungen und Grundschulen auf dem Weg. Bad Heilbrunn.

Booth, Tony/Ainscow, Mel (2000/2002/2011): Index for Inclusion. Developing learning and participation in schools. Bristol.

GEW (Gewerkschaft Erziehung und Wissenschaft) (Hg.) (2015): Index für Inklusion in Kindertageseinrichtungen: Gemeinsam leben, spielen und lernen. Frankfurt a. M.

MSJG (Montag Stiftung für Jugend und Gesellschaft) (Hg.) (2011): Inklusion vor Ort. Der Kommunale Index für Inklusion – ein Praxishandbuch. Berlin.

Individualität

Ursula Carle

Individualität bezeichnet zum einen die Besonderheit und Einzigartigkeit jedes Menschen, zum anderen die Bewusstheit seiner eigenen Besonderheit und schließlich das Bedürfnis nach der Freiheit, dies auch zum Ausdruck zu bringen (Selbstbestimmung). Dem Bedürfnis nach Besonderheit steht das Bedürfnis nach Gleichheit gegenüber. Individualität zu empfinden, ist auf das Bewusstsein sowohl der → Differenz zu anderen angewiesen als auch auf das Erkennen des eigenen Beitrags innerhalb der Gemeinschaft. Individualität ist somit ein soziales Profilierungskriterium und zugleich eine Basis des kooperativen Zusammenlebens.

Begriffsgeschichtlich reicht die Auseinandersetzung mit logischen, metaphysischen und theologischen Problemen der Individualität bis Aristoteles zurück. Hier können nur winzige Bruchstücke der Diskussion angedeutet werden, die die Begriffsentwicklung geprägt haben. So entwickelte sich beispielsweise in der frühen Aufklärung die Vorstellung, dass das Individuum (als Einheit von Körper und Geist) das ganze Universum auf seine Art, mit seinen Erfahrungen und den künftigen Möglichkeiten einschließt (vgl. Leibnizsche Monadologie). Was das INDIVIDUUM im Unterschied zu anderen ausmacht, lässt sich zwar hinsichtlich einzelner Merkmale, nicht aber in Gänze erfassen. Auch die REFLEXION über die eigene Individualität oder die Individualität anderer bleibt unvollständig. Somit ist jede Beschreibung von Individuen letztlich ausschnitthaft, perspektivisch und wird der gegebenen Individualität nie vollkommen gerecht (Prengel 1999). In der Aufklärung gewinnt die Maxime der Selbstbestimmung des Menschen an Gewicht. Zusammen mit der in der Romantik herausgestellten Einzigartigkeit jedes Menschen entsteht die Vorstellung von Individualität als selbstbestimmter Einzigartigkeit, die sich in sozialen Beziehungen herausbildet.

Simmel (1890) vertritt die These, dass mit der stärkeren Ausdifferenzierung der sich laufend dynamisch verändernden Gesellschaft – angetrieben insbesondere durch die Arbeitsteilung – die Freiheit erhöht wird. Individuen gesellen sich zu ihresgleichen, stärken sich in ihrer Individualität und suchen sich schließlich neue, nun passendere Bindungen. Allerdings wird die neu gewonnene Freiheit durch die aufkommende Verbreitung von Moden, Standardisierungen und Verrechtlichungen des Individuellen und des Institutionellen wieder eingeschränkt. Das Individuum wird aus traditionellen Sozialformen herausgelöst, verliert zugleich traditionelle Sicherheiten, steht vor der Aufgabe, sich sozial neu zu integrieren und gerät dadurch unter institutionelle Kontrolle und Auslese (Beck 1986). Ein Spielraum für kleine persönliche Entscheidungen bleibt zwar, aber auch deren Folgen sind individuell kaum beeinflussbar. Erfolgs- bzw. Misserfolgsaussichten über die Lebensspanne sind nach wie vor auch an die soziokulturelle Herkunft und an andere Passungskriterien gekoppelt. Individualität und die eigene IDENTITÄT entwickeln, bedeutet in diesem Prozess oftmals, unter widrigen Umständen »die Würde der eigenen Lebensform« (Erikson 1959, 119) zu finden.

Mit dem Menschenrecht (→ UN-Behindertenrechtskonvention (UN-BRK)) auf Inklusion wird eingefordert, dass jeder Mensch gegenüber den gesellschaftlichen Institutionen Anspruch darauf hat, seine Individualität zu achten und auf seine Besonderheiten eingestellt zu sein. Eine Herausforderung bei der Verwirklichung von Inklusion in Bildungseinrichtungen ist die Wahrnehmung und → Anerkennung der Individualität jedes einzelnen Kindes, Jugendlichen oder Erwachsenen, auch dann, wenn diese nicht den gängigen Interaktions- und Handlungsmustern sowie den soziokulturellen Erwartungen entspricht (Prengel 2013). Hierzu liegen über die Studie von Prengel hinaus bislang kaum empirische Befunde vor.

Neuere empirische Untersuchungen aus unterschiedlichen Fachrichtungen (z. B. der Medienwissenschaft) erforschen die Wirkungen von kulturellen Einflüssen auf die Dynamik der Individualität des Menschen.

Literatur

Abels, Heinz (2006): Identität. Wiesbaden.
Beck, Ulrich (1986): Risikogesellschaft. Auf dem Weg in eine andere Moderne. Frankfurt a. M.

Erikson, Erik H. (1959): Identität und Lebenszyklus. Drei Aufsätze. 2. Aufl. 1974. Frankfurt a. M.
Jörissen, Benjamin/Zirfas, Jörg (Hg.) (2010): Schlüsselwerke der Identitätsforschung. Wiesbaden.
Leibniz, Gottfried Wilhelm (1996): Monadologie. Übersetzt von Köhler, Heinrich. Frankfurt a. M. Original: La Monadologie 1714.
Prengel, Annedore (1999): Vielfalt durch gute Ordnung im Anfangsunterricht. Opladen. (Unter Mitarbeit von Heinzel, Friederike/Geiling, Ute/Hemme-Kreutter, Marion).
Prengel, Annedore (2013): Pädagogische Beziehungen zwischen Anerkennung, Verletzung und Ambivalenz. Opladen.
Schimank, Uwe (2002): Das zwiespältige Individuum. Zum Person-Gesellschaft-Arrangement der Moderne. Opladen.
Simmel, Georg (1890): Über soziale Differenzierung. Soziologische und psychologische Untersuchungen. Leipzig.

Individuelles Lernen

Ursula Carle

Individuelles Lernen heißt für das Individuum, Neues wahrzunehmen, mit vorangegangenen Erfahrungen zu konfrontieren und die eigenen Vorstellungen sowie das eigene Wissen zu bestätigen, zu verändern oder zu erweitern. Daher ist Lernen (→ Lernschwierigkeit) im Grunde immer auch individuell, obwohl es in der Auseinandersetzung mit Sachen, Verhältnissen und Personen geschieht. Individuelles Lernen bildet somit keinen Gegensatz zum → kooperativen Lernen, denn auch in kooperativen Lernformen wird individuell gelernt.

Der Begriff *Individuelles Lernen* wird oft synonym mit den Begriffen selbstorganisiertes Lernen, selbstgesteuertes Lernen oder individualisiertes Lernen und personalisiertes Lernen gebraucht. Individuelles Lernen wird doppelsinnig verwendet. Zum einen steht die Bezeichnung für Vereinzelung (Einzelarbeit) zum anderen für die subjektive Seite der Lernprozesse (individuelle Präferenzen, Lernwege, Entwicklungen und Kontexte der Einzelnen).

Struktur und Verlauf der individuellen Lernprozesse werden wesentlich dadurch bestimmt, welche Anforderungen der Lerngegenstand an die Lernenden in Wechselwirkung mit ihren Lernvoraussetzungen stellt. Diese sind nicht nur fachlicher Art, sondern betreffen auch Werthaltungen, Motivation, Kontroll- und sonstige Grundüberzeugungen, die Handlungsregulation und lernmethodische Kompetenzen. Individuelles Lernen ist demnach ein Prozess, in dem sich das Individuum entsprechend seiner Möglichkeiten mit dem Lerngegenstand auseinandersetzt. Das bedeutet auch, dass SchülerInnen die gestellten Aufgaben für sich neu definieren, ehe sie diese bearbeiten. Der Lerngegenstand wird dabei individuell rekonstruiert und im Lernprozess laufend verändert. Das kann individuell und gemeinsam geschehen.

Das Motiv für die Lernhandlung liegt im Lerngegenstand, d. h. im Bezug zu den Lernbedürfnissen des Individuums

(Leontjew 1977). Entscheidend für das Qualitätspotenzial des Lernprozesses ist, ob die Lerntätigkeit vom Individuum als sinnvoll erachtet wird. Konkret: Welche Gründe hat das Individuum, sich mit dem Lerngegenstand zu befassen? Diese hängen auch davon ab, ob die Aufgabe ausreichende Freiheitsgrade bietet, damit der/die Lernende sie für seine/ihre Verhältnisse anpassen kann.

Anspruchsvolles individuelles Lernen braucht einen geeigneten Rahmen, der sich nicht auf die je aktuelle Lernsituation beschränken kann. Es erfordert auf Schulebene eine → Individualität respektierende Lernkultur und eine sozial integrierte Lerngemeinschaft. Auf Unterrichtsebene ist ein geeignetes didaktisches Arrangement notwendig, das jedem Kind für seine eigenen Lernprozesse eine gute Vororientierung für mögliche persönliche Anknüpfungspunkte, fachliche Lernanreize, zugängliches Material, ausreichende Freiheitsgrade, Raum, Zeit und Struktur, Möglichkeiten zur Ko-Konstruktion und persönliches Feedback zum Lernprozess sowie bei Bedarf direkte Unterstützung bietet. Dies ist auch für die individuellen Lernbeiträge in kooperativen Settings erforderlich. Individuelles Lernen erfordert individuelle Leistungsüberprüfung. Wird individuelles Lernen durch Einzelarbeit z. B. über niveaugestaffelte Übungshefte, Arbeitsblätter in Lerntheken o. ä. gesteuert, so ist deren Lernwirksamkeit wesentlich abhängig von der Aufgabenqualität und der Qualität der Auseinandersetzung des Kindes mit dem Lerninhalt sowie deren Unterstützung durch eine geeignete → Lernbegleitung.

»Die Lernprozesse der Kinder sind auf ein harmonisches Zusammenspiel aller drei Ebenen (Schule, Unterricht und Individuum) in einem geeigneten Gesamtkonzept der Schule angewiesen« (Carle & Metzen 2014, 23). Die Reduzierung auf die → Differenzierung der Aufgaben reicht als pädagogischer Hintergrund für individuelles Lernen nicht aus. Eine Einteilung in möglichst homogene Gruppen kann individuellem Lernen abträglich sein, wenn sich das Anregungsspektrum verkleinert, der Anpassungsdruck in der Homogenisierungsdimension (→ Homogenität) (z. B. bzgl. Schulleistung) steigt und die Konkurrenz um den Spitzenplatz zunimmt.

Individuelles Lernen im Sinne des Lernens auf individuellen Lernwegen ist für die inklusive Unterrichtsentwicklung eine notwendige Orientierung und aus der Schulpraxis heraus gut beschrieben (Eller, Greco & Grimm 2012). Weitgehend unerforscht ist das individuelle Lernen von Kindern mit soziokulturell stark abweichenden Erfahrungen und in schwierigen Lebenslagen (Armut, Flucht). Auch das individuelle Lernen von Kindern im Kontext besonderer Normalität bedarf der weiteren Untersuchung (Ianes 2009).

Literatur

Carle, Ursula/Metzen, Heinz (2014): Wie wirkt Jahrgangsübergreifendes Lernen? Internationale Literaturübersicht zum Stand der Forschung, der praktischen Expertise und der pädagogischen Theorie. Eine wissenschaftliche Expertise des Grundschulverbandes. Frankfurt a. M.

Eller, Ursula/Greco, Luisa/Grimm, Wendelin (2012): Praxisbuch Individuelles Lernen – Von der Binnendifferenzierung zu individuellen Lernwegen. Weinheim.

Holzkamp, Klaus (1993): Lernen, subjektwissenschaftliche Grundlegung. Frankfurt a. M.

Ianes, Dario (2009): Die besondere Normalität. Inklusion von SchülerInnen mit Behinderung. München.

Leontjew, Aleksej Nikolaewitsch (1977): Tätigkeit, Bewußtsein, Persönlichkeit. Hg. von Kussmann, Thomas. Stuttgart.

Inklusion

Kerstin Ziemen

Inklusion (lat. *inclusio*) gilt als gesamtgesellschaftliche Herausforderung und bezieht sich auf alle Lebensbereiche, Lebensphasen und alle gesellschaftlichen Felder. Inklusion zielt auf die Überwindung von **MARGINALISIERUNG**, **DISKRIMINIERUNG**, **STIGMATISIERUNG** und setzt auf die »Anerkenntnis der Unteilbarkeit der menschenrechtlichen Basis« (Feuser & Maschke 2013, 8). Als ein Prozess der Veränderung von Verhältnissen in der Gesellschaft, in Systemen, Organisationen, Institutionen und Gemeinschaften ist Inklusion kein herzustellender Zustand, sondern ein Orientierungsrahmen mit dem Ziel, humanen und demokratischen Zusammenlebens, -lernens und -arbeitens.

Im deutschsprachigen Kontext etablierte sich der Begriff *Inklusion* im Rahmen des Übereinkommens der Vereinten Nationen über die Rechte von Menschen mit Behinderung (VN-BRK 2006) (→ UN-Behindertenrechtskonvention (UN-BRK)) und deren Ratifizierung durch Deutschland 2009. Seitdem besteht völkerrechtliche Verbindlichkeit zur Umsetzung dieses Übereinkommens. Grundlegende Prämissen im Themenfeld *Inklusion* sind:

- Die → Anerkennung und Wertschätzung von Differenz in Gemeinschaften, Institutionen und Organisationen;
- die Fokussierung auf verschiedene HETEROGENITÄTSDIMENSIONEN bzw. DIFFERENZLINIEN, etwa unterschiedliche Fähigkeiten; sexuelle Orientierungen; kulturelle und soziale Herkunft; sozioökonomische Hintergründe; Lebensalter; religiöse und weltanschauliche Zugänge u. a. m.
- die Veränderung, Entwicklung und Anpassung von Systemen an zu erwartende Fragestellungen, die sich aus den individuellen Situationen von Kindern, Jugendlichen und Erwachsenen ergeben.

In der deutschsprachigen Diskussion wird → Integration zumeist strikt von Inklusion getrennt. Die Entwicklungen im Kontext von Integration (z. B. von Kindern und Jugendlichen mit Behinderung in Regeleinrichtungen) sind für die gegenwärtige Debatte um Inklusion bedeutsam, stellen diese doch wichtige historische Befunde, theoretische Grundlagen und Erfahrungen zur Verfügung, so z. B. zur Gestaltung gemeinsamer Bildungssituationen, zur Analyse des Systems Schule, zu den Anforderungen an Schule.

Grundlegende Diskurse, wie die zu *Gleichheit und Differenz;* zu *Anerkennung, Fremdheit und Gerechtigkeit;* zu *Stellvertretung und Selbstbestimmung;* zu ethischen und anthropologischen Grundfragen (Dederich 2013) ebenso wie gesellschaftskritische Analysen werden bislang in der Diskussion zum Themenfeld Inklusion nur marginal berücksichtigt, sind jedoch für das Durchdringen der Gesamtthematik notwendig zu führende Debatten.

Die Interkulturalitäts- (→ Interkulturalität), Gender- (→ Differenzlinie Geschlecht) und Queerforschung, die soziale Ungleichheits- und Armutsforschung (→ Differenzlinie sozioökonomische Lage), die → Disability Studies u. a. m. nehmen die Fragen von Diversität, Marginalisierung und Diskriminierung auf, arbeiten die soziale und kulturelle Konstruktion von definierten Personengruppen heraus, fordern Gleichberechtigung, Anerkennung und Wertschätzung. Die Intersektionalitätsforschung kann zukünftig eine bedeutende Rolle einnehmen. Forschungsfragen beziehen sich u. a. auf:

- Transformationsprozesse und die Umsetzung von Inklusion in gesellschaftlichen Feldern aller Art;
- das Verhältnis von Integration und Inklusion;
- das Verhältnis von Intersektionalität und Inklusion.

Literatur

Dederich, Markus (2013): Philosophie in der Heil- und Sonderpädagogik. Stuttgart.

Feuser, Georg/Maschke, Thomas (2013): Lehrerbildung auf dem Prüfstand. Gießen.

VN-BRK: Gesetz zu dem Übereinkommen der Vereinten Nationen vom 13. Dezember 2006 über die Rechte von Menschen mit Behinderungen. Zugriff am 10.10.2015. Verfügbar unter: http://www.un.org/Depts/german/uebereinkommen/ar61106.dgbl.pdf

Ziemen, Kerstin (2012): Inklusion. Zugriff am 05.07.2016. Verfügbar unter: http://www.inklusion-lexikon.de/Inklusion_ziemen.php

Inklusion in der Grundschule

Ute Geiling & Toni Simon

Die aus der Volksschule hervorgegangene Grundschule umfasst mit Ausnahme von Berlin und Brandenburg die Klassen 1 bis 4. Sie bildet, zurzeit ergänzt durch Einrichtungen des Förderschulsystems, für Kinder entsprechenden Alters die Primarstufe des deutschen Bildungssystems. Ihre zentralen Aufgaben sind die grundlegende Bildung für alle Kinder sowie die Vorbereitung auf bis dato unterschiedliche weiterführende Schulen.

Von allen Schulformen hatte nur die Grundschule den originären Auftrag, ausnahmslos alle Kinder gemeinsam zu unterrichten, also eine *Schule für alle* zu sein. Obgleich die Grundschule diese Aufgabe im Vergleich zu allen anderen Schulformen überproportional umsetzt, wird sie bis heute nicht konsequent erfüllt. Die vollständige De-Segregation ist daher ein Aspekt von Inklusion in der Grundschule. Inklusion in der Grundschule impliziert den Verzicht auf separierende und segregierende Settings als alternative *Regellösung* sowie auf Selektions- und Platzierungspraktiken im Interesse möglichst homogen(isiert)er Lerngruppen. Diese werden im deutschen Bildungswesen insbesondere entlang der Dimensionen vermeintlicher Leistungsfähigkeit, Begabung oder Beeinträchtigung vor allem in der derzeit noch gegliederten Sekundarstufe I in Wechselwirkung mit dem parallel existierenden Förderschulwesen praktiziert. Entsprechende Praktiken sind jedoch auch noch in Grundschulen beobachtbar, wenn Kinder im schulpflichtigen → Alter auf Grund prognostizierter Leistungsfähigkeit oder Beeinträchtigung nicht aufgenommen und/oder an Förderschulen überwiesen, nur mit dem Sonderstatus des »Integrationskindes« geduldet bzw. in separierenden Klassen (z. B. Diagnoseförderklassen, Vorklassen) unterrichtet werden.

Die inklusive Grundschule fußt auf den Prinzipien der inklusiven Pädagogik

(Hinz 2008): dem positiven Hinwenden zu allen Dimensionen von → Heterogenität; dem Bestreben diese im pädagogischen Handeln umfassend und reflexiv in den Blick zu nehmen; der Wahrung der Menschenrechte (→ UN-Behindertenrechtskonvention (UN-BRK)) im Allgemeinen und der Kinderrechte im Speziellen sowie der Orientierung am Ideal einer inklusiven Gesellschaft. Ziel ist die umfassende Partizipation aller und die Verhinderung von Diskriminierungen. Dies schließt u. a. etikettierende und selektive Praktiken (z. B. Zurückstellungen von der Einschulung, Sitzenbleiben, sonderpädagogische Feststellungsverfahren, Abschulungen etc.) zugunsten des vorurteilsbewussten Einbezugs aller Kinder in ungeteilte Lerngruppen aus. Eine Voraussetzung dafür ist die Praxis der *Pädagogik der Vielfalt* (Prengel 1993). Nicht abschließend geklärt ist, ob bzw. zu welchen Anteilen das Lernen in jahrgangsübergreifenden oder altershomogenisierten Gruppen stattfinden sollte.

Pädagogische Beziehungen basieren in der inklusiven Grundschule auf dem Prinzip der Gleichwürdigkeit und der gegenseitigen → Anerkennung im Sinne egalitärer Differenz (Prengel 1993). Demokratische Organe und Strukturen wie z. B. Ombuds-Stellen können die Umsetzung/Überwachung dieser Prinzipien sowie generell die Achtung der Menschen- bzw. Kinderrechte absichern helfen und tragen zur realen und relevanten → Partizipation aller bei.

Die Konzeption, Durchführung und Reflexion von Lehr-Lern-Prozessen wird multiprofessionell organisiert. Individuelle Lerngänge werden auf Basis inklusiver Rahmencurricula für alle sowie mit den Lernenden entwickelt und fortgeschrieben. Sie lösen Lehrgänge im Gleichschritt ab und erkennen Kinder als DidaktikerInnen für ihr eigenes Lernen sowie ihr Bedürfnis und Recht auf Selbstbestimmung und Selbstverwirklichung an. Different diskutiert wird diesbezüglich der Grad der Partizipation der Lernenden. Nicht abschließend geklärt ist zudem der Charakter **INKLUSIVER CURRICULA**, wobei aktuell ein Mix aus obligatorischen und fakultativen Anteilen präferiert wird (z. B. Prengel 2016). Entsprechend dem konstruktivistischen Lernverständnis der → inklusiven Didaktik haben offene Unterrichtsformen sowie selbstbestimmtes, exploratives und → forschendes Lernen eine besondere Bedeutung, ohne ausschließliche Beschränkung auf diese. Grundlage pädagogisch-didaktischen Handelns sind *Erkenntnisse* einer formativen, inklusiven didaktischen Diagnostik (Prengel 2016), die sich von *klassischer* Diagnostik kritisch abgrenzt und differenzierte, lernförderliche Formen der Leistungsbewertung und Rückmeldung unterstützt.

Ressourcenzuweisungen (z. B. förderpädagogische, sozialpädagogische, therapeutische etc.) erfolgen institutionalisiert systembezogen, um der Etikettierung von Lernenden und ihren negativen Folgen entgegenzuwirken. Insbesondere sonderpädagogische Kategorisierungen und damit verbundene benachteiligende Praktiken, die bis dato mehrheitlich zur überwiegend nicht-reversiblen Beschulung im ausdifferenzierten Sonderschulwesen führen, werden kritisiert und z. T. strikt abgelehnt. Die kooperative Gestaltung institutioneller Übergänge von der Kita in die Grundschule und von dort in weiterführende Schulen ist ein weiterer Aspekt der inklusiven Grundschule. Im Sinne der Überwindung des Mehrgliedrigkeitsprinzips in einem inklusiven Bildungswesen sind diese weiterführenden Schulen Gesamtschulen.

Literatur

Hinz, Andreas (2008): Inklusion – historische Entwicklungslinien und internationale Kontexte. In: Hinz, Andreas/Körner, Ingrid/Niehoff, Ulrich (Hg.): Von der Integration zur Inklusion. Marburg, 33–52.

Prengel, Annedore (1993): Pädagogik der Vielfalt. Opladen.

Prengel, Annedore (2016): Didaktische Diagnostik als Element alltäglicher Lehrerarbeit – »Formatives Assessment« im inklusiven Unterricht. In: Amrhein, Bettina (Hg.): Diagnostik im Kontext inklusiver Bildung. Bad Heilbrunn, 49–63.

Inklusion in der Kindertagesstätte

Kerstin Ziemen

Die vorschulische Bildung und Erziehung in Deutschland bezieht sich auf alle Kinder von der Geburt bis zur Einschulung. Der institutionelle Rahmen der Kindertagesstätte gilt als Ort gemeinsamen Spielens, Lernens und Lebens. In den deutschsprachigen Ländern kann auf eine über 40-jährige Geschichte der → Integration bzw. später Inklusion im vorschulischen Kontext (Kindergarten, Kindertagesstätte) zurückgeblickt werden.

Die Integration in den Kindergarten bzw. den Kindertagesstättenbereich begann mit einzelnen Initiativen, so z. B. die von Hellbrügge Ende der 1960er-Jahre gegründete *Aktion Sonnenschein.* Durch die Empfehlungen der Bildungskommission des Deutschen Bildungsrates entstanden in den 1970er-Jahren erste integrative Einrichtungen, vor allem Kindergärten. In verschiedenen Ländern, in Hessen, Rheinland-Pfalz, Bayern, Bremen, Berlin, Saarland, Nordrhein-Westfalen, gab es zwischen 1978–1987 Modellversuche. Die Zahl der integrativen Kindergärten in der Bundesrepublik Deutschland stieg rasant an. Nach Angaben des deutschen Jugendinstitutes gab es 1987 160 integrative Einrichtungen, fünf Jahre davor waren es nur 60 Kindergärten (Dichans 1993). Die gemeinsame Bildung und Erziehung konnte ab den 1990er-Jahren immer weiter ausgebaut werden und wurde zunehmend weniger in Frage gestellt.

Mit der Herausforderung einer »inklusiven Frühpädagogik« (Albers 2011, 16 ff.) ist das Augenmerk auf unterschiedliche Heterogenitätsdimensionen – Geschlecht, soziale und kulturelle Herkunft, Sprache, Religion und Weltanschauung – bzw. auf unterschiedliche Fähigkeiten gerichtet. Diese werden zur nicht hoch genug zu schätzenden Ressource.

Die Qualität pädagogischer Prozesse geht einher mit einer sowohl individualisierten Sicht auf jedes Kind, als auch einer gemeinschaftlichen Perspektive auf die Gruppe. Darüber hinaus sind insbesondere die Anliegen, die → Kompetenzen bzw. die Perspektive der → Familien und deren soziale Situation zu berücksichtigen (Ziemen 2002; Ziemen 2008).

Im Kontext von Integration wurde seit den späten 1980er-Jahren eine Allgemeine Pädagogik und Didaktik (Feuser 1995) ausgearbeitet, die sich auf den vorschulischen und schulischen Bereich bezieht. »Alle Kinder und Schüler (sollen, d.V.) in Kooperation miteinander, auf ihrem jeweiligen Entwicklungsniveau nach Maßgabe ihrer momentanen Wahrnehmungs-, Denk- und Handlungskompetenzen in Orientierung auf die nächste ›Zone ihrer Entwicklung‹ an und mit einem ›gemeinsamen Gegenstand‹ spielen, lernen und arbeiten« (Feuser 1995, 173 f.). »Die allererste Quelle für die Entwicklung der […] Persönlichkeit des Kindes ist seine Zusammenarbeit (wobei dieses Wort im weitesten Sinne zu verstehen ist) mit anderen Menschen« (Vygotskij 1987, 85). Bedeutsam sind die gemeinsamen Tätigkeiten. Vor allem kommt dem Spiel in der Persönlichkeitsentwicklung des Kindes eine herausragende Rolle zu. Das Spiel ist qualitatives Hauptkriterium in inklusiven Kontexten im vorschulischen Bereich, sowohl für die → Diagnostik als auch die Didaktik.

Die Umsetzung der inklusiven Idee in Bildungsinstitutionen geht einher mit der Schaffung und Gestaltung von Möglichkeitsräumen für Entwicklung und Lernen. Voraussetzung ist die → Anerkennung und Wertschätzung aller, der gleichberechtigte Zugang zu allen Angeboten und die Analyse und Beseitigung von Barrieren, die die Entwicklung und das Lernen erschweren oder gänzlich verhindern (Ziemen 2011).

Der zu gestaltende Übergang von den Kindertageseinrichtungen zur Grundschule ist von besonderer Bedeutung. Dabei ist die Kooperation von Eltern, Kindertageseinrichtungen und Grundschulen unabdingbar.

Literatur

Albers, Timm (2011): Mittendrin statt nur dabei. Inklusion in Krippe und Kindergarten. München.

Dichans, Wolfgang (1993): Der Kindergarten als Lebensraum für behinderte und nicht behinderte Kinder. 2. erw. Aufl. Dresden.

Feuser, Georg (1995): Behinderte Kinder und Jugendliche zwischen Integration und Aussonderung. Darmstadt.

Vygotskij, Lev S. (1987): Ausgewählte Schriften. Band 1. Berlin.

Ziemen, Kerstin (2002): Das bislang ungeklärte Phänomen der Kompetenz – Kompetenzen von Eltern behinderter Kinder. Butzbach-Griedel.

Ziemen, Kerstin (2008): Familien mit behinderten Kindern und Jugendlichen. In: Nußbeck, Susanne/Biermann, Adrienne/Adam, Heidemarie (Hg.): Sonderpädagogik der geistigen Entwicklung. Handbuch Sonderpädagogik, Band 4. Göttingen, 398–407.

Ziemen, Kerstin (2011): Inklusion und »kulturhistorisches« Denken. In: Ziemen, Kerstin/Langner, Anke/Köpfer, Andreas/Erbring, Saskia (Hg.): Inklusion – Herausforderungen, Chancen und Perspektiven. Hamburg, 9–20.

Inklusion in der Sekundarstufe

Benjamin Badstieber

Die Sekundarstufe unterteilt sich in Deutschland in die Bereiche Sekundarstufe I und Sekundarstufe II. Aufgrund der föderalistischen Struktur des Bildungswesens ist die Sekundarstufe von Bundesland zu Bundesland sehr unterschiedlich ausgestaltet. So existieren beispielweise in Bremen im Bereich der Sekundastufe I nur zwei Schulformen (Oberschulen und Gymnasien) neben den **Förderschulen** (mit den Förderschwerpunkten Sehen, Hören, körperliche und motorische Entwicklung), während in Nordrhein-Westfalen mindestens fünf Schulformen (**Gymnasien**, **Gesamtschulen**, Sekundarschulen, **Realschulen**, **Hauptschulen**) und ein deutlich ausdifferenziertes Förderschulsystem (mit den Förderschwerpunkten emotionale & soziale Entwicklung, geistige Entwicklung, Hören und Kommunikation, körperliche und motorische Entwicklung, Lernen, Sehen, Sprache) bestehen. Die Umsetzung schulischer Inklusion im Bereich der Sekundarstufe ist in den Bundesländern unterschiedlich weit vorangeschritten (Mißling & Ückert 2014).

Feuser stellt bereits 1995 fest, dass eine im heutigen Sinne als inklusiv zu bezeichnende »Allgemeine […] Pädagogik durch ihre Subjektorientierung und eine am jeweiligen Entwicklungsniveau eines Schülers ansetzende Praxis mit dem Ziel, durch Erziehung und mittels der Inhalte des Unterrichts die Entwicklung eines Kindes oder Schülers im Bereich der ‚Zone der nächsten Entwicklung' in kooperativen Prozessen voranzubringen, keiner bestimmten Schulformen oder -stufen bedarf« (213). Insofern widerspricht nach ihm die funktionale Aufteilung des Bildungswesens in eine Grund- und eine mehrgliedrige Sekundarstufe nicht nur von sich aus der Forderung nach einer inklusiven Schule (*Eine* Schule für *alle*), vielmehr wird deutlich, dass eine → inklusive Pädagogik in ihrer prinzipiellen Zielsetzung und in ihren Grundsätzen keine schulformspezifische Modifikation benötigt. Die unter dem Stichwort → Inklusion in der Grundschule beschriebenen Grundsätze und Zielsetzungen einer inklusiven Pädagogik sind gleichermaßen für den Bereich der Sekundarstufe umfassend gültig.

Die Besonderheit der in Deutschland geschichtlich einzigartig gewachsenen Institutionalisierung schulischer Bildung im Bereich der Sekundarstufe stellt jedoch andere Ausgangs- und Rahmenbedingungen bereit, aus der und in der eine inklusive Pädagogik heute und zukünftig zu realisieren ist. Die nach 1945 wieder aufgenommene Trennung des Bildungswesens in die unterschiedlich ausdifferenzierte Mehrgliedrigkeit im Bereich der Sekundarstufe und die damit verbundenen selektiven und segregierenden Kulturen, Strukturen und Praktiken stellen die Realisierung schulischer Inklusion vor besondere Herausforderungen. Empirische und theoretische Studien zu den (im internationalen Vergleich) nachgewiesenen unzureichenden Lern- und Entwicklungsmöglichkeiten, der systematischen Ausgrenzung und Benachteiligung bestimmter SchülerInnengruppen und umfassenden Diskriminierungserfahrungen werden als Belege dafür angeführt, dass insbesondere das deutsche Schulsystem im Bereich der Sekundarstufe weit weniger dem Lernen und der Entwicklung aller SchülerInnen als der Erhaltung bestehender gesellschaftlicher Bildungsprivilegien und sozialer Ungleichheiten verpflichtet ist (Feuser 1995; Amrhein 2011). Dies wiegt umso schwerer, als dass parallel dazu bereits seit den frühen 1980-Jahren auch im Bereich der Sekundarstufe in Deutschland in einzelnen Schulen immer wieder nachgewiesen wurde (Feuser 1995), dass eine gemeinsame Beschulung in (leistungs-)heterogenen Lerngruppen für alle SchülerInnen – d. h. auch für SchülerInnen mit einer schwersten und mehrfachen Beeinträchtigung – möglich und für die Entwicklung und das Lernen von allen SchülerInnen förderlich ist.

Obgleich in allen Bundesländern eine – diese (Miss-)Verhältnisse überwindende – flächendeckende Reform im Bereich der Sekundarstufe noch aussteht, haben die Bundesländer ausgehend von den Bestimmungen der → UN-Behindertenrechtskonvention (UN-BRK) unterschiedlich weitreichende Schulgesetzesänderungen und Schulentwicklungsmaßnahmen für ein Mehr an *inklusivem* Lernen in einem selektiven Schulsystem eingeleitet (Mißling & Ückert 2014). Weitreichendere Reformvorschläge auf der Ebene der Bildungspolitik und Bildungsverwaltung wurden im Detail mehrfach vorgelegt (Klemm & Preuss-Lausitz 2011).

Für die auf der Ebene der Einzelschule tätigen Akteure (Schulleitung, Lehrkräfte, pädagogisches und nicht-pädagogisches Personal) im Bereich der Sekundarstufe wurden Möglichkeiten einer inklusionsorientierten Gestaltung von Schule bereits umfassend ausgewiesen (z. B. Mittendrin e. V. 2011) und Elemente einer inklusiven Schule (Individualisierung, kooperatives Lernen, multiprofessionelle Lehren, etc.) im Bereich der Sekundarstufe beschrieben (Werning 2014). Studien (Amrhein 2011) zeigen jedoch, dass der Auftrag zur Gestaltung schulischer Inklusion in einem selektiven Schulsystem die auf der Ebene der Einzelschule tätigen Akteure insbesondere im Bereich der Sekundarstufe immer wieder auf grundlegende Widersprüche und Paradoxien stoßen lässt und dort nur unter großem Engagement, einer kontinuierlichen Reflexion bzw. Erweiterung des eigenen Handlungsspielraumes und mit der Unterstützung der Akteure auf anderen Ebenen des Bildungssystems realisierbar ist.

Literatur

Amrhein, Bettina (2011): Inklusion in der Sekundarstufe. Eine empirische Analyse. Bad Heilbrunn.

Feuser, Georg (1995): Behinderte Kinder und Jugendliche. Zwischen Integration und Aussonderung. Darmstadt.

Klemm, Klaus/Preuss-Lausitz, Ulf (2011): Auf dem Weg zur schulischen Inklusion in Nordrhein-Westfalen. Empfehlungen zur Umsetzung der UN-Behindertenrechtskonvention im Bereich der allgemeinen Schulen. Zugriff am 28.06.2016. Verfügbar unter: http://www.schulministerium.nrw.de/docs/Schulsystem/Inklusion/Gutachten-_Auf-dem-Weg-zur-schulischen-Inklusion-in-Nordrhein-Westfalen_/NRW_Inklusionskonzept_2011__-_neue_Version_08_07_11.pdf

Mißling, Sven/Ückert, Oliver (2014): Inklusive Bildung: Schulgesetze auf dem Prüfstand. Eine Studie im Auftrag des Deutschen Instituts für Menschenrechte. Zugriff am: 28.06.2016. Verfügbar unter: http://www.institut-fuer-menschenrechte.de/fileadmin/_migrated/tx_commerce/Studie_Inklusive_Bildung_Schulgesetze_auf_dem_Pruefstand.pdf

Mittendrin e. V. (Hg.) (2011): Eine Schule für alle. Inklusion umsetzen in der Sekundarstufe. Mülheim an der Ruhr.

Werning, Rolf (2014): Stichwort: Schulische Inklusion. In: Zeitschrift für Erziehungswissenschaft, 4/2014, 601–623.

Inklusive Didaktik

Kerstin Ziemen

Inklusive Didaktik ist Allgemeine Didaktik, die Gültigkeit für *alle* Kinder und Jugendliche unabhängig von ihren Fähigkeiten, Kompetenzen und Entwicklungsmöglichkeiten beansprucht. Die Didaktik bezieht sich auf die Gesamtorganisation des Lehrens und des Lernens; auf Bildung, Erziehung, Dialog, Kommunikation und Kooperation.

Im deutschsprachigen Raum lassen sich über 40 Theorien, Modelle und Ansätze der ALLGEMEINEN DIDAKTIK differenzieren, die mit Kron, Jürgens & Standop (2014) nach den Leitbegriffen Bildung, Lernen, Interaktion, System und Konstruktion geordnet werden. In der Fachdiskussion werden längst nicht alle Ansätze hervorgehoben. Der KRITISCH-KONSTRUKTIVEN DIDAKTIK Klafkis (2007) wird jedoch eine bedeutende Rolle zugewiesen (Kron et. al. 2014). So ist die Theorie und das Modell Klafkis auch für die von Georg Feuser im Kontext von Integration bereits in den späten 1980er-Jahren entwickelte ENTWICKLUNGSLOGISCHE DIDAKTIK (Feuser 1995; 2011) grundlegend. Die entwicklungslogische Didaktik stellt das didaktische Fundament einer Allgemeinen Pädagogik dar. »Allgemeine Pädagogik bedeutet, dass alle Kinder und Schüler in Kooperation miteinander auf ihrem jeweiligen Entwicklungsniveau – nach Maßgabe ihrer momentanen Wahrnehmungs-, Denk- und Handlungskompetenzen – in Orientierung auf die nächste Zone der Entwicklung (Vygotskij) an und mit einem Gemeinsamen Gegenstand spielen, lernen und arbeiten können« (Feuser 2011, 89). Die Sache (Sachstrukturanalyse) und das Subjekt/die Subjekte (Tätigkeits- und Handlungsstrukturanalyse) werden dabei in Beziehung gesetzt. Das ausgearbeitete Konzept einer entwicklungslogischen Didaktik (Feuser 1995; 2011) ist theoretisch fundiert und bietet einen Begründungsrahmen für didaktische Entscheidungen.

Der Reflexionskompetenz der Lehrpersonen bzw. Teams kommt im Modell der MEHRDIMENSIONALEN REFLEXIVEN DIDAKTIK (Ziemen 2013a), die auf Erkenntnissen der entwicklungslogischen Didaktik (Feuser 1995; 2011) fußt, eine bedeutende Rolle zu. Die auf Inklusion ausgerichtete Didaktik setzt auf Einstellungen und Haltungen der → Anerkennung und Wertschätzung der Vielfalt menschlichen Lebens und Lernens. Lehrpersonen und Teams werden sich der eigenen theoretischen Vorannahmen, der Ressourcen und dem Bedarf an Unterstützung bewusst. Durch → Selbstreflexion können Ängste, Verdrängungen und Distanzierungen bewusst werden.

Die *Reflexion* bezieht sich auf verschiedene Dimensionen, so im allgemeinsten Sinne auf gesellschaftliche Anforderungen, auf Kultur und Recht; darüber hinaus auf die Schule bzw. das Schulsystem, auf die SchülerInnen, den Gegenstand des Unterrichts und nicht zuletzt die Lehrpersonen selbst.

Der didaktische Gesamtprozess, einschließlich der Balance individueller und gemeinschaftlicher Angebote. Dialogische und kooperative Prozesse des Lernens; die innere Differenzierung des Unterrichts; soziale Beziehungen und die Entwicklung einer anerkennenden Gemeinschaft (Schule, Klasse, Gruppe) gelangen in den Fokus. Die Lehrpersonen und Teams verstehen sich selbst als Lernende. Der Unterricht wird zur gemeinsamen Suche von Lehrpersonen/Teams und SchülerInnen nach geeigneten Lerngelegenheiten. Forschungsfragen beziehen sich auf:

- Relevante didaktische Theorien, Modelle und Konzepte und deren Umsetzung;
- das Verhältnis von pädagogischer Diagnostik und Didaktik;
- die Reflexionskompetenzen von Lehrpersonen und Teams.

Literatur

Feuser, Georg (1995): Behinderte Kinder und Jugendliche zwischen Integration und Aussonderung. Darmstadt.

Feuser, Georg (2011): Entwicklungslogische Didaktik. In: Kaiser, Astrid/Schmetz, Ditmar/Wachtel, Peter/Werner, Birgit (Hg.): Didaktik und Unterricht. Stuttgart.
Klafki, Wolfgang (2007): Neue Studien zur Bildungstheorie und Didaktik. Weinheim.
Kron, Friedrich/Jürgens, Eiko/Standop, Jutta (2014): Grundwissen Didaktik. München.
Ziemen, Kerstin (2013a): Kompetenz für Inklusion. Göttingen.
Ziemen, Kerstin (2013b): Reflexion komplexer Unterrichtsprozesse. In: Feuser, Georg/Maschke, Thomas (Hg.): Lehrerbildung auf dem Prüfstand. Welche Qualifikationen braucht die inklusive Schule? Gießen, 267–284.

Inklusive Fachdidaktik Biologie

Till Bruckermann, Laura Ferreira González, Keven Münchhalfen & Kirsten Schlüter

Das Fach Biologie befasst sich mit der Lehre des Lebens (griech. *bios* = Leben, griech. *logos* = Wort). Die Biologiedidaktik (griech. *didáskein* = Lehren) umfasst die Vermittlung der Biologie in den verschiedenen Bildungskontexten (Kindergarten, Schule, Hochschule und außerschulische Lernorte). Eine inklusive Biologiedidaktik muss den Besonderheiten heterogener Lerngruppen (→ Heterogenität) bzgl. Methoden- und Inhaltsauswahl gerecht werden. Die Auswahl der Methoden und Inhalte erfolgt nach deren Relevanz für die Lernenden sowie nach ihrer gesellschaftlichen und wissenschaftlichen Bedeutung.

Indem die Biologie die »Grundphänomene des Lebendigen« sowie die »Stellung und Rolle des Menschen in der Natur« darlegt, leistet sie einen Beitrag zu einem »rational fundierten Selbst- und Weltverständnis« (Kattmann 2013, 25). Diesem stehen emotional geprägte Vorerfahrungen der Lernenden gegenüber, die durch die thematische Nähe der Biologie zum Leben gegeben sind. Kennzeichnend für den Biologieunterricht sind somit sein hoher Lebensweltbezug und das Aufzeigen von Gestaltungsmöglichkeiten für die persönliche Lebens- und Umwelt.

Durch die Erkenntnismethoden Beobachten, Vergleichen, Experimentieren und Modellbildung (Kultusministerkonferenz 2005) können Lernende die Welt aus einer biologischen Perspektive in unterschiedlichen Abstraktionsgraden erschließen. (1) Der Beobachtung kommt als Grundlage für weiterführende Erkenntnismethoden eine besondere Bedeutung zu. Beobachten ist Wahrnehmen, das durch Kriterien geleitet wird. Wahrnehmung kann neben dem Sehen auch alle weiteren Sinne berücksichtigen (Gropengießer 2013a) und so vielfältige Zugänge zu biologischen Phänomenen schaffen. (2) Eine Steigerung der Abstraktionsebene erfolgt durch den Vergleich von beobachteten Merkmalen, die auf Gemeinsamkeiten und Unterschiede untersucht werden. (3) Das Experiment bildet die höchste Abstraktionsebene, da Variablen isoliert werden müssen und eine Prognose über ihren Zusammenhang getroffen wird (Gropengießer 2013b). Durch die Übernahme unterschiedlicher Rollen im Experimentierprozess können dabei auch individuelle Ausgangslagen der Teilnehmenden innerhalb einer Lerngruppe berücksichtigt werden. (4) Modelle vereinen sowohl konkrete als auch abstrakte Elemente in sich, da sich mit ihnen konkrete Erfahrungen machen lassen, während der Abgleich mit der Wirklichkeit (Modellkritik) auf abstrakter Ebene erfolgt.

Nicht nur im methodischen, sondern auch im inhaltlichen Bereich eröffnet die Biologie Differenzierungsmöglichkeiten, sodass die → Arbeit am Gemeinsamen Gegenstand eine Lernchance für alle Lernenden bieten kann (Feuser 2001). Mögliche → Differenzierungen der Themen erstrecken sich (1) vom Konkreten zum Abstrakten (Morphologie/Anatomie – Physiologie), (2) vom Einfachen zum Komplexen (Beschreibung einer Art – eines Ökosystems), (3) von der Makroskopie zur Mikroskopie (äußerer – zellulärer Blattaufbau), (4) von der Verhaltenseinübung zur Verhaltensbegründung (Zähneputzen – Ursachen der Kariesentstehung), (5) von emotional ansprechenden bis emotional neutralen Themen (Schönheit/Vielgestaltigkeit – Systematisierung der Lebewesen).

Der Biologieunterricht bietet die Möglichkeiten des akademischen, sozialen und emotionalen Lernens, was beispielhaft am Themenfeld Ernährung aufgezeigt werden soll. Alle Lernenden haben tagtägliche und emotionale Erfahrung mit diesem Thema (z. B. Lieblingsspeisen). Sie können ihre Essgewohnheiten beobachten, dokumentieren, miteinander vergleichen und ggf. auch modifizieren (methodische Differenzierung). Sie können durch angemessene inhaltliche Differenzierung die konsumierten Lebensmittel kategorisieren, z. B. anhand des Alltagsurteils gesund/ungesund, nach dem Ampelsystem rot/gelb/grün, nach der Ernährungspyramide oder nach dem Anteil verschiedener Inhaltstoffe entsprechend dem Lebensmitteletikett. Anhand von einfach umzusetzenden Nährstoffnachweisen können die Lernenden in Partner- oder Kleingruppenarbeit unterschiedliche Rollen im Sinne des → kooperativen Lernens übernehmen, die an ihre Voraussetzungen und Möglichkeiten angepasst sind (soziale Differenzierung).

In der FACHDIDAKTISCHEN FORSCHUNG der Biologie stehen zurzeit folgende Ansätze im Vordergrund:

- Möglichkeiten einer theoriebasierten Verknüpfung von Fach- und Entwicklungsanliegen;
- Umsetzungsmöglichkeiten von naturwissenschaftlichen Erkenntnismethoden in heterogenen Lerngruppen;
- Vorteile der Unterrichtsentwicklung in multiprofessionellen Teams (Sonderpädagogik, Fachdidaktik, Fachwissenschaft).

Literatur

Feuser, Georg (2001): Prinzipien einer inklusiven Pädagogik. Behinderte in Familie, Schule und Gesellschaft, 2/2001, 25–29.

Gropengießer, Harald (2013a): Beobachten. In: Gropengießer, Harald/Harms, Ute/Kattmann, Ulrich (Hg.): Fachdidaktik Biologie. 9. Aufl. Hallbergmoos, 273–277.

Gropengießer, Harald (2013b): Experimentieren. In: Gropengießer, Harald/Harms, Ute/Kattmann, Ulrich (Hg.): Fachdidaktik Biologie. 9. Aufl. Hallbergmoos, 284–293.

Kattmann, Ulrich (2013): Auswahl und Verknüpfung der Lerninhalte. In: Gropengießer, Harald/Harms, Ute/Kattmann, Ulrich (Hg.): Fachdidaktik Biologie. 9. Aufl. Hallbergmoos, 29–38.

Kultusministerkonferenz (2005): Beschlüsse der Kultusministerkonferenz: Bildungsstandards im Fach Biologie für den Mittleren Bildungsabschluss. Beschluss vom 16.12.2004. München.

Inklusive Fachdidaktik Deutsch

Michael Becker-Mrotzek & Markus Linnemann

Eine inklusive Fachdidaktik Deutsch ist eine Theorie des sprachlichen und literarischen Lehrens und Lernens in heterogenen Lerngruppen (→ Heterogenität, sprachliche Bildung, → Förderung), die sich auf alle LernerInnen unabhängig von ihren sprachlichen, kognitiven, körperlichen, sozialen, migrationsbezogenen und emotional-affektiven Voraussetzungen bezieht und die auf empirischer Grundlage die Ziele, Bedingungen, Prozesse und Resultate sprachlicher Bildung beschreibt.

Eine inklusive Fachdidaktik Deutsch ist aktuell ein Desiderat; insbesondere in Bezug auf die Sekundarstufe fehlt es an einer umfassenden theoretischen Konzeption; empirische Befunde fehlen mit Ausnahme einiger sehr spezifischer Untersuchungen zum Unterricht fast vollständig. Lediglich im Rahmen der Grundschulpädagogik liegen erste konzeptionelle Ansätze (Ritter & Hennies 2013) und empirische Befunde vor (Wild et al. 2015).

Eine inklusive Fachdidaktik Deutsch hat ein sehr breites Spektrum an Fragen in Bezug auf die Lernvoraussetzungen und die sprachliche Entwicklung der SchülerInnen, die fachspezifischen Themen und Inhalte sowie Lehr-Lernmethoden zu bearbeiten. Die altersbezogene Spannweite reicht von der Grundschule, in der der Erwerb von SCHRIFT- UND TEXTKOMPETENZ (Lesen- und Schreibenlernen) im Vordergrund stehen, über die Sekundarstufe I mit dem Ausbau der mündlichen und schriftlichen Fähigkeiten sowie der Ausweitung der Textgenres und der fachspezifischen Kenntnisse bis zur gymnasialen Oberstufe mit ihrer propädeutischen Funktion. In dieser Altersspanne finden bedeutsame Sprachentwicklungsprozesse statt, die eng verknüpft sind mit anderen, etwa kognitiven Entwicklungsprozessen, die unmittelbare Auswirkungen auf Themen und Methoden haben.

Zu den zentralen Themen einer inklusiven Fachdidaktik Deutsch gehört die Vermittlung basaler LESE- UND SCHREIBKOMPETENZEN sowie BILDUNGSSPRACHLICHER FÄHIGKEITEN an alle SchülerInnen. Denn diese stellen eine wesentliche Voraussetzung für die Teilhabe an Bildung und Gesellschaft dar. Dabei ist eine Beschränkung auf die Lesekompetenz zu vermeiden, um einer aktuell häufig zu beobachtenden Tendenz zur Vermeidung von Schreibaufgaben entgegenzuwirken. Gerade das Schreiben eigener Texte bietet wegen der gegenüber dem Mündlichen verlangsamten Prozesse erhebliche epistemische Potenziale für alle Lerner. Hier gilt es theoretisch und empirisch auszuloten, welche Kompetenzniveaus von unterschiedlichen Lernergruppen zu erreichen sind, um auf diese Weise mögliche und realistische Ziele für einen zieldifferenten Unterricht zu ermitteln.

Neben der Vermittlung fachübergreifender basaler sprachlicher Fähigkeiten hat es eine inklusive Fachdidaktik Deutsch auch mit den eigenen fachspezifischen Kompetenzen und Kenntnissen zu tun; hierzu gehören u. a. orthographische und grammatische Fähigkeiten, Genrekenntnisse, literar-ästhetische Erfahrungen, sprachhistorisches Wissen und Sprachreflexion. Insbesondere für diesen Bereich sind mindestens die beiden folgenden Spannungsfelder zu bearbeiten: In welchem Verhältnis stehen Verfahren der Individualisierung und Differenzierung auf der einen und das Lernen am gemeinsamen Gegenstand auf der andere Seite? Die große Heterogenität in Bezug auf die unterschiedlichen Voraussetzungen verlangen adaptive Lehr-Lernverfahren, die mit zunehmender Komplexität von Themen und Kompetenzen Gefahr läuft, das gemeinsame Lernen am selben Gegenstand aus dem Blick zu verlieren, weil es keinen kleinsten gemeinsamen thematischen Nenner mehr gibt.

Hieraus leitet sich das zweite Spannungsfeld ab, nämlich die Frage nach dem Verhältnis von Binnen- und Außendifferenzierung, die unmittelbar das grundlegende Inklusionsverständnis betrifft. Bedeutet *Inklusive Schule,* dass alle SchülerInnen in allen Fächern und in allen Stunden gemeinsam lernen oder sind hier auch andere Modelle denkbar, bei denen stundenweise leistungsdifferenzierende Lerngruppen gebildet werden, um so allen Beteiligten in bestimmten Phasen eine maximale, weil hoch adaptive, Lernförderung zu ermöglichen?

In Bezug auf Bildungsstandards und ihre Überprüfung stellt sich die Frage, wie hier die besonderen Bedürfnisse der SchülerInnen mit Förderbedarf zu berücksichtigen sind. BILDUNGSSTANDARDS in ihrer derzeitigen Konzeption geben an, welche Kompetenzen SchülerInnen am Ende einer bestimmten Etappe *in der Regel* erworben haben sollen. Hier gehört es zu den Aufgaben einer inklusiven Fachdidaktik Deutsch, sich an der Diskussion über diese Standards zu beteiligen.

Eine weitere Aufgabe besteht in der Weiterentwicklung von geeigneten diagnostischen Verfahren zur Überprüfung der Bildungsstandards, insbesondere jedoch von formativen Testverfahren für den Unterricht, wie z. B. das *Response-to-Intervention-Modell,* und ihre Adaptation auf literarisches und sprachliches Lernen (Huber, Grosche & Schütterle 2013).

Literatur

Huber, Christian/Grosche, Michael/Schütterle, Peter (2013): Inklusive Schulentwicklung durch response-to-intervention (RTI) – Realisierungsmöglichkeiten des RTI-Konzepts im Förderbereich Lesen. Gemeinsam leben 2/2013, 79–90.

Ritter, Michael/Hennies, Johannes (2013): Grundfragen einer inklusiven Deutschdidaktik – Ein Problemaufriss. Zeitschrift für Inklusion – online.net. Zugriff am 11.03.2016. Verfügbar unter: http://www.inklusion-online.net/index.php/inklusion-online/article/view/28/28

Wild, Elke/Schwingel, Malte/Lütje-Klose, Birgit/Yotyodying, Sillipan/Gorges, Julia/Stranghöner, Daniela/Neumann, Phillip/Serke, Björn/Kurnitzki, Sarah (2015): SchülerInnen mit dem Förderschwerpunkt Lernen in inklusiven und exklusiven Förderarrangements. Erste Befunde des BiLieF-Projektes zu Leistung, sozialer Integration, Motivation und Wohlbefinden. Unterrichtswissenschaft. Zeitschrift für Lernforschung, 1/2015, 7–21.

Inklusive Fachdidaktik Englisch

Andreas Rohde

Im literatur- und kulturdidaktischen Unterricht wird → Vielfalt als zentrale Kategorie der Inklusionsbestrebung sowohl thematisch – in der Auswahl von Literatur; die Heterogenität, Behinderung, *race, class and gender* etc. berücksichtigt – als auch methodisch (→ Differenzierung) angestrebt. Der inklusive Englischunterricht wird zurzeit vor allem in Hinblick auf verschiedene Förderschwerpunkte sowie auf **Mehrsprachigkeit** durch Zuwanderungsgeschichte diskutiert. Es ergeben sich sowohl Chancen als auch Probleme. Als Chance zu werten, ist die Tatsache, dass die in den letzten Jahren etablierten Ansätze im Bereich der Differenzierung und Individualisierung ideale Anknüpfungspunkte für den inklusiven Unterricht darstellen. Andererseits stellt Inklusion durch die enorme Verstärkung der Lerngruppenheterogenität eine besondere Herausforderung für die Differenzierung dar, wenn kein grundlegendes Wissen über die spezifischen **Lernvoraussetzungen** der SchülerInnen gegeben ist.

Für das Verständnis inklusiven Sprachunterrichts ist es essentiell, dass sprachliche Beeinträchtigungen jeglicher Art keine neue Spracherwerbstheorie erfordern. So verdichten sich z. B. in der Spracherwerbsforschung die Anzeichen dafür, dass die nicht-zielsprachlichen Erstsprach-Strukturen, die Lernende aus pathologischen Gründen produzieren, durchaus kompatibel sind mit Strukturen, die für unauffällige Erst- und Zweit- bzw. Fremdsprachenlernende typischerweise beobachtet werden. Wird die Spracheignung (engl. *aptitude*) als ein Kontinuum gesehen, könnten die im Sinne der Zielsprache fehlerhaften Strukturen, die für Lernende mit Förderbedarf im rezeptiven und produktiven Bereich zu beobachten sind, als extreme Variation dieser Eignung betrachtet werden, nicht aber als das Ergebnis einer im Wesen abweichenden Eignung. Für eine inklusive Perspektive des Spracherwerbs eignen sich besonders Stadienmodelle, in denen nahegelegt wird, dass sich alle Typen des Spracherwerbs in hierarchisch aufeinander aufbauenden Stadien vollziehen und keines der Stadien übersprungen werden kann. Innerhalb der Stadien kann es jedoch jederzeit zu Verzögerungen und vor allem auch Stagnationsphasen kommen, in denen Strukturen für unbestimmte Zeit fossilisieren können.

Für die praktische Realisierung des inklusiven Englischunterrichts sind unabhängig von den einzelnen Förderschwerpunkten eine Reihe von Prinzipien vorgeschlagen worden, die bereits für den Grundschulunterricht gelten. Sie scheinen geeignet, da sie sich an kommunikativen Bedürfnissen orientieren und die Bewusstmachung grammatischer Phänomene sowie deren Erfassung durch formulierte Regeln in den Hintergrund tritt. Zunächst wird auf die Wichtigkeit einer klaren Struktur einer Unterrichtsstunde hingewiesen, in der zu Beginn die Ziele der Stunde für die Lernenden transparent gemacht werden müssen. Desweiteren sind Rituale bedeutsam, die wiederum aus wiederkehrenden sprachlichen Gerüsten (engl. *scaffolds*) bestehen, die den Lernenden eine gewisse Sicherheit geben. Das eingesetzte methodische Repertoire sollte den Prinzipien der Handlungsorientierung entsprechen. Das bedeutet einerseits die Berücksichtigung aller Sinne, andererseits vor allem aber den Fokus auf kommunikative Bedürfnisse. Für die Lernenden muss ein Sprechanlass geschaffen werden, der sich von bloßem Wiederholen grammatischer Strukturen, einzelner Vokabeln oder formelhafter Wendungen unterscheidet. Möglichst natürliche Sprechanlässe (im Sinne des muttersprachlichen Gebrauchs) lassen sich durch aufgabenorientierten Unterricht, in dem das Lösen kommunikativer Probleme im Mittelpunkt steht, schaffen (Wie komme ich von A nach B? Wie schreibe ich eine SMS? Wie beschaffe ich mir bestimmte Informationen?). Idealerweise haben Lerneräußerungen Konsequenzen, indem sie andere Lerner zu Äußerungen ermutigen. Neben dem aufgabenorientierten Lernen hat sich auch das *Storytelling* als eine besonders für den inklusiven Unterricht geeignete Methode erwiesen, da sowohl die Fertigkeiten des Hörverstehens als auch des Sprechens (wenn z. B. Teile einer Geschichte nachgespielt werden) gefördert werden können.

Eine besondere Situation ergibt sich im inklusiven Unterricht für hörgeschädigte und gehörlose Kinder (→ Hörbehinderung), da sie bereits bei Schuleintritt mit der Schriftsprache eine völlig neue Sprache lernen, die nicht ihre Gebärden-, sondern die Lautsprache abbildet. Wenn eine Zuwanderungsgeschichte vorliegt, sind noch weitere Schrift- und Gebärdensprachen involviert, sodass es zu einer Sprachenhäufung kommt.

Literatur

Bartosch, Roman/Rohde, Andreas (Hg.) (2014): Im Dialog der Disziplinen: Englischdidaktik, Förderpädagogik, Inklusion. Trier.

Bongartz, Christiane M./Rohde, Andreas (Hg.) (2015): Inklusion im Englischunterricht. Frankfurt.

Inklusive Fachdidaktik Geographie

Stephan Langer

Die Geographie (griech.-lat. *geōgraphía* = Erdbeschreibung) befasst sich als Wissenschaft mit den die Erdoberfläche prägenden räumlichen Strukturen, Funktionen und Prozessen natürlichen und gesellschaftlichen Ursprungs. Der Geographiedidaktik kommt als Teildisziplin u. a. die Aufgabe zu, die für geographische Bildung relevanten Lerngegenstände auszuwählen und adressatengerecht zugänglich zu machen (Hemmer 2012). Dabei stellt die inklusive Fachdidaktik Geographie die theoretische Fundierung der Unterrichtsentwicklungen dar, welche den Umgang mit der → Heterogenität der Lernausgangslagen und der **Individualität** der Förderbedürfnisse aller SchülerInnen im Geographieunterricht im Fokus haben.

Relevante Lerngegenstände des Geographieunterrichts umfassen die systemischen Zusammenhänge und Wechselwirkungen zwischen natürlichen Gegebenheiten und gesellschaftlichen Einflussfaktoren in Räumen unterschiedlicher Maßstabsebenen. Durch problemlösungsorientierte Zugänge zu Themen wie z. B. dem Umweltschutz, der Wasserversorgung oder der Migration, soll der Geographieunterricht den Erwerb raumbezogener Handlungskompetenz fördern (DGfG 2014). In den Bildungsstandards im Fach Geographie für den Mittleren Schulabschluss werden sechs Kompetenzbereiche (Fachwissen, räumliche Orientierung, Erkenntnisgewinnung/Methoden, Kommunikation, Beurteilung/Bewertung, Handlung) ausgewiesen, deren kumulative Förderung der Geographieunterricht zum Ziel haben soll (Hemmer & Hemmer 2007). Die Geographiedidaktik als forschende Disziplin unterstützt die Unterrichtsentwicklung u. a. in den Themenfeldern Bildung für nachhaltige Entwicklung (BNE), Globales Lernen und interkulturelles Lernen sowie bei Einsatzmöglichkeiten digitaler Geomedien im Geographieunterricht. Im Hinblick auf die zunehmende Subjektorientierung in Lehr-/Lernprozessen ist auf umfangreiche Forschungsaktivitäten zu Schülervorstellungen im Rahmen der Conceptual-Change-Forschung hinzuweisen (Budke & Kanwischer 2015).

Eine inklusive Fachdidaktik Geographie befindet sich gegenwärtig in der Entwicklung. Budke & Kanwischer (2015) konstatieren, dass es angesichts der zunehmenden Heterogenität der SchülerInnen durch u. a. die Umsetzung der → UN-Behindertenrechtskonvention (UN-BRK) und ansteigenden Zahlen von SchülerInnen mit sog. Migrationshintergrund verlangt sei, geographiedidaktische Konzepte zu entwickeln, die Antwort auf die Frage nach dem Umgang mit Heterogenität im Geographieunterricht geben. Im Sinne eines weiten Inklusionsverständnisses hat geographiedidaktische Inklusionsforschung das Ziel, mögliche Barrieren im Aneignungsprozess geographischer Kompetenzen zu identifizieren sowie Potenziale des Faches für individualisiertes, differenziertes und → kooperatives Lernen weiterzuentwickeln (Uhlenwinkel 2013). Durch Grundlagenforschung zur → Professionalisierung von LehrerInnen können diese dabei unterstützt werden, ihre Wahrnehmungs- und Handlungsmuster in heterogenen Lerngruppen bewusster zu REFLEKTIEREN, ihre DIAGNOSTISCHEN KOMPETENZEN zu erweitern und didaktisch-methodische Konzepte zu entwickeln, die den Geographieunterricht aller SchülerInnen an einem Gemeinsamen Gegenstand ermöglichen (Feuser 1995).

Mit Blick auf den GEMEINSAMEN UNTERRICHT bietet der Geographieunterricht medial und methodisch vielfältige Zugangsmöglichkeiten zu Themen, die der Alltagswelt der Lernenden nahe sind (Arbeit mit digitalen und analogen Karten, die Globalisierung der Nahrungsmittelproduktion, die kritische Auseinandersetzung mit sozialen und ökonomischen Disparitäten in der Welt etc.). Projektunterricht, der in verschiedenen Themenbereichen auch außerschulische Lernorte in die Lernarrangements aufnimmt und fächerübergreifend angelegt ist, kann zu situativ reichhaltigen Lernerfahrungen aller beteiligten SchülerInnen beitragen. Die Geographiedidaktik entwickelt und evaluiert Konzepte, die diese Potenziale für den Geographieunterricht in inklusiven Lerngruppen fruchtbar machen. Aktuelle Forschungsthemen beziehen sich auf:

- Grundlagenforschung zu Wahrnehmungs- und Handlungsmustern von GeographielehrerInnen in heterogenen Lerngruppen;
- Einsatz von Methoden (fach-)sprachlicher Förderung im sprachsensiblen Geographieunterricht;

- Vorteile und Herausforderungen des Unterrichts an außerschulischen Lernorten für heterogene Lerngruppen;
- Formen der Binnendifferenzierung und Individualisierung, die im inklusiven Geographieunterricht umsetzbar sind.

Literatur

Budke, Alexandra/Kanwischer, Detlef (2015): Aktuelle Forschungs- und Entwicklungsfelder der Geographiedidaktik. In: Geographische Rundschau, 4/2015, 52–57.

Deutsche Gesellschaft für Geographie (DGfG) (2014): Bildungsstandards im Fach Geographie für den Mittleren Schulabschluss mit Aufgabenbeispielen. 8. Aufl. Bonn.

Feuser, Georg (1995): Behinderte Kinder und Jugendliche – zwischen Integration und Aussonderung. Darmstadt.

Hemmer, Ingrid/Hemmer, Michael (2007): Nationale Bildungsstandards im Fach Geographie. Genese, Standortbestimmung, Ausblick. In: Geographie heute, 255+256/2007, 2–9.

Hemmer, Michael (2012): Die Geographiefachdidaktik – eine forschende Disziplin. In: Johann-Bernhard Haversath (Hg.): Geographiedidaktik. Braunschweig, 12–19.

Uhlenwinkel, Anke (2013): Binnendifferenzierung. In: Manfred Rolfes und Anke Uhlenwinkel. (Hg.): Metzler Handbuch 2.0 Geographieunterricht. Ein Leitfaden für Praxis und Ausbildung. Braunschweig, 39–45.

Inklusive Fachdidaktik Kunst

Hildegard Ameln-Haffke

Für den Fachbereich Kunst/Ästhetische Erziehung liegt bisher noch keine inklusive Fachdidaktik vor (Ameln-Haffke 2014). Auf der Suche nach möglichen Leitlinien liefern **KUNSTDIDAKTISCHE ANSÄTZE** seit den 1970er-Jahren erste richtungsweisende Positionen, die durch kunstpädagogische und kunsttherapeutische Ansätze aus den Bereichen Heil- und Sonderpädagogik und der →Ästhetischen Erziehung der Folgejahre ergänzt werden, und Grundlagen-bildend auf eine inklusive Fachdidaktik Kunst/ Ästhetische Erziehung verweisen.

Neben der *Didaktik der ästhetischen Erziehung* (Otto 1974), die u. a. inhaltlich eine Ausdehnung des Unterrichts auf alles Wahrnehmbare empfiehlt, fordert Richter (1999) aus Sicht der Sonderpädagogik in der *Pädagogischen Kunsttherapie* eine Subjektorientierung, die im Rahmen von behinderungsspezifischen Gegebenheiten Grenzüberschreitungen und polyästhetische Zugänge erlaubt. Eine erziehlich-bildende und eine therapeutische Funktion von Kunst werden erörtert, kunstkathartische und kreativitätstherapeutische Auffassungen werden in die Nähe von Planung und Systematisierung von Unterricht gebracht. Die *Offenheit der ästhetischen Sache* und die *therapeutische Valenz des Ästhetischen* werden vor dem Hintergrund verschiedener Aspekte entwickelt und münden in einer Darstellung eines *Synkretismus der ästhetischen Erfahrung* (Richter 1999). Richter verweist darauf, dass die unterrichtlichen Aktivitäten immer erst mittel- und langfristig greifen können und so auch geplant sein sollten. Er bezieht sich auf das Planungsmodell von Theunissen, das in vier Phasen verläuft und reversibel gedacht ist (Theunissen 1980 in Richter 1999). Wichelhaus (2000) erweitert diesen Ansatz für die Regelschule und beleuchtet das intrinsisch *Kompensatorische* der Kunst: Es geht neben SUBJEKTORIENTIERUNG um ganz spezifische Handlungsfelder und Methoden. Der Lernbereich *Ästhetische Erziehung* in der Grundschule knüpft (seit ca. Mitte der 2000er-Jahre als Lehrfach studierbar) ebenfalls an die Vorstellung an, dass das intensive, ganzheitliche und alle Sinne einbeziehende Lernen eine tiefe Erkenntnis von Lebenswelt, Lebenssinn und damit Reflexion und Nachhaltigkeit von Erfahrungen bewirken kann. Die Förderung der emotionalen, sensorischen, kognitiven und körperlichen (leiblichen) Fähigkeiten soll dazu verhelfen, dass das Kind eine eigene begründete Position für sich selbst, zu anderen Menschen und zur Welt findet. Das Konzept des *Ästhetischen Forschens* (Kämpf-Jansen 2000) setzt ebenso auf Subjektivität, kehrt jedoch die Rollenverteilung im Unterricht scheinbar um: Der Lehrkraft kommt im Prozess des Forschens eine helfende Rolle zu.

Eine Schaffung von Chancengerechtigkeit und Partizipation im INKLUSIVEN KUNSTUNTERRICHT kann bei Berücksichtigung dieser genannten, unterschiedlichen Ansätze nur dann erfolgreich sein, wenn inklusive Lerninhalte, Methoden, Sozial- und Arbeitsformen systematisch variiert werden, nicht nur um Lernen zu ermöglichen, sondern auch um soziale Kompetenzen zu fördern. Die Inhalte des Faches sind dazu sowohl auf rezeptiver als auch auf produktiver Ebene zu differenzieren. Gelingens-Bedingungen sind aufzulisten: Es sollten grundsätzlich-allgemeine neben konzeptionell-methodischen Voraussetzungen benannt werden. Die Bandbreite kunstpädagogischer/kunsttherapeutischer Möglichkeiten, Methoden und Interventionen sollte breitest ausgeschöpft werden. Der methodische Vorteil liegt dabei in der Möglichkeit des NONVERBALEN, bei der allein das Sichtbare und das Gestaltete die Basis bilden. Zugrunde gelegte Basiskompetenzen könnten nach Bedarf durch gezielte pädagogisch-therapeutische Methoden und Interventionen aufgefüllt werden. Über den Sinn von Leistungsbeurteilungen sollte prinzipiell nachgedacht werden.

Eine inklusive Fachdidaktik Kunst dürfte jedoch erst dann erfolgreich sein, wenn der Prozess der Inklusion bereits die Schulen in vollem Umfang erreicht hat. Bedingungsfelder sind dann: Die Lehrkraft für Kunst/Ästhetische Erziehung, die anfänglich und umfassend inklusiv ausgebildet und regelmäßig weitergebildet ist und sich in ihrem inklusiven Rollenverständnis und der inhaltlichen und methodisch-didaktischen Auswahl sicher fühlt, das Lehr- und Lernmaterial, das erschöpfend inklusive didaktische und methodische Ansätze berücksichtigt, die barrierefreien Fachräume (eingebettet in eine barrierefrei gestaltete Schulumgebung), die den speziellen fachlichen Anforderungen gemäß sinnvoll strukturiert, platzökonomisch und vielfältig materiell ausgestattet sind und die den inklusiven Prozess im Fachbereich Kunst/Ästhetische Erziehung auf Universitäts- und/oder Berufsverbands-Ebene regelmäßig begleitenden WEITER- UND FORTBILDUNGEN. Es sollten hierbei nicht mehr allein Bildungsstandards vermittelt werden, sondern in erster Linie lebensweltlich orientierte Inhalte, die Chancengerechtigkeit und → Partizipation ermöglichen. Das Rollenverständnis der Lehrkraft in Bezug auf die SchülerInnen sollte als *Potenzial-EntfalterIn* entwickelt sein.

Forschungen betreffen u. a. die Wirksamkeit und Effektivität des inklusiven Kunst-Unterrichts/der Ästhetischen Erziehung in methodischer und inhaltlicher Sicht, gleichwertig mit den Untersuchungen zum Lernfortschritt: Qualitative Untersuchungsmethoden beleuchten dabei die (entwickelten) Selbstwirksamkeitserfahrungen der SchülerInnen, die (entwickelte) Kreativität, die (messbare und wachsende) Erlebnisfreude beim Spiel mit den künstlerischen Mitteln, die (zunehmenden) Reflexionspotenziale in lebensweltlichen Fragen und den Entwicklungsfortschritt allgemein, messbar u. a. an den künstlerischen Gestaltungen.

Literatur

Ameln-Haffke, Hildegard (2014): Inklusion und Kunstunterricht. Eine Annäherung. In: Amrhein, Bettina/Dziak-Mahler, Myrle (Hg.): Fachdidaktik inklusiv. Auf der Suche nach didaktischen Leitlinien für den Umgang mit Vielfalt in der Schule. Münster, 153–168.

Kämpf-Jansen, Helga (2000): Ästhetische Forschung. Wege durch Alltag, Kunst und Wissenschaft. Zu einem innovativen Konzept ästhetischer Bildung. 2. Aufl. Köln.

Otto, Gunter (1974): Didaktik der Ästhetischen Erziehung. Braunschweig.

Richter, Hans-Günther (1999): Pädagogische Kunsttherapie. 2. Aufl. Hamburg.

Wichelhaus, Barbara (2000): Kompensatorischer Kunstunterricht. Kunst + Unterricht, Sammelband »Lernchancen im Kunstunterricht«. Seelze, 22–26.

Inklusive Fachdidaktik Mathematik

Natascha Korff & Axel Schulz

Die *Inklusive Fachdidaktik Mathematik* befasst sich mit der Entwicklung eines zieldifferenten, zielführenden Mathematikunterrichts sowie dessen Erprobung und Evaluation. Sie ist keine spezielle, neue Fachdidaktik Mathematik, sondern schließt an deren bisherige Ergebnisse an und erweitert sie.

Die Fachdidaktik Mathematik ist die Wissenschaft vom Lehren und Lernen von Mathematik. Zu ihren Kernaufgaben gehören die Erforschung und Beschreibung und somit das Verstehen und Erklären mathematischer Lern- und Lehrprozesse und deren Bedingungsfaktoren. Weiterhin hat sie die Entwicklung, Gestaltung und Veränderung von Konzepten und Materialien für einen praktikablen Mathematikunterricht zum Ziel. Die Mathematikdidaktik ist dabei gekennzeichnet durch vielfältige Verknüpfungen zu ihren Bezugswissenschaften (z. B. Mathematik, Pädagogik, Lern- und Entwicklungspsychologie) und zu ihrem Anwendungsgebiet, nämlich der Schulwirklichkeit bzw. der Unterrichtspraxis (Wittmann 1981).

Eine zentrale empirische Quelle innerhalb der mathematikdidaktischen Forschung zu Lehr- und Lernprozessen ist die (qualitative) Erhebung von Vorstellungen und Strategien von Lernenden. In Verbindung mit stoffdidaktischen Analysen zum jeweiligen Gebiet liefert diese u. a. Erkenntnisse über unterschiedliche Grundvorstellungen zu einem bestimmten mathematischen Inhalt. Bei der Entwicklung von

Mathematikunterricht kann hierauf aufgebaut werden, sei es z. B. bei der Auswahl von Anschauungsmaterial, der Entwicklung von Aufgabentypen oder der → Unterrichtsplanung. Dieser Forschungszugang steht in enger Verbindung zu einem (sozial-) konstruktivistischen Verständnis von LERNEN: Da (Mathematik-)Lernen als ein individueller, sozial vermittelter Prozess der eigenen Konstruktion von Wissen, Fertigkeiten und Fähigkeiten verstanden wird, muss sich (Mathematik-)Unterricht immer auf die individuellen Zugangsweisen einstellen.

Didaktische Entwicklungen für einen *inklusiven* Mathematikunterricht sind hieran anschlussfähig und die Fachdidaktik Mathematik hält bereits jetzt grundlegende *Prinzipien* für inklusives Mathematiklernen bereit, die einerseits auf die angemessene Unterstützung INDIVIDUELLER LERNPROZESSE zielen und andererseits die → Heterogenität innerhalb einer Lerngruppe berücksichtigen. Zu nennen sind hier z. B. eine förder- und prozessbezogene → Diagnostik, die fortschreitende Schematisierung und das Spiralprinzip sowie die natürliche → Differenzierung und die Kommunikation über unterschiedliche Herangehensweisen. Diese Prinzipien berücksichtigen sowohl die individuellen Zugänge der SchülerInnen als auch die ko-konstruktive Erarbeitung zentraler Ideen auf verschiedenen Niveaus. Hier sind deutliche Parallelen zu erkennen zur → inklusiven Didaktik, insbesondere der Kooperation an einem gemeinsamen Gegenstand nach Feuser (1995) sowie zur Beachtung vielfältiger Perspektiven auf einen Kern der Sache nach Seitz (→ Inklusive Fachdidaktik Sachunterricht).

Bestimmende *Elemente* mathematischer Lehr-Lern-Situationen sind demgegenüber noch an die Erfordernisse inklusiver Lerngruppen anzupassen. Dazu gehört unter anderem der verbale und nonverbale Umgang mit Repräsentanten, Visualisierungen und Darstellungsmitteln. Auch Formen und Gelegenheiten gemeinsamer, inhaltlicher Reflexionen – unter Einbezug unterschiedlicher Repräsentations- und Kommunikationsformen – müssen genauer erforscht und herausgearbeitet werden.

Ein Grund für die genannten Desiderate ist, dass die mathematikdidaktische Forschung bislang vornehmlich SchülerInnen allgemeiner Schulen einbezogen hat. Die bisher im Schulsystem angelegte Marginalisierung bestimmter Gruppen spiegelt sich damit teilweise auch in den mathematikdidaktischen Entwicklungen wider. So mangelt es insbesondere an Kenntnissen zu mathematischen Lernprozessen im Zusammenhang mit Sinnesbeeinträchtigungen (z. B. → Hörbehinderung, → Taubblindheit) und bei → Komplexer Behinderung sowie an der Berücksichtigung mathematischer Basiskompetenzen im schulischen Kontext. Aber auch die Bedeutung der → Differenzlinie sozio-ökonomische Lage ist nur begrenzt bearbeitet.

Während die mathematikdidaktische Forschung bislang nicht alle Kinder im Blick hatte, weisen Entwicklungen zur → Inklusiven Pädagogik wiederum ein Desiderat lernbereichsspezifischer Arbeiten auf. Eine Verbindung der Diskurse setzt erst in letzter Zeit ein (Korff 2015). Auch Kooperationen zwischen der Mathematikdidaktik und den sonderpädagogischen Disziplinen existieren nur in begrenztem Umfang bzw. fast ausschließlich zum Förderschwerpunkt Lernen (Lütje-Klose & Miller 2015).

Eine inklusive Fachdidaktik Mathematik hat sich der Herausforderung zu stellen, bei ihren künftigen Forschungsvorhaben die Lernprozesse aller Kinder zu berücksichtigen, um Lernumgebungen zu entwickeln, die uneingeschränkte inhaltliche Teilhabe am Mathematikunterricht ermöglichen. Die Forschungszugänge, Ergebnisse und Entwicklungen der bestehenden Mathematikdidaktik sind hierfür unmittelbare Ausgangspunkte.

Literatur

Feuser, Georg (1995): Behinderte Kinder und Jugendliche – zwischen Integration und Aussonderung. Darmstadt.

Korff, Natascha (2015): Inklusiver Mathematikunterricht in der Primarstufe: Erfahrungen, Perspektiven und Herausforderungen. Hohengehren.

Lütje-Klose, Birgit/Miller, Susanne (2015): Inklusiver Unterricht – Forschungsstand und Desiderata. In: Peter-Koop, Andrea/Rottmann, Thomas/Lüken, Miriam (Hg.): Inklusiver Mathematikunterricht in der Grundschule. Offenburg, 10–32.

Wittmann, Erich Ch. (1981; 1995). Grundfragen des Mathematikunterrichts. 6. Aufl. Braunschweig.

Inklusive Fachdidaktik Musik

Christine Stöger

Inklusion steht im Rahmen der Fachdidaktik Musik für den Anspruch, allen Menschen Zugang zu musikalischer Bildung zu ermöglichen, unabhängig von den Differenzen, die ihnen je nach Situation und Kontext zugesprochen werden. Sie bündelt didaktische Prinzipien und fördert Handlungskompetenzen auf Basis des Bewusstseins für die → Diversität an Voraussetzungen, Interessen, Musikbegriffen und -praxen, die musikbezogenes Lernen bedingen, und auf Basis der Sensibilität für Barrieren und Marginalisierungen, die sich in musikpädagogischen Handlungsfeldern manifestieren können.

Inklusion ist seit der Ratifizierung der Behindertenrechtskonvention durch Deutschland 2009 auch in der Musikpädagogik zum Thema geworden. Wenn auch die bildungspolitische sowie die Fachdiskussion eine Fokussierung auf das Heterogenitätsmerkmal Behinderung (→ Differenzlinie Behinderung) zeigen, deutet sich in musikpädagogischen Diskursen ein Inklusionsverständnis an, das grundsätzlich jegliche Heterogenitätsdimension einschließen kann (Greuel & Schilling-Sandvoß 2012). Der Blick auf die fachdidaktische Landschaft zeigt, dass man bisher weniger von einer *Inklusiven Fachdidaktik Musik* sprechen kann als vielmehr von diversen Ansätzen und Diskursen, die das Thema → Heterogenität mit → Bildungsgerechtigkeit und → Anerkennung verknüpfen (Vogt 2012).

Zum einen stärkt die Debatte um Inklusion bestimmte didaktische Prinzipien mit längerer Tradition, z. B. Formen der Individualisierung des Lernens, eine prozessorientierte Diagnostik, die Akzentverlagerung vom *Stoff* auf die Menschen sowie vom Lehren auf das Lernen. Eine inklusive Haltung führt in diesem Sinn nicht zu einem didaktischen Sonderweg, sondern verbindet allgemeine Strategien im Umgang mit Vielfalt mit dem Wissen um die Besonderheiten bestimmter Menschen und Gruppen (z. B. eines Kindes mit Autismus) und der Bedeutung multiprofessioneller Teams. Zum anderen werden Teilbereiche der Musikpädagogik für den schulischen Musikunterricht zentral, in denen wesentliche Momente von Inklusion bereits eine entscheidende Rolle spielen, die aber bisher wenig beachtet oder vorwiegend separiert gedacht wurden. Dies betrifft insbesondere die Elementare Musikpädagogik, das weite Feld der Sozialen Arbeit mit Musik, außerschulische musikalische *Education-Programme* sowie Musik in der Sonderpädagogik.

Innerhalb der Fachdidaktik Musik an allgemeinbildenden Schulen ist eine längere Tradition der theoretischen und praktischen Auseinandersetzung mit Heterogenität am ehesten in der Diskussion um die Interkulturelle Musikpädagogik auszumachen. Die Reibung von Musik- und Kulturbegriffen, Fragen der Anerkennung musikkultureller Identitäten, musikalische Fremdheitserfahrungen und der Umgang damit, sind zu musikdidaktischen Leitfragen geworden. Ein starker Impuls für Musik als Mittel sozialer Inklusion ging von dem 2008 ins Leben gerufenen Programm »Jedem Kind ein Instrument« aus (JEKI, seit 2014 JeKits). Über diese Initiative und die begleitende Forschung wurden u.a. auch Fragen der Bildungsgerechtigkeit in Zusammenhang mit Musik für eine breite Öffentlichkeit thematisiert.

Im Hinblick auf didaktische Ansätze zur Stärkung von Inklusion an allgemeinbildenden Schulen werden aktuell in erster Linie Formen des gemeinsamen Musizierens erprobt und diskutiert, die ein hohes Maß an musikalisch-stilistischer und pädagogischer Flexibilität erfordern:

- Voraussetzungsoffenes Musizieren, das fordernde und befriedigende musikalische Ausdrucksmöglichkeiten für verschiedenste Entwicklungsstände und Potenziale eröffnet, z.B. Partituren mit wählbaren Stimmen und Abschnitten in unterschiedlichen Schwierigkeitsgraden, individualisierte Arrangements und improvisatorische Zugänge.
- Partizipative Ansätze, z.B. ein Erstarrangement als Hypothese, aus dem ein gemeinsames Stück gestaltet wird, Modelle wie Live-Arrangement (Terhag & Winter 2011) und Interaktives Musizieren (Grosse & Vogels 2007).
- Multisensorielle und interdisziplinäre Zugänge zu Musik, z.B. gebärdenunterstütztes Singen.
- Prinzip der Avantgarde (Merkt 2012) im Sinn von musikalisch-experimentellen gestalterischen Verfahren, auch unter Einbeziehung technischer Medien.

Wie viel Potenzial der Blick auf Inklusion birgt, zeigt sich an Beispielen wie dem Entwerfen eigener barrierefreier Musikinstrumente (z.B. Anna-Freud-Schule in Köln) oder der Umdeutung von Gebärdensprache als musikalisch-poetisches Instrument durch den Rapper *Signmark*.

Besondere Herausforderungen für die zukünftige Entwicklung einer inklusiven Fachdidaktik Musik sind

- die im deutschsprachigen Raum nach Schulstufen und -typen stark separierten Ausbildungsinstitutionen und -traditionen für Musiklehrende,
- die Anerkennung eines weiten Begriffs von Musik und musikalischer Praxis, die schließlich auch die Zulassungsbedingungen für musikpädagogische Studien in Frage stellt sowie
- die Vernetzung der Fach- und Forschungsdiskurse innerhalb der musikpädagogischen Arbeitsfelder sowie mit anderen Fachdidaktiken.

Literatur

Greuel, Thomas/Schilling-Sandvoß, Katharina (Hg.) (2012): Soziale Inklusion als künstlerische und musikpädagogische Herausforderung. [GMP-Symposium »Soziale Inklusion«]. Gesellschaft für Musikpädagogik; GMP-Symposium »Soziale Inklusion«. Aachen (Musik im Diskurs, 25).

Grosse, Thomas/Vogels, Raimund (Hg.) (2007): Interaktives Musizieren. Beiträge zu einem deutschen Modellprojekt an Krankenhäusern und Pflegeeinrichtungen. Hannover (Schriftenreihe der Fakultät V – Diakonie, Gesundheit und Soziales der Fachhochschule Hannover, 16).

Merkt, Irmgard (2012): Kulturelle Bildung, Musik und Inklusion. In: Greuel, Thomas/Schilling-Sandvoß, Katharina (Hg.) (2012): Soziale Inklusion als künstlerische und musikpädagogische Herausforderung. [GMP-Symposium »Soziale Inklusion«]. Gesellschaft für Musikpädagogik; GMP-Symposium »Soziale Inklusion«. Aachen (Musik im Diskurs, 25), 23–39.

Terhag, Jürgen/Winter, Jörn Kalle (2011): Live-Arrangement. Vom Pattern zur Performance; [DVD – 180 Minuten Live-Arrangement]. 1. Aufl. Mainz.

Vogt, Jürgen (2012): Einleitung. Vom Umgang der Musikpädagogik mit Heterogenität. In: Vogt, Jürgen/Heß, Frauke/Rolle, Christian (Hg.): Musikpädagogik und Heterogenität: Sitzungsbericht 2011 der Wissenschaftlichen Sozietät Musikpädagogik. Münster, 6–19.

Inklusive Fachdidaktik Physik

Andreas Schulz & Stefan Brackertz

Inklusive Physikdidaktik beschäftigt sich mit der Auswahl, Darstellung und Vermittlung physikalischer Phänomene und Zusammenhänge unter besonderer Berücksichtigung von → Heterogenität.

Inklusive Physikdidaktik ist bislang kein eigenständiger Arbeitsbereich, sondern eher als das Bemühen von PhysikdidaktikerInnen zu verstehen, Fragen der Inklusion in ihrer → Arbeit verstärkt zu berücksichtigen. Die Beschäftigung mit inklusiven Themen in der Physikdidaktik steht noch ganz am Anfang (Schmidt 2014); Forschungsergebnisse mit hilfreichen Handlungsmustern existieren noch nicht. Hinzu kommt, dass – anders als in anderen Fächern – auch nicht auf Erkenntnisse aus der Sonderpädagogik zurückgegriffen werden kann, weil Physik in sonderpädagogischen Kontexten bisher so gut wie keine Rolle spielt. Beides liegt weitgehend in der Geschichte der Physikdidaktik begründet.

Die **kritisch-konstruktive Physikdidaktik** (oft auch als curricular bezeichnet, obwohl sie außer im Begriff des Lernziels keinen Bezug zur allgemeinen curricularen Didaktik nimmt) macht die pädagogisch-gesellschaftliche Frage, was warum gelernt werden soll, zum Ausgangspunkt und erforscht im Anschluss daran, wie dies am besten gelingt.

Im Gegensatz dazu blendet die oft davon getrennt arbeitende **lehr-lerntheoretische Physikdidaktik** die Zielbestimmung weitgehend aus und analysiert davon unabhängig Gelingensbedingungen physikalischen Unterrichts. Sie knüpft dabei an Konzepte in der Tradition der Berliner Didaktik an, insbesondere an kompetenzorientierte Unterrichtsplanung.

Während die bildungstheoretische Physikdidaktik Anfang des 20. Jahrhunderts die Förderung von »Beobachtungskraft, Denkkraft, Urteilskraft und Willenskraft« (Kircher, Girwidz & Häußler 2007, 17) betonte, sollte naturwissenschaftlicher Unterricht während des Kalten Krieges vor allem Wissenschaftspropädeutik zur Absicherung technologischen Vorsprungs betreiben. Dennoch existiert der neuhumanistisch geprägte Anspruch, naturwissenschaftliche Bildung solle zur »persönlichen Entfaltung in sozialer Verantwortlichkeit« (Richtlinien NRW 1999, XI) beitragen, bis heute weiter.

Angesichts der Debatte um die Nutzung der Kernspaltung entwickelte die Physikdidaktik in den 1980er-Jahren in Anknüpfung an Dewey den Anspruch, durch die Verbreitung physikalischen Herrschaftswissens zu gesellschaftlicher Emanzipation beizutragen.

In den 1990er-Jahren war die gesellschaftliche Anforderung, SchülerInnen sollten für ihren späteren Job nützliches Handwerkszeug lernen, für die Weiterentwicklung des Physikunterrichts prägend. Die lehr-lern-theoretisch dominierte Physikdidaktik entwickelte kaum eigene Zielsetzungen. Die Inklusionsdebatte in Folge der Salamanca-Erklärung und der Grundgesetzänderung von 1994 wurde daher kaum aufgegriffen; Menschen mit Förderbedarf wurde keine Bedeutung für Wissenschaft und Technik beigemessen.

Derzeit hat die inklusive Physikdidaktik damit begonnen, die an inklusiven Modellschulen bereits entwickelte Praxis zu dokumentieren, zu systematisieren und zu bewerten, um daran anknüpfend zu bestimmen:

- Die Bedeutung der Physik für SchülerInnen, insbesondere rational-universalistischen Denkens in stark heterogenen Gruppen für die Entwicklung mündiger BürgerInnen und einer funktionierenden Demokratie,
- die daraus folgende Stoffauswahl,
- die Nutzung spezifisch physikalischer Weltzugänge für die → Arbeit in stark heterogenen Gruppen und umgekehrt fruchtbare Nutzung der verschiedenen Sinnes- und Lebenserfahrungen für das Lernen der Physik, z. B. bei der Modellbildung,
- geeignete didaktische Reduktionen; z. B. dürfen Unterrichtseinheiten nicht zu stark aufeinander aufbauen, um zieldifferenziertes Lernen am gleichen Thema kontextorientiert zu ermöglichen, ohne die Fachsystematik aufzugeben,
- (handlungsorientierte) Lernformen, die gemeinsame Entwicklung durch gemeinsame Lernprozesse ermöglichen,
- die Berücksichtigung verschiedener Sprachvarietäten der SchülerInnen (z. B. Mehrsprachigkeit, Deutsch als Zweitsprache, Gebärdensprache) im Kontext naturwissenschaftlicher Fachsprache,
- Gelingensbedingungen (z. B. Doppelbesetzung beim Experimentieren) und
- Anforderungen an die künftige LehrerInnenbildung.

Literatur

Kircher, Ernst/Girwidz, Raimund/Häußler, Peter (2007): Physikdidaktik. Theorie und Praxis. Berlin.

Ministerium für Schule und Weiterbildung, Wissenschaft und Forschung des Landes Nordrhein-Westfalen (1999): Richtlinien und Lehrpläne für die Sekundarstufe II – Gymnasium/Gesamtschule in Nordrhein-Westfalen. Physik.

Schmidt, Benjamin (2014): Physikunterricht in schwierigen Lehr- und Lernsituationen. Köln.

Inklusive Fachdidaktik Sachunterricht

Detlef Pech, Claudia Schomaker & Toni Simon

Anfang der 1970er- (ehem. BRD) bzw. 1990er-Jahre (ehem. DDR) etablierte sich der Sachunterricht als wissenschaftsorientiertes, die Heimatkunde ablösendes Unterrichtsfach der Grund- und Förderschule im deutschsprachigen Raum. Der Sachunterricht war zunächst ein Sammelbecken unterschiedlicher Didaktiken mit Grundschulbezug. Eine eigene **DIDAKTIK** entwickelte sich erst ab den 1980er-Jahren. Als eigenständige Theorie der Inhalte, Ziele und Methoden widmet sich die Sachunterrichtsdidaktik seit mehr als zehn Jahren dem Thema Inklusion.

Kaum eine andere Fachdidaktik hat sich so früh mit Inklusion beschäftigt wie die des Sachunterrichts. Der erste Beitrag zur inklusiven Sachunterrichtsdidaktik stammt aus dem Jahr 2003. Fachdidaktisch-inklusionspädagogische empirische, unterrichtsbezogene Forschungen zum Sachunterricht, die u. a. die Bedeutung ästhetischer Erfahrungen (→ Ästhetische Erfahrung) thematisieren, liegen mit den Arbeiten von Seitz (2005) und Schomaker (2007) vor. Insbesondere die Arbeit von Seitz (2005) wirkte deutlich über den Sachunterricht hinaus auf die Diskussion um eine → inklusive Didaktik ein. Die Entwicklung einer inklusiven Sachunterrichtsdidaktik ist bisher nicht abgeschlossen.

Die Auswahl von Inhalten und Zielen steht als eine zentrale Frage der Sachunterrichtsdidaktik im Spannungsfeld von Kind- und Wissenschaftsorientierung. Aufgrund der zunehmenden Bedeutung von Demokratie und → Partizipation (nicht nur) in inklusiven Schulen ist für die inklusive Sachunterrichtsdidaktik die Frage, wer (Lehrkräfte und/oder Lernende) oder was (→ Curriculum) in welcher Form über die Sache des Sachunterrichts entscheidet, (er) neu(t) zu stellen. Wie weitreichend die Lernenden bei der → Unterrichtsplanung partizipieren können/sollen, ist bis dato nicht endgültig geklärt, verdeutlicht jedoch die Verknüpfung von fachdidaktischen Aspekten mit Fragen der → Schulentwicklung.

Ausgangspunkt der inklusiven Sachunterrichtsdidaktik ist die Frage nach dem *Kern der Sache* aus Sicht der Lernenden (Seitz 2005). Das bedeutet, ein Thema wird zunächst über Kinderfragen/-perspektiven erschlossen und dann mit fachlichen Perspektiven erweitert. Sowohl der Prozess des Zustandekommens der Sache(n) als auch die Bearbeitung erfolgen ko-konstruktiv und vielperspektivisch. Das Erschließen der Sache(n) und die pädagogischen Interaktionen sind durch kommunikativen Austausch, das Aufbrechen tradierter Hierarchien und eine Demokratieorientierung gekennzeichnet. Diese Prinzipien tragen zur → Anerkennung der Heterogenität der Lernenden und zur Akzeptanz verschiedener Perspektiven auf die Sache(n) bei (Becher, Miller, Oldenburg, Pech & Schomaker 2013). Bezüglich der Methodik gelten die Gleichrangigkeit verschiedener Interaktions- und Repräsentationsformen sowie Abstraktionsniveaus für alle Lernenden (Gebauer & Simon 2012), die Möglichkeit ästhetischer Zugänge (Seitz 2005; Schomaker 2007) sowie ein → individuelles Lernen und → forschendes Lernen als Grundprinzipien inklusiven

Sachunterrichts. Da nicht vorausgesetzt wird, dass alle Lernenden das Gleiche auf gleiche Weise erreichen, misst sich Lernerfolg im inklusiven Sachunterricht nicht an Kriterien der bisherigen fachspezifischen Wirkungsforschung (Pech & Rauterberg 2016). Welche Kriterien stattdessen gelten können, ist jedoch nicht abschließend geklärt.

Trotz einer über zehnjährigen Tradition der Auseinandersetzung mit Inklusion verortet sich der Sachunterricht auch heute noch als *Regelschuldidaktik*. In zentralen Werken wie dem Perspektivrahmen der Gesellschaft für Didaktik des Sachunterrichts (2013) und dem Handbuch Didaktik des Sachunterrichts (2015) spielt Inklusion nur eine marginale Rolle. Eine zentrale Aufgabe der Didaktik des Sachunterrichts und ihrer Forschungszusammenhänge ist es, den Gegenstand eines inklusiven Sachunterrichts zu bestimmen (Pech & Rauterberg 2016). Fachdidaktische Forschungen zur Realisierung eines individualisierten, heterogenitätssensiblen und diskriminierungsfreien Sachunterrichts sowie als Beitrag zur Inklusion in der Grundschule stellen ein deutliches Desiderat dar, welches auf eine besondere Entwicklungsaufgabe des Sachunterrichts und seiner Didaktik hindeutet.

Literatur

Becher, Andrea/Miller, Susanne/Oldenburg, Ines/Pech, Detlef/Schomaker, Claudia (Hg.) (2013): Kommunikativer Sachunterricht – Facetten der Entwicklung. Baltmannsweiler.

Gebauer, Michael/Simon, Toni (2012): Inklusiver Sachunterricht konkret: Chancen, Grenzen, Perspektiven. Nr. 18, Oktober 2012. Verfügbar unter: http://www.widerstreit-sachunterricht.de/ebenel/superworte/inklusion/gebauer_simon.pdf

Gesellschaft für Didaktik des Sachunterrichts (Hg.) (2013): Perspektivrahmen Sachunterricht. vollst. überarb. und erw. Ausg. Bad Heilbrunn.

Kahlert, Joachim/Fölling-Albers, Maria/Götz, Margarete/Hartinger, Andreas/Miller, Susanne/Wittkowske, Steffen (Hg.) (2015): Handbuch Didaktik des Sachunterrichts. 2. Aufl. Bad Heilbrunn.

Pech, Detlef/Rauterberg, Marcus (2016): Wozu Didaktik? Bildung, Sachunterricht, Inklusion – eine didaktische Frage. Ein programmatischer Beitrag zum Verhältnis von Sachunterrichtsdidaktik und Inklusion. In: Riegert, Judith/Musenberg, Oliver (Hg.): Didaktik und Differenz. Bad Heilbrunn, 134–147.

Schomaker, Claudia (2007): Der Faszination begegnen. Ästhetische Zugangsweisen im Sachunterricht für alle Kinder. Oldenburg.

Seitz, Simone (2005): Zeit für inklusiven Sachunterricht. Baltmannsweiler.

Inklusive Fachdidaktik Sport

Michael Pfitzner und Marcel Veber

Die Sportdidaktik befindet sich auf dem Weg, ihre Konzepte inklusionsbezogen zu reflektieren und weiterzuentwickeln. Es ist derzeit noch schwierig, von einer inklusiven Didaktik im Fach Sport zu sprechen. Die Impulse dazu generieren sich zum einen aus den sportpädagogischen und -didaktischen Auseinandersetzungen mit Vielfaltsdimensionen wie ethnischer Hintergrund, Geschlecht usw. Zum anderen wird singulär auf den Diskurs der Integration von Menschen mit Behinderungen in den Sport Bezug genommen.

Auf konzeptioneller Ebene beschäftigt sich die Sportdidaktik mit dem Auftrag des Sportunterrichts. Über die kompetenzorientierte Wende hinweg hat der *Erziehende Sportunterricht* (Kurz 2000) dabei seine orientierende Funktion behalten. Diesem Konzept zufolge wird das Ziel verfolgt, den Doppelauftrag einer *Erschließung der Bewegungs-, Spiel- und Sportkultur* und *Entwicklungsförderung durch Bewegung, Spiel und Sport* zu verwirklichen. Damit werden zum einen Anforderungen in einem weiten Verständnis von *Bewegung, Spiel und Sport* (BeSS) berücksichtigt. Es geht darum, dass Heranwachsende im Sportunterricht sowohl subjektive Bewegungserfahrungen sammeln, als auch Fertigkeiten des außerschulischen Sports, wie z. B. den Weitsprung in der Leichtathletik, erlernen. Zum anderen sollen SchülerInnen durch BeSS in ihrer Entwicklung gefördert werden. Dabei ist das Konzept der ENTWICKLUNGSAUFGABEN leitend. BeSS können spezifische Beiträge zur Bewältigung der Entwicklungsaufgaben wie der *Entwicklung der eigenen Geschlechterrolle* oder der *Beziehung zu Gleichaltrigen* leisten (Neuber 2007).

Ein für die inklusionsbezogene Weiterentwicklung des Konzeptes des Erziehenden Sportunterrichts relevanter Zugang, die Auseinandersetzung mit → Vielfalt, hat sportdidaktische Tradition. Dabei werden Dimensionen wie sportliche Leistung, Geschlecht, ethnischer Hintergrund usw. reflektiert. Die entwickelten und beforschten Konzepte haben den Kenntnisstand der Sportdidaktik erheblich erweitert. So wird etwa im Konzept der interkulturellen Bewegungserziehung auf Erfordernisse gegenseitiger Interaktion von Mitgliedern der Minderheits- und Mehrheitsgesellschaft verwiesen. Die besonderen Potenziale von BeSS, d. h. der leiblichen Erfahrungen für das interkulturelle und damit auch inklusive Lernen werden dabei herausgestellt (Gieß-Stüber 2008).

Die zweite Referenz, die dem *integrativen Paradigma* folgt (Scheid 1995), fußt auf einem bio-medizinischen Verständnis. Auf der Grundlage einer defizitorientierten Herangehensweise werden *Entwicklungsverzögerungen, Haltungsschwächen* usw. diagnostiziert und daran orientiert Fördermaßnahmen entwickelt. Das Konzept des Sportförderunterrichts schließt hier an. Es fasst als äußerlich differenzierter Förderanlass Kinder und Jugendliche zusammen, denen eine zusätzliche Förderung im Kontext von BeSS zuteilwird, um diagnostizierte Verzögerungen aufzugreifen.

Mit den beiden Zugängen verbinden sich unterschiedlich umfassende Inklusionsverständnisse, was sich auch in verschiedenen sportdidaktisch verfolgten Ansätzen niederschlägt. So werden einerseits didaktische Zugänge zur Beantwortung der Adaption von BeSS für einzelne sonderpädagogische Förderschwerpunkte erarbeitet oder Forschungsarbeiten zur Professionalisierung von Sportlehrkräften mit dem alleinigen Fokus *Behinderung* vorgelegt. Andererseits erscheinen erste didaktische Konzepte z. B. in der Sportspielvermittlung, die die inter- und intrapersonale Diversität ernst nehmen und sich am *Universal Design for Learning* (UDfL) orientieren. UDfL verfolgt nach Tiemann (2014, 183) das Ziel »Lernende mit ganz unterschiedlichen Möglichkeiten und Grenzen gemeinsam zu fördern«. Es geht darum, die »unterschiedlichen Entwicklungs- und Lernvoraussetzungen von Menschen« als zentralen »Ausgangspunkt jeglicher Unterrichtsplanungen zu verstehen« (Tiemann 2014, 183).

Wesentliche Aufgaben für den sportdidaktischen Inklusionsdiskurs, ihre Forschungsbemühungen und Ableitungen für die Praxis sind weitere terminologische und konzeptionelle Klärungen. So wird der Inklusionsbegriff trotz des Bekenntnisses zur wertschätzenden Akzeptanz von Vielfalt vielfach doch zu einem Verständnis sonderpädagogischer Förderung verengt. Den begonnenen Weg, didaktische Barrieren zu erkennen und z. B. mit einem UDfL barrierefreie Entwicklungswege für alle SchülerInnen zu eröffnen, gilt es weiter zu verfolgen.

Literatur

Gieß-Stüber, P. (2008): Reflexive Interkulturalität und der Umgang mit Fremdheit im und durch Sport. In P. Gieß-Stüber & D. Blecking (Hg.): Sport – Integration – Europa. Neue Horizonte für interkulturelle Bildung. Baltmannsweiler, 234–248.

Kurz, Dietrich (2000): Die pädagogische Grundlegung des Schulsports in Nordrhein-Westfalen. In Aschebrock, Heinz (Hg.): Erziehender Schulsport. Pädagogische Grundlagen der Curriculumrevision in Nordrhein-Westfalen. Bönen, 9–55.

Neuber, Nils (2007): Entwicklungsförderung im Jugendalter. Theoretische Grundlagen und empirische Befunde aus sportpädagogischer Perspektive. Schorndorf.

Scheid, Volker (1995): Chancen der Integration durch Sport. Aachen.

Tiemann, Heike (2014): Inklusiver Sportunterricht – Handlungsleitende Überlegungen. In: Fachausschuss Wissenschaft, Special Olympics Deutschland e. V. (Hg.): Inklusion in Bewegung. Menschen mit und ohne Behinderung gemeinsam im Sport. Berlin, 183–192.

Inklusive Hochschulentwicklung

Georg Feuser

In Kontexten der Aktionspläne der Bundesländer zur Umsetzung der in Deutschland im März 2009 zu nationalem Recht gewordenen → UN-Behindertenrechtskonvention (UN-BRK) und der diesbezüglich bestehenden kultushoheitlichen Verantwortung der Bundesländer werden bezüglich der Hochschulen und Universitäten zwei Aspekte in neuer Weise relevant: Zum einen die Entwicklung der Hochschulen als Bildungsinstitutionen, die entsprechend der Forderung der UN-BRK (2014, 37 f.) in Abs. 5 des Art. 24 sicherzustellen haben, »dass Menschen mit Behinderungen ohne Diskriminierung und gleichberechtigt mit anderen Zugang zu allgemeiner Hochschulbildung, Berufsbildung, Erwachsenenbildung und lebenslangem Lernen haben«. Zum anderen erfordert die UN-BRK eine tiefgreifende und weitgehende Reform der **LehrerInnenbildung** und des sich anschließenden Referendariats, um zukünftige Lehrpersonen zu qualifizieren, der ohnehin gegebenen, nun aber deutlicher ins Bewusstsein rückenden → Diversität und → Heterogenität von Lerngemeinschaften mit Schülern unterschiedlichster Formen und Schweregrade ihrer Beeinträchtigung/Behinderung ein gemeinsames, die Persönlichkeitsentwicklung induzierendes und ermöglichendes Lernen zu gewährleisten.

Der erste Aspekt bezieht sich nicht nur auf die Zugangs- und → Barrierefreiheit der Hochschulen, sondern gleichermaßen auf eine barrierefreie Nutzung der Lernmaterialien und -medien, auf unterschiedlichste Ausgleichsmaßnahmen (z. B. Gebärdensprachdolmetscher, Hilfskräfte, spezielle technische Hilfsmittel) und Nachteilsausgleiche in Prüfungen bis dahin, dass beeinträchtigte/behinderte Menschen selbst Lehrpersonen werden oder andere pädagogische Qualifikationen erhalten können und Anstellung finden, wodurch sich in besonderer Weise der Zusammenhang beider Momente dokumentiert. Wenn Dispositive und Denkstile der Lehrpersonen durch beeinträchtigungs-, behinderungs- oder migrationsbedingte Abweichungen bestimmter SchülerInnen in Frage gestellt werden, dies als bedrohlich empfunden wird und der Verlust der rollenspezifischen Handlungskompetenzen droht, d. h. die auf das System (Bildungsinstitution) und seine Inhalte (Curricula, Fächer) ausgerichtete Ausbildung und deren Erfahrungswerte nicht mehr tragen, wird das Prozedere der → Exklusion aus dem Regelsystem und die (sichere) Inklusion in ein Sondersystem in Gang gesetzt. Durch das Entfernen eines nicht mehr der → Anerkennung durch die Lehrpersonen werten Schülers aus der Institution, in der er nicht hinreichend lernen kann oder gar überfordert ist, wird das wenig variable Dispositiv wieder positiv balanciert. Anders gesagt: Der Schüler wird als am falschen Platz seiend identifiziert und nicht die Lehrperson.

Trotz der Unterschiede, wie einzelne Bundesländer die Frage der Inklusion in der LehrerInnenausbildung zu lösen versuchen, wird aus aktueller Perspektive eine LehrerInnen-Ausbildung an Schulformen, Schulstufen und Unterrichtsfächern orientiert bleiben. Dies mit marginalen Qualifikationen in allgemeiner Didaktik, Lern- und Entwicklungspsychologie und additiv dazu ein Modul in Sachen einer von vornherein selektierenden Inklusion (ein Widerspruch in sich). Inklusion ist aber keine Spezialisierung in der LehrerInnenbildung, sondern deren notwendige Grundlage in Anerkennung der Einzigartigkeit eines jeden Menschen.

Hochschulen und Universitäten sind in das Gesamt des Bildungssystems eingebundene Bildungsinstitutionen und keine davon abgehobenen, über oder außerhalb des Bildungssystems stehende – mithin, ihrem selektierenden Charakter nach, selbst Sonderschulen. Ihnen kommt aber aufgrund ihres Forschungspotenzials und der Einflussnahme über die Lehre auf zukünftige kulturtragende Mitglieder unserer Gesellschaft eine besondere Verantwortung hinsichtlich der Umsetzung der UN-BRK und der Realisierung der Menschenrechte zu. Dabei stehen die Pädagogischen Hochschulen und die Fachbereiche bzw. Studiengänge der Universitäten, die mit Lehrerbildung befasst sind, in einer besonderen Verantwortung: Einerseits dahingehend, Fragen des aus Regelsystemen exkludierenden, wie in Sonderinstitutionen inkludierenden Erziehungs-, Bildungs- und Unterrichtssystems auch nach außen humanwissenschaftlich fundiert, begrifflich eindeutig und differenziert in die bildungspolitische und gesellschaftliche Wahrnehmung zu bringen. Außerdem nach innen Schrittmacher einer inklusiven LehrerInnen-Bildung für Inklusion unter Einbezug der Frühen Bildung, der Berufsbildung und des universitären Studiums zu sein, mithin *aufzuklären* und nicht einen indifferenten Inklusionismus hervorzubringen bzw. diesen zu bedienen. Andererseits hätten sie, in dieser besonderen Weise mit Inklusion befasst, die Hochschulen und Universitäten insgesamt für Inklusion aufzuschließen und diesen wirksame Unterstützung zu leisten, beeinträchtigten/behinderten Menschen in allen universitären Domänen ein erfolgreiches Studieren zu ermöglichen. Dazu gibt es schon langjährig praktizierte und evaluierte Praxen (Meier-Popa 2012) wie Klärungen hinsichtlich spezifischer Behinderungsfragen (Zimmermann 2014).

In Bezug auf beide Momente und ihre Verzahnung gehen der Möglichkeit zur Inklusion die Lösung der Fragen und Problemstellungen der Exklusion voraus, was wiederum eine grundlegende Revision des auf Separierung (→ Separation) orientierten Menschen- und auf Kategorisierung und Desubjektivierung fokussierten Behinderungsbildes erfordert. Dem entgegen steht u. a. auch die Umsetzung des Bologna-Prozesses in reaktionärer Manier und einer Verschärfung vor allem der sozialen Dimensionen des Studiums, die Ungleichheiten (auch zwischen den Geschlechtern) und durch enge Prüfungsabfolgen den Studienstress steigert. Der **Bologna-Prozess** beraubt eher der Möglichkeiten der Realisierung individueller Bildungsbiografien und größerer Bildungsgerechtigkeit, als dass er diese ermöglicht. So drohen Hochschulen und Universitäten ihren *Aufklärungscharakter* zu verlieren und die Schaffung von *Mündigkeit* als Ausgang aus der selbstverschuldeten Unmündigkeit im Sinne der Fähigkeit, sich seines Verstandes ohne Anleitung durch andere zu bedienen (Kant 1784), zu behindern, anstatt sich in Richtung Inklusion gerade durch diese ihre ureigene Funktion, der auch die Forschung zu dienen hat, zu öffnen. Die Tendenz einer Entwicklung in Richtung gelingender Inklusion ist im Feld des tertiären Bildungsbereiches insgesamt nicht festzustellen.

Nur ein *inklusives* Projektstudium, das eine komplexe Fragestellung über (mindestens) drei Semester bearbeitet, in dem zentrale Teilfragen in kooperativen, interdisziplinären Prozessen arbeitsteilig forschend zur Lösung gebracht und wöchentlich in einem Projektplenum ausgetauscht und neu konfiguriert werden und in dem Teilhabe durch Zusammenarbeit mit Menschen aller Arten und Schweregrade an Beeinträchtigungen als Mitstudierende erfahren werden kann, vermag einen forschungsgeleiteten Studienkontext in Theorie und Praxis zu realisieren und die Erfahrung zu vermitteln, die vor allem Lehrpersonen in ihrer beruflichen Tätigkeit mit Kindern, Jugendlichen und Erwachsenen diesen wiederum grundzulegen haben.

Literatur

Beauftragte der Bundesregierung für die Belange behinderter Menschen (Hg.) (2014): Die UN-Behindertenrechtskonvention. Berlin.

Feuser, Georg (2013): Grundlegende Dimensionen einer LehrerInnen-*Bildung* für die Realisierung einer inklusionskompetenten Allgemeinen Pädagogik. In: Feuser, Georg/Maschke, Thomas (Hg.): Lehrerbildung auf dem Prüfstand. Welche Qualifikationen braucht die inklusive Schule? Gießen, 11–66.

Meier-Popa, Olga (2012): Studieren mit Behinderung. Frankfurt a. M.

Zimmermann, Helen (2014): Sehen – Mehr als eine Selbstverständlichkeit? Chancen und Grenzen durch den Einsatz neuer Medien in Studium, Lehre und Forschung. Frankfurt a. M.

Inklusive Lesefibel

Christel Manske

Eine *inklusive Lesefibel* stellt ein inklusives Unterrichtskonzept dar, dass mit der allgegenwärtigen Normierung von Unterrichts-, Lern- und Entwicklungsprozessen bricht und gemeinsames Lesen lernen aller Kinder ermöglicht. Das gemeinsame Lernen setzt die → Anerkennung aller Kinder voraus. Im inklusiven Unterricht sind Kinder unterschiedlicher psychologischer Entwicklungsstufen in einer Klasse. Es ist seine Aufgabe, ein völlig neues Unterrichtskonzept zu entwickeln, in dem alle Kinder gleichermaßen anerkannt sind und gemeinsam erfolgreich lernen können. Der Unterricht kann den unterschiedlichen Kindern nur gerecht werden, wenn er für alle Entwicklungsstufen ein Lernangebot macht.

Eine inklusive Lesefibel, in der alle Kinder einer Klasse gemeinsam Lesen lernen, ist wie die Quadratur des Kreises. Das Einmalige daran ist, dass Kinder mit Down-Syndrom an ihrer Herstellung zentral mitgewirkt haben.

Vygotskij unterscheidet das chronologische → Alter, die Lebensjahre, und das psychologische Alter. Das psychologische Alter bestimmt die Entwicklungsstufe, auf der ein Kind sich befindet. So kann ein Kind, das sieben Jahre alt ist, entwicklungspsychologisch noch auf der Stufe eines Vorschulkindes sein. Dieses Kind benötigt Bilder, da es ihm noch schwer fällt, Sprache beim Zuhören in Bilder im Kopf zu übersetzen. Der Sprung zum Schulkind wird ihm auf diese Weise ermöglicht. Die geistige Behinderung ist kein unüberwindbarer Mangel der Natur, jedes Kind kann lernen: das ist inzwischen keine Utopie mehr, sondern Realität. Die Forderung nach inklusivem Unterricht ist dieser Realität geschuldet. Wir gehen von folgenden Entdeckungen Vygotskijs aus:

- Die Gesetze der kindlichen Entwicklung sind allgemein.
- Das Lernen läuft der Entwicklung voraus.
- Daraus leitet sich für den inklusiven Unterricht generell, auch den Leseunterricht, ab:
- In jeder Unterrichtsstunde müssen alle psychologischen Entwicklungsstufen vom Säugling zum Schulkind durchlaufen werden können.
- Der Unterricht muss so gestaltet werden, dass jeder Lerngegenstand in der Einheit von Empfinden, Handeln, Erinnern und Denken erarbeitet wird. Nur so werden stabile funktionelle Hirnsysteme aufgebaut.

Die Entdeckung Vygotskijs, dass jede Behinderung in erster Linie sozialer Natur ist, hat für alle Zukunft die Fenster für eine → inklusive Pädagogik aufgestoßen. Lehrkräfte, die inklusiv unterrichten, müssen mit neuen entwicklungs- und lernpsychologischen Gesetzmäßigkeiten und den aktuellen Erkenntnissen der Neurowissenschaften vertraut sein. Um eine Aussage über Kinder machen zu können, die mit einer Einschränkung geboren werden, habe ich mich vor zwanzig Jahren entschlossen, mit diesen Kindern gemeinsam eine Didaktik zu erforschen, die ihnen gerecht wird. Ich bin zutiefst davon überzeugt, dass wir mit den objektiven Testverfahren keine sinnvolle Aussage über ein Kind machen können, da diese Verfahren die Kinder zum Objekt des Forschers machen. Er tritt mit den Kindern nicht in einen Dialog.

Über das Wesen der funktionellen Hirnorgane schreibt Leontjew (1964, 371 ff.): »Haben sich solche Systeme einmal gebildet, dann funktionieren sie als einheitliches Organ weiter […]« Sie lassen sich umgestalten; einzelne ihrer Komponenten können durch andere ersetzt werden, wobei das funktionelle System als Ganzes erhalten bleibt.

Die Lesemethode der »Sinn gebenden Laute«, in den 1970er-Jahren nach Analyse der Vor- und Nachteile von synthetischer und analytischer Lesemethode von mir entwickelt und an Sonderschulen für Kinder mit Lernbehinderung erprobt (s. auch meine Dissertation *Der handelnde Unterricht mit Kindern aus Notunterkünften und Obdachlosenasylen*) verfährt folgendermaßen:

- Die Kinder bezeichnen sinnvolle Erfahrungen mit einem Sinn gebenden Laut. Während sie eine Kerze auspusten, sprechen sie dazu »FFF«. Als Sinn gebender Laut bekommt nun der Buchstabe Wortcharakter. Ein Wort ist die kleinste Sinneinheit und muss daher nicht mechanisch über das Bekräftigungslernen geübt werden.
- Während die Kinder die Kerze auspusten, arbeiten sie mit den fünf Sinnen. Sie schauen in die Flamme, sie spüren die Wärme, sie riechen den verkohlten Docht und das Wachs. Während sie nun diese Erfahrung kommunizieren und mit »FFF« bezeichnen, entwickeln sie ein löschungsresistentes einheitliches funktionelles Hirnorgan.

Die *Inklusive Lesefibel* ist so aufgebaut, dass auf jeder Seite die vier psychologischen Entwicklungsstufen in einer Unterrichtsstunde nacheinander angeboten werden. Alle Kinder erfahren auf ihrer jeweiligen Entwicklungsstufe ihre ihnen entsprechende Anschlussmöglichkeit:

- Die Stufe ›Säugling‹ bedeutet organische Harmonie, Geborgenheit und Nahrung.
- Die Stufe ›Kleinkind‹ bedeutet gemeinsam geteilte Tätigkeit mit Kulturgegenständen.
- Die Stufe ›Vorschulkind‹ bedeutet das Aufheben der Handlung im Rollenspiel und Bild.
- Die Stufe ›Schulkind‹ bedeutet das Erlernen des Zeichengebrauchs.

Beim Säugling ist das Erkenntnisorgan wesentlich die Zunge, die wesentliche Tätigkeit das Schmecken. Für Kinder, die aufgrund einer Einschränkung noch nicht mit Gegenständen handeln können, ist es notwendig, dass der Buchstabe als Anlaut einer Leckerei vermittelt wird. Alle Kinder erleben die Inklusion als gemeinsam geteiltes Schmecken, z. B. beim Essen eines Apfels. Die Kinder lernen das Phonem »A« als Anlaut des Wortes *Apfel* zu hören.

Beim Kleinkind sind das wesentliche Erkenntnisorgan die Hände. Die wesentliche Tätigkeit ist der Umgang mit Kulturgegenständen und später mit Material und Werkzeug. Die Kinder spielen z. B. Arzt fordert das Kind auf, das Phonem »A« zu sagen. Alle Kinder unseres Kulturkreises haben diese Erfahrung beim Arzt gemacht und erinnern sie. Das »A« wird auf diese Weise als Sinn gebender Laut gelernt. Die Kinder bauen das Phonem »A« als ein stabiles funktionelles Hirnsystem auf.

Beim Vorschulkind ist das wesentliche Erkenntnisorgan das Gedächtnis. Die wesentliche Tätigkeit ist die symbolische Aktion. Die Kinder heben eine flüchtige Tätigkeit im Foto oder im Bild symbolisch auf. Mit Hilfe des äußeren Bildes machen sie sich ein inneres Bild vom Geschehen, das heißt sie machen sich eine Vorstellung. Sie tragen zum Beispiel das Öffnen des Mundes zum »A« mit einer symbolischen Handgebärde in ihr Körperselbstbild ein. Mit Hilfe der Handgebärde steuern sie später beim lauten Lesen die Lippen- und Zungenbewegung.

Beim Schulkind ist das wesentliche Erkenntnisorgan das funktionelle Hirnsystem. Die wesentliche Tätigkeit ist der Zeichengebrauch, die Schrift. Die Kinder lernen für die Phoneme die entsprechenden Grapheme. Anfangs ordnen sie dem jeweiligen Laut den entsprechenden Plastikbuchstaben zu. Sie kneten die Buchstaben, sie lecken gebackene Buchstaben mit der Zunge ab, sie fahren Buchstaben aus Schmirgelpapier oder Wellpappe mit dem Finger ab usw.

Später schreiben alle Kinder die Buchstaben in Rahmenschrift, mit Hilfe von Punkten oder am Computer.

Literatur

Leontjew, Alexej. N. (1964): Probleme der Entwicklung des Psychischen. Berlin.
Manske, Christel (2011): Das Down-Syndrom: Begabte Kinder im Unterricht. Berlin.
Manske, Christel (2014): Inklusion: Alle erfolgreich unterrichten. Auch Kinder mit Down-Syndrom brauchen einen Schulabschluss. Braunschweig.
Manske, Christel (2016a): Inklusive Lesefibel für Kinder mit Down-Syndrom, Leseratten und Legastheniker. Berlin.
Manske, Christel (2016b): Parallele Texte: Inklusiver Unterricht Grundschule. Berlin.
Vygotskij, Lev S. (1987): Ausgewählte Schriften Band 2. Köln.

Inklusive Pädagogik

Georg Feuser

Inklusive Pädagogik ist in der Pädagogik seit der Jahrtausendwende ein zunehmend verwendeter Begriff. Er fokussiert in Theoriebildung und Praxis auf eine Pädagogik, die es ermöglichen soll, dass Kinder und Jugendliche unterschiedlichster sozialer Herkunft, mit unterschiedlichen Lernausgangslagen, Sozialisations- und Entwicklungsverläufen, solche mit und ohne Beeinträchtigungen/Behinderungen und Migrationshintergrund, ohne Zugangsbeschränkung, Selektion, Ausgrenzung und Segregierung in Gemeinschaft miteinander lernen und ihre je spezifischen Entwicklungspotenziale entfalten können.

Dies seit Inkraftsetzung der → UN-Behindertenrechtskonvention (UN-BRK) in Deutschland im März 2009 vor allem mit Bezug auf den Art. 24 (UN-BRK 2014, 35 f.), der »ein integratives Bildungssystem auf allen Ebenen und lebenslanges Lernen« fordert, u. a. auch, dass »Menschen mit Behinderung nicht aufgrund von Behinderung vom allgemeinen Bildungssystem ausgeschlossen werden« dürfen und sie »gleichberechtigt mit anderen in der Gemeinschaft, in der sie leben, Zugang zu einem inklusiven, hochwertigen und unentgeltlichen Unterricht an Grundschulen und weiterführenden Schulen haben« sollen.

Die Attribuierung der Pädagogik als inklusiv hält wissenschaftlichen Kriterien nicht stand; eine Pädagogik kann nicht inklusiv sein, sondern durch die Art und Weise ihrer didaktischen Transformation in die Praxis Inklusion ermöglichen oder → Exklusionen praktizieren. Entsprechend geht es um eine Pädagogik, die einen Unterricht zu gestalten vermag, der einer vieldimensionalen individuellen → Diversität und sozialen → Heterogenität einer Lerngemeinschaft Rechnung trägt.

Im völligen Widerspruch zur Bedeutung des Begriffes wird eine *selektierende Inklusion* betrieben; ein Paradoxon. Kinder und Schüler mit schweren, schwerstmehrfachen, komplexen oder intensiven Beeinträchtigungen/Behinderungen und/oder mit tiefgreifenden Entwicklungsstörungen und herausfordernden Verhaltensweisen werden, wie auch einige Vertreter der Inklusion betonen, besser und weiterhin in Sonderinstitutionen gefördert. Das lenkt von den erforderlichen strukturellen Veränderungen des Schulsystems und den zu entwickelnden pädagogischen Qualitätsstandards ab und macht Art und Schweregrad einer Behinderung für die Ermöglichung der Inklusion verantwortlich. Ferner gibt es Auffassungen, dass bereits eine Inklusionsquote von 80–90 Prozent die Forderungen der UN-BRK erfüllen würde (Poscher, Rux & Langer 2008). Die Entwicklungen der letzten Jahre zeigen eine deutliche Tendenz der *Integration der Inklusion in die Segregation.*

Eine segregierende Inklusion widerspricht nicht nur dem Inklusionsbegriff als solchem, sondern führt die am Begriff der → Integration geübte Kritik ad absurdum (Hinz 2002). Darüber hinaus ist der Begriff der Inklusion als solcher im Feld der Pädagogik deshalb kein geeigneter, weil in modernen Gesellschaften totale Inklusion versus totale Exklusion nicht relevant ist. Vielmehr ist von Teilsysteminklusionen auszugehen, die auch das ständisch-hierarchisch strukturierte und selektierend, ausgrenzende und segregierende Erziehungs-, Bildungs-, Schul- und Unterrichtssystem für sich in Anspruch nehmen kann. Es ist niemand nicht inkludiert! Im Feld der Pädagogik geht es um die Frage, welche Inklusionen der Persönlichkeitsentwicklung des Menschen in welchen Dimensionen zu- oder abträglich sind und aus welchen Inklusionen in Folge Menschen zu befreien, d. h. aus diesen zu exkludieren sind. Dieser Diskurs, der sich auf den gegenwärtigen Erkenntnisstand der HUMANWISSENSCHAFTEN und deren naturphilosophischen Begründungszusammenhänge stützen muss, wird in der Pädagogik nur von wenigen Erziehungswissenschaftlern geführt.

Zentral für die Erfüllung der UN-BRK im Feld der Pädagogik sind demnach die Exklusionen der in Sonderinstitutionen verwiesenen Kinder und Jugendlichen, was sowohl die Überwindung einer kategorialen Heil- und Sonderpädagogik als auch ihrer Parallelität zur Regelpädagogik erfordert. Die Prozesse (a) der Exklusion der Betroffenen aus Sonderinstitutionen und (b) der Ermöglichung des Zuganges dieser Menschen zu REGELSCHULEN, was mit dem Begriff der Integration gefasst werden kann, schaffen erst die Voraussetzungen zur Inklusion. Diese wird ohne grundlegende und weitreichende Strukturreform des gesamten institutionalisierten Erziehungs- und Bildungswesens nicht zu realisieren sein. Relevant ist eine (prinzipiell niemanden ausgrenzende) *Allgemeine Pädagogik und entwicklungslogische Didaktik* (Feuser 2011), die einen von den Bedürfnissen und Motiven der Lernenden geleiteten und die in der modernen Welt relevanten »epochaltypischen Schlüsselprobleme« (Klafki 1996, 56) thematisierenden Unterricht realisiert, der einer altersgemischten Lerngemeinschaft in Projekten ein kooperatives Lernen an einem GEMEINSAMEN GEGENSTAND (Feuser 2013) in der Spanne der *aktuellen und nächsten Zone der Entwicklung* eines jeden Lernenden ermöglicht.

Literatur

Beauftragte der Bundesregierung für die Belange behinderter Menschen (Hg.) (2014): Die UN-Behindertenrechtskonvention. Berlin.

Feuser, Georg (2011): Entwicklungslogische Didaktik. In: Kaiser, Astrid/Schmetz, Ditmar/Wachtel, Peter/Werner, Birgit (Hg.): Didaktik und Unterricht. Band 4 des Enzyklopädischen Handbuchs der Behindertenpädagogik: Behinderung, Bildung, Partizipation. Stuttgart, 86–100.

Feuser, Georg (2013): Die »Kooperation am Gemeinsamen Gegenstand« – ein Entwicklung induzierendes Lernen. In: Feuser, Georg/Kutscher, Joachim (Hg.): Entwicklung und Lernen. Band 7 des Enzyklopädischen Handbuchs der Behindertenpädagogik: Behinderung, Bildung, Partizipation. Stuttgart, 282–293.

Hinz, Andreas (2002): Von der Integration zur Inklusion – terminologisches Spiel oder konzeptionelle Weiterentwicklung. In: Zeitschrift für Heilpädagogik, 9/2002, 354–361.

Klafki, Wolfgang (1996): Neue Studien zur Bildungstheorie und Didaktik. Weinheim.

Poscher, Ralf/Rux, Johannes/Langer, Thomas (2008): Von der Integration zur Inklusion. Baden-Baden.

Inklusive Schulbegleitforschung

Ursula Böing & Andreas Köpfer

Schulbegleitforschung stellt allgemein einen Forschungsansatz dar, der Schul- und Unterrichtsprozesse zum Forschungsgegenstand macht und zur Erkenntnisgewinnung verschiedene AkteurInnen der Schulpraxis sowie der LehrerInnenaus- und weiterbildung miteinander vernetzt. Damit stellt Schulbegleitforschung ein spezifisches Segment der SCHUL- UND UNTERRICHTSFORSCHUNG dar.

Hinsichtlich der beteiligten AkteurInnen, der institutionellen Einbindung und der inhaltlichen Schwerpunktsetzung zeigen sich »unscharfe Konturen […], die es bislang erschweren, von *der* Schulbegleitforschung als einheitlicher Forschungsrichtung zu sprechen« (Eckert & Fichten 2005, 7). Unterschiedliche Begriffe werden synonym oder in Abgrenzung voneinander genutzt, z. B. Praxisforschung, Aktionsforschung, LehrerInnenforschung, Handlungsforschung, Teamforschung. Im anglo-amerikanischen und australischen Raum werden ähnliche Forschungsrichtungen als *teacher research, action research, participatory action research* oder *practitioner research* bezeichnet (Fichten & Meyer 2014; Hollenbach & Tillmann 2009).

Gemeinsam ist all diesen Forschungsrichtungen, dass sie – theoretisch und methodisch fundiert – Erkenntnisse für die Schul- und Unterrichtspraxis generieren und zu einer Weiterentwicklung des untersuchten Feldes beitragen (Eckert & Fichten 2005). Schulbegleitforschungsprozesse zeichnen sich nach Meyer & Fichten (2010, 2) durch folgende Merkmale aus:

- Den Einbezug des ExpertInnenwissens von LehrerInnen,
- die schrittweise Erkenntnisproduktion in einer Spirale von Aktion und Reflexion,
- eine methodisch kontrollierte Datenerhebung und -auswertung und
- die Arbeit in professionellen Teams.

Mit der → UN-Behindertenrechtskonvention (UN-BRK) hat sich Deutschland zu einem »inclusive education system at all levels« (Art. 24) verpflichtet. Auf Ebene der Schul- und Unterrichtsentwicklung ist hierdurch die Frage nach adäquaten pädagogisch-didaktischen Konzeptionen aufgeworfen. In diesem strukturellen wie inhaltlich-konzeptionellen Transformationsprozess kann Schulbegleitforschung wertvolle Erkenntnisse zu spezifischen Fragestellungen → inklusiver Schulentwicklung generieren.

Das Konzept *Inklusive Schulbegleitforschung* (Böing & Köpfer 2014) ist innerhalb der LEHRERINNENAUSBILDUNG an der Universität zu Köln entwickelt worden. In seiner konzeptionellen Ausrichtung und seinen theoretischen Implikationen verbindet es verschiedene Diskurse:

Die Beziehung zwischen theoretischem Wissen und praktischem Können lässt sich als ein Differenzverhältnis beschreiben (Koch-Priewe, Kolbe & Wildt 2004). Im Fokus inklusiver Schulbegleitforschung steht daher die REFLEXION sich durch Inklusion in Veränderung befindender Schul- und Unterrichtsprozesse und damit zusammenhängender Ambivalenzen und Brüche.

→ Forschendes Lernen wird in der LEHRERINNENBILDUNG verstanden als »offenes und teilnehmeraktivierendes Lehr-Lernkonzept« (Fichten & Meyer 2014, 21). Im Kontext von Inklusion unterstützt es die Ausbildung eines professionellen Habitus' zukünftiger LehrerInnen, sodass diese implizites Handlungs- und Erfahrungswissen einer Reflexion zugänglich machen und Schul- bzw. Unterrichtsprozesse auf einer Metaebene in den Blick nehmen können.

Theoretisches Basiswissen zu inklusiver Bildung und Erziehung bietet die Reflexionsfläche für inklusive Schulbegleitforschung (Böing & Köpfer 2014) und erscheint unabdingbar, um inklusive Bildungs- oder Schulentwicklungsprozesse in ihren widersprüchlichen gesellschaftlichen Bezügen aufzudecken und nicht isolierend auf ein Wirksamkeitsinteresse zu reduzieren.

Zusammenfassend stellt inklusive Schulbegleitforschung einen Möglichkeitsraum dar, um im Kontext inklusiver Schulentwicklung die Bedürfnisse und Fragestellungen des Praxisfelds Schule und die Herausbildung von inhaltlichem und methodischem Handlungswissen bei Studierenden mittels forschendem Lernen zu verbinden. Inklusive Schulbegleitforschung setzt an dieser Schnittstelle an, definiert jedoch die Schulen nicht als passive Rezeptoren, sondern als aktiv Beteiligte und gleichwertige Akteure im Forschungsprozess.

Gleichzeitig hält inklusive Schulbegleitforschung zentrale Anregungspunkte zur Weiterentwicklung der LehrerInnenbildung im Zuge inklusiver Bildung und Erziehung bereit. Sie impliziert eine mehrperspektivische Sicht auf Fragestellungen im Kontext inklusiver Schulentwicklung, die eine Zusammenführung bildungswissenschaftlicher, sonderpädagogischer und fachdidaktischer Perspektiven erforderlich macht. Hierdurch regt sie kooperative, interdisziplinäre und intrainstitutionelle Prozesse innerhalb der Universität an, durch die die Komplexität von Schule und Unterricht vor dem Hintergrund inklusiver Transformationsprozesse bereits in der Ausbildung abgebildet werden.

Literatur

Böing, Ursula/Köpfer, Andreas (2014): Schulentwicklungsprozesse unterstützen – Chancen inklusiver Schulbegleitforschung. In: Dziak-Mahler, Myrle/Amrhein, Bettina (Hg.): Fachdidaktik inklusive. Münster, 71–88.

Eckert, Ela/Fichten, Wolfgang (Hg.) (2005): Schulbegleitforschung. Erwartungen – Ergebnisse – Wirkungen. Münster.

Fichten, Wolfgang/Meyer, Hilbert (2014): Skizze einer Theorie forschenden Lernens in der Lehrer_innenbildung. In: Feyerer, Ewald/Hirschenhauser, Katharina/Soukup-Altrichter, Katharina (Hg.): Last oder Lust? Forschung und Lehrer_innenbildung. Münster, 11–42.

Hollenbach, Nicole/Tillmann, Klaus (Hg.) (2009): Die Schule forschend verändern. Bad Heilbrunn.

Koch-Priewe, Barbara/Kolbe, Fritz-Ulrich/Wildt, Johannes (Hg.) (2004): Grundlagenforschung und mikrodidaktische Reformansätze zur Lehrerbildung. Bad Heilbrunn.

Meyer, Hilbert/Fichten, Wolfgang (2010): Gemeinsam forschen lernen. Handout zum Eröffnungsvortrag der XV. Fachtagung des Nordverbunds Schulbegleitforschung. Hamburg, 16. September 2010. Zugriff am: 20.12.2015. Verfügbar unter: In: http://www.nordverbund-schulbegleitforschung.de/allg_material/Meyer%20-%20Gemeinsam%20forschen%20lernen.pdf

Inklusive Schulentwicklung

Ursula Carle

Nach Art. 24 der UN-Behindertenrechtskonvention sollen alle Menschen mit Behinderung gleichberechtigt Zugang zu einem inklusiven, hochwertigen und unentgeltlichen Unterricht an öffentlichen Schulen haben. Ziel inklusiver → Schulentwicklung ist es, den erforderlichen innerschulischen Wandlungsprozess und die Entwicklung der dafür erforderlichen Bedingungen systematisch voranzutreiben.

Inklusion – verstanden als Menschenrecht – erfordert einen grundsätzlich anderen Umgang miteinander und damit auch mit den Lerninhalten, -zielen und -bewertungen als er bisher durch das stark auf Selektion ausgerichtete Schulsystem üblich ist und gekonnt wird. Alle Ebenen und Stufen des Bildungswesens sind beteiligt und müssen sich gleichzeitig in eine inklusive Richtung bewegen. Die Einzelschule wird durch tradierte rechtliche, zeitliche, räumliche und curriculare Strukturen erheblich eingeschränkt, zumal sich diese auch in den persönlichen professionellen

Routinen der LehrerInnen und SchülerInnen sowie in ihren Arbeitsmitteln manifestiert haben (Carle 2000).

Inklusion greift tief in das Schulsystem und die → Arbeit der Einzelschule ein. Daher ist die Entwicklung zur inklusiven Schule als ein langwieriger Lernprozess von Behörden, Kollegien, SchülerInnen und Eltern zu verstehen. Schul- und Unterrichtskonzepte für Inklusion müssen bei laufendem Betrieb entwickelt werden. Dabei muss die Leistung der Schule auf gleichem Niveau wie bisher gehalten werden. Anders als in Wirtschaftsbetrieben wird die notwendige Lernzeit des Systems, die sich in Arbeitszeit bemessen lässt, im deutschen Bildungswesen nicht kalkuliert und nicht angemessen zur Verfügung gestellt.

Mangelnde Systemhaftigkeit der inklusiven Schulentwicklung hat zur Folge, dass der Wandlungsprozess sehr stark einzelschulbezogen erfolgt und die Entwicklungsarbeit wenig unterstützt auf den Schultern der LehrerInnen liegt. Es gilt, aktuell noch geltende (teils rechtlich verankerte) Grenzen zu überwinden (Hoffmann 2014).

Inklusive Schulentwicklung auf Landesebene bedeutet: Die Anpassung der Lehrerausbildung und Lehrerfortbildung, die Organisation von Netzwerken (Lernen durch Besuchen), die Schulentwicklungsbegleitung, die Schaffung von Strukturen für unterstützende Pädagogik, die Vernetzung mit anderen Leistungsträgern, die Vereinfachung der Zuweisung von persönlicher Assistenz, die Anpassung und Weiterentwicklung der Konzepte der Schulsozialarbeit und der Ganztagsschule, die Veränderung der Kriterien der Kontrollsysteme (z. B. Schulinspektion), die curricularen Anpassungen, die Veränderung der Regelungen für die Leistungsbewertung und die Übergänge etc. sowie die Anpassung der Haushalte an die Entwicklungserfordernisse unter Beachtung des Konnexitätsprinzips. Die den Schulträgern übertragenen Aufgaben beinhalten z. B. die → Barrierefreiheit, die Gebäudebewirtschaftung und die Beförderung. Die zu entwickelnden Inklusionskonzepte müssen nachhaltige und belastbare Regelungen vorsehen und an vorhandene inklusive Potenziale anknüpfen (Wachtel 2014).

Inklusive Schulentwicklung auf Schulebene heißt: Weiterentwicklung der pädagogischen und didaktischen Qualität. Die Vergewisserung über die gemeinsame Zielrichtung und die Stärken und Chancen der Schule ist grundlegend. Anleitung bietet der → Index für Inklusion. Es müssen Vereinbarungen getroffen werden, wie mit den durch den Wandel besonders sichtbaren Antinomien des Schulsystems und den Ungleichzeitigkeiten der Entwicklung der verschiedenen beteiligten Ebenen umgegangen werden kann.

Erfolgreiche inklusive Schulen zeichnen sich durch klare Teamstrukturen, **Multiprofessionelle Zusammenarbeit**, gemeinsam festgelegte Entwicklungsziele, eine transparente Aufgabenverteilung und regelmäßige interne und externe Überprüfung der Entwicklung aus. Eine der wichtigsten Aufgaben der Schulleitung besteht darin, für die geeigneten Rahmenbedingungen zu sorgen bzw. diese einzufordern (Werning & Arndt 2013).

Die Entwicklung des inklusiven Schulsystems bedarf der Begleitforschung, um systemische Entwicklungsprobleme prozessnah zu erkennen. Während allgemein zur Schulentwicklung (Bohl, Helsper, Holtappels & Schelle 2010) und zur Entwicklung auf Schul- und Klassenebene insbesondere aus dem Kontext von Schulversuchen zahlreiche Detailstudien vorliegen, fehlt es an Untersuchungen zu Gelingensbedingungen auf der Ebene des Schulsystems.

Literatur

Beauftragte der Bundesregierung für die Belange behinderter Menschen (Hg.) (2014): Die UN-Behindertenrechtskonvention. Berlin.

Bohl, Thorsten/Helsper, Werner/Holtappels, Heinz Günter/Schelle, Carla (Hg.) (2010): Handbuch Schulentwicklung. Theorie, Forschungsbefunde, Entwicklungsprozesse, Methodenrepertoire. Bad Heilbrunn.

Carle, Ursula (2000): Was bewegt die Schule? Internationale Bilanz – praktische Erfahrungen – neue systemische Möglichkeiten für Schulreform, Lehrerbildung, Schulentwicklung und Qualitätssteigerung. Baltmannsweiler.

Hoffmann, Ilka (2014): Professionalität inklusiv arbeitender Fachkräfte. In: Kroworsch, Susann (Hg.): Inklusion im deutschen Schulsystem. Barrieren und Lösungswege. Berlin, 129–134.

Wachtel, Peter (2014): Zum Stand der Umsetzung in den Bundesländern. In: Kroworsch, Susann (Hg.): Inklusion im deutschen Schulsystem. Barrieren und Lösungswege. Berlin, 39–55.

Werning, Rolf/Arndt, Ann-Kathrin (Hg.) (2013): Inklusion: Kooperation und Unterricht entwickeln. Bad Heilbrunn.

Inklusive Universitätsschule

Meike Kricke

Die inklusive Universitätsschule Köln ist ein konsequent inklusives Modell. In ihrer partizipatorischen Entstehungsgeschichte und den ihr zugrundeliegenden Leitlinien, die Inklusion nach Reich (2014) sehr umfassend verstehen, lautet ihr Ansatz, eine Schule für alle von Klasse 1 bis 13 zu sein. Konzept und Durchführung fußen auf wissenschaftlichen Einsichten und internationalen Erfahrungen. Das Konzept kann als Modell für andere inklusive (Universitäts-)Schulen dienen.

Im Rahmen des *BildungsRaumProjektes: school is open* der Universität zu Köln wurde seit 2008, unter Leitung von Kersten Reich, ein Konzept für eine universitäre Praxisschule mit dem Schwerpunkt Inklusion entwickelt. Seitdem haben sich immer mehr Menschen diesem Vorhaben angeschlossen. 2014 wurde das in einem interdisziplinären Arbeitskreis *Schulgründung* ausgestaltete Rahmenkonzept der Inklusiven Universitätsschule Köln veröffentlicht und im Rat der Stadt Köln verabschiedet.

Das Rahmenkonzept basiert auf wissenschaftlichen Erkenntnissen und Erfahrungen der internationalen Lehr- und Lernforschung. Es zeichnet sich durch zehn Leitlinien aus (Reich, Asselhoven & Kargl 2015):

1. *Umfassende Inklusion:* Die Diversität in den Lebensverhältnissen der Gesellschaft wird durch die Lernenden ausgedrückt. → Vielfalt ist ein positiver Begriff und umfasst unterschiedliche Differenzlinien wie Geschlecht, → Alter, ethnische Zugehörigkeit, sexuelle

Orientierung, sozioökonomischer Status, Behinderung etc. Inklusion bedeutet in diesem Zusammenhang, dass vor allem folgende Aspekte Beachtung finden: Heterogenität, Reflexive Koedukation, Eigenzeit, Lernmuster, Einmaligkeit, Situativität.

2. *Aufbau und Struktur der Schule im Ganztag:* Die Schule ist eine durchgängige von Klasse 1–13 (Grundschule und integrierte Gesamtschule). Eine neue Schule bedarf neuer Strukturen. In einem integrierten Ganztagssystem wechseln sich gemeinsame und individuelle (Lern-) Zeiten ab.
3. *Partizipation durch Demokratie und offene Schule:* Den Lernenden werden möglichst hohe Mitbestimmungs- und Gestaltungsmöglichkeiten geboten. So können sie Partizipation umfassend erleben, um soziale und politische Kompetenzen aufzubauen und Verantwortung für die eigene Lebensführung und ihren Lernprozess zu übernehmen. Die Schule öffnet sich dabei auch nach außen ins Quartier und die Lebenswelt ihrer Beteiligten.
4. *Inklusives Unterrichtsmodell in der Homebase:* Als Schule mit Lernlandschaften stehen das individualisierte selbstwirksame Lernen und vielfältige differenzierte Lernmöglichkeiten im Vordergrund. Jeweils vier Klassen bilden dabei eine Homebase, in der Handlungslernen und eine individuelle Förderorientierung kompetenzorientiert mit regelmäßigen Rückmeldungen fokussiert werden. Es gibt vier wesentliche Lernformate: Selbstlernen, Projekte, Werkstätten und Instruktionen.
5. *Qualitätsvolle Schule:* In Curriculumswerkstätten kann das vom Land vorgegebene Kerncurriculum auf die Begebenheiten und das Profil der Schule angepasst werden. Dabei werden partizipativ (mit allen an Schule Beteiligten) Curriculumsäulen gebildet, die Schwerpunkte beinhalten, in denen die Fächer kreativ miteinander verbunden werden.
6. *Beziehungs- und Teamschule:* Beziehungslernen wird als entscheidende Voraussetzung für eine positive Lernumgebung betrachtet. Partizipative und wertschätzende Beziehungen zwischen allen werden gefördert. Die Lehrenden agieren stets als Vorbild – als BeziehungsdidaktikerInnen sind sie Teil multiprofessioneller Teams.
7. *Geschlechtergerechte Schule:* Geschlechtergerechtigkeit, die partizipative Koedukation der Lernenden und der Abbau von Sexismus sind wesentliche Merkmale der Schule.
8. *Bewegte und gesunde Schule:* Lernen geschieht ganzheitlich – mit dem ganzen Körper. Die Praxisschule ist für diesen Gedanken sensibel und bietet allen Möglichkeiten, *bewegt und gesund* zu lernen.
9. *Barrierefreie und gut gestaltete Schule:* Dem Bewusstsein folgend, dass der Raum als dritter Erzieher agiert, spiegelt sich eine inklusive Lernphilosophie auch in der Schularchitektur wider. Angefangen von Lernlandschaften mit individuellen Nutzungsmöglichkeiten bis hin zur Barrierefreiheit und einer (ästhetischen) Ausstattung, die sich an die Bedürfnisse der Lernenden anpasst. Dabei gilt: Der Raum wird als anregende Lernumgebung gestaltet, die den pädagogischen Ideen folgt.
10. *Universitäre Praxisschule:* Die universitäre Praxisschule macht die Lehrkräfte von morgen aller Schulformen mit

inklusiven Lehr-Lernformen vertraut und bildet sie darin aus. Die Schule versteht sich als Ort forschenden Lernens, in dem Entwicklungsprozesse evaluiert und erforscht werden.

Durch die Anbindung an die Lehramtsausbildung der Universität können aktuelle Forschungsfragen aus der Praxis identifiziert werden. Konzepte können in der Zusammenarbeit zwischen Theorie und Praxis entwickelt, erprobt und nachhaltig evaluiert werden. Darüber hinaus stellt auch der Bereich *Ausbildungsschule* eine Reihe von Möglichkeiten zur Erforschung einer professionsorientierten inklusiv ausgerichteten Lehramtsausbildung.

Literatur

Reich, Kersten (2014): Inklusive Didaktik. Weinheim.

Reich, Kersten/Asselhoven, Dieter/Kargl, Silke (Hg.) (2015): Eine inklusive Schule für alle. Das Modell der Inklusiven Universitätsschule Köln. Weinheim.

»school is open« BildungsRaumProjekt (Hg.) (2011): »Inklusive Universitätsschule Köln« – Eine Schule für alle – Rahmenkonzept zur Gründung einer inklusiven Praxisschule. Humanwissenschaftliche Fakultät, Universität zu Köln.

Inklusiver Literaturunterricht

Mara Wittenhorst & Tobias Bernasconi

Inklusiver Literaturunterricht beabsichtigt die → Partizipation an kulturell bedeutsamen Gegenständen für alle SchülerInnen.

Ein inklusives Schulsystem bedarf einer Schule, in der → Bildung und → Erziehung ohne Ausschluss realisiert wird. Die Ermöglichung eines Zugangs zu gesellschaftlich und kulturell bedeutsamen Bildungsinhalten ist für alle SchülerInnen grundlegendes Ziel. Literatur ermöglicht vielfältige Auseinandersetzungen mit gesellschaftlichen, sozialen, kulturellen und historischen Aspekten sowie mit zwischenmenschlichen und innerpsychischen Themen. Sie ist Teil der Lebenswelt aller Menschen und demnach einerseits relevanter Bildungsinhalt, andererseits als Medium zur Gestaltung eines Unterrichts zu sehen, der auf curriculare Unterschiede verzichtet und sich an alle SchülerInnen richtet. Damit inklusiver Literaturunterricht tatsächlich alle SchülerInnen erreicht, bedarf es einer speziellen didaktischen Aufbereitung, wobei sowohl Prinzipien der neueren allgemeinen Literaturdidaktik als auch sonder- und heilpädagogische Konzepte integriert werden.

Seit der sogenannten »kommunikativen Wende« (Bartnitzky 2000, 148) in der Literaturdidaktik steht im Literaturunterricht die Lebenswirklichkeit der Kinder und Jugendlichen im Fokus, was durch einen subjektorientierten Unterrichtsstil unterstützt werden soll. Gegenpol zum traditionellen, Texte analysierenden und besprechenden Unterricht ist der handlungs- und produktionsorientierte Literaturunterricht, der auf der Annahme beruht, »dass der Leser eines literarischen Textes produktiv an der Sinnbildung beteiligt ist und nicht einfach eine vorgegebene Bedeutung erschließt«

(Spinner 2006, 175). Der handlungs- und produktionsorientierte Unterricht aktiviert zwei Grundformen des aktiv-produktiven Tuns: einerseits Handlungen und den Gebrauch der Sinne, andererseits das produktive Erzeugen von neuen Texten. Diese Form des Unterrichts zielt nicht auf ein einheitliches Ergebnis, sondern lässt vielfältige Ergebnisfacetten zu (Haas, Menzel & Spinner 1994). Zudem wird berücksichtigt, »dass der Leser den Text auf Grund seiner eigenen Erfahrungen konstruiert« (Bartnitzky 2000, 171).

Literatur als ein LERNGEGENSTAND *für alle* setzt folglich einen Literaturunterricht als Erlebnis- und Gestaltungsfeld voraus, welcher den Schwerpunkt bei der affektiven Nähe der SchülerInnen zu einem literarischen Werk setzt (Seitz 2003). Grundlegende ZUGANGSWEGE zu Literatur, wie z. B. darstellend-spielerische sowie ästhetisch-produktive, ermöglichen allen SchülerInnen unabhängig von ihren individuellen Lernvoraussetzungen umfassende Erfahrungen mit dem Inhalt und Gegenstand eines literarischen Werks. Gleichsam bietet ein derartiger Literaturunterricht aufgrund der Vielfalt der individuellen Zugangsweisen auch die Möglichkeit zur Auseinandersetzung mit dem originalen literarischen Werk. Mit Blick auf die in inklusiven Unterrichtskontexten zunehmende → Heterogenität der Lernvoraussetzungen der SchülerInnen wird deutlich, dass vielfältige Lernangebote gestaltet werden müssen, die sich an den individuellen Denk-, Handlungs- und Wahrnehmungsniveaus der einzelnen Kinder und Jugendlichen orientieren. Um eine Isolation einzelner SchülerInnen aufgrund inhaltlicher Schwerpunktsetzungen zu vermeiden, ist ein GEMEINSAMER GEGENSTAND essenziell. Beim Lerngegenstand Literatur stellt sich dabei die Frage, wie auch komplexe Inhalte, Themen und Gedanken derart aufbereitet werden können, dass sie zum einen zugänglich werden, zum anderen aber ihren literarischen Gehalt nicht verlieren. Es darf folglich nicht um Vereinfachung gehen, sondern um das Identifizieren und Herausstellen elementarer Inhalte eines Werkes. Dies setzt die Unabhängigkeit von sprachlichen- und schriftsprachlichen Fertigkeiten voraus und kann durch eine didaktische Strukturierung anhand der → Elementarisierung realisiert werden (Seitz 2003).

Inklusiver Literaturunterricht als Erlebnis- und Gestaltungsfeld in einer Schule für alle ermöglicht somit Identitätsentwicklung und Auseinandersetzung mit gesellschaftlich und kulturell bedeutsamen Bildungsinhalten. Dabei tragen alle SchülerInnen zur Sinnbildung des literarischen Werkes bei, sodass vielfältige Ergebnisfacetten entstehen können, die für die gesamte Lerngruppe von Bedeutung sind. Es ist letztlich der durch die Literatur dargestellte kulturelle Inhalt, der als verbindendes Thema bzw. gemeinsamer Gegenstand fungiert. Literarische Werke geben SchülerInnen die Möglichkeit, über ihre individuellen Fähigkeiten unterschiedliche Lernwege und -prozesse beim Erfahren von Literatur zu durchlaufen, dabei jedoch *gemeinsam* an einem kulturellen Gegenstand zu arbeiten und daran teilzuhaben. Über das Teilen zentraler Aspekte, Gedanken und Motive können in einem gemeinsamen Bildungsprozess sowohl individuelle als auch gemeinschaftliche Bildungsziele erreicht werden.

Literatur

Bartnitzky, Horst (2000): Sprachunterricht heute. Sprachdidaktik, Unterrichtsbeispiele, Planungsmodelle. Berlin.

Haas, Gerhard/Menzel, Wolfgang/Spinner, Kaspar H. (1994): Handlungs- und produktionsorientierter Literaturunterricht. In: Praxis Deutsch, 13/1994. 17–25.

Seitz, Simone (2003): Literaturunterricht für alle – Schule für alle? In: Lamers, Wolfgang (Hg.): …alle Kinder alles lehren! – Aber wie? Theoriegeleitete Praxis bei schwer- und mehrfachbehinderten Menschen. Düsseldorf, 213–223.

Spinner, Kaspar H. (2006): Handlungs- und produktionsorientierte Verfahren im Literaturunterricht. In: Kämper-van den Boogaart, Michael (Hg.): Deutschdidaktik. Leitfaden für die Sekundarstufe I und II. Berlin, 175–190.

Integration

Eckhard Rohrmann

Integration war ursprünglich gegen soziale Ausgrenzung (→ Exklusion) gerichtete Programmatik politischer **Behinderteninitiativen**, wurde von der Sonderpädagogik zu Teilen adaptiert, ist dabei allerdings weithin »von einem kritischen Programm zu einer begrifflichen Dekoration auch solcher Praxis verkommen, die Integration […] im […] ursprünglich gemeinten Sinne diametral zuwider läuft« (Rohrmann 1994, 19).

Anfang der 1970er-Jahre entstanden Initiativen, die gegen soziale Aussonderung Behinderter kämpften. Die seit 1985 als BAG *Eltern gegen Aussonderung* zusammengeschlossenen Elterninitiativen wandten sich vor allem gegen das sonderpädagogische Grundverständnis, Behinderte seien besondere Menschen, die pädagogischer Sonderbehandlung in besonderen Schulen bedürften. Sie forderten unter dem Motto *Gemeinsam lernen – gemeinsam leben* die Integration ihrer Kinder in sogenannten Regelschulen. Ihr Ziel, schon damals von Teilen der Behindertenpädagogik abseits des Mainstreams auch theoretisch begründet und z. B. von Feuser (1989) mit seiner allgemeinen integrativen Pädagogik und entwicklungslogischen Didaktik schulpädagogisch und didaktisch operationalisiert, war genau das, was heute Inklusion meint.

Keine Reden, keine Aussonderung, keine Menschenrechtsverletzungen, waren zentrale Forderungen eines bundesweiten Zusammenschlusses örtlicher Initiativen erwachsener Behinderter, die vor allem gegen Aussonderung aus anderen Lebensbereichen kämpften und 1981 anlässlich der nationalen Eröffnungsveranstaltung des UN-Jahres der Behinderten die Hauptbühne besetzt und ein Transparent mit o. g. Forderungen entrollt hatten, wenige Minuten bevor dort der damalige Bundespräsident hätte sprechen sollen. Präziser kann man die Forderung nach Inklusion kaum auf den Punkt bringen. Durch Gründung ambulanter Dienste als Gegenentwurf zur verbreiteten stationären Unterbringung von Menschen mit Assistenzbedarf, haben manche dieser Initiativen seit Ende der 1970er-Jahre, leider bislang in nur wenigen Städten, ihre Forderungen auch praktisch umgesetzt.

Die Bewegungen konnten die Praxis der Aussonderung nicht überwinden, doch aufweichen. 1973 unterbreitete die Bildungskommission des Deutschen Bildungsrates (1974) den Vorschlag, behinderte Kinder neben Sonderbeschulung auch im gemeinsamen Unterricht an sogenannten REGELSCHULEN zu unterrichten, nach dem Prinzip »soviel Integration wie möglich; soviel Sondereinrichtungen wie nötig« (Krings 1973, 5). Es entstanden Schulversuche, vor allem im Primarbereich, in denen behinderte und nicht behinderte Kinder gemeinsam unterrichtet wurden, ohne allerdings das selektierende und separierende (→ Separation) gegliederte Schulsystem und die dichotome Aufteilung der Schüler in Nichtbehinderte und Behinderte infrage zu stellen. Seit 1994 werden Letztere als solche mit sonderpädagogischem Förderbedarf bezeichnet, ohne dass sich Problemverständnis oder Verfahren der → Diagnostik grundlegend geändert hätten. Bis heute besuchen nur gut 20 Prozent dieser SchülerInnen die sogenannte Regelschule und auch die dort geübte Praxis der sogenannten EINZELINTEGRATION erscheint oftmals eher als pädagogische Sonderbehandlung in der Regelschule denn als Integration. Zu ähnlichen Entwicklungen kam es auch in der außerschulischen Behindertenhilfe. All dies kritisiert die »inklusionistische Kritik an der Integration« (Hinz 2002, 354) zu Recht, doch ist fraglich, ob diese Praxen Ausdruck der Idee oder gar des Paradigmas der Integration sind, welchem das der Inklusion gegenüber gestellt wird. Ob Integration und Inklusion Synonyme sind oder Inklusion als konzeptionelle Weiterentwicklung von Integration (Hinz 2002) zu verstehen ist, hängt nicht von den Begriffen ab, sondern allein davon, was man jeweils darunter versteht.

Integration ist zu einem schillernden Begriff geworden, doch ist zu beobachten, dass sich diese Entwicklung mit dem Inklusionsbegriff wiederholt. Zwar hat sich seit den 1990er-Jahren in nationalen und internationalen Behindertenpolitiken, angestoßen vor allem durch Aktivitäten der BEHINDERTENBEWEGUNG und relativ unabhängig von Parlamentsmehrheiten und Regierungsbeteiligungen in der Behindertenpolitik ein Wandel vollzogen, der sich an der Grundidee der Inklusion orientiert, er wird jedoch besonders in der Sozial- und Bildungspolitik derzeit noch weitgehend konterkariert.

Literatur

Deutscher Bildungsrat (1974): Empfehlungen der Bildungskommission. Zur pädagogischen Förderung behinderter und von Behinderung bedrohter Kinder und Jugendlicher. Stuttgart.

Eckhard Rohrmann (1994): Integration und Selbstbestimmung für Menschen, die wir geistigbehindert nennen. In: Zeitschrift für Heilpädagogik, 1/1994, 19–28.

Feuser, Georg (1989): Allgemeine integrative Pädagogik und entwicklungslogische Didaktik. In: Behindertenpädagogik, 1/1989, 4–48.

Hinz, Andreas (2002): Von der Integration zur Inklusion – terminologisches Spiel oder konzeptionelle Weiterentwicklung? In: Zeitschrift für Heilpädagogik, 9/2002, 354–361.

Krings, Hermann (1973): Vorwort. In: Dt. Bildungsrat: Gutachten und Studien der Bildungskommission. Sonderpädagogik 1. Stuttgart.

Interkulturalität

Petr Frantik

Der Begriff *Interkulturalität* bezeichnet allgemein Interaktionen zwischen Kulturen. Interkulturalität umfasst z. B. die Kommunikation von Individuen mit unterschiedlichen kulturellen Erfahrungshorizonten. Weiter umfasst der Begriff nicht nur kulturelle Überschneidungssituationen, sondern insbesondere die aus interkulturellen Begegnungen neu entstehenden gemeinsamen Formen des Zusammenlebens, der Kommunikation, des Lernens u. v. m.

Der Begriff wird in verschiedenen Fachdisziplinen (Pädagogik, Philosophie, Wirtschaft, Politik etc.) sowie als Beifügung (interkulturelle Missverständnisse, interkulturelle Kommunikation, interkulturelle Kompetenz etc.) in unterschiedlichen Kontexten verwendet, was zu Unklarheiten über das jeweils Gemeinte führen kann. So ist es erforderlich, die Verwendungszusammenhänge, Konzeptionen und Konnotationen des Begriffs Interkulturalität wiederholt interdisziplinär zu hinterfragen und neu auszuhandeln (Gogolin & Krüger-Potratz 2006).

Dies gilt auch für Begriffe, die eng mit Interkulturalität zusammenhängen, wie z. B. die Begriffe → Kultur und → Differenz. Da der Begriff *Interkulturalität* den Begriff der *Kultur* beinhaltet, ist entscheidend, welches Kulturverständnis in den jeweiligen Verwendungskontexten des Interkulturalitätsbegriffs zugrunde gelegt wird. Es kann in einer ersten Unterscheidung zwischen geschlossen-statischen und offen-dynamischen Konzeptionen des Kulturbegriffs differenziert werden (Yousefi 2014). Die Vorstellung von Kulturen als geschlossen-statische, klar voneinander abzugrenzende Einheiten wird von zahlreichen Forschern kritisiert. Ein offen-dynamisches Verständnis erscheint zur Beschreibung besonders heutiger Kulturen adäquater. Durch vielschichtige historische Interaktionen und die zunehmende Globalisierung sind diese bereits vielschichtig ineinander verwoben und weisen zahlreiche Gemeinsamkeiten auf. Zudem sind Kulturen als in sich heterogen zu begreifen. In interkulturellen Forschungsfeldern ist eine wiederholt (selbst-)kritische Prüfung der verwendeten Grundbegriffe zentral, um der Gefahr einer unabsichtlichen Reproduktion veralteter Kulturverständnisse entgegenzuwirken.

Der → Arbeit in *interkulturellen Handlungsfeldern* können die kritischen Debatten über Begrifflichkeiten wichtige Impulse geben: So sind Kulturen auch in konkreten Praxissituationen stets als offene, dynamische und in sich heterogene soziale Orientierungssysteme zu begreifen, die bereits auf viele Arten interagieren und weitere, vielseitige Interaktionspotenziale bereitstellen. Es gilt, Gemeinsamkeiten sowie bestehende interkulturelle Diskurse freizulegen und für gemeinsame Entwicklungsimpulse zu nutzen. Gleichzeitig ist wichtig, die in individuellen Lebensbiografien erlebten Erfahrungen von kultureller Vielfalt wahrzunehmen und (z. B. in persönlichen, interkulturellen Begegnungen) zu reflektieren. Das Finden eines angemessenen Gleichgewichts zwischen einer Überbetonung und einer Verleugnung von kultureller Differenz bleibt sowohl in der Theorie als auch in der Praxis eine immer neu zu lösende Herausforderung (Lanfranchi 2010). So birgt eine Überbetonung u. a. die Gefahr der Förderung und Reproduktion von Stereotypen und Vorurteilen, eine Verleugnung wiederum kann u. a. zum Ignorieren der Notwendigkeit besonderer Unterstützungsmaßnahmen beim Einfinden in eine neue Lebensumgebung führen.

Im Kontext von Inklusion stellt die → Differenzlinie Kultur und Sprache eine von vielen Differenzlinien dar, die in didaktischen Konzepten gleichberechtigt berücksichtigt werden müssen, um allen SchülerInnen gleichermaßen die individuell besten Lernmöglichkeiten zuzusichern. Besonders als Reaktion auf die Behindertenrechtskonvention von 2006 kam es zuweilen zu einer Engführung der Inklusionsdebatte auf die Regelbeschulung von Kindern mit einer Behinderung. Ein weites Verständnis von Inklusion fordert jedoch vom Schulsystem, die → Diversität aller SchülerInnen – einschließlich Dimensionen kultureller Pluralität – ganzheitlich wahrzunehmen (Karakaşoğlu & Amirpur 2012). Hieraus folgt die Notwendigkeit der Entwicklung kultursensibler Lernumgebungen inklusive Möglichkeiten für interkulturelle Begegnungen und Reflexionen im Rahmen einer umfassenden → inklusiven Didaktik.

Eine weitere Ebene, auf der interkulturelle Fragestellungen im Kontext von Inklusion relevant sind, ist die der globalen Entwicklung, Umsetzung und Sicherung international verbindlicher Standards im Umgang mit → Heterogenität. So erfordert die Umsetzung der → UN-Behindertenrechtskonvention (UN-BRK) sowohl universelle Zielvorgaben, als auch gleichzeitig kultursensible und kontextsensitive, auf die Besonderheiten verschiedener Regionen und Lebensformen zugeschnittene Implementationskonzepte (Bickenbach 2009).

Literatur

Bickenbach, Jerome E. (2009): Disability, Culture and the UN convention. In: Disability and Rehabilitation 31 (14), 1111–1124.

Gogolin, Ingrid/Krüger-Potratz, Marianne (2006): Einführung in die Interkulturelle Pädagogik. Opladen.

Karakaşoğlu, Yasemin/Amirpur, Donja (2012): Inklusive Interkulturalität. In: Seitz, Simone et al. (Hg.): Inklusiv gleich gerecht? Inklusion und Bildungsgerechtigkeit. Bad Heilbrunn, 63–68.

Lanfranchi, Andrea (2010): Interkulturelle Kompetenz als Element pädagogischer Professionalität. Schlussfolgerungen für die Lehrerausbildung. In: Auernheimer, Georg (Hg.): Interkulturelle Kompetenz und pädagogische Professionalität. 3. Aufl. Opladen, 231–269.

Yousefi, Hamid Reza (2014): Grundbegriffe der interkulturellen Kommunikation. Konstanz.

Intersektionalität

Dominik Baldin

Der durch Crenshaw (1989) geprägte Begriff leitet sich vom engl. Wort *intersection* (dt. Überschneidung, Kreuzungspunkt, Straßenkreuzung) ab. Er beschreibt das simultane Auftreten und Zusammenwirken verschiedener, miteinander verwobener, ungleichheitsrelevanter **Kategorien** in der Gesellschaft.

Intersektionalität hat sich als Sammelbegriff für eine Vielzahl teils konkurrierender Forschungsansätze durchgesetzt und erfreut sich heute in der Geschlechterforschung, der Soziologie → sozialer Ungleichheit, den *Cultural Studies, Post-Colonial Studies* und den *Critical Race Studies* großer Beliebtheit (Baldin 2014). Die Geschichte intersektionaler Forschung reicht jedoch viel weiter zurück als die vergleichsweise junge Begriffsfindung vermuten lässt. Sie zeigt zudem charakteristische Unterschiede im deutschen und US-amerikanischen Kontext. In den Vereinigten Staaten datiert der erste bekannt gewordene Fall der Überlagerung von Geschlecht und *Rasse/Ethnizität* auf das Jahr 1851, während die Gründung des *Combahee River Collective* durch Schwarze, lesbische und sozialistische Feministinnen im Jahr 1974 als Meilenstein der Intersektionalitätsforschung gilt. Die deutsche Debatte wurde ab den 1920er-Jahren zunächst durch die proletarische Frauenbewegung bestimmt, seit den 1970er-Jahren auch durch Migrantinnen, Schwarze Frauen, Frauen jüdischen Glaubens und Frauen mit Behinderung. Tatsächlich berücksichtigen die meisten Ansätze jedoch nach wie vor nur die Trias Geschlecht–Klasse–*Rasse*/Ethnie und die jeweils zugrundeliegenden Herrschaftsmechanismen (Walgenbach 2007; Baldin 2014).

Mit Bührmann (2009) lassen sich drei Prinzipien benennen, in denen alle Ansätze der Intersektionalitätsforschung übereinstimmen:

- Eine rein additive, multiplikative oder reduktive Verknüpfung der berücksichtigten Kategorien ist unzulässig (Regel der Konstitution).
- Alle Kategorien sind historisch hervorgebracht, als kontingent zu begreifen und können in unterschiedlichen Kontexten unterschiedliche Auswirkungen haben (Regel der kategorialen Konnexion).
- Alle gesellschaftlichen Ebenen werden als miteinander verknüpft betrachtet (Regel der kategorialen Provisorien).

Die uneinheitlichen Standpunkte innerhalb der Intersektionalitätsforschung (Baldin 2014) werden wesentlich dadurch bestimmt,

- ob Intersektionalität ein Paradigma darstellt und auf welchem Gründungsnarrativ sie beruht,
- ob die Metapher der Straßenkreuzung und somit der Begriff Intersektionalität überhaupt die Verwobenheit von Ungleichheitskategorien angemessen zu beschreiben vermag. Walgenbach (2007) etwa hält den Begriff INTERDEPENDENZEN für geeigneter, um die gegenseitige Abhängigkeit sozialer Kategorien zu unterstreichen,
- ob bzw. welche Kategorien in die Analyse einbezogen werden. Während die meisten Konzepte nur auf die Trias der Strukturkategorien Geschlecht–Klasse–*Rasse*/Ethnie zurückgreifen, gibt es auch Ansätze, die weit mehr relevante Differenzierungslinien identifizieren oder aber die Arbeit mit (Apriori-)Kategorien ablehnen,
- in welchem Verhältnis Intersektionalitäts- und Geschlechterforschung zueinander stehen und inwieweit intersektionale Ansätze im Hinblick auf inklusive Strategien genutzt werden können und sollten.

Einige in jüngerer Vergangenheit entstandene Beiträge der Disability Studies, etwa ab dem Jahr 2005, lassen sich explizit der Intersektionalitätsforschung zuordnen.

Nach wie vor findet die Kategorie Behinderung (→ Differenzlinie Behinderung) im intersektionalen Kontext aber nur selten Berücksichtigung (Baldin 2014). Ein erweitertes Verständnis von Behinderung unter Einbeziehung multipler anderer, mit Behinderung verwobener Kategorien erscheint im Hinblick auf inklusive Strategien jedoch unumgänglich. Eine wertschätzende → Anerkennung von → Vielfalt kann nur gelingen, wenn sie auch zukünftig in die Kategorie Behinderung aufgenommen wird.

Literatur

Baldin, Dominik (2014): Behinderung – eine neue Kategorie für die Intersektionalitätsforschung? In: Wansing, Gudrun/Westphal, Manuela (Hg.): Behinderung und Migration. Inklusion, Diversität, Intersektionalität. Wiesbaden, 49–71.

Bührmann, Andrea (2009): Intersectionality – ein Forschungsfeld auf dem Weg zum Paradigma? Tendenzen, Herausforderungen und Perspektiven der Forschung über Intersektionalität. In: Gender. Zeitschrift für Geschlecht, Kultur und Gesellschaft, 2/2009, 28–44.

Crenshaw, Kimberlé (1989): Demarginalizing the Intersection of Race and Sex: A Black Feminist Critique of Antidiscrimination Doctrine, Feminist Theory and Antiracist Politics. In: University of Chicago Legal Forum 140, 139–167.

Walgenbach, Katharina (2007): Geschlecht als interdependente Kategorie. In: Walgenbach, Katharina/Dietze, Gabriele/Hornscheidt, Antje/Palm, Kerstin (Hg.): Gender als interdependente Kategorie. Neue Perspektiven auf Intersektionalität, Diversität und Heterogenität. Opladen, 23–64.

Koedukation

Benedikta Neuenhausen

Der Begriff *Koedukation* enthält lat. *co* (= zusammen) und *educatio* (= Erziehung, aufziehen) und bedeutet GEMEINSCHAFTLICHE ERZIEHUNG.

Der Begriff Koedukation gibt erst einmal nicht genauer an, wer gemeinschaftlich erzogen wird. Gewöhnlich wird mit Koedukation die gemeinschaftliche Erziehung von Jungen und Mädchen in der Schule bezeichnet. Zu unterscheiden ist Koedukation von Ko-Instruktion. Koedukation betont dabei ein Mehr an pädagogischem Nutzen, welches über reine Unterrichtsziele hinausgeht. Hierzu bedarf es eines pädagogischen Konzepts bzw. eines Unterrichtskonzepts, das die Gemeinsamkeiten wie die Unterschiede zwischen Mädchen und Jungen fruchtbar macht (Kreienbaum 2004).

Am Beginn der Koedukationsdebatte steht die Frauenbewegung des ausgehenden 19. Jahrhunderts. Gefordert wurde Teilhabe an Bildung im öffentlichen Schulwesen und Zugang zum Abitur für Mädchen. Dabei war die Frauenbewegung keineswegs einheitlich für Koedukation. Um auch Frauen das Abitur zu ermöglichen, wurde einerseits ein geschlechtergetrenntes Bildungssystem, das in gleicher Weise qualifizierend das *spezifisch Weibliche* förderte oder andererseits Koedukation diskutiert. Ersteres bleibt dabei der → Differenz der Geschlechter verhaftet und wurde mit der Neuordnung des höheren weiblichen Schulwesens im Jahr 1908 etabliert.

Mit der Strukturreform des Bildungswesens Ende der 1960er-Jahre wurde die Koedukation in der Bundesrepublik Deutschland flächendeckend eingeführt und somit formal →Chancengleichheit zwischen den Geschlechtern hergestellt. Im folgenden Jahrzehnt kristallisierte sich heraus, dass Bildungschancen, Berufswahl, Berufseinmündung etc. weiterhin geschlechtsspezifische Differenzen erkennen ließen. Die Koedukationskritik bezog sich nun u. a. auch auf sexistische Schulbücher und die patriarchale Struktur in Kollegien (Kreienbaum 2004). Parallel entwickelte sich die Mädchenförderung, gefolgt von der Jungenförderung. Seit den 1990er-Jahren wird davon ausgegangen, dass es keine quantitative Bildungsbenachteiligung von Frauen mehr gibt, sich aber qualitativ immer noch Ungleichheiten zeigen (Faulstich-Wieland 1999). Fächer-, Studien- und Berufswahl blieben weitgehend traditionell, allerdings verweisen die Ergebnisse der Koedukationsforschung hier eher auf die geschlechtsspezifische Sozialisation in den sozialen Herkunftskulturen als auf die Koedukation (Schlüter 2004). Aber auch das Konzept Reflexiver Koedukation knüpft an diesen Ergebnissen an. Sie nimmt die schulischen Arrangements im Ganzen daraufhin in den Blick, ob sie bestehende Geschlechterverhältnisse stabilisieren (Faulstich-Wieland 1999). Koedukation ist inhaltlich eingebunden in ein Spannungsfeld von Bildungs-, Schul- und Geschlechtertheorie (→Differenzlinie Gender) sowie von gesellschaftlichen Voraussetzungen, ideologischen Positionen und institutionellen Bedingungen (Kraul 1999).

Die Diskussion der Koedukation nach PISA 2003 zeigt zwei Schwerpunkte: Zum einen die Lesekompetenz der Jungen und zum anderen die Leistungen der Mädchen in Naturwissenschaften und Mathematik. Insgesamt fallen die Schulleistungen der Jungen schlechter aus. Sie sind von Klassenwiederholungen stärker betroffen und ihr Anteil ist auf den geringer qualifizierenden Schulformen größer. Im Bereich Mathematik lässt sich allerdings ein Leistungsvorsprung der Jungen festmachen, der sich in der Sekundarstufe (→Inklusion in der Sekundarstufe) verstärkt. Auch in der aktuellen Koedukationsdebatte spielt die soziale Herkunft eine Rolle. Im Fokus stehen dabei Jugendliche mit Migrationshintergrund, da diese als Jungen quasi doppelt von Benachteiligung betroffen sind. Daher führten die PISA Ergebnisse seit 2003 u.a erneut zur Diskussion monoedukativen Unterrichts. Dabei wird der phasenweise getrennte Unterricht nach Fächern favorisiert. Als wichtiger aber scheinen individualisierende Methoden für den alltäglichen Unterricht, ergänzt von geschlechtshomogener Jungen- und Mädchenarbeit als einem Baustein geschlechtssensibler Pädagogik (Budde 2008).

Zudem wurde die Rolle der Lehrkraft in der Rekonstruktion von Geschlechterstereotypen in den Blick genommen. Dabei wird sowohl die Repräsentation von Geschlecht im Lehrberuf nach Schultyp und Fach thematisiert als auch die Konstruktion von Geschlecht in den LehrerInnen-SchülerInnen-Interaktionen. Eine Forderung nach PISA sind daher genderkompetente Lehrkräfte (Budde 2008).

Literatur

Budde, Jürgen (2008): Bildungs(miss)erfolge von Jungen und Berufswahlverhalten bei Jungen/männlichen Jugendlichen. Bundes-

ministerium für Bildung und Forschung. Berlin.
Faulstich-Wieland, Hannelore (1999): Koedukation heute – Bilanz und Chance. In: Horstkemper, Marianne/Kraul, Margret (Hg.): Koedukation. Erbe und Chancen. Weinheim, 124–135.
Kraul, Margret (1999): Koedukation: Determinanten ihrer Geschichte. In: Horstkemper, Marianne/Kraul, Margret (Hg.): Koedukation. Erbe und Chancen. Weinheim, 20–37.
Kreienbaum, Maria Anna (2004): Schule: Zur reflexiven Koedukation. In: Becker, Ruth/Kortendiek, Beate (Hg.): Handbuch Frauen- und Geschlechterforschung. Theorie, Methoden, Empirie. Wiesbaden, 582–589.
Schlüter, Anne (2004): Bildung: Hat Bildung ein Geschlecht? In: Becker, Ruth/Kortendiek, Beate (Hg.): Handbuch Frauen- und Geschlechterforschung. Theorie, Methoden, Empirie. Wiesbaden, 577–581.

Koma und Wachkoma

Andreas Zieger

Im phänomenologischen Verständnis der Beziehungsmedizin sind Koma und Wachkoma zwei extreme menschenmögliche Seinsweisen (Dörner 1994), die durch das naturwissenschaftlich-defektmedizinische Merkmal der schweren Bewusstseinsstörung verbunden sind. Häufigste Ursachen sind Schädel-Hirntrauma oder hypoxischer Hirnschaden. Beide stellen **Extreme Lebensbedingungen** dar, gehen im Verlauf auseinander hervor und sind mit einer eingeschränkten Reha- und Teilhabeprognose assoziiert (Zieger 2016).

Koma (griech. κῶμα = *tiefer Schlaf*) als schwerste Form einer quantitativen Bewußtseinsstörung mit Lebensbedrohung ist durch Unerweckbarkeit auf starke äußere Schmerzreize, geschlossene Augen und Beatmungspflicht gekennzeichnet. Schweregrad, Tiefe und Rückbildung (Remission) werden anhand äußerer körperlicher Reaktionen auf Reizangebote nach klinischen Kriterien bestimmt (Glasgow Coma Scale, Koma-Remissions-Skala). Der Komabegriff wurde erst im 20. Jahrhundert, ausgehend von einem qualitativ veränderten individuellen Lebensphänomen, auf ein allgemeines, rein quantitativ-verobjektiviertes pathologisches Hirnfunktionssyndrom reduziert. Mit der tiefsten Komastufe als zentrales Symptom kennzeichnet das Hirntodsyndrom die Unumkehrbarkeit des Sterbeprozesses.

Wachkoma (franz. *coma vigile,* engl. *vegetative state,* defektmedizinisch: apallisches Syndrom; lat. *a-apllisch,* ohne Hirnmantel, ohne Großhirnrindenfunktion) entsteht nach etwa drei Wochen aus tiefem Komazustand, kann dauerhaft anhalten oder sich mehr oder weniger vollständig erholen. Die prinzipielle Rückbildung wurde erstmals 1967 vom Wiener Neurologen Franz Gerstenbrand beschrieben. Im Vollbild bestehen Spontanatmung und Augenöffnen, während Fixieren, Blickfolgen, emotionale Reizantworten und Kontaktaufnahme (Gewahrsein der Umgebung und seiner selbst) fehlen. Wissenschaftlich wird der Begriff Syndrom der reaktionslosen Wachheit *(unresponsive wakefulness syndrome)* bevorzugt.

Neue messtechnische Forschung hat in 50 Prozent der Fälle emotionale Ansprechbarkeit (vertraute Stimmen, Gesichter, Musik; Schmerzschreie anderer: soziales Gehirn!) und in 10 Prozent kortikale Aktivierbarkeit (mentales Vorstellen, Unterscheidung sinnvoller/sinnloser Sätze) aufgezeigt (Zieger 2016).

Behandlungsansätze zielen auf frühe Reagibilität unter basaler, propriozeptiver und multimodaler sensorischer Stimulation und Kontaktaufnahme im körpernahen Dialogaufbau, den Aufbau von Ja/Nein-Codes, zum Beispiel mittels Augenschluss oder Daumendruck: 1x für Ja, zweimal für Nein, die frühe Vertikalisierung und Frühmobilisation und die Vermeidung schwerwiegender Komplikationen (Steinbach & Donis 2011). Intensive, interdisziplinäre, alltagsstrukturierte und teilhabeorientierte Frührehabilitation, Nachsorge und Langzeitversorgung unter Einbeziehung von Angehörigen ermöglichen in 20 bis 30 Prozent auch noch nach Jahren eine Rückkehr des Bewusstseins. Komplikationen wie Lungen- und Nierenbeckeninfekt oder Sepsis, zu denen Immobilität mit Fehlstellungen der Gelenke und Lagerungsschäden mit Wundgeschwüren beitragen, erhöhen die Sterblichkeit (Zieger 2016).

Offene Forschungsfragen sind, ob die messtechnisch ermittelte innere Reagibilität der äußerlich zu beobachtenden emotionalen Körpersemantik (Mimik, Körpertonus, Blick- und Kopfzuwendungsverhalten) vorausgeht und die Remission in einen minimal responsiven oder minimal bewussten Zustand *(minimally responsive/conscious state)* früher anzuzeigen vermag als die Verhaltensbeobachtung. Ebenso besteht Forschungsbedarf bei der palliativen Versorgung und den damit verbundenen ethischen Fragen des Lebenswillens, der Autonomie (rational, unwillkürlich), des Lebensschutzes, des Verzichts auf Weiterbehandlung und der Bedeutsamkeit für andere (als Würde der Gesunden) (Zieger 2014). Das Leben und Leiden im Wachkoma als interdisziplinäre Herausforderung stellt die immer wiederkehrende Frage, inwieweit man die Betroffenen nicht einfach liegen lässt, therapieresistent verwahrt oder sie für rehabilitationsunfähig erklärt. Die Klärung der damit aufgeworfenen Fragen nach dem Sinn der Seinsweise von Menschen im Wachkoma als Grund anthropologischer (→ Anthropologie) Ethik (→ Ethische Aspekte der Inklusion), nach dem vorausverfügten Behandlungsabbruch durch Nahrungsentzug und nach den neoliberalen ökonomischen Lösungsangeboten der Effizienzsteigerung, Priorisierung und Rationierung bedürfen eines breiten gesellschaftlichen Diskurses.

Literatur

Dörner, Klaus (1994): Bewußtlos sein? In: Bienstein, Christel/Fröhlich, Andreas (Hg.): Bewußtlos. Eine Herausforderung für Ärzte, Pflegende und Therapeuten. Düsseldorf, 10–15.

Gerstenbrand, Franz (1967): Das traumatische apallische Syndrom. Wien.

Steinbach, Anita/Donis, Johann (2011): Langzeitbetreuung Wachkoma. Eine Herausforderung für Betreuende und Angehörige. Wien.

Zieger, Andreas (2014): Palliative Care bei Menschen im Wachkoma. In: Kränzle, Susanne/Schmid, Ulrike/Seeger, Christa (Hg.): Palliative Care (Kapitel 18). Heidelberg, 369–378.

Zieger, Andreas (2016): Medizinische Grundlagen. In: Nydahl, Peter (Hg.): Wachkoma. Betreuung, Pflege und Förderung eines Menschen im Wachkoma. (4. Aufl. i. Vorb.). München.

Kompetenz

Kerstin Ziemen

Der ursprünglich aus dem Lateinischen entlehnte Begriff *competentia*, bedeutet zusammentreffen bzw. zustehen. Kompetenz wird mit **Fähigkeit** bzw. Können, Befugnis und Zuständigkeit übersetzt. Sie ist keine individuelle Eigenschaft, sondern ein Bewertungskonstrukt.

Die soziologische Bestimmung von Kompetenz orientiert sich entsprechend Pierre Bourdieus Theorie am Verhältnis von *Feld – Habitus/sozialer Akteur – Kapital* (Bourdieu 1983; Bourdieu & Waquant 1996). Felder sind in diesem Sinne soziale Räume oder Kraft- und Kampffelder, in denen es umkämpfte Objekte gibt. Diese Felder und die in ihnen wirkende Kräfteverhältnisse können nur dann aufrechterhalten werden, wenn die Akteure ihre Interessen und Ressourcen in die Felder einbringen. Als Beispiele für Felder gelten die Politik, die Wissenschaft, die Pädagogik, differenzierter: das schulische Feld, das familiäre Feld, das pädagogische Feld u. a. m.

Bourdieu (1993) unterscheidet zwischen dem ökonomischen, kulturellen und sozialen Kapital. Eine besondere Kapitalform stellt darüber hinaus das symbolische Kapital dar, welches das Ansehen des sozialen Akteurs sichert. Jede Kapitalsorte kann in symbolisches Kapital transformiert werden. Dazu bedarf es jedoch sozialer Akteure, die die jeweilige Kapitalsorte als Kredit oder Vorschuss anerkennen. Über die Felder werden dominante Kapitalsorten analysierbar, die wiederum Kompetenzbereiche darstellen. Es genügt, jemanden als kompetent auszuweisen, um die Neigung vorzugeben, Kompetenzen zu erwerben. Die Wahrnehmungs-, Denk- und Handlungsmöglichkeiten können als Kompetenzen anerkannt werden. Sie spiegeln nicht nur die Beobachtungen wider, sondern ebenso die Stellung und Position in den Feldern. Kompetenzen sind darüber hinaus über Ihre Vergegenständlichung (z. B. Bücher, Bilder) und die Zugehörigkeit zu Gruppen zu erschließen. Über die Position des sozialen Akteurs innerhalb des Feldes werden letztlich auch dessen Wahrnehmungs-, Handlungs- und Denkmöglichkeiten erkennbar, all die Chancen, die mit der Zugehörigkeit zum Feld gegeben sind. Darüber hinaus jedoch aber auch alle Begrenzungen und Einschränkungen.

In inklusiven pädagogischen Kontexten können aufgrund der Verschiedenheit der sozialen Akteure sehr unterschiedliche Kompetenzen präsentsein. Eine Herausforderung ist es, alle diese Kompetenzen für das gemeinsame Lernen, Spielen, Arbeiten zu nutzen.

In pädagogischen Kontexten sind neben den Kompetenzen der Kinder und Jugendlichen auch die der Eltern, → Familien und unmittelbaren Bezugspersonen zu berücksichtigen (Ziemen 2001).

Im Kontext von Inklusion stellt die → Differenzlinie Behinderung neben anderen Differenzlinien ein Exklusionsrisiko (→ Exklusion) dar.

Behinderung wurde in der Vergangenheit vor allem mit Defiziten, Auffälligkeiten, Besonderheiten und damit Inkompetenzen im Sinne von nicht vorhandenen oder nicht verfügbaren Kompetenzen verknüpft. Mit der Ablehnung des dominant medizinisch-tradierten Denkens wurden die Kompetenzen von Kindern, Jugendlichen und Erwachsenen mit Behinderung sowohl für pädagogische, therapeutische, pflegerische Angebote als auch für jegliche Begegnungen und Interaktionen bedeutsam. Vor allem subjektorientierte diagnostische Ansätze zielen darauf ab, die Kompetenzen zu ermitteln. Die → Anerkennung von Kompetenzen ist auf verschiedenen Ebenen möglich, so über die

- Beobachtung und Rekonstruktion von Fähig- und Fertigkeiten bzw. von Wahrnehmungs-, Denk- und Handlungsmöglichkeiten;
- Produkte, Werke, Vergegenständlichungen (z. B. Bilder, Bauwerke, Bücher);
- Abschlüsse, Titel, Nachweise und Zeugnisse.

Die Anerkennung von Kompetenzen durch andere stellt eine Interpretations- und Rekonstruktionsleistung des Beobachters dar, die Anerkennung eigener Kompetenzen einen Ausdruck der Selbstwahrnehmung, Selbsteinschätzung bzw. der Selbstidentifikation, welche sich in der Entwicklung eines Menschen nur im sozialen Kontext entwickeln kann.

Aktuelle Forschungsfragen beziehen sich auf die

- An- und Aberkennung von Kompetenzen in jeglichen Zusammenhängen,
- Kompetenzen von LehrerInnen, AssistentInnen, ErzieherInnen in inklusiven pädagogischen Kontexten und die Konsequenzen für die Aus-, Fort- und Weiterbildung,
- Unterstützung, Begleitung, Beratung der Eltern unter Berücksichtigung anerkannter Kompetenzen.

Literatur

Bourdieu, Pierre (1983): Ökonomisches Kapital, kulturelles Kapital, soziales Kapital. In: Kreckel, Reinhard (Hg.): Soziale Ungleichheiten, Soziale Welt. Sonderband 2. Göttingen, 183–198.

Bourdieu, Pierre (1993): Soziologische Fragen. Frankfurt a. M.

Bourdieu, Pierre/Waquant, Loïc J.D. (1996): Reflexive Anthropologie. Frankfurt a. M.

Ritter, Joachim/Gründer, Karlfried (1976): Historisches Wörterbuch der Philosophie. Band I-K. Stuttgart.

Ziemen, Kerstin (2001): Das bislang ungeklärte Phänomen der Kompetenz – Kompetenzen von Eltern behinderter Kinder. Butzbach-Griedel.

Komplexe Behinderung

Barbara Fornefeld

Die Bezeichnung **Menschen mit Komplexer Behinderung** umfasst eine heterogene Personengruppe. Zu ihr gehören neben den Menschen mit schwer(st)er Behinderung Personen mit geistiger Behinderung und schwierigem Verhalten, mit schwerer Autismus-Spektrum-Störung, mit geistiger Behinderung und psychischen Störungen, geistiger Behinderung und Mehrfacherkrankungen oder alte Menschen mit geistiger Behinderung.

Menschen mit Komplexer Behinderung sind in besonderem Maße der Gefahr ausgesetzt, marginalisiert und als nicht bildungs- oder therapiefähig oder als Pflegefälle aus dem Behindertenhilfesystem ausgeschlossen zu werden. Diese Entwertung ist in der Bezeichnung Menschen mit Komplexer Behinderung mitgedacht. KOMPLEX ist nicht als Eigenschaft der Behinderung zu verstehen, sondern als Attribut der Lebensbedingungen, der Exklusionsgefahren dieser Personengruppe, was durch die Großschreibung des Wortes Komplex symbolisiert wird (Fornefeld 2008).

Der Terminus *Menschen mit Komplexer Behinderung* (Fornefeld 2008) will zu mehr Klarheit führen, indem verschiedene Personengruppen mit ähnlichen Exklusionserfahrungen unter einem Namen zusammengefasst werden. Dies ist notwendig, weil die Zahl der Menschen wächst, die das Hilfesystem vor neue Herausforderungen stellen. Sie entstehen, weil Menschen mit geistiger Behinderung aufgrund des medizinischen Fortschritts älter werden und gesundheitliche Krisen besser überstehen. Der demographische Wandel und die erhöhte Gefahr von Menschen mit geistiger Behinderung, im Verlauf ihres Lebens zusätzliche Erkrankungen und/oder psychische Störungen zu entwickeln, führen zu veränderten Aufgaben in Behindertenhilfe, Politik und Gesellschaft, wie sie durch die Menschen mit schwerer geistiger und körperlicher Behinderung schon immer entstanden, vor allem, wenn es um deren Inklusion geht.

Für MENSCHEN MIT GEISTIGER BEHINDERUNG und zusätzlichen Beeinträchtigungen findet man im deutschsprachigen Raum unterschiedliche Bezeichnungen: Menschen mit schwerer oder schwerster Behinderung, mit mehrfacher Behinderung, mit hohem oder sehr hohem Unterstützungsbedarf, mit allumfassendem Hilfebedarf oder mit intensivem Förderbedarf und andere mehr. Die Begriffsvielfalt und deren Vieldeutigkeit sind Ausdruck der Suche nach einem angemessenen Terminus, der die gemeinten Personen nicht zu Mangelwesen macht und diskriminierend wirkt.

In ihren → Kompetenzen und Bedürfnissen unterscheiden sich die einzelnen Gruppen voneinander. Darum finden bei ihnen unterschiedliche Interventionen Anwendung. Trotz der bestehenden Unterschiede bilden die Gruppen angesichts des gegenwärtigen gesellschaftlichen Wertewandels unter ethischen, bildungs- und sozialpolitischen Gesichtspunkten eine Einheit. Da Menschen mit Komplexer Behinderung mit ihrem Verhalten gesellschaftlichen und institutionellen Normen nicht entsprechen (→ Verhaltensauffälligkeit), Erwartungen an Selbstbestimmung und → Autonomie nicht erfüllen, ihre Bedürfnisse unzureichend oder gar nicht zum Ausdruck bringen können und einen hohen → Assistenz- bzw. Pflegebedarf haben, sind sie geradezu Gradmesser des Gelingens von Inklusion.

Der Bezeichnung Menschen mit Komplexer Behinderung liegt eine anthropologisch-phänomenologische Betrachtungsweise von Behinderung zugrunde (Lindmeier 1993). Nicht die Schädigung einer Person steht am Anfang der Überlegungen, sondern ihre Lebenswirklichkeit. Sie ergibt sich aus der komplexen Verwobenheit der physischen und psychischen Verfasstheit des Menschen mit seinen Erfahrungen und dem aktuellen Lebenskontext, in dem Alltagserfahrungen, Subjektivität und Bedeutungszuschreibung seitens der Bezugsperson eine unauflösliche Einheit bilden (Schmitz 2005). Behinderung ist ein Phänomen, ein lebendiger und lebenslanger Prozess mit einer nicht geordneten Struktur, die nur aus dem jeweiligen

Lebenskontext heraus verstanden werden kann. Aufgrund des relationalen und responsiven Verhältnisses zwischen Mensch und Umwelt verändert sich der Mensch mit Komplexer Behinderung fortwährend.

Pädagogik und REHABILITATION für Menschen mit Komplexer Behinderung stehen erst am Anfang. Sie verstehen sich als multidisziplinäre vernetzte Wissenschaft, die stärker als zuvor Erkenntnisse aus Psychiatrie, Pflegewissenschaft, Gerontologie, Palliativmedizin und -ethik einbezieht. Hinzu kommt eine stärkere bildungs- und kulturwissenschaftliche Forschung damit diese Menschen nicht länger *Stresstest der Inklusion* bleiben.

Literatur

Fornefeld, Barbara (Hg.) (2008): Menschen mit Komplexer Behinderung, Selbstverständnis und Aufgaben der Behindertenpädagogik. München.

Fornefeld, Barbara (2016): Bildung bei komplexen Beeinträchtigungen. In: Dederich, Markus/Beck, Iris/Antor, Georg/Bleidick, Ulrich (Hg.): Handlexikon der Behindertenpädagogik. Stuttgart (im Druck).

Lindmeier, Christian (1993): Behinderung – Phänomen oder Faktum. Bad Heilbrunn.

Schmitz, Hermann (2005): Was ist ein Phänomen. In: Schmoll, Dirk/Kuhlmann, Andreas (Hg.): Symptom und Phänomen. Freiburg, 16–28.

Konstruktivismus

Theo Hug

Etymologisch geht das Verbum *konstruieren* auf das lateinische *construere* zurück, das im Deutschen mit *zusammenschichten, erbauen, errichten* oder *konstruieren* übersetzt wird. Der Ausdruck *Konstruktivismus* wird in unterschiedlichen Bedeutungen in der Architektur, Kunst, Philosophie sowie in den Humanwissenschaften verwendet. Die verschiedenen Konstruktivismus-Varianten können als unterschiedliche Interpretationen der Beziehungen von Wissen und der Produktion von Wirklichkeit aufgefasst werden, wobei jeweils Wie-Fragen im Vordergrund stehen.

Konstruktivistische Ideen kommen bereits in der indischen Philosophie vor, insofern in den Upanishaden (ca. 750–550 v. u. Z.) die Unterscheidungsmöglichkeiten zwischen Wahrnehmungen im Traum und solchen im Wachzustand problematisiert werden. Sie tauchen in der Mathematik der griechischen Antike, der Rhetorik bei Cicero (106–43 v. u. Z.), bei den Vorsokratikern und bei den antiken Skeptikern auf. In der griechischen Philosophie waren es vor allem Demokrit (460–371 v. u. Z.) und Sextus Empiricus (ca. 160–210 v. u. Z.), die das Argument entfaltet haben, dass man im Prozess der Wahrnehmung nicht zugleich hinter die Wahrnehmung zurück kann, um so die Angemessenheit der Repräsentation der Wahrnehmung beurteilen oder wahre von falschen Erkenntnissen unterscheiden zu können.

In der abendländischen Geschichte sind in der weiteren Folge zahlreiche, zum Teil inkommensurable konstruktivistische Positionen entwickelt worden, die in unterschiedlicher Weise die Gemachtheit von Geschichte(n), Tatsachen und Wirklichkeiten sowie den Aufbau von Wissen, Lebenswelten, Gesellschaften und sozio-kulturellen Zusammenhängen thematisieren. Auch wenn diese Positionen seit den 1970er-Jahren häufig einzelnen Fachrichtungen zugeordnet werden, so sind sie durchwegs interdisziplinär ausgerichtet. Dies gilt für radikalkonstruktivistische, kybernetische (→ Kybernetik), kognitionswissenschaftliche, neurobiologische, systemtheoretische, kulturalistische, (sozial-)psychologische und psychotherapeutische sowie (wissens-)soziologische und philosophische Konstruktivismus-Varianten gleichermaßen. Als kleinster gemeinsamer Nenner der neueren konstruktivistischen Diskurszusammenhänge lässt sich neben dem Verzicht von Aussagen über die *Wirklichkeit an sich* zweierlei ausmachen: (a) die Auffassung von *Beobachten* im Sinne der Herstellung und des Gebrauchs von Unterscheidungen sowie (b) eine gewisse Vorliebe für Denkfiguren der Selbstbezüglichkeit und Selbstanwendung.

In erziehungswissenschaftlichen Diskursen spielen konstruktivistische Denkansätze in den 1970er- und 1980er-Jahren zunächst vor allem im Zusammenhang mit der kritisch-konstruktiven Erziehungswissenschaft (Klafki) sowie der Rezeption der genetischen Erkenntnistheorie (Piaget), der kritischen Psychologie (Holzkamp), der → Kulturhistorischen Schule (Vygotskij, Lurija, Leontjew) und des Sozialkonstruktivismus (Berger, Luckmann) eine Rolle. Seit den 1980er-Jahren finden in erziehungswissenschaftlichen Konstruktivismus-Diskursen zunehmend auch systemtheoretische Positionen und insbesondere die Überlegungen von Maturana (1985) und von Glasersfeld (1996) sowie Schlüsselkonzepte wie → Autonomie, Autopoiese, → Differenz, Emergenz, Ko-Evolution, Kontingenz, operationelle Geschlossenheit, Perturbation, Rekursivität, Selbstorganisation, Selbstreferenz, Strukturdeterminiertheit, strukturelle Kopplung und Viabilität Beachtung. Die häufig verwendete Verbindung SYSTEMISCH-KONSTRUKTIVISTISCH hängt mit pragmatischen Möglichkeiten der Verknüpfung von Mikro-, Meso- und Makro-Ebenen im Kontext der System-Umwelt-Unterscheidung und der differenztheoretischen Modellierung von Beobachtungsinstanzen zusammen, die nicht als unabhängige feste Größen aufgefasst werden, sondern als Instanzen (Individuen, Aktanten, Akteure, Systeme, etc.), die im Prozess der Beobachtung durch ihre Unterscheidungstätigkeiten erst hervorgebracht werden.

Auch wenn PARADOXIEN der Erziehung und Bildung keine Erfindung des Konstruktivismus darstellen (Hug 2011), so werden mit der Konjunktur konstruktivistischer Ansätze in erziehungswissenschaftlichen Kontexten Spannungsfelder von FREMD- UND SELBSTBESTIMMUNG und die Problematik pädagogischer Motive der autonomen Erfüllung heteronomer Vorgaben kritisch zugespitzt. In inhaltlicher Hinsicht werden über grundlagentheoretische und epistemologische Anliegen hinaus (Larochelle, Bednarz & Garrison 2009) vor allem lerntheoretische, didaktische und bildungssoziologische Fragestellungen bearbeitet. In konzeptioneller wie in pädagogisch-praktischer Hinsicht sind dabei prozessual-partizipative, bricolierende sowie kontext-, situations- und gendersensitive Lösungsstrategien tragend. Das konstruktivistische Votum für einen Pluralismus von Wissensformen ist nicht zuletzt auch in der → inklusiven Didaktik (Reich 2014) bedeutsam.

Literatur

Glasersfeld, Ernst von (1996): Radikaler Konstruktivismus. Ideen, Ergebnisse, Probleme. Frankfurt a. M.

Hug, Theo (2011): Die Paradoxie der Erziehung. In: Pörksen, Bernhard (Hg.): Schlüsselwerke des Konstruktivismus. Wiesbaden, 463–483.

Larochelle, Marie/Bednarz, Nadine/Garrison, Jim (Eds.) (2009): Constructivism and Education. Cambridge.

Maturana, Humberto R. (1985): Erkennen: Die Organisation und Verkörperung von Wirklichkeit. Braunschweig.

Reich, Kersten (2014): Inklusive Didaktik: Bausteine für eine inklusive Schule. Weinheim.

Kooperation mit Eltern

Andreas Eckert

Eine gelingende Kooperation mit Eltern lässt sich durch eine gleichberechtige Beziehungsgestaltung charakterisieren, in der unterschiedliche Sichtweisen sowie Wissens- und Erfahrungshintergründe wertfrei zusammengeführt und für das gemeinsame Ziel, die Förderung der kindlichen Entwicklung, genutzt werden.

Das Anstreben einer Erziehungs- und Bildungspartnerschaft zwischen Schule und Elternhaus lässt sich gemäß der aktuellen Fachdiskussion sowohl in der allgemeinen Schulpädagogik als auch in der Sonderpädagogik als ein selbstverständlicher Bestandteil eines modernen Schulkonzeptes bezeichnen (Eckert 2014; Sacher 2014; Stange, Krüger, Henschel & Schmitt 2012). Im Kontext der Inklusionsdebatte nimmt dieser Aspekt bereits seit der Einführung des → Index für Inklusion eine wichtige Rolle als ein Qualitätsmerkmal inklusiver Bildungsprozesse ein.

Der Begriff der *Kooperation mit Eltern* beschreibt in diesem Kontext die anwendungsbezogene Ausgestaltung der Erziehungs- und Bildungspartnerschaft. Die Gedanken der Komplementarität und Ergänzungsbedürftigkeit der beiden Systeme Schule und Elternhaus bilden dabei die Grundlage für eine ressourcenorientierte sowie die Heterogenität familiärer Lebenswelten berücksichtigende Form der Zusammenarbeit.

Die Bedeutsamkeit der *Kooperation mit Eltern* basiert in der aktuellen wissenschaftlichen Diskussion sowohl auf einer systemischen, ethischen als auch empirischen Begründung. Im Vordergrund letzterer Argumentation steht die Auswertung einer Vielzahl internationaler Studien, die den hoch relevanten Einfluss des Elternhauses und deren Einbeziehung auf den Erfolg schulischer Förderung aufzeigen (Sacher 2014; Stange et al. 2012).

Einer viel rezipierten Zusammenstellung zufolge bilden die Aspekte der gegenseitigen Information, des Aufbaus von gegenseitigem Vertrauen und der Koordination von pädagogischen Maßnahmen die Grundlage für eine gewinnbringende

Zusammenarbeit (Neuenschwander et al. 2005 nach Eckert 2014).

Im Leitfaden *Qualitätsmerkmale schulischer Elternarbeit. Ein Kompass für die partnerschaftliche Zusammenarbeit von Schule und Elternhaus* der Vodafone Stiftung Deutschland (2013, 4 ff.) sind die vier Qualitätsmerkmale »Willkommens- und Begegnungskultur«, »Vielfältige und respektvolle Kommunikation«, »Erziehungs- und Bildungskooperation« sowie »Partizipation« benannt und werden mit Leitbildern und Handlungsanregungen konkretisiert.

Explizite Übertragungen auf den sonderpädagogischen Diskurs finden sich im *Kriterienkatalog zur Zusammenarbeit von Eltern und sonderpädagogischen Fachkräften* (Eckert et al. 2012 nach Eckert 2014). Dieser zeigt praxisbezogene Elemente auf den Ebenen der Grundlagen, Gestaltung, Inhalte und Haltungen in der Zusammenarbeit auf.

Die in Form einer Checkliste zusammengefassten »Prinzipien der familienorientierten Frühförderung« (Sarimski, Hintermair & Lang 2013, 37) geben ebenfalls Anregung. Sie thematisieren als zentrale Inhalte der Kooperation

- die Unterstützung der Familien bei der selbstständigen Lösung ihrer Probleme,
- eine durch Vertrauen, Respekt, Ehrlichkeit und offene Kommunikation charakterisierte Beziehungsgestaltung,
- die Einbeziehung der Eltern als aktive Partner bei Entscheidungsprozessen,
- die Identifizierung von Stärken, Bedürfnissen, Zielen und Sorgen der Familien,
- eine bedürfnisorientierte Mobilisierung von Ressourcen in interdisziplinärer Kooperation,
- die Flexibilität und Individualität von Unterstützungsangeboten und
- die Beachtung kultureller Hintergründe und Einstellungen der Familie bei der Planung von Interventionen.

Eine auf diesen Grundlagen realisierte *Kooperation mit Eltern* bietet die Chance, das Kind oder den Jugendlichen mit seinem individuellen familiären Hintergrund wahrzunehmen und diesen gewinnbringend in die schulische Förderung zu inkludieren.

Literatur

Eckert, Andreas (2014): Kooperation von Elternhaus, Kindergarten und Schule. In: Wilken, Udo/Jeltsch-Schudel, Barbara (Hg.): Elternarbeit und Behinderung – Empowerment – Inklusion – Wohlbefinden. Stuttgart, 117–128.

Sacher, Werner (2014): Elternarbeit als Erziehungs- und Bildungspartnerschaft, 2. Aufl. Bad Heilbrunn.

Sarimski, Klaus/Hintermair, Manfred/Lang, Markus (Hg.) (2013): Familienorientierte Frühförderung von Kindern mit Behinderung. München.

Stange, Waldemar/Krüger, Rolf/Henschel, Angelika/Schmitt, Christoph (Hg.) (2012): Erziehungs- und Bildungspartnerschaften. Grundlagen und Strukturen von Elternarbeit. Wiesbaden.

Vodafone Stiftung Deutschland (Hg.) (2013): Qualitätsmerkmale schulischer Elternarbeit. Ein Kompass für die partnerschaftliche Zusammenarbeit von Schule und Elternhaus. Zugriff am 01.12.2015. Verfügbar unter: https://www.vodafone-stiftung.de/alle_publikationen.html

Kooperatives Lernen

Daniel Scholz

Kooperatives Lernen bezeichnet eine **UNTERRICHTSSTRUKTUR**, welche Lernprozesse im Wechsel von individuellen und kooperativen Phasen ermöglicht. Die fachlichen und sozialen **LERNZIELE** der einzelnen Gruppenmitglieder stehen in Beziehung zueinander, zugleich wird die Übernahme von Verantwortung für den persönlichen Anteil an der Zielerreichung der gesamten Lerngruppe hervorgehoben.

Im Mittelpunkt des Kooperativen Lernens steht ein Lernbegriff, der Lernen als aktiven und konstruktiven Prozess versteht. Lernende bringen individuelles Vorwissen ein und tauschen vielfältige Perspektiven im Rahmen kommunikativer Prozesse unter Berücksichtigung sozialer und emotionaler Faktoren wechselseitig aus (Konrad & Traub 2010). Die Strukturierung der Lernumgebung und die Rhythmisierung des Lernens erfolgt beim Kooperativen Lernen in drei aufeinanderfolgenden Schritten *(think – pair – share)*. In diesem Zusammenhang wurden vielseitige Methoden entwickelt und evaluiert, welche soziales und kognitives Lernen fördern, wie z. B. Gruppenpuzzle (auch Jigsaw), Lerntempoduett und Reziprokes Lesen. Ein wesentliches Merkmal Kooperativen Lernens stellen die fünf Basiselemente dar (Green & Green 2005):

- Positive Interdependenz;
- Individuelle Verantwortlichkeit;
- Direkte und förderliche Interaktionen;
- Interpersonale Fähigkeiten;
- Reflexion der Gruppenprozesse.

Johnson und Johnson (2008) unterscheiden hinsichtlich ihrer Dauer, Intensität und Komplexität drei Organisationsformen Kooperativen Lernens, die auch in Verbindung miteinander eingesetzt und variiert werden können:

- Formales, längerfristiges kooperatives Lernen;
- Informelles, kurzfristiges kooperatives Lernen;
- Kooperative Stammgruppen.

Der Einsatz kooperativer Lernformen im Unterricht wirkt sich in besonderem Maße auf die Aufgabenbereiche und Tätigkeiten der Lehrpersonen aus. Neben prozessorientierten Formen der → Beratung und Beobachtung von SchülerInnen liegt eine wesentliche Aufgabe darin, Lernprozesse und Lernergebnisse als gleichwertige Faktoren zu betrachten und Lernumwege zuzulassen. Erforderlich ist außerdem eine auf die individuellen Lernbedürfnisse abgestimmte Planung und Strukturierung der einzelnen Phasen, einhergehend mit einer individualisierten Aufbereitung des Materials.

Die heterogene **LERNGRUPPE** stellt eine wesentliche Gelingensbedingung für kooperatives Lernen dar, da die SchülerInnen auf fachlicher und sozialer Ebene wechselseitig voneinander lernen können. Aus diesem Grund wird kooperatives Lernen meist als geeignete Struktur für einen an Inklusion orientierten Unterricht angeführt (Scholz 2012).

Das inhaltliche Lernen wird vor allem durch die Wechsel von individuellen und gemeinsamen Arbeitsphasen mit integrierten Formen der Binnendifferenzierung unterstützt. Dabei profitieren sowohl SchülerInnen mit besonderem Unterstützungsbedarf im Lernen durch die wechselseitige Zusammenarbeit in heterogenen Gruppen als auch schnell lernende und hochbefähigte SchülerInnen in kooperativen Arbeitsformen gleichbleibende Leistungen erzielen (Benkmann 2009; Traub 2010).

In Bezug auf das soziale Lernen erhalten die Gruppenmitglieder die Möglichkeit, sich während der kooperativen → Arbeit in ihrer Unterschiedlichkeit wahrzunehmen, diese zu akzeptieren und anzuerkennen. Die Beziehungen der SchülerInnen untereinander gestalten sich dadurch positiver und das Selbstwertgefühl und die Selbstwirksamkeit des Einzelnen werden gesteigert (Johnson & Johnson 2008).

Zukünftiger Forschungsbedarf besteht u. a. bezüglich des Aufbaus einer förderlichen Kommunikation unter den Teammitgliedern in inklusiven Lerngruppen. Besondere Bedeutung erhält hier der Austausch in den Präsentationsphasen unter Berücksichtigung der individuellen Lernbedürfnisse. Weiterhin gilt es, Schulen auf dem Weg der Implementierung von Teamstrukturen zu begleiten. Wird die inklusive Schule als Teamschule verstanden, so sollte kooperatives Lernen nicht nur in einzelnen Lerngruppen stattfinden, sondern als schulweiter Prozess verankert und somit Teil einer inklusiven Lernkultur werden.

Literatur

Benkmann, Rainer (2009): Individuelle Förderung und kooperatives Lernen im Gemeinsamen Unterricht. In: Empirische Sonderpädagogik, 1/2009, 143–156.

Green, Norm/Green, Kathy (2005): Kooperatives Lernen im Klassenraum und im Kollegium. Seelze.

Johnson, David W./Johnson, Roger T. (2008): Wie kooperatives Lernen funktioniert. Über die Elemente einer pädagogischen Erfolgsgeschichte. In: Individuell lernen – kooperativ arbeiten. Friedrich Jahresheft XXVI 2008. Seelze, 16–20.

Konrad, Klaus/Traub, Silke (2010): Kooperatives Lernen. Theorie und Praxis in Schule, Hochschule und Erwachsenenbildung. Baltmannsweiler.

Scholz, Daniel (2012): Kooperatives Lernen und Inklusion im Team-Kleingruppen-Modell (TKM). In: Neißer, Barbara/Glattfeld, Eva/Lotz, Heidrun/Ratzki, Anne (Hg.): Gemeinsam erfolgreich! Kooperation und Teamarbeit an Schulen entwickeln. Köln, 133–159.

Traub, Silke (2010): Kooperativ lernen. In: Buholzer, Alois/Kummer Wyss, Annemarie (Hg.): Alle gleich – alle unterschiedlich. Zum Umgang mit Heterogenität in Schule und Unterricht. Seelze-Velber, 138–150.

Körperliche Behinderung

Jens Boenisch

Körperliche Behinderungen sind Dispositionen menschlicher Variabilität. Seit der Frühgeschichte bewegen sich Menschen mit körperlichen Behinderungen zwischen individueller Anpassung an die physikalischen Bedingungen der Welt und dem Umgang einer Gesellschaft mit **KÖRPERBEHINDERUNGEN** (Bergeest, Boenisch & Daut 2015).

Der im pädagogischen Kontext genutzte Terminus *körperliche Behinderung* umfasst körperliche und motorische Beeinträchtigungen sowie chronische und progrediente Erkrankungen. Im Folgenden bezieht er sich vor allem auf Kinder und Jugendliche und ist abzugrenzen vom deutlich erweiterten juristischen Begriff der Schwerbehinderung nach dem Sozialgesetzbuch (SGB) IX. Neben einer Vielzahl an Einzelsyndromen und seltenen Erkrankungen mit schweren Auswirkungen auf die körperliche Konstitution (37 Prozent) ist die Gruppe der körperbehinderten Kinder und Jugendlichen vor allem durch die Erscheinungsbilder CEREBRALE BEWEGUNGSSTÖRUNGEN (45 Prozent), Epilepsie (19 Prozent), chronische Erkrankungen (15 Prozent, z. B. schwere Formen von Neurodermitis, Rheuma, Diabetes, Niereninsuffizienz, Hämophilie, Zöliakie, Herzfehler), Muskelerkrankungen (6 Prozent, z. B. Duchenne Muskeldystrophie) und Querschnittlähmung (4 Prozent) geprägt. Der Anteil an Kindern und Jugendlichen mit schwerer und mehrfacher Behinderung ist in den letzten drei Dekaden von 7 Prozent (1982) auf 37 Prozent (2011) gestiegen (Hansen & Wunderer 2011). Der Anteil an Kindern ohne Lautsprache mit Bedarf an → Unterstützter Kommunikation hat dementsprechend zugenommen. Abhängig vom Landesschulgesetz werden diese SchülerInnen, die in der Regel auch schwerste körperliche Behinderungen haben, an Förderschulen mit dem Förderschwerpunkt körperliche und motorische Entwicklung oder mit dem Förderschwerpunkt geistige Entwicklung beschult (Bernasconi & Böing 2015; Boenisch 2009). Häufig auftretende Mehrfachbehinderungen sowie unklare Diagnosen erschweren eine exakte Zuordnung und begründen die Mehrfachnennungen in den Studien.

Seit Beginn der Schulpflicht besuchen Kinder mit Körperbehinderung ganz selbstverständlich die allgemeine Schule, ohne dass die Körperbehinderung bzw. ein sonderpädagogischer Förderbedarf immer gemeldet wird. Auch werden chronische Erkrankungen an allgemeinen Schulen häufig nicht als körperliche Behinderung registriert. Dies hat nicht nur Auswirkungen auf die Erfassung dieses Personenkreises, sondern auch auf die Inanspruchnahme ergänzender pädagogisch-therapeutischer Unterstützungssysteme.

Die KOGNITIVEN LEISTUNGEN erstrecken sich je nach Art und Schwere der Behinderung von Gymnasialbeschulung bis zu geistiger Behinderung. Bei Kindern mit hirnorganischen Schädigungen und Auswirkungen auf die visuelle, auditive und taktile Wahrnehmung, mit Einschränkungen in der Motorik sowie durch häufige Fehlzeiten und Klinikaufenthalte sind vielfältige Erschwernisse im Lernen und in der Konzentration beobachtbar. Bei motorisch bzw. cerebral beeinträchtigten Kindern treten vermehrt Schwierigkeiten im Erfassen von Größen und geometrischen Formen sowie in der Strukturierung und Planung von Handlungsabläufen auf. Ferner können eine hohe Ablenkbarkeit, geringe Selbstorganisationskompetenz sowie eine hohe Wiederholungsnotwendigkeit bei vergleichsweise geringer Flexibilität bei Übertragungsleistungen von einmal Gelerntem beobachtet werden. Besonders deutlich tritt dies bei der Bewältigung von Aufgaben mit Beanspruchung der räumlich-visuellen und exekutiven Funktionen in Erscheinung (Blume-Werry 2012). Da einige dieser SchülerInnen eine vergleichsweise gute sprachliche Eloquenz zeigen (z. B. Spina bifida, Hydrocephalus), werden sie insbesondere in Inklusionsklassen häufig überschätzt und überfordert. Kinder mit fortschreitender Muskeldystrophie (Typ Duchenne), die in der Regel erst ab dem vierten Lebensjahr nach und nach ihre Bewegungsfähigkeit verlieren und frühzeitig grundlegende Raumerfahrungen machen konnten, zeigen diese Lernschwierigkeiten seltener.

National wie international werden überwiegend Kinder mit guten SPRECHKOMPETENZEN und geringem PFLEGEBEDARF inklusiv beschult (Walter-Klose 2015). Unterstützt kommunizierende Kinder sowie SchülerInnen mit schwerer Behinderung werden bisher vor allem in Förderschulen unterrichtet. Trotz über fünf Dekaden Erfahrung in der integrativen Beschulung körperbehinderter Kinder steht die Inklusion bis heute im Spannungsfeld von erfolgreicher und gescheiterter Beschulung. Verläuft die gemeinsame Erziehung im Kindergarten weitgehend problemlos, so stellt die gemeinsame Unterrichtung körperbehinderter und nicht behinderter Kinder nach wie vor eine Herausforderung für Bildungspolitik und Schulorganisation dar. Barrieren der inklusiven Beschulung von Kindern mit körperlicher Behinderung liegen häufig in der Haltung und professionellen Einstellung der pädagogischen Fachkräfte, in mangelnder Fachkompetenz und unangepasster Unterrichtsgestaltung begründet (Bergeest et al. 2015; Walter-Klose 2015).

Literatur

Bergeest, Harry/Boenisch, Jens/Daut, Volker (2015): Körperbehindertenpädagogik. Grundlagen, Förderung, Inklusion. 5. Aufl. Bad Heilbrunn.

Bernasconi, Tobias/Böing, Ursula (2015): Pädagogik bei schwerer und mehrfacher Behinderung. Stuttgart.

Blume-Werry, Antje (2012): Lernverhalten bei Kindern mit Hydrocephalus. Oberhausen.

Boenisch, Jens (2009): Kinder ohne Lautsprache. Karlsruhe.

Hansen, Gerd/Wunderer, Susanne (2011): Die aktuelle Zusammensetzung der Schülerschaft an Förderschulen mit dem Förderschwerpunkt körperliche und motorische Entwicklung in Nordrhein-Westfalen. Forschungsbericht Universität zu Köln. Zugriff am 10.02.2015. Verfügbar unter: http://www.hf.uni-koeln.de/30269

Walter-Klose, Christian (2015): Empirische Befunde zum gemeinsamen Lernen und ihre Bedeutung für die Schulentwicklung. In: Lelgemann, Reinhard/Singer, Philipp/Walter-Klose, Christian: (Hg.): Inklusion im Förderschwerpunkt körperliche und motorische Entwicklung. Stuttgart, 111–148.

Kultur

Helmwart Hierdeis

Der Begriff *Kultur* (abgeleitet vom lat. *colere* = urbar machen, pflegen) bezieht sich auf das, was der Mensch denkend und handelnd an sich selbst, an seinen Lebensbedingungen und an seiner materiellen wie sozialen Umwelt bewirkt hat und immer noch neu bewirkt. NATUR dagegen wird verstanden als das nach immanenten Gesetzen aus sich selbst Gewordene und immer neu Entstehende. Die mit dem Beginn der Menschheitsgeschichte in Gang gekommene und zunehmend folgenreiche Beherrschung und Veränderung der Natur (Kultivierung) macht es schwer, eine fruchtbare Unterscheidung zwischen den beiden Begriffen zu treffen.

Jede Umschreibung von Kultur ist zwangsläufig selbst Ergebnis einer kulturellen Tradition, in der ein (philosophisches bzw. theologisches) Nachdenken über das Wirken des Menschen in der Welt stattgefunden hat. Über lange Phasen der Menschheitsgeschichte hinweg gab es eine dauernde und gleichsam gedankenlose Ausbeutung der *Natur,* um sich die für das Überleben notwendigen Ressourcen zu sichern, verbunden mit einer lebenssichernden Anpassung. Dieser Prozess dauert bis heute an, nur wird er zunehmend durch den Gedanken beschwert, wie lange die endlichen Reserven noch ausgebeutet werden können. So gehören heute zu einer verantwortungsvollen ENKULTURATION auch Umweltbewusstsein und entsprechende Techniken.

Der Mensch ist Faktor und Produkt der Kultur (Kulturelle Evolution; Liedtke 1997). Überlebensfähigkeit und Identität einer Gesellschaft hängen davon ab, inwieweit es ihr gelingt, *objektive Kultur* (Sprache, Symbole, religiöse, moralische, soziale und politische Ordnungsvorstellungen und Ordnungssysteme, Kunst, Wissenschaft, Institutionen, Organisationen) durch Lern-, Erziehungs- und Bildungsprozesse in *subjektive Kultur* zu verwandeln (Wertüberzeugungen, Produktivität, Solidarität, Lernbereitschaft, Anpassungsfähigkeit, Formen der Selbstbehauptung, Expressivität, Selbst- und Weltdeutung, Schlüsselqualifikationen, Selbstreflexion). Daher legt die Gesellschaft großen Wert auf einen organisierten Kulturtransfer für alle, nicht nur für Eliten, die sich dann als *kultiviert* verstehen dürfen (Videsott 2010). Das geschieht einerseits, um eine hohe Produktivität zu erzeugen und zu sichern, andererseits um die Gesellschaft nicht zu spalten, d. h. aus Gründen des erwünschten gesellschaftlichen Zusammenhalts. Das aktuelle Bildungssystem favorisiert allerdings ökonomisch verwertbare Inhalte.

Während bis weit ins 20. Jahrhundert hinein Kultur als Sinnganzes verstanden wurde, dessen Entstehung und Erhaltung an ein bestimmtes Territorium, an eine gemeinsame Sprache und Geschichte gebunden war (Nationalkultur), bildet sich unter dem Eindruck von teils freiwilligen, teils erzwungenen Wanderungsbewegungen und (virtuellen) Globalisierungsprozessen die Einsicht heraus, dass alle Kulturen grundsätzlich Mischkulturen sind. Das gilt besonders für die westliche Hemisphäre. Daher kann sich kulturelle Identität nicht auf eine einheitliche, unverwechselbare, *reine* Kultur berufen. Kultur ist historisch wandelbar, ihre Grenzen sind weder geschichtlich noch territorial genau zu bestimmen, und ihre Elemente sind mehrdeutig. Nur wenn die jeweils aktuelle Kultur Fremdes aufnehmen und sich an Fremdes anpassen kann und wenn Menschen lernen, mit kultureller Mehrdeutigkeit umzugehen, kann sie ihre individuelle und gesellschaftliche Orientierungsfunktion erfüllen (Hierdeis 2005).

Kulturgeschichte war immer auch Bildungsgeschichte. So ist die Erhaltung und Weiterentwicklung der Kultur auch heute auf Organisation angewiesen. Das Bildungssystem entscheidet mit über eine lebbare Balance zwischen Kulturtransfer und Qualifikation, über ein angemessenes Verhältnis zwischen kultureller Identität und kultureller Offenheit, bahnt zusammen mit der nachwachsenden Generation eine subjektive Kultur an, ohne dass der Anschluss an die objektive Kultur verloren geht (Hierdeis 2010). Die Erziehung zur Solidarität mit den Schwächeren der Gesellschaft kommt dabei vielfach zu kurz.

Literatur

Hierdeis, Helmwart (2005). Fremdheit als Ressource. Probleme und Chancen interkultureller Kommunikation. Studienbrief für die Fern Universität Hagen. Innsbruck.

Hierdeis, Helmwart (2010). Kultur. In: Werner Wiater/Belardi, Nando/Frabboni, Franco/Wallnöfer, Gerwald (Hg.): Pädagogische Leitbegriffe im deutsch-italienischen Vergleich. Baltmannsweiler, 212–213.

Liedtke, Max (1997). Evolution und Erziehung. Ein Beitrag zur integrativen pädagogischen Anthropologie. 4. Aufl. Göttingen.

Videsott, Gerda (2010). Kultur. In: Werner Wiater/Belardi, Nando/Frabboni, Franco/Wallnöfer, Gerwald (Hg.): Pädagogische Leitbegriffe im deutsch-italienischen Vergleich. Baltmannsweiler, 213–215.

Kulturelle Partizipation

Kerstin Ziemen

Nach Bohm & Peat (1990, 254) ist Kultur »Sinn, der für eine Gesellschaft verbindlich ist«, zugleich »auch Intention, Zielsetzung und Wertvorstellung«. So sind z. B. »Kunst, Literatur, Wissenschaft [...] allesamt Teile der gemeinsamen Erbschaft allgemeinverbindlichen Sinns« (Bohm & Peat 1990, 254), ggf. des Sinns von Subkulturen bzw. Kulturgemeinschaften. **Teilhabemöglichkeiten** an Angeboten der Kunst und Kultur sind zugleich Bildungsangebote, die sowohl für Erwachsene als auch Kinder und Jugendliche an deren Interessen, Bedürfnissen, ihren Möglichkeiten und Potenzialen orientiert sein sollten.

Kultur findet Ausdruck in gemeinschaftlich geteilter Lebensart, in weltanschaulichen und religiösen Vorstellungen, in Sitten, Gebräuchen und Traditionen. Mit dem Themenfeld *Kultur* befassen sich verschiedene Wissenschaften. »Kulturtheorien reflektieren [...] die Beziehung zwischen Kultur und Gesellschaft« (Kimmich, Schahadat & Hauschild 2010, 11) bzw. Kultur, Natur und Gesellschaft. An dieser Stelle ist es unmöglich, die gesamte Diskussion zu Kulturbegriffen und Kulturtheorien aufzunehmen (Kimmich et. al. 2010).

Ein gleichberechtigter Zugang jedes Menschen zu kulturellen und sozialen Angeboten, zu Kulturgütern ist nicht selbstverständlich. »Die Akkumulation von Kultur in inkorporiertem Zustand – also in der Form, die man auf französisch ›culture‹, auf deutsch ›Bildung‹, auf englisch ›cultivation‹ nennt – setzt einen *Verinnerlichungsprozeß* voraus [...]« (Bourdieu 1983, 187), d. h. den Prozess der aktiven Auseinandersetzung mit den Dingen der Welt, mit anderen und sich selbst. Der Weitergabe und dem Erwerb von kulturellem Kapital liegen Lernprozesse zugrunde, die wiederum abhängig sind von sozial vorgefundenen Bedingungen in der Lebensgeschichte bzw. Lebenswelt eines Menschen. Kulturelle Angebote von Museen, Ausstellungen, historischen und kulturellen Stätten berücksichtigen bislang nur marginal die individuell verschiedene Verfügbarkeit kulturellen Kapitals der Besuchergruppen und Gäste.

Inklusion bezieht sich auf alle Lebensaltersphasen und Lebensbereiche, auf die

Demokratisierung und Humanisierung von Lebensbedingungen, zielt auf grundsätzliche gesellschaftliche Veränderungen und die Schaffung neuer (System-) Strukturen. Als Basis kann die bedingungslose → Anerkennung jedes Menschen mit seinen Kompetenzen (→ Kompetenz) und Potenzialen angenommen werden, welches mit einer offenen Haltung und Einstellung allen Menschen gegenüber einhergeht und die Sicherung von Teilhabe- und Teilnahme an Bildung, an sozialen Prozessen und an jeglichen kulturellen Angeboten voraussetzt. Menschen mit Behinderung sind häufig von der Teilhabe am sozialen Verkehr, von Bildung und Kultur ausgeschlossen. Georg Feuser (2011) verweist auf die Relation hin, die mit Teilhabe verbunden ist, »nämlich das Verhältnis dessen, was ein Mensch will, was ein Mensch kann und was ihm gewährt wird an Zugängen, Ressourcen und Unterstützung, um realisieren zu können, was er will, und wenn er das nicht hinreichend selbst kann, um sein Wollen zu realisieren, stellt sich wieder die Frage, wie weitgehend ihm die Ressourcen zur Verfügung stehen, die Differenz zwischen Ist und Soll zu kompensieren, z. B. durch persönliche Assistenz« (4). Teilhabe wird »primär in dialogisch-reziproker Kommunikation realisiert« (Feuser 2011, 5). Das Übereinkommen über die Rechte behinderter Menschen sichert in Art. 30 die »Teilhabe am kulturellen Leben sowie an Erholung, Freizeit und Sport« (Behindertenbeauftragter 2011, 46). Forschungsfragen beziehen sich auf:

- Analysen von Barrieren der Teilhabe an kulturellen Angeboten,
- Partizipationsmöglichkeiten an kulturellen Angeboten in Abhängigkeit von heterogenen Denk-, Wahrnehmungs-, Handlungs- und sprachlichen Kompetenzen.

Literatur

Beauftragter der Bundesregierung für die Belange behinderter Menschen (2011): Übereinkommen über die Rechte von Menschen mit Behinderungen. Alle inklusive – Die neue UN-Konvention. Berlin.

Bohm, David/Peat, F. David (1990): Das neue Weltbild. Naturwissenschaft, Ordnung und Kreativität. München.

Bourdieu, Pierre (1983): Ökonomisches Kapital, kulturelles Kapital, soziales Kapital. In: Kreckel, Reinhard (Hg.): Soziale Ungleichheiten, Soziale Welt. Sonderband 2. Göttingen, 183–198.

Feuser, Georg (2011): Teilhabeforschung aus Sicht von Forschung und Lehre. Zugriff am 24.07.2013. Verfügbar unter: http://www.georg-feuser.com/conpresso/_data/Feuser_-_Teilhabeforschung_aus_Sicht_von_Forschung_und_Lehre.pdf

Kimmich, Dorothee/Schahadat, Schamma/Hauschild, Thomas (Hg.) (2010): Kulturtheorie. Bielefeld.

Kulturhistorische Schule

Manfred Jödecke

Modern gesprochen ist die *Kulturhistorische Schule* ein interdisziplinärer Arbeits- und Forschungszusammenhang, der von Vygotskij (1896–1934) in den 1920er-Jahren in der sowjetischen Psychologie begründet wurde.

Ein wichtiges Forschungsanliegen des Kollektivs um Vygotskij war es, das Bewusstsein als Gegenstand einer wissenschaftlichen Psychologie zu erhalten. Vygotskij als Methodologe entdeckte in der von Karl Marx im *Kapital* praktizierten dialektischen Methode die grundlegende erkenntnistheoretische Herangehensweise an die Untersuchung des Bewusstseins. Die Bedeutung (russ. *значение*) als *Zelle* des Bewusstseins erschien ihm als Ausgangsabstraktum von Verallgemeinerung (russ. *обобощение*) und gesellschaftlichem Verkehr (russ. *общение*). In *Denken und Sprechen* legte er dar, wie sich die Bedeutungen in der menschlichen Ontogenese entwickeln und wie sie in der kommunikativen Tätigkeit von außen nach innen aufgebaut werden können. Übergänge von empirischer zu theoretischer Begriffsbildung und verallgemeinernder gedanklicher Aktion zu erforschen, machten sich spätere Forschungsgruppen um El'konin und Davydov zu ihrer Aufgabe.

Einen anderen Weg bei der Untersuchung der Aufbaugesetzmäßigkeiten des Bewusstseins beschritt P. Ja. Gal'perin. Gemeinsam mit seinen Mitarbeitern entwickelte er die Konzeption der etappenweisen Ausbildung geistiger Handlungen, Operationen und Begriffe. Diese Konzeption zeigte, wie äußere, gemeinsam geteilte, entfaltete Handlungen mit materiellen Gegenständen über die *Sprachvermittlung* (äußere Sprache mit anderen, für sich) zu inneren, individualisiert gedanklichen und verkürzt- automatisierten Handlungen werden können. Eine praktische Umsetzung der Galperin'schen Konzeption liegt aktuell mit dem *entwicklungsorientierten Lese- Schreib- und Mathematikunterricht für alle Kinder* vor, den Manske als Weg des handelnden Lernens beschrieb. Leontjew faszinierte Zeit seines Lebens die *Leidenschaftlichkeit* (russ. *пристрастность*) des Bewusstseins. Nicht so sehr das Wissen *als solches* war für ihn von Interesse, sondern der *emotionale Bezug zum Wissen*, eben jener persönliche Sinn (личностный смысль), den gesellschaftliche Bedeutungen für konkrete Menschen annehmen können. In und mit der gegenständlich praktischen Tätigkeit vergegenständlicht das menschliche Subjekt seine ideellen Vorannahmen im Objekt; über die Tätigkeit eignet es sich die im historischen Prozess entstandenen gesellschaftlich-kulturellen *Wesenskräfte* an. Es waren Jantzen und Feuser, die an den Stereotypien bildenden Tendenzen bei der Konstruktion von Sinn und Bedeutungen durch konkrete Menschen in gesellschaftlichen Kontexten ansetzten und auf deren Grundlage das Allgemeine, *das Paradigmatische* der Behindertenpädagogik in inklusiver Perspektive zu formulieren vermochten: das Verhältnis von Isolation und → Dialog.

Eine Zukunftsperspektive der Kulturhistorischen Schule liegt weiter in dem, was schon Vygotskij die *Wissenschaft vom konkreten Menschen* genannt hat. Menschen sollen auf den *Entwicklungspfaden ihrer individuellen Selbstorganisation* nicht so sehr typisiert, klassifiziert oder kategorisiert werden, als vielmehr deren Lebensäußerungen aus exemplarischen sozialen Entwicklungssituationen heraus erklärt, empathisch nachempfunden oder verstanden werden. In welche Richtung diese Rekonstruktion gehen müsste, hat u.a. Lurija in den romantischen Porträts *klinisch-neurologischer Fälle* aufgezeigt. In diesen Porträts werden bio- und beziehungsmedizinische (Zieger 1994) Erkenntnisse zu einer Synthese gebracht, die den Porträtierten ihre Subjektivität belässt oder wieder zurückgibt, ganz im Sinne des *Nichts über uns ohne uns* der Behinderten als Experten in eigener Sache. Mit anderen Worten: Das Verstehen der sozialen Entwicklungssituation eines konkreten Menschen setzt beim mitfühlenden Erleben an, umgreift deren erklärende Außenperspektive und kommt im gemeinsamen solidarischen Handeln zu ihrem Ende. Auf diesem Wege wird auch der inklusive Anspruch der Annahme und Bewältigung menschlicher → Vielfalt in disziplinärer und professioneller Hinsicht erfüllt.

Literatur

Jantzen, Wolfgang (1987): Allgemeine Behindertenpädagogik. Band 1: Sozialwissenschaftliche und psychologische Grundlagen. Weinheim.

Jödecke, Manfred (1986): Zur Entwicklung pädagogisch-psychologischer Grundlagen der Korrektiverziehung in der Defektologie der UdSSR – eine theoretische Analyse. Dissertation. Magdeburg.

Lück, Helmut (2009): Geschichte der Psychologie. Strömungen, Schulen, Entwicklungen. Stuttgart.

Manske, Christel (2004): Entwicklungsorientierter Lese- und Schreibunterricht für alle Kinder. Die nichtlineare Didaktik nach Vygotskij. Weinheim.

Siebert, Birger (Hg.) (2009): Integrative Pädagogik und kulturhistorische Theorie. Frankfurt a. M.

Zieger, Andreas (1994): Lurijas Bedeutung für ein integriertes humanwissenschaftliches Verständnis im Umgang mit hirnverletzen Menschen als Subjekt. In: Jantzen, Wolfgang (Hg.): Die neuronalen Verstrickungen des Bewusstseins. Zur Aktualität von A.R. Lurias Neuropsychologie. Münster.

Kybernetik

André Frank Zimpel

Die *Kybernetik* ist ein Teilgebiet der Mathematik. Ihr Gegenstand sind rekursive Regelungsvorgänge in signalverarbeitenden Systemen. Sie ist die führende Wissenschaft vom Zusammenhang zwischen Signal und Bewegungssteuerung. Ihre zentralen Kategorien sind: **System**, **Information** und **Steuerung**. Beispiele für Anwendungsgebiete sind: Technik, Ökonomie, Soziologie, Biologie, Medizin, Psychologie und Pädagogik.

Wie bei der Inklusion besteht das Wesen der Kybernetik darin, Disziplingrenzen zu überschreiten und damit einen transdisziplinären Theorie-Praxis-Dialog zu ermöglichen. Dies gelingt ihr, weil sie in operational geschlossenen und selbstbezüglichen mathematischen Funktionen oder Algorithmen von den konkreten materiellen und energetischen Gegebenheiten abstrahiert. Iterationen (= Wiederholungen des gleichen Prozesses auf Zwischenwerte) sind eine bevorzugte mathematische Darstellungsform (Zimpel 2005).

Der Nobelpreisträger Manfred Eigen (Eigen & Winkler 1990) untersuchte in Computersimulationen beispielsweise den Hyperzyklus: Allen wird geholfen, alle helfen. Angewendet auf eine inklusive Lernkultur zeigt sich: Helfen stärkt die Helfenden in ihrem Selbstwertgefühl. Hilfen beim Lernen zu verkraften kostet dagegen auch Kraft, manchmal mehr als das Helfen selbst (Zimpel 2014).

Die Macy-Konferenzen, zehn interdisziplinäre Konferenzen auf denen man anfänglich nach einem Botenstoff fahndete, dessen Fehlen eine plötzlich auftretende Lähmung der Beine verursacht, trugen zwischen 1946 und 1953 zur internationalen Verbreitung der Kybernetik bei (Foerster & Bröcker 2002). Damit leisteten die Macy-Konferenzen einen wichtigen Beitrag zur Verbreitung von Computern in allen Lebensbereichen. Sie bewirkten auch eine verbesserte Teilhabe von Menschen mit Behinderungen durch → Unterstützte Kommunikation (mittels Sprachausgabe, Augensteuerung, Neurofeedback usw.).

Im Jahre 1948 erschienen zwei Grundlagenwerke der Kybernetik: *Eine mathematische Theorie der Kommunikation* von Shannon und »*Kybernetik*« von Wiener. Letzteres trug den Untertitel *Regelung und Nachrichtenübertragung in Lebewesen und Maschine*. Das erste Buch führte die Maßeinheit »bit«, eine Abkürzung für »binary digit«, als Maß für die Unsicherheit H einer Nachricht ein (Shannon & Weaver 1998, 50).

Das zweite Buch rückte die Untersuchung und Nutzung kreiskausaler Prozesse in den Mittelpunkt des wissenschaftlichen Interesses. Der amerikanische Mathematiker Wiener (1894–1964) prägte den Begriff *Kybernetik* (engl. *cybernetics*) für Regelsysteme, die sich selbst durch Rückkoppelungsschleifen steuern. Philosophisch beeinflussten ihn maßgeblich die Werke von Spinoza und Leibniz: »[…] Leibniz denkt ebenso dynamisch, wie Spinoza geometrisch denkt« (Wiener 1968, 65).

Wiener hoffte, dass die Kybernetik neben militärischer Nutzung auch neue Wege für die Steuerung von Prothesen für fehlende Gliedmaßen und Sinnesorgane aufzeigen wird. Diese Hoffnung hat sich fraglos erfüllt. So werden heute zum Beispiel in Deutschland jährlich hunderte sogenannter Hirnschrittmacher in die Basalganglien oder den Vagusnerv von Menschen, die unter Parkinson, schweren Depressionen, Epilepsie, Zwangsstörungen oder Kopfschmerzen leiden, eingepflanzt.

Ein kybernetisches Modell sollte mit möglichst wenigen Voraussetzungen möglichst viele Tatsachen erklären. Wenn sich beispielsweise alle wesentlichen Symptome eines Syndroms aus einem einzigen kybernetischen Modell ableiten, kann dieses Modell sowohl häufige als auch Sonderfälle entschlüsseln, wie in den Simulationen von Lernprozessen bei frühkindlichem Autismus (Sievers 1982) und bei → Trisomie 21 (Zimpel 2016). Die Simulation interaktiver Entwicklungsprozesse hilft, pädagogische Ideen für inklusive Pädagogik zu finden (Zimpel 2014).

Literatur

Eigen, Manfred/Winkler, Ruthild (1990): Das Spiel. Naturgesetze steuern den Zufall. 9. Aufl. München.

Foerster, Heinz v./Bröcker, Monika (2002): Teil der Welt. Fraktale einer Ethik. Heidelberg.

Foerster, Heinz v. (2003): Objects: Tokens for (Eigen-)Behaviors. In: Foerster, Heinz v.: Understanding Understanding. Essays on Cybernetics and Cognition. New York, 261–271.

Shannon, Claude E./Weaver, Warren (1998): The Mathematical Theory of Communication. Urbana.

Sievers, Mechthild (1982): Frühkindlicher Autismus. Köln.

Wiener, Norbert (1968): Kybernetik. Regelung und Nachrichtenübertragung in Lebewesen und Maschine. Reinbek bei Hamburg.

Zimpel, André Frank (2005): Recursion, Reiterations and Remarkableness: An Ontogenetic Approach to a Theory of the Observer. In: Riegler, Alexander/

Bröcker, Monika (eds.) The Scientific Work and Influence of Heinz von Foerster. Volume 34 of the 2005 volume of Kybernetes, Nr. 3, 521–542.
Zimpel, André Frank (2014): Einander helfen: Der Weg zur inklusiven Lernkultur. 2. Aufl. Göttingen.
Zimpel, André Frank (2016): Trisomie 21 – Was wir von Menschen mit Down-Syndrom lernen können. 2000 Personen und ihre neuropsychologischen Befunde. Göttingen.

Legasthenie

Norbert Störmer

Mit dem Begriff *Legasthenie* werden ganz allgemein **Lese-Rechtschreib-Schwierigkeiten** (LRS) bezeichnet.

Beim Erlernen der Schriftsprache wählen Kinder sehr unterschiedliche Zugänge, die abhängig sind von der Bedeutung der Schriftsprache im unmittelbaren sozialen Kontext und vom individuellen Zugang zu ihr. Der Prozess des Erlernens kann sich zum einen in unterschiedlichem Tempo vollziehen, zum anderen sind spezifische Fehler für bestimmte Phasen dieses Prozesses charakteristisch, wenn auch in unterschiedlichem Ausmaß.

Manche Kinder machen gewisse Fehler wesentlich häufiger als andere Kinder, und manche Fehler zeigen sich bei ihnen über einen längeren Zeitraum hinweg. Auffällig ist zudem, dass sich bei auftretenden Fehlern kaum eine Konstanz erkennen lässt. Vielmehr zeigen Kinder immer ein für sie typisches individuelles Profil mit unterschiedlichen Ausprägungen (Brinkmann & Brügelmann 2015).

Probleme hinsichtlich des Lesens und Schreibens entstehen weiterhin im Zusammenhang mit dem auf Gleichschritt und Selektion bedachten Schulsystem. Da zum gleichen Zeitpunkt immer die gleichen Anforderungen gestellt werden, ist es für Kinder oftmals nicht möglich, aktuell Anschluss zu finden, was im Sinne einer permanenten **Überforderung** zu Störungen des individuellen Lernprozesses führt. Aus der Sicht des Kindes erweisen sich die Bedingungen zum Erlernen des Lesens und Schreibens als nicht förderlich, wodurch dem Kind der Zugang zum Lerngegenstand wie auch dessen Aneignung erschwert wird.

Das *Legastheniekonzept* beschreibt derartige Lernschwierigkeiten von Kindern als eine massive und lang andauernde, ausschließlich individuelle → Störung des Erwerbs der Schriftsprache (Klicpera, Schabmann & Gasteiger-Klicpera 2013; Thomé 2004). Auch wenn das Konstrukt Legasthenie zu keiner Zeit unumstritten war und ist und als theoretisch nicht sinnvoll, nicht hilfreich, als forschungsmethodisch problematisch, als diagnostisch nicht aussagekräftig und als sozial schädlich zurückgewiesen wird (Angermaier 1989), haben sich jedoch die auf der Grundlage des medizinischen Modells basierenden Vorstellungen durchgesetzt. Legasthenie ist demnach als eine Lernstörung aufzufassen, die auf spezifische, im Kind zu suchende Defizite zurückzuführen ist. Entsprechend diesen Vorstellungen werden Probleme des Lesens und Schreibens als individuelle Störungen im Sinne spezifischer Störungsbilder in der *Internationalen Klassifikation psychischer Störungen* (ICD-10) und in den *Diagnostischen Kriterien des Diagnostischen Manuals Psychischer Störungen* (DSM-5) aufgeführt.

Entsprechend diesen Vorstellungen werden die Ursachen der Störung Legasthenie, von der ca. vier Prozent der SchülerInnen betroffen sind, in einer komplexen Kombination mehrerer Faktoren gesehen. Immer wieder wird der genetische Faktor als sehr wesentlich herausgestellt, ohne jedoch klar benennen zu können, wie diese Schwierigkeiten des Lesens und Schreibens qualitativ genetisch determiniert sein sollen. Oftmals wird behauptet, dass genetische Faktoren nicht zwangsläufig eine Legasthenie hervorrufen, sondern noch neurobiologische/neurophysiologische Faktoren hinzukommen müssen. Hier wird hypothetisch davon ausgegangen, dass Teilbereiche des Gehirns gestört sind, sodass die Fähigkeit, visuelle und auditive Informationen wahrnehmen und verarbeiten zu können, beeinträchtigt ist.

Lösen wir uns jedoch von dem auf dem medizinischen Modell basierenden Legasthenie-Konzept und versuchen den Problemzusammenhang subjektorientiert zu erschließen, dann sind die in der *Störung Legasthenie* verdichteten Symptome zunächst einmal Ausdruck eines Lernrückstandes bzw. fehlgelaufener Lernprozesse hinsichtlich des Erwerbs der LESE-RECHTSCHREIB-KOMPETENZEN. Aus Forschungsperspektive ist es daher sinnvoll zu prüfen, welche konkreten Schwierigkeiten Kinder mit der Schriftsprache haben. Gleichfalls gilt es zu erforschen, über welche unterschiedlichen Voraussetzungen Kinder verfügen, wie ihre Lernwege verlaufen und in welcher Art und Weise sie Anforderungen hinsichtlich des Lesens und Schreibens sinnhaft für sich akzeptieren können. Infolgedessen brauchen Kinder vorrangig mehr Aufmerksamkeit für ihre individuellen Entwicklungsschritte und darauf bezogen oftmals gezieltere methodische Hilfen. Als wenig hilfreich haben sich jedoch isolierte Förder- und Trainingseinheiten erwiesen. Das Training von vermeintlichen Teilleistungsstörungen hat letztendlich keinen dauerhaft positiven Effekt auf die Lese-Rechtschreibleistungen.

Literatur

Angermaier, Michael (1989): Legasthenie, Pro und Contra. Die Kritik am Legastheniekonzept und ihre fatalen Folgen. Weinheim.

Brinkmann, Erika/Brügelmann, Hans (2015): »Lese-/Rechtschreibschwäche« – ein nützliches Konzept? In: Bultmann, Thorsten/Wernicke, Jens (Hg.): Naturalisierung und Individualisierung. Beiträge der Wissenschaft zur Legitimation von Armut und Ausgrenzung. Marburg, 58–61.

Klicpera, Christian/Schabmann, Alfred/Gasteiger-Klicpera, Barbara (2013): Legasthenie – LRS: Modelle, Diagnose, Therapie und Förderung. 4. Aufl. München.

Thomé, Günther (2004): Lese-Rechtschreib-Schwierigkeiten (LRS) und Legasthenie: Eine grundlegende Einführung Weinheim.

Lernbegleitung

Ursula Carle

Lernbegleitung wird je nach Lernbegriff, pädagogischem Konzept und didaktischer Zielsetzung als Begleitung von Lernprozessen über einen längeren Zeitraum, als Beratung in einzelnen Lernsituationen, oder als diagnostisch fundierte fortlaufende Lernkontrolle beschrieben.

Lernbegleitung bezieht sich auf → individuelles Lernen oder auf den Lernprozess einer Lerngruppe, Projektgruppe oder Schulklasse (Pape 2015). Sie kann punktuell eingesetzt werden, z. B. um zusammen mit dem Kind geeignete Zugangsweisen zu erarbeiten, oder langfristig angelegt sein, um den sich wandelnden Bezug des Kindes zu seinem Lerngegenstand zu erfahren. Daraus können Impulse für die → Differenzierung erwachsen. Lernbegleitung eignet sich für fachbezogene wie für emotionale und soziale Lernprozesse. Sie zielt auf Verstehen und kann Einsicht in die nicht beobachtbaren Lerngründe gewähren.

Ein Einsatz diagnostischer Instrumente zur Lernkontrolle gekoppelt mit standardisierten Förderangeboten entlastet nur scheinbar von den Mühen der begleitenden Verstehensprozesse. Widerspricht doch die Vorstellung Schritt für Schritt abprüfbares Wissen im Kind aufzubauen und standardisiert fördern zu können neueren ko-konstruktivistischen Lerntheorien. Lernen geschieht danach nicht vornehmlich fachsystematisch, sondern in der Auseinandersetzung mit der Umwelt und mit Sichtweisen Anderer. Lernende integrieren neues Wissen aktiv in ihre bisherigen Wissensstrukturen, ergänzen oder verwerfen ihre Konzepte. Fördern setzt voraus, dass die Begleitung dem Lernen der Kinder auf die Spur kommt. Dazu ist ein diagnostischer Blick auf die individuellen und gruppenbezogenen Lernprozesse erforderlich. (Breidenstein, Carle, Heinzel, Lipowsky & Götz 2015)

Wenn Lernbegleitung, als Verbindung von diagnostischer Fundierung und Förderung gedacht wird, muss sie verständnis- und erfahrungsintensive Lernprozesse unterstützen, nicht als Trichter, sondern als Türöffner für Erkenntnis wirken. Dies bedarf einer geeigneten → Unterrichtsplanung, die für unterschiedliche Zugänge zum Kern der Sache auch bei unkonventionellen Lernwegen offen ist.

Die Begleitung der Lernprozesse der Klasse dient der REFLEXION über Zusammenarbeit und gemeinsame Werte, dem Austausch von Lernerfahrungen und Lernergebnissen, der Diskussion unterschiedlicher Lernzugänge und -wege etc., schließlich dem Aufbau demokratischer Strukturen. Die integrierte Lerngemeinschaft ist eine Voraussetzung, unter der situative Lernbegleitung gelingen kann. LERNBEGLEITUNG braucht Zeitfenster, Orte, Regeln und offene Unterrichtssettings, in denen weitgehend selbstbestimmt gelernt wird. Für eine über die situative Begleitung hinausgehende systematische Lernprozessbegleitung ist eine Lernprozessdokumentation mit geeigneten Feedbackstrukturen hilfreich, die mit der Unterrichtsplanung verzahnt wird.

Situative Lernbegleitung einzelner SchülerInnen beinhaltet Reflexionen über Lernwege und strukturierende, anregende Impulse. Mögliche Ziele sind: Kreative Lösungen anzuregen, Abschweifen zu begrenzen und die Sache auf den Punkt zu bringen. Hierfür stellt die Lehrperson Fragen (z. B. Wie machst du das? Warum gehst du so vor? Was willst du erreichen?), fasst zusammen, grenzt Positionen voneinander ab oder stößt eine Fokussierung an. Dabei lernen die PädagogInnen, die Aufgabenstellung zu verbessern, Anknüpfungspunkte zu Vorerfahrungen zu finden oder dahinterliegende Prinzipien erkennbar zu machen. Techniken können sein: Die Denkrichtung wechseln, die Aufgabe umkehren, die Perspektive wechseln, das Gegenteil formulieren, Analogisieren mehrerer Varianten, Querprüfen: Ist das immer so? Heuristiken aufbauen durch Faustregeln, Erinnerungs- und Übertragungshilfen.

Die HANDLUNGSREGULATION lässt sich durch Lernbegleitung positiv beeinflussen, indem Kindern gezeigt wird, wie sie sich selbst Anweisungen geben können, um bei der Sache zu bleiben, um sich in sozial kritischen Situationen zu beherrschen etc. Gleiches gilt für die Entwicklung LERNMETHODISCHER KOMPETENZEN, indem darauf geachtet wird, wie das Kind seinen Arbeitsplatz einrichtet, seine → Arbeit plant und ausführt, Problemlösungen angeht etc. und mit dem Kind geschicktere Varianten erarbeitet werden.

Während mit Blick auf diagnostische Instrumente viel investiert wurde, steht die Forschung zur situativen Lernbegleitung im didaktischen System am Anfang. Insbesondere fehlen Untersuchungen zu den, im laufenden Unterricht für Lernbegleitung, erforderlichen diagnostischen Kompetenzen der Lehrpersonen und wie diese entwickelt werden können.

Literatur

Breidenstein, Georg/Carle, Ursula/Heinzel, Friederike/Lipowsky, Frank/Götz, Margarete (2015): Lernprozessbegleitung und adaptive Lerngelegenheiten im Unterricht der Grundschule – ein wissenschaftliches Streitgespräch. In: Liebers, Katrin/Landwehr, Brunhild/Marquardt, Anne/Schlotter, Kezia (Hg.): Lernprozessbegleitung und adaptives Lernen in der Grundschule. Forschungsbezogene Beiträge. Wiesbaden, 47–55.

Carle, Ursula (2013): Mit den Kindern lernen – anschlussfähige Lernprozesse gestalten. In: Wittkowske, Steffen/Maltzahn, Katrin von (Hg.): Lebenswirklichkeit und Sachunterricht. Erfahrungen – Ergebnisse – Entwicklungen. Bad Heilbrunn, 75–85.

Krammer, Kathrin (2009): Individuelle Lernunterstützung in Schülerarbeitsphasen. Münster.

Pape, Martin (2015): Individuelle Lernbegleitung in verschiedenen Sozialformen eines binnendifferenzierten Unterrichts. In: Liebers, Katrin/Landwehr, Brunhild/Marquardt, Anne/Schlotter, Kezia (Hg.): Lernprozessbegleitung und adaptives Lernen in der Grundschule Forschungsbezogene Beiträge. Wiesbaden, 125–130.

Lernbehinderung

Fabian van Essen

Seit der Einführung des Begriffs *Lernbehinderung* gibt es konträre Vorstellungen davon, wie er zu definieren sei. Einstimmigkeit herrscht lediglich darüber, dass es sich zum einen um eine rein schulbezogene Klassifikationskategorie handelt, die ausschließlich in schulischen Funktionszusammenhängen verwendet wird. Zum anderen steht fest, dass der Diagnose einer Lernbehinderungin der Regel keine organischen oder neurologischen Befunde zugrunde liegen (Opp 2006). Eine Lernbehinderung ist Ausdruck eines nicht gelungenen Passungsverhältnisses zwischen den normativen Erwartungsstrukturen von Schule und den Möglichkeiten der Leistungserbringung von Kindern und Jugendlichen. In den 2000er-Jahren wurde der Begriff durch die Bezeichnung Förderschwerpunkt Lernen ersetzt. Im Schuljahr 2012/13 wurde 197.356 Kindern und Jugendlichen ein Förderbedarf im Förderschwerpunkt Lernen zugewiesen. Damit ist der Förderschwerpunkt Lernen der zahlenmäßig größte.

Seinen Ursprung findet der Begriff Lernbehinderung in der Entstehung der Hilfsschulen Ende des 19. Jahrhunderts. Ihre Gründung stellte eine Konsequenz aus der durch die Industrialisierung zunehmenden Bildungsbeteiligung dar. Mit dem Gutachten zur Ordnung des Sonderschulwesens der Kultusministerkonferenz (KMK) von 1960 wurde die Systematisierung eines ausdifferenzierten Sonderschulsystems angestrebt. In diesem Zusammenhang wurde die Hilfsschule in SONDERSCHULE für Lernbehinderte umbenannt. Mit den Empfehlungen zur sonderpädagogischen Förderung in den Schulen der KMK von 1994 sowie den Empfehlungen zum Förderschwerpunkt Lernen der KMK von 1999 wurde u.a. ein terminologischer Wandel hin zu der Bezeichnung FÖRDERSCHWERPUNKT LERNEN vollzogen.

Vor diesem historischen Hintergrund ist Lernbehinderung eine Kategorie, die außerhalb Deutschlands ihresgleichen sucht: Sie »findet sich ansonsten weder in einem der gängigen Klassifikationssysteme [...], noch existiert im internationalen Sprachgebrauch ein entsprechender Parallelbegriff« (Grünke 2004, 65f.). Verstanden wurde Lernbehinderung zunächst vor allem als ein Intelligenzdefizit. Besonders prägend war die Begriffsbestimmung von Bach, nach der die Merkmale umfänglich, schwerwiegend und irreversibel konstituierend für das Phänomen seien. Damit ist gemeint, dass mehrere schulische Lernbereiche betroffen sein müssen, eine Verbesserung der Leistungen innerhalb von zwei Jahren voraussichtlich nicht erreicht werden kann und die diagnostizierten Personen einen Intelligenzquotienten (IQ) von 60/65 bis 80/85 aufweisen (Bach 1971). Diese Definition wurde jedoch stark kritisiert, da zum einen die Aussagekraft eines ermittelten IQ infrage gestellt wurde. Zum anderen basiert diese defizitorientierte Sichtweise auf einem auf das Individuum bezogenen Verursachungsmodell, das den Forschungsbefunden zu der Personengruppe nicht gerecht wird.

Studien belegen, dass die familiären Verhältnisse von 80 bis 90 Prozent der SchülerInnen mit dem Förderschwerpunkt Lernen von ökonomischen, kulturellen und sozialen Armutsstrukturen geprägt sind (van Essen 2013). Dies führt insbesondere in den ersten Lebensjahren zu benachteiligten frühkindlichen Entwicklungsprozessen, was tiefgreifende Folgen für den weiteren Bildungsverlauf in der »Mittelschichtsinstitution« (Rieger-Ladich 2011, 153) Schule hat: Bildungskonzepte, die an den Normen und Werten des Bürgertums ausgerichtet sind, sind nicht anschlussfähig an die Sozialisationserfahrungen von Kindern und Jugendlichen aus Armutsverhältnissen. Damit ist Lernbehinderung als eine SOZIALE KATEGORIE zu verstehen, die habituelle und voraussetzungsbezogene Distanzen beschreibt. Eine rein personenbezogene Betrachtungsweise schließt sich damit aus, es ist vielmehr zu fragen: »Ist eine Lernbehinderung das Scheitern des Schülers an der Schule oder das Scheitern der Schule an ihrem pädagogischen Auftrag?« (Opp 2006, 67) Im Kontext von Lernbehinderung und Inklusion gewinnen folgende Forschungsfelder an Bedeutung:

- Milieuspezifische Eltern- und Familienbildung unter dem Gesichtspunkt gelingender frühkindlicher Bildungsprozesse.
- Schulische Inklusion mit Blick auf die Kinder und Jugendlichen, die von Armut bedroht oder betroffen sind.
- Übergang von der Schule in die Ausbildungs- und Arbeitswelt im Kontext veränderter Bedingungen durch zunehmende Wissensfokussierungen.

Literatur

Bach, Heinz (1971): Unterrichtslehre L. Allgemeine Unterrichtslehre der Sonderschule für Lernbehinderte. Berlin.

Grünke, Matthias (2004): Lernbehinderung. In: Lauth, Gerhard (Hg.): Interventionen bei Lernstörungen: Förderung, Training und Therapie in der Praxis. Göttingen, 65–77.

Opp, Günther (2006): Lernbehinderungen, Verhaltensstörungen, Sprachbehinderungen. In: Opp, Günther/Kuhlig, Wolfram/Puhr, Kirsten (Hg.): Einführung in die Sonderpädagogik. Wiesbaden, 65–78.

Rieger-Ladich, Markus (2011): Rationale Pädagogik. In: Faulstich-Wieland, Hannelore (Hg.): Umgang mit Heterogenität und Differenz. Professionswissen für Lehrerinnen und Lehrer (3). Baltmannsweiler, 141–161.

van Essen, Fabian (2013): Soziale Ungleichheit, Bildung und Habitus. Möglichkeitsräume ehemaliger Förderschüler. Wiesbaden.

Lernschwierigkeit

Anke Langner

Eine *Lernschwierigkeit* ist der Ausdruck eines Behindertwerdens in der Entwicklung und beim Lernen, wobei die Lernschwierigkeit in erster Linie in der Institution Schule bzw. beim Lernen im Unterricht konstatiert wird. Zum Verständnis von Lernschwierigkeit bedarf es einem Verständnis von Lernen und dem Bewerten von Lernen in Schule.

LERNEN stellt im Sinne der → Kulturhistorischen Schule eine Tätigkeit dar, die den Vermittlungsprozess zwischen Subjekt und Lerngegenstand abbildet. Damit wird deutlich, dass es sich beim Lernen um einen stark subjektiven Prozess handelt, welcher nicht in einem Ursache-Wirkung-Schema zwischen Lernziel, Lerngegenstand und Lernergebnis abtragbar ist. Für die bewusste Lerntätigkeit bedarf es eines Lernmotivs. Das Gelingen des Lernens ist abhängig davon, ob der Lernende ein Lernmotiv einbringt und welches Motiv durch die Lehrperson eingebracht wird.

Sogenannte Lernschwierigkeiten entstehen insbesondere im Kontext von Schule bzw. von Unterricht. Dies hat unterschiedliche Ursachen. Zum einen ermöglicht vor allem die Schule den Vergleich von Lernergebnissen (in der Regel über Zensuren), aber auch den Vergleich der Verfügbarkeit von Fähigkeiten und damit einen Vergleich zur *Normalentwicklung* (→ Entwicklung). Dieses Verständnis von Normalentwicklung oder auch das *Lernen im Gleichschritt* prägt noch immer die Vorstellung und damit auch die Praxis von Unterricht. In der pädagogischen Theorie besteht ein Verständnis von Unterricht als institutionalisierte Form des Lernens, wobei Lernen nicht als subjektiv sinnvolle Lerntätigkeit, sondern als relativ geradlinig anwachsender Prozess gedacht wird, den alle Lernenden gleichermaßen vollziehen. Dieses Verständnis und die darauf aufbauende Praxis konstruieren Lernschwierigkeiten bei Lernenden, deren Lernweg vom *normalen* Lernweg abweicht. Wenn die vorgegebenen Lerninhalte des Unterrichts für den Einzelnen nicht subjektiv sinnvoll sind, erscheint die Aneignung von Bedeutungen für diesen jeweiligen Lernenden als objektiv sinnlos und äußert sich als Lernschwierigkeit.

Menschliche Lern- und Entwicklungsprozesse werden im Sinne Vygotskijs in einem zwischenmenschlichen Vermittlungsprozess von interpsychischen Prozessen zu intrapsychischen Prozessen transformiert (Jantzen 2008), ein Vorgang, den Galperins Begriff der INTERIORISATION beschreibt.

Das Verhältnis intrapsychischer und interpsychischer Prozesse, deren Rahmen die soziale Interaktion – der gemeinsame → Dialog – ist, wird bei sogenannten Lernschwierigkeiten behindert,

- indem der angebotene Gegenstand nicht als subjektiv sinnvoll erscheint oder
- die soziale Interaktion zwischen Lehrperson und Lernendem nicht auf Wertschätzung und → Anerkennung basiert oder
- durch Isolationserfahrungen, sodass sich Lernende nicht auf die Lerntätigkeit einlassen können oder
- indem der Dialog nicht die Zone der aktuellen Entwicklung aufgreift und damit auch nicht den Raum für die Zone der nächsten Entwicklung ermöglicht (→ Förderung) (Jantzen 2008).

Folgt man dem Unterrichtsverständnis der kulturhistorischen Theorie als *Vermittlungsform menschlicher Entwicklung* (Siebert 2011), erlangt das Konzept der ZONE DER NÄCHSTEN ENTWICKLUNG Relevanz. Dann ist Unterricht jener Moment, in dem in der sozialen Interaktion die Zone der nächsten Entwicklung realisierbar wird. Dieser entwickelnde Unterricht zielt nicht auf eine formale Wissensaneignung, sondern auf eine gedankliche Durchdringung eines Gegenstands, indem das Subjekt eine bewusste Lerntätigkeit vollzieht (Siebert 2011). Für den Unterricht – der möglichst keine Lernschwierigkeiten hervorbringen sollte – impliziert dies, dass die subjektiven Bedürfnisse der Lernenden analysiert werden. Die Begleitung des Lern- und Entwicklungsprozesses ermöglicht dem Lernenden die Erschließung von Bedeutung, d. h. es werden neue Bedürfnisse beim Lernenden geweckt. Treten sogenannte Lernschwierigkeiten auf, stellt sich die Frage, »wie die Tätigkeit des einen Subjekts durch die des anderen angeregt, initiiert, veranlasst und darüber letztlich geteilt werden kann« (Siebert 2011, 27).

Mit diesem Verständnis von Unterricht wird das Lernen nicht behindert – folglich entstehen keine Lernschwierigkeiten. Auf diesem Weg kann das Lernen zu einem Prozess der SELBST-ANEIGNUNG und der *Selbst-Vermittlung* werden und ist nicht mehr trennbar von der Entwicklung eines Individuums (Siebert 2011).

Literatur

Jantzen, Wolfgang (2008): Die »Zone der nächsten Entwicklung« – neu betrachtet. In: Jantzen, Wolfgang (Hg.): »Kulturhistorische Psychologie heute. Methodologische Erkundungen zu L. S. Vygotskij«. Berlin, 231–245.

Siebert, Birger (2011): Unterricht und Lernen. In: Kaiser, Astrid/Schmetz, Ditmar/Wachtel, Peter/Werner, Birgit (Hg.): »Didaktik und Unterricht«. Behinderung, Bildung, Partizipation. Enzyklopädisches Handbuch der Behindertenpädagogik. Stuttgart, 15–42.

Menschenbilder

Christian Mürner

Mit *Menschenbildern* sind in der Regel nicht konkrete Abbildungen von Menschen in Zeichnungen oder Gemälden gemeint, sondern sie werden *bildhaft* begriffen im semantischen Sinn von Modellen, die sich beziehen auf grundlegende Auffassungen und Vorstellungen, die Menschen von sich selbst und anderen Menschen formulieren.

Zur Frage nach dem Wesensmerkmal des Menschen sprach Hans Jonas (1961) vom HOMO PICTOR. Im *Bildvermögen* eigneten sich Menschen die Welt durch Analogiebildung an, zwar unvollständig oder perspektivisch orientiert, aber durch eine repräsentierende, schöpferische, freie Wahl. »Ein Bild zu machen, setzt die Fähigkeit voraus, etwas als Bild wahrzunehmen: und etwas als ein Bild und nicht als ein Objekt wahrnehmen bedeutet, auch imstande sein, eines zu machen.« (Jonas 1961, 34) Das gelte unabhängig von »spezieller Begabung, tatsächlicher Ausübung und Grad des erreichten Könnens«. (Jonas 1961, 34) Es spiele keine Rolle, ob es sich um eine Kinderzeichnung oder einen Michelangelo handle. Diese Aussage kann man ein inklusives Menschenbild nennen, weil ihr ein kommunikativer, »gemeinsamer Besitz aller« (Jonas 1961, 39) und eine offene, soziale Interpretation zugrunde liegt. In den KOPFFÜSSLERN als transkulturellem Phänomen widerspiegelt sich das Minimum eines figürlichen Menschenbildes in einfacher wie auch einleuchtender Art und Weise.

Die Leitmotive von mentalen Menschenbildern werden explizit als Verhaltensgebote gebraucht oder aber häufiger implizit oder unbewusst verwendet. Bei den meisten Menschenbildern oder auch Weltanschauungen handelt es sich nicht allein um Ab- oder Ebenbilder, sondern um Vor- und Idealbilder, um grundsätzliche Darstellungen des Menschseins. »Menschenbilder heben aus der Fülle möglicher Phänomene und Aspekte, die den Menschen ausmachen, eine begrenzte Anzahl heraus und begreifen diese als maßgeblich. Auf deren Grundlage entwerfen sie ein Modell davon, wie ‚der Mensch' ist, was ihn im Kern ausmacht.« (Dederich 2013, 117) Bei Menschenbildern geht es also im Allgemeinen um die Klärung der Frage: *Was ist der Mensch?* Diese alte Frage wird im 21. Jahrhundert durch die Hirnforschung aktualisiert, die ein *neues Menschenbild* aufgrund des in Zweifel gezogenen *freien Willens* postuliert. Doch erscheinen Menschenbilder stets dynamisch, ihre Prioritäten ändern, ergänzen, verfeinern oder verschieben sich. Es ist von mannigfaltig charakterisierten, z. B. von christlichen, humanistischen oder instrumentellen Menschenbildern die Rede. Viele Menschenbilder haben eine Tendenz, sich auf einen durchschnittlichen, ausgeglichenen, *normalen Menschen* zu berufen und dessen mutmaßliche Ansichten zu fixieren. Dies führt in der Regel zu Vereinheitlichungen und nicht zu angemessenen Komplexitätsreduktionen. In Bezug auf Behinderung (→ Differenzlinie Behinderung) gibt es kontinuierliche und diskontinuierliche Strategien des Umgangs, der Ausgrenzung und der Isolierung – bis hin zur Entmenschlichung – oder des Respekts und der Einbeziehung. Diese werden jeweils mit unterschiedlichen Menschenbildern legitimiert, beispielsweise durch *Sonderbehandlung* oder eine spezifische Betreuungs- und Fördermöglichkeit oder durch die sozialpolitische und pädagogische Assistenz bei größtmöglicher Vielfalt und Variationsbreite. Ausdruck davon ist u. a. der Wechsel der Terminologie von *Behinderten* zu *Menschen mit Behinderung*. Gegenüber der Substantivierung und damit der Reduzierung von Personen auf ihre Behinderung bestimmt *Menschen mit Behinderung* die Attribuierung *behindert* als eine Beifügung unter anderen möglichen, die eine besondere Bedeutung erhalten können. Ein inklusives, nicht ausgrenzendes Menschenbild hat die Frage zum Inhalt, inwiefern die anthropologischen Annahmen (→ Anthropologie) für »Menschen mit Behinderung ebenso Geltung besitzen wie für nichtbehinderte Menschen«. (Liedke 2013, 15) In diesem Zusammenhang spielen Begriffe wie *Verletzbarkeit*, *Schutzbedürftigkeit*, *Begrenztheit*, *Unbestimmbarkeit*, → Partizipation eine Rolle insofern diese nicht gruppenspezifisch und normativ zu verstehen sind, sondern graduell und relational. Von Bedeutung scheint, den Standpunkt zu benennen, von dem aus man sich ein Bild vom Menschen macht, wer von welchem Standort aus eine für alle gedachte, akzeptable oder kompetente Definition und DIFFERENZBESTIMMUNG der Fähigkeiten und Eigenschaften festlegen könne. In diesem ebenso selbstkritischen wie fragilen Vorgehen hinsichtlich bestehender Menschenbilder äußert sich eine konstruktive Offenheit. In diesem reflexiven Kontext spricht Kurt Lüscher (2010) vom HOMO AMBIVALENS, von einem Menschenbild, das in der Thematisierung von produktiven Ambivalenzerfahrungen und ihrer dynamischen Pragmatik eine Chance sieht. Hinzugefügt sei, dass *Menschenbild* als spezifischer Begriff des deutschen Sprachraums gilt.

Literatur

Jonas, Hans (1961/1987): Die Freiheit des Bildens, in: Ders.: Zwischen Nichts und Ewigkeit. Zur Lehre vom Menschen, Göttingen, 26–43.

Dederich, Markus (2013): Die Frage nach dem Menschen: Anthropologie, in: Ders.: Philosophie in der Heil- und Sonderpädagogik, Stuttgart, 115–132.

Kaplow, Ian (Hg.) (2009): Mensch, Bild, Menschenbild. Weilerswist.

Liedke, Ulf (2013): Menschenbilder und Bilderverbot, Eine Studie zum anthropologischen Diskurs in der Behindertenpädagogik. Bad Heilbrunn.

Lüscher, Kurt (2010): »Homo ambivalens«, Herausforderung für Psychotherapie und Gesellschaft, in: Psychotherapeut 2, 136–146.

Zichy, Michael (2015): Menschenbild. Begriffsgeschichtliche Anmerkungen, in: Archiv für Begriffsgeschichte Band 56, Hamburg, 7–30.

Migration

Sophia Falkenstörfer

Migration bedeutet Wanderung (lat. migratio). Als wissenschaftlich-deskriptiver Begriff beschreibt er Wanderungsphänomene von Menschen sowohl innerhalb eines Landes (Binnenmigration) als auch über Landesgrenzen hinweg (internationale Migration). Es werden sogenannte Push- und Pull-Faktoren definiert, welche die Beweggründe der Migration aufzeigen. Push-Faktoren beschreiben, warum ein Herkunftsland verlassen wird, etwa wegen politischer Konflikte, ökonomischer Krisen oder Diskriminierung. Pull-Faktoren hingegen, warum ein Zielland gewählt wurde, z. B. wegen des hohen Wohlstandsniveaus, der freie Arbeitsstellen oder der politischen Freiheit. (Halfmann 2014, 18). Anhand der Push- oder Pull-Faktoren wird versucht, die vielfältigen wie unterschiedlichen Wanderungsphänomene in idealtypische Kategorien zu unterteilen, sodass ggf. von Arbeits-, (Aus-) Bildungs-, Heiratsmigration u. a. gesprochen wird (Wansing & Westphal 2014, 26).

In Deutschland ist Migration über verschiedene rechtliche Gesetzeswerke geregelt: dem Staatsangehörigkeitsrecht (StAG), dem Asyl- und Flüchtlingsrecht (Art. 16a GG), dem Aufenthalts- und Freizügigkeitsrecht (AufenthG) sowie dem Flüchtlingsrecht, welches auf der Genfer Flüchtlingskonvention (GFK) basiert. Bezogen auf das Individuum wird seit dem Mikrozensus 2005 von Menschen mit MIGRATIONSHINTERGRUND gesprochen. Dies sind: »alle nach 1949 auf das heutige Gebiet der Bundesrepublik Deutschland Zugewanderten, sowie alle in Deutschland geborenen Ausländer und alle in Deutschland als Deutsche Geborenen mit zumindest einem zugewanderten oder als Ausländer in Deutschland geborenen Elternteil« (Statistisches Bundesamt 2009, 6). Die Begriffserweiterung soll verdeutlichen, dass auch in Deutschland geborene Nachkommen von Menschen mit Wandergeschichte erfasst werden (Statistisches Bundesamt 2009).

Wie heterogen die Zielgruppe der Menschen mit Migrationshintergrund ist, wird deutlich, wenn man sich vergegenwärtigt, dass ausschließlich *geborene Deutsche mit nichtgewanderten Eltern* nicht dazugehören. Es ist demnach erforderlich, im jeweiligen (pädagogischen) Kontext eine Sensibilität für die migrationsspezifische → Vielfalt zu entwickeln, um sich für ein integratives wie inklusives Miteinander angemessen einsetzen zu können.

Menschen aus westlichen Kulturen werden selten als Migranten wahrgenommen. Ihre LEBENSWELTEN, das sind sowohl kulturell überlieferte kollektive als auch individuelle, auf persönlichen und gesellschaftlichen Erfahrungen beruhende Deutungsmuster (Merz-Atalik 2001), scheinen vertraut. Mit dem Migrationsbegriff geht in der allgemeinen Wahrnehmung etwas Fremdes und infolgedessen *Nicht-Vertrautes* einher. Nach Waldenfels (1987) werden unter dem FREMDEN die Erfahrungsgehalte und -bereiche verstanden, welche sowohl unbekannt als auch unverfügbar sind. Das zeigt sich konkret an ungewohnten und unverständlichen Sprachen, körperlichen Ausdrucksweisen, gelebten Werten und Normen sowie gelebten fremden Religionen und Ritualen. Häufiges gegenseitiges Unverständnis kann auch dort entstehen, wo Menschen aus kollektivistisch-geprägten Kulturen (in denen die Gruppenidentität über der individuellen Identität steht) auf die individualistisch geprägte westliche → Kultur treffen. Diese unvollständig skizzierte Darstellung möglicher migrationsspezifischer Irritations-Aspekte soll verdeutlichen, dass im Kontext von Migration häufig das Fremde und die kulturellen Differenzen das bedeutsame Moment zu sein scheinen, und nicht etwa die Landesgrenzen.

Beispielhaft gilt im Kontext von Migration und Behinderung wahrzunehmen, dass möglicherweise andere oder unbekannte kulturelle Wahrnehmungs-, Deutungs- und Erklärungsmuster von Behinderung als auch Formen des Umgangs mit Behinderung gelten können (Halfmann 2014). Durch gemeinsam verwendete Begrifflichkeiten bei ggf. unterschiedlichen Definitionen, Bedeutungskonstruktionen sowie Sinnzusammenhänge kann es – bei fehlender Kultursensibilität – zu schwerwiegenden Missverständnissen kommen (Merz-Atalik 2001). Um diese zu vermeiden, muss zunächst die Relevanz der möglichen Verstehensvielfalt und ihre Auswirkungen auf ein gemeinsames Miteinander als ein migrationsspezifischer Aspekt wahrgenommen werden.

Inklusion legt gelebte und anerkannte Vielfalt zugrunde mit der Prämisse, dass es dabei nicht um ein Nebeneinander, sondern um ein Miteinander geht. → Anerkennung wiederrum setzt voraus, dass das Gegenüber in seinem Eigen-Sein wahrgenommen wird. Es geht um Verstehensbemühungen. Hinsichtlich der Differenzlinie Migration bedeutet dies, eine Sensibilität für migrationsspezifische Fragestellungen z. B. nach der Bedeutung von Begriffen (s. o.) zu entwickeln. Sowohl in Wissenschaft als auch in der Praxis lassen sich überaus große Desiderate hinsichtlich dieser zu entwickelnden Fragehaltung feststellen.

Für die praktische Umsetzung sowohl der Integrations- als auch der Inklusionsidee ist von entscheidender Bedeutung, dass die Soziale Praxis eine reflektierte kultursensible Haltung in der Zusammenarbeit mit Menschen mit Migrationshintergrund entwickelt.

Literatur

Dederich, Markus/Wolfgang Jantzen (Hg.) (2009): Behinderung und Anerkennung. Stuttgart.

Halfmann, Julia (2014): Migration und Behinderung. Stuttgart.

Merz-Atalik, Kerstin (2001): Fachtagung Mir geht's doch gut – Jugend, Kultur und Salutogenese 2000. Aspekte der Beratung türkischer und kurdischer Eltern von Kindern mit Behinderungen. Zugriff am 06.01.2016. Verfügbar unter: www.muenchen.info/soz/pub/pdf/salutogenese.pdf

Statistisches Bundesamt (2009): Bevölkerung und Erwerbstätigkeit; Bevölkerung mit Migrationshintergrund – Ergebnisse des Mikrozensus 2005 – Fachserie 1 Reihe 2.2. 28. Zugriff am 06.01.2016. Verfügbar unter: www.destatis.de/DE/Publikationen/Thematisch/Bevoelkerung/MigrationIntegration/Migrationshintergrund2010220057004.pdf?__blob=publicationFile

Waldenfels, Bernhard (1987): Ordnung im Zwielicht. Frankfurt a. M.

Wansing, Gudrun/Westphal, Manuela (Hg.) (2014): Behinderung und Migration. Wiesbaden.

Partizipation

Petra Flieger

Partizipation bedeutet **Teilhabe** und **Beteiligung**. Der Begriff wird in vielen Zusammenhängen verwendet, z. B. bei BürgerInnenbeteiligung zur Entwicklung von Stadtteilen. Hier liegt der Schwerpunkt bei Fragen zur Partizipation von Menschen mit Behinderungen.

Der Wortteil Partizip setzt sich aus zwei lateinischen Wörtern zusammen: *pars* = Teil und *capere* = nehmen, fassen. Partizipieren heißt also, »von etwas, was ein anderer hat, etwas abbekommen« bzw. »teilhaben« (Duden 2005, 768). Beide Bedeutungen sind für die Partizipation von behinderten Jungen und Mädchen, Frauen und Männern wichtig, da diese von gleichberechtigter gesellschaftlicher Teilhabe in vielfältiger Weise ausgeschlossen werden. Wenn z. B. öffentliche Verkehrsmittel für RollstuhlfahrerInnen nicht benutzbar sind, wenn Informationen für sinnes- oder lernbehinderte Personen nicht in alternativen Formaten zugänglich sind, wenn Strukturen in Betreuungssystemen mehr an den Bedürfnissen nichtbehinderter als an den Bedürfnissen behinderter Menschen orientiert sind oder wenn nichtbehinderte WissenschafterInnen in der Forschung behinderte Menschen zu Objekten machen, dann bekommen behinderte Menschen von dem, was andere haben, etwas nicht ab – sei dies Mobilität, Information, Einfluss auf Betreuungssysteme oder Definitionsmacht in der Wissensbildung (→ Partizipative Forschung).

Die gleichberechtigte Partizipation behinderter Menschen in allen gesellschaftlichen Lebensbereichen ist eine langjährige Forderung der emanzipatorischen Behindertenbewegung (Sabatello 2014). Deren internationaler Slogan *Nothing about us without us!* (Nichts über uns ohne uns!) verweist darüber hinaus vor allem in das Feld der Politik und soll sicherstellen, dass behindertenpolitische Maßnahmen nicht ohne die aktive Beteiligung von Menschen mit Behinderungen verabschiedet werden. Durch die Ratifikation der → UN-Behindertenrechtskonvention (UN-BRK) verpflichtet sich ein Staat, dass er »kein Gesetz, das jegliche Lebensbereiche behinderter Menschen betrifft, keine Verwaltungsvorschrift oder Maßnahme entwickeln und durchführen soll, ohne behinderte Frauen, Männer und Kinder und ihre Organisationen umfangreich und aktiv einzubinden« (Hirschberg 2010, 3). In diesem Sinn bedeutet Partizipation wesentlich mehr als bloßes Mitmachen oder Dabeisein im Alltag, denn es geht um effektive Einflussnahme, Mitbestimmung und Entscheidungsmacht in der Gesellschaft. Um dies zu ermöglichen, müssen »inklusive Beteiligungsformate« (Palleit & Kellermann 2015, 278) entwickelt und auf allen Ebenen implementiert werden. Konkrete Ansätze dafür lassen sich zumindest punktuell bereits verorten (Schweinschwaller 2015).

Partizipation ist einer der allgemeinen Grundsätze der UN-BRK, wird in Art. 3(c) explizit genannt und steht mit anderen Grundsätzen wie Inklusion, → Barrierefreiheit oder Nicht-Diskriminierung in enger Verbindung (Hirschberg 2010). Dementsprechend häufig wird auf die Notwendigkeit bzw. das Prinzip der Partizipation im Text der UN-BRK hingewiesen. Darüber hinaus führen sowohl Art. 29 zu politischem und öffentlichem Leben als auch Art. 30 zu kulturellem Leben, Erholung, Freizeit und Sport Partizipation im Titel. Einen wesentlichen Faktor für die Partizipation von behinderten Jungen und Mädchen, Frauen und Männern in allen Bereichen gesellschaftlichen Lebens stellt Barrierefreiheit dar. Dabei geht es keinesfalls nur um bauliche Zugänglichkeit, sondern ebenso um Zugänglichkeit von Information und Kommunikation sowie um den Abbau von sozialen und materiellen Barrieren. Eine inklusive Gesellschaft, die menschliche Vielfalt nicht nur toleriert, sondern wertschätzt und als Ressource versteht, ist ohne umfassende Barrierefreiheit schwer denkbar.

Bestes Beispiel für die erfolgreiche Partizipation von behinderten Menschen ist die UN-BRK selbst. Nur durch die effektive Beteiligung von behinderten Personen und deren Organisationen war es möglich, den eingangs erwähnten Slogan *Nothing about us without us!* konsequent umzusetzen und mit der verabschiedeten Konvention nicht nur eine Zielbeschreibung, sondern auch eine Handlungsanleitung für das Erreichen einer inklusiven Gesellschaft vorzulegen.

Literatur

Duden (2005): Das Fremdwörterbuch. Mannheim.

Hirschberg, Marianne (2010). Partizipation – ein Querschnittsanliegen der UN-Behindertenrechtskonvention. In: Deutsches Institut für Menschrechte. Monitoring-Stelle zur UN-Behindertenrechtskonvention (Hg.): Positionen Nr. 3.

Palleit, Leander/Kellermann, Gudrun (2015): Inklusion als gesellschaftliche Zugehörigkeit – das Recht auf Partizipation am politischen und kulturellen Leben. In: Degener, Theresia/Diehl, Elke (Hg.): Handbuch Behindertenrechtskonvention. Teilhabe als Menschenrecht – Inklusion als gesellschaftliche Aufgabe. Bonn, 275–288.

Sabatello, Maya (2014): A Short History of the International Disability Rights Movement. In: Sabatella, Maya/Schulze, Marianne (eds.): Human Rights & Disability Advocacy. Philadelphia, 13–24.

Schweinschwaller, Thomas (2015): Alles mit uns! Interviews mit Interessensvertreter(innen) mit Lernschwierigkeiten. Wie kann Partizipation in Arbeitsgruppen mit Menschen mit Lernschwierigkeiten gelingen? In: Teilhabe, 3/2015, 130–134.

Partizipative Forschung

Petra Flieger

Partizipative Forschung bedeutet, den Anspruch der → Partizipation auf Forschung zu übertragen. Dadurch verändern sich die Machtverhältnisse zwischen ForscherInnen und Beforschten. Für Forschung zum Thema Behinderung bedeutet dies, dass einerseits nichtbehinderte Menschen Macht bzw. Entscheidungsgewalt abgeben, andererseits behinderte Menschen Einfluss auf die Forschung erhalten.

Lange Zeit waren Kinder und Erwachsene mit Behinderungen Forschungsobjekte nichtbehinderter WissenschafterInnen. Erst in den 1970er-Jahren begannen behinderte ForscherInnen damit, den wissenschaftlichen Diskurs durch ihre eigene Perspektive als Personen mit Behinderungserfahrungen zu beeinflussen. Behinderte AkademikerInnen und Nicht-AkademikerInnen übten Kritik an Rehabilitation, Wohlfahrt und Charity und entwickelten alternative Modelle zum Verständnis von Behinderungen (Sabatello 2014). Ihre Kritik am medizinischen Modell von Behinderung führte u. a. zum sozialen Modell von Behinderung, das eine wichtige Grundlage für Inklusion bzw. die Idee einer inklusiven Gesellschaft bildet.

In der internationalen Fachliteratur finden sich verschiedene Zugänge und Konzepte, die Partizipation von behinderten Menschen in der Forschung zum Ziel haben. Während VertreterInnen der britischen → Disability Studies emanzipatorische Forschung *(Emancipatory Research)* favorisieren und sich in Großbritannien mit inklusiver Forschung *(Inclusive Research)* auch ein eigener Ansatz speziell für Forschung mit Menschen mit Lernschwierigkeiten entwickelt hat, ist in den USA partizipatorische Handlungsforschung *(Participatory Action Research)* weit verbreitet (Flieger 2009). Entsprechende Entwicklungen im deutschen Sprachraum sind bislang sehr zögerlich (Goeke 2016). Partizipative Forschungsansätze zeichnen sich durch folgende Ziele aus:

- Forschung zu Behinderung muss zur Verbesserung der Lebensqualität von Kindern und Erwachsenen mit Behinderungen beitragen.
- Forschung zu Behinderung muss sich an den Themen und Perspektiven von behinderten Menschen orientieren, daher sollen diese eine aktive Rolle im Forschungsprozess erhalten.
- Die Forschungsergebnisse müssen behinderten Menschen zugänglich gemacht werden.
- (Nichtbehinderte) WissenschafterInnen müssen bei der Durchführung von Forschung zum Thema Behinderung eine in Bezug auf die Machtverhältnisse zwischen ForscherInnen und Beforschten stark reflexive und selbstkritische Haltung einnehmen.

Ein gutes Beispiel für partizipative Forschung ist die Studie zur Lebenssituation von Frauen mit Behinderungen in Deutschland (BMFSFJ 2012). In dieser großen repräsentativen Studie wurden nicht nur Frauen in Privathaushalten, sondern auch Frauen in Einrichtungen der Behindertenhilfe systematisch befragt. Die Untersuchung hatte die Verbesserung der Lebenssituation von Mädchen und Frauen mit Behinderungen zum Ziel, behinderte Frauen waren dabei aktiv in die Gestaltung, Durchführung und Auswertung einbezogen. Solch ein konsequent partizipatives Vorgehen stellt für Forschungsprojekte im deutschen Sprachraum immer noch eine bemerkenswerte Ausnahme dar. Forschungsdesiderate liegen daher weniger in konkreten Fragestellungen als darin, dass partizipative Ansätze in der Forschung zu Behinderung bzw. über Menschen mit Behinderungen auch im deutschen Sprachraum zum Standard werden. Darüber hinaus gilt die zentrale Forschungsfrage der Reflexion der MACHTVERHÄLTNISSE in der Wissensproduktion (Goeke 2016).

Literatur

Buchner, Tobias/Koenig, Oliver/Schuppener, Saskia (Hg.) (2016): Inklusive Forschung. Gemeinsam mit Menschen mit Lernschwierigkeiten forschen. Bad Heilbrunn.

Bundesministerium für Familien, Senioren, Frauen und Jugend (BMFSFJ) (Hg.) (2012): Lebenssituation und Belastungen von Frauen mit Beeinträchtigungen und Behinderungen in Deutschland. Kurzfassung. Berlin.

Flieger, Petra (2009): Partizipatorische Forschung. Wege zur Entgrenzung der Rollen von ForscherInnen und Beforschten. In: Jerg, Jo/Merz-Atalik, Kerstin/Thümmler, Ramona/Tiemann, Heike (Hg.): Perspektiven auf Entgrenzung. Erfahrungen und Entwicklungsprozesse im Kontext von Inklusion und Integration. Bad Heilbrunn, 159–171. Zugriff am 22.12.2015. Wiederveröffentlichung verfügbar unter: http://bidok.uibk.ac.at/library/flieger-partizipatorisch.html

Goeke, Stephanie (2016): Zum Stand, den Ursprüngen und zukünftigen Entwicklungen gemeinsamen Forschens im Kontext von Behinderung. In: Buchner, Tobias/Koenig, Oliver/Schuppener, Saskia (Hg.): Inklusive Forschung. Gemeinsam mit Menschen mit Lernschwierigkeiten forschen. Bad Heilbrunn, 37–53.

Sabatello, Maya (2014): A Short History of the International Disability Rights Movement. In: Sabatella, Maya/Schulze, Marianne (eds.): Human Rights & Disability Advocacy. Philadelphia, 13–24.

Person

Peter Stöger

Persona (lat.) ist die Übersetzung des griech. *prosopon* (= Antlitz). Person ist ein Schlüsselwort in den Erziehungswissenschaften und in der Humanpsychologie. Die unmittelbare, einzigartige, unverwechselbare, in-dividuell (nicht-teilbare) handelnde, begabte Person steht für eine (auch numerische) Einheit. Gemeinhin wird unter Person ein leib-seelisch-geistig verortbares, soziales Menschenwesen verstanden, das im Laufe seiner Entwicklung ein Bewusstsein über sein Selbst erlangt.

Die Entwicklung des Selbst bzw. des Ich ist zum körperlichen, seelischen und geistigen Überleben auf ein umgebendes Du, auf Sozietät, angewiesen. Für Boëthius ist die Person »die individuelle Substanz einer geistigen Wesensnatur« (»persona est naturae rationis individua substantia«; in: *De personis et duabus naturis* C III (PL 64, 1343 c)). Daraus entwickelt sich später, bei Thomas von Aquin beginnend, Person als ein steter Neuanfang *in Abhängigkeiten von* und *in Bezogenheiten auf*, immer nach Maßgabe von individuell wie kollektiv gezirkelten Freiheiten.

Die konstitutionell zugesprochene Einheit kann sich aber bei Störungen auseinanderleben, individuell oder auch kollektiv (Fromm, Marcuse). Person ist auch ein Sein, dem eine Rechtstitulatur zugesprochen ist und das von der Rechtsposition her im Rahmen der MENSCHENRECHTE beschützenswert ist. Die Person, mit einem Kanon an Rechten und Verpflichtungen, ist über alle (vor-)geburtlichen Phasen bis hin zum Lebensende auf Schutz angewiesen und in vielen Momenten auch zum Schutz verpflichtet. Person versteht sich weiterhin als individuelles, inklusiv-dialogisches Wesen mit einer Summe von Charakteristika (Eigenarten), Antrieben und Handlungen, das sich in Gemeinschaft und nur durch diese und in dieser in zunehmenden Graduierungen von Freiheit entfaltet, was vielfältigst mit Lebensumständen, sozioökonomischen, medizinischen Umständen und mit Dispositionen verbunden ist. Die Würde der Person (→ Menschenwürde) basiert wesentlich auf der Freiheit, auf dem Angesprochensein (Gemeintsein) (→ Dialog), auf dem zugesprochenen Schutz und auf der Förderung ihrer Entfaltungsmöglichkeiten, im Speziellen auch ihrer Kreativitätspotenziale. Person wird als *moral agent*, als sittliches individuelles Subjekt erachtet, in dem sich im Radius seines Vermögens (sozial) verantwortetes Tun, Vernunft, Leib- und Ich-Einheit, Selbstbestimmung, Bewusstheit seiner Geschichtlichkeit und seiner Lebensentwürfe in Rück- und Vorausblick, in Wertehaltung und (damit engstens verbunden) Freiheit konzentrieren.

Die Diskurslinien von/über Person verweisen philosophisch, pädagogisch, anthropologisch auf zahlreiche Fragen der Inklusion. Die Geschichte der Entfaltung des Personbegriffes spiegelt den Werdegang von *Person* im Laufe der Denkentwicklung über das Menschsein. Die Geschichte der Inklusion exemplifiziert dies. In den großen Denkschulen von der Antike über die Aufklärung bis zur Postmoderne zeigen sich Facetten, das Ich zu positionieren. Im 20. Jahrhundert wurde der traditionelle Person-Begriff philosophischer Prägung zunehmend dekonstruiert. Neuere Strömungen verstehen *Person* erstrangig unter dem Aspekt von IDENTITÄTSWECHSEL (Identitäts-Bricolagen oder Patchwork-Identitäten). Angestoßen durch *Neurobiologie* (Hüther) und ein Revival der *Neueren Physik* (Heisenberg, Schrödinger), wird *Person* (wieder) deutlicher in relationale, ökologische und wertebezogene Gesamtzusammenhänge gestellt. Ökosophie, Holistik und Wertepädagogik treten dabei, gemeinsam mit der Kritik an Eurozentrismen, stärker in das Zentrum. Gentechnologische Experimente, Ersatzteilchirurgie, Transplantmedizin, Fortpflanzungs-, Bio- und Reproduktionstechnologie, Embryodesign zeigen Chancen und Gefahren auf. An diesem Kreuzungspunkt betonen Ethik und intrakulturelle wie interreligiöse Dialogarbeit (Ramose 1999) die Sinnhaftigkeit eines Denkens, das Ich-Ich-Identitäten (ich bin Person, weil ich ICH bin) stärker als inkludierende Wir-Ich-Strukturen (ich bin Person, weil ich zu einem WIR gehöre) begreift.

Literatur

Arnold, Wilhelm (1957/1975): Person, Charakter, Persönlichkeit. 4. Aufl. München.

Boethius, Anicius Manlius Severinus: *De* personis et *duabus naturis.*

Marcuse, Herbert (1964/2014): Der eindimensionale Mensch. Springe.

Ramose, Mogobe B. (1999/2005): African Philosophy through Ubuntu. 3. Aufl. Harare.

Schmidinger, Heinrich (1994): Der Mensch ist Person. Innsbruck.

Thomas, Williams (1965): Person und Sozialverhalten. Neuwied.

Persönliches Budget

Markus Schäfers

Das *Persönliche Budget* ist ein bedarfsbezogener Geldbetrag, mit dem Menschen mit Behinderungen (→ Differenzlinie Behinderung) erforderliche Unterstützung nach eigenen Vorstellungen selbst organisieren und finanzieren können. Das Persönliche Budget ist keine zusätzliche Leistung, sondern eine Geldleistung anstelle einer Sachleistung (z. B.

in Form eines Wohnheimplatzes). Mit dem Persönlichen Budget erhalten die Leistungsanbieter (z. B. Dienste und Einrichtungen) nicht mehr – wie im Sachleistungssystem üblich – das Entgelt für vereinbarte Leistungen direkt vom Leistungsträger (z. B. Sozialhilfeträger). Stattdessen bezahlen die mit dem Budget ausgestatteten NutzerInnen die ausgewählten Leistungen. Das Budget soll in einer Weise zugeschnitten sein, dass die NutzerInnen in die Lage versetzt werden, damit ihren individuellen Teilhabebedarf decken zu können (Wacker, Wansing & Schäfers 2009).

Das Persönliche Budget zielt darauf, die Nutzerposition im Leistungsgeschehen zu stärken. Menschen mit Behinderungen sollen nicht länger als Objekt wohlfahrtsstaatlicher Fürsorge mit standardisierten Leistungen versorgt, sondern mit individuell passender Unterstützung darin ermächtigt werden, ein Leben nach eigenen Vorstellungen zu führen und am gesellschaftlichen Leben teilzuhaben. Sie sollen mehr Kontrolle über die Auswahl und Gestaltung der Unterstützung erhalten (→ Partizipation).

Zielgruppe des Persönlichen Budgets sind alle Menschen mit Behinderungen, die einen grundsätzlichen Anspruch auf Leistungen nach dem Sozialgesetzbuch (SGB) IX haben. Eine Einschränkung des Personenkreises etwa im Hinblick auf → Alter, Behinderungsart, Ausmaß der benötigten Unterstützung oder Wohnform gibt es gesetzgeberisch nicht.

Die rechtliche Kernvorschrift lautet: »Auf Antrag können Leistungen zur Teilhabe auch durch ein Persönliches Budget ausgeführt werden, um den Leistungsberechtigten in eigener Verantwortung ein möglichst selbstbestimmtes Leben zu ermöglichen« (§ 17 Abs. 2 Satz 1 SGB IX). Seit 2008 sind die Leistungsträger gesetzlich verpflichtet, Leistungen zur Teilhabe auf Wunsch in Form eines Persönlichen Budgets zu erbringen.

Persönliche Budgets können im Einzelfall von nur einem oder von mehreren Leistungsträgern (z. B. Sozialhilfe, Rentenversicherung, Unfallversicherung) ausgeführt werden. Sind mehrere Leistungsträger beteiligt, soll das Persönliche Budget trägerübergreifend als Komplexleistung erbracht werden. Ziel dieser Regelung ist, dass Menschen mit komplexen Unterstützungsbedarfen und Leistungsansprüchen gegenüber verschiedenen Leistungsträgern ein Gesamtbudget *wie aus einer Hand* erhalten können.

Umfangreiche Studien zeigen auf, dass das Persönliche Budget dazu beiträgt, die Selbstbestimmung und Teilhabe der BudgetnehmerInnen zu erweitern (Metzler, Meyer, Rauscher, Schäfers & Wansing 2007; Baumgartner, Wacker, Castelli, Klemenz, Oberholzer, Schäfers & Wansing 2007). Fallanalysen verdeutlichen, dass das Persönliche Budget zu positiven, zum Teil beeindruckenden Veränderungen im Leben der BudgetnehmerInnen führt. Eine zentrale Rolle spielt hierbei individuell passende Assistenz (→ Assistenz – unter der Bedingung schwerster Behinderung), die zeitlich und sozial flexibel gewählt und organisiert wird. Den BudgetnehmerInnen gelingt es in den selbst gewählten Unterstützungssettings, selbstständiger und nach eigenen Vorstellungen agieren zu können: in der eigenen Wohnung zu leben, selbst gewählte Freizeitaktivitäten zu erleben, soziale Kontakte zu pflegen, persönliche Ziele umzusetzen. Steigendes Selbstbewusstsein und eine wiedergewonnene Kontrolle über das eigene Leben (→ Empowerment) sind die Folge (Metzler et al. 2007; Wacker et al. 2009).

Gleichzeitig zeigen sich Widerstände des konservativen Wohlfahrtsstaats mit einer erheblichen Wirkkraft, die gegen die konsequente Umsetzung und Verbreitung Persönlicher Budgets gerichtet ist (Schäfers 2009). Als Resultat bleibt die Nachfrage nach Persönlichen Budgets weit hinter den Erwartungen zurück. Laut einer Erhebung im Auftrag des Bundesministeriums für Arbeit und Soziales (Prognos AG 2012) gab es 2010 rund 14.200 Budgets. Von allen bewilligten Budgets waren knapp ein Prozent trägerübergreifend.

Gründe für derartige Ergebnisse sind funktionale Probleme des Hilfesystems: fehlende → Beratung und budgetbezogene Unterstützung (sog. *Budgetassistenz*), weitgehend einrichtungsbezogene und dem Persönlichen Budget widersprechende Organisations- und Finanzierungslogiken, mangelnde Koordination verschiedener Leistungen und Leistungsträger, eine den Einzelfall wenig würdigende Teilhabeplanung bei insgesamt steigenden Fallzahlen in der Eingliederungshilfe (Schäfers 2009).

Vor diesem Hintergrund bleibt weiter zu beobachten, von wem das Persönliche Budget als innovatives Instrument genutzt wird und unter welchen Bedingungen es tatsächlich zur beabsichtigten Stärkung von Selbstbestimmung, Teilhabe und Inklusion im Sinne der → UN-Behindertenrechtskonvention (UN-BRK) führt.

Literatur

Baumgartner, Edgar/Wacker, Elisabeth/Castelli, Francesco/Klemenz, Regina/Oberholzer, Daniel/Schäfers, Markus/Wansing, Gudrun (2007): Assistenzmodelle im internationalen Vergleich. Leistungen und Massnahmen zur Unterstützung selbstbestimmten und eigenverantwortlichen Lebens in ausgewählten Ländern. Bern.

Metzler, Heidrun/Meyer, Thomas/Rauscher, Christine/Schäfers, Markus/Wansing, Gudrun (2007): Begleitung und Auswertung der Erprobung trägerübergreifender Persönlicher Budgets. Wissenschaftliche Begleitforschung zur Umsetzung des Neunten Buches Sozialgesetzbuch (SGB IX) – Rehabilitation und Teilhabe behinderter Menschen – Abschlussbericht, Juli 2007. Zugriff am 18.12.2015. Verfügbar unter: http://www.budget.bmas.de/MarktplatzPB/DE/Service/Publikationen/publikationen_node.html

Prognos AG (2012): Umsetzung und Akzeptanz des Persönlichen Budgets – Endbericht. Zugriff am 18.12.2015. Verfügbar unter: http://www.bmas.de/DE/Service/Medien/Publikationen/Forschungsberichte/Forschungsberichte-Teilhabe/fb433.html

Schäfers, Markus (2009): Wie man aus einem Persönlichen Budget eine verdeckte Sachleistung macht. Eine provokative Anleitung. In: Teilhabe, 4/2009, 25–27.

Wacker, Elisabeth/Wansing, Gudrun/Schäfers, Markus (2009): Personenbezogene Unterstützung und Lebensqualität. Teilhabe mit einem Persönlichen Budget, 2. Aufl. Wiesbaden.

Pflege

Patrizia Tolle

Etymologisch ist die Herkunft des Verbs *pflegen* nicht abschließend geklärt. Das althochdeutsche *phlegan* bedeutet ursprünglich »für etwas einstehen, sich für etwas einsetzen« (Brandenburg & Dorschner 2008, 33). Daraus haben sich zwei verschiedene Bedeutungen entwickelt, zum einen »sorgen für, betreuen, hegen« und zum anderen »sich mit etwas abgeben, betreiben, gewohnt sein« (Brandenburg & Dorschner 2008, 33). Abhängig vom jeweiligen Beobachterstandpunkt existieren unterschiedliche Definitionen von *Pflege*, so z. B. als »das Fördern und Erhalten von Gesundheit, das Vorbeugen von gesundheitlichen Schäden und das Unterstützen von Menschen in der Behandlung und im Umgang mit Auswirkungen von Krankheiten und deren Therapien.« (Spichiger, Kesselring, Spirig & De Geest 2006, 45).

In der wissenschaftlichen Diskussion geht es darum, einen Kern von Pflege zu bestimmen, der nicht durch die »Allgegenwart einer neuen ökonomischen Rationalität, die alle Bereiche des Sozialen und damit auch des Pflegerischen durchdringt« (Friesacher 2008, 333) bestimmt ist. Einigkeit besteht, dass es sich bei Pflege um »an den Grundbedürfnissen ansetzende Beziehungsarbeit in existentiellen, die Integrität bedrohenden Lebenssituationen« (Friesacher 2008, 333) handelt und nicht um lediglich biomedizinisch, technisch und stationär orientierte Lösungen. Entsprechend wird im Anschluss an das Konzept der funktionalen Gesundheit der International Classification of Functioning, Disability and Health (ICF) als Ziel von Pflege die »Partizipation am biografisch relevantem sozialen Leben trotz Pflegeabhängigkeit« hervorgehoben (Behrens 2008, 191).

→ Partizipation und Inklusion können jedoch nicht ohne → Exklusion gedacht werden, d. h. ohne die Existenz aussondernder und ausgrenzender Strukturen (Jantzen 2015). Exklusion ereignet sich, »als narrative Exklusion, als soziale Konstruktion von Unsichtbarkeit und Abwesenheit«, wodurch sowohl »das symbolische Kapital der Ausgeschlossenen als auch die Verantwortlichkeit der Anderen« verschwindet (Jantzen 2015, 249). Grundlegend für die Schaffung und Erhaltung ausschließender Strukturen ist der Bruch der Alterität, d. h. der → Anerkennung der Existenz des Anderen (Jantzen 2015, 250). Für die Pflege bedeutet dies, Prozesse des Einschlusses und des Ausschlusses sowie deren Dynamik zu reflektieren.

Um gesellschaftliche Konstruktionsprozesse von Gesundheit, Krankheit und Behinderung angemessen in den Blick zu bekommen, ohne dabei die Ebene der körperlichen Strukturen und Funktionen zu leugnen, bedarf es der Berücksichtigung der konkreten Austauschprozesse in den pflegerischen Handlungen, also von Anerkennung und → Dialog. Vom jeweiligen sozialen Austausch bzw. den sozialen Umständen hängt es ab, ob ein Syndrom (in der Terminologie der ICF eine Störung auf der Ebene körperlicher Strukturen und Funktionen) als Ausgangspunkt eines veränderten Entwicklungspfades in umfassende Partizipation oder Isolation und Ausschluss mündet.

Pflege unterstützt Menschen beim Erlernen sekundärer Kompensationsstrategien, die sich über soziale Austauschprozesse vermitteln. Dabei kann davon ausgegangen werden, dass, je reichhaltiger die Teilhabemöglichkeiten sind, desto größer der Fond an sekundären Kompensationsstrategien wird und tertiäre Kompensationsstrategien als Ausdruck eines gescheiterten Dialogs vermieden bzw. reduziert werden.

Ansatzpunkt für Pflege ist »die Wiederaufnahme der Narration und die Wiederherstellung symbolischen Kapitals« (Jantzen 2015, 250). Insofern umfasst sie gesellschaftliche Konstruktionsprozesse von Krankheit, Gesundheit und Behinderung ebenso wie die Reflexion auf das subjektive Erleben eines pflegebedürftigen Menschen bzw. der Pflegenden.

Aktuelle Forschungsfragen beziehen sich auf die Gemeinwesenorientierung von Pflege, die Auseinandersetzung mit der Problematik der Fortexistenz aussondernder Strukturen sowie psychodynamische und intersubjektive Fragestellungen im Rahmen der pflegerischen Beziehung.

Literatur

Behrens, Johann (2008): Ökonomisches, soziales und kulturelles »Kapital« und soziale Ungleichheit in der Pflege. In: Bauer, Ullrich/Büscher, Andreas (Hg.): Soziale Ungleichheit und Pflege. Beiträge sozialwissenschaftlich orientierter Pflegeforschung. Wiesbaden, 180–211.

Brandenburg, Hermann/Dorschner, Stephan (Hg.) (2008): Pflegewissenschaft 1. Lehr- und Arbeitsbuch zur Einführung in das wissenschaftliche Denken in der Pflege. Bern.

Friesacher, Heiner (2008): Theorie und Praxis pflegerischen Handelns. Begründung und Entwurf einer kritischen Theorie der Pflegewissenschaft. Göttingen.

Jantzen, Wolfgang (2015): Inklusion und Kolonialität – Gegenrede zu einer unpolitischen Inklusionsdebatte. In: Jahrbuch für Pädagogik 2015. Inklusion als Ideologie. Frankfurt a. M., 241–253.

Spichiger, Elisabeth/Kesselring, Annemarie/Spirig, Rebecca/De Geest, Sabina (2006): Professionelle Pflege – Entwicklung und Inhalte einer Definition. In: Pflege, 1/2006, 45–51.

Potenzialentfaltung

Gerald Hüther

Wenn eine Person Gelegenheit hat, die in ihr angelegten **Entwicklungsmöglichkeiten** in vollem Umfang in Form eines daraus erwachsenen Spektrums entsprechender Fähigkeiten und Fertigkeiten herauszubilden, handelt es sich dabei um einen gelungenen Prozess der Entfaltung der in ihr angelegten Potenziale.

Dieser Prozess beginnt nicht erst nach der Geburt, sondern bereits auf dem Entwicklungsstadium der befruchteten Eizelle. Er ist deshalb auch kein Herausstellungsmerkmal der Menschen, sondern Ausdruck der Entwicklungsfähigkeit aller Lebewesen. Potenzialentfaltung ist also ein biologischer Begriff, der die Verwirklichung der Entwicklungsmöglichkeiten auf allen Ebenen des Lebendigen beschreibt, von den Urformen des Lebens über die Herausbildung von Zellen, Organismen bis ihn zur Entstehung sozialer Systeme und menschlicher Gemeinschaften. Da auch in der unbelebten Welt bereits Möglichkeiten des Zusammenwirkens einzelner Bausteine und Komponenten angelegt sind (vom sogenannten Urknall bis zur Herausbildung komplexer, miteinander interagierender Molekülstrukturen) wird der Begriff auch von Vertretern anderer Disziplinen verwendet, die nicht zu den sogenannten Life Sciences zählen.

Die Humanwissenschaften befassen sich mit der Entfaltung der in einzelnen Menschen und in menschlichen Gemeinschaften (Familien, Kommunen, Unternehmen) angelegten Entwicklungsmöglichkeiten. Niemals kommt dieses Potenzial in vollem Umfang zur Entfaltung, immer bleiben einzelne Möglichkeiten ungenutzt. Bereits vorgeburtlich kann es zu Entwicklungsstörungen und Anpassungen an körperliche Besonderheiten kommen, die dazu führen, dass bestimmte Strukturen und Leistungen verstärkt, andere weniger effizient ausgebildet werden. Aus diesem Grund kommen bereits alle Neugeborenen mit jeweils unterschiedlichen weiteren Entwicklungsmöglichkeiten zur Welt. Diese Unterschiede können später entweder ausgeglichen oder noch weiter verstärkt werden. Jede Entfaltung einer spezifischen Entwicklungsmöglichkeit und der damit einhergehende Erwerb einer spezifischen Leistungsfähigkeit führt zwangsläufig immer zu einer weniger ausgeprägten Entfaltung anderer, anfänglich ebenfalls angelegter Potenziale (Spezialisierung, Anpassung, Kompensation).

Am anschaulichsten und mit objektiven wissenschaftlichen Verfahren besonders gut nachweisbar ist der Prozess der Entfaltung der im kindlichen Gehirn angelegten Potenziale: Hier wird zunächst ein enormer Überschuss an Nervenzellen, an Vernetzungsoptionen und SYNAPTISCHEN VERKNÜPFUNGEN (als Potenzial) angelegt. Anschließend kommt es in Abhängigkeit von den jeweiligen Nutzungsbedingungen (unterschiedliche Aktivierungsmuster in Abhängigkeit von körperlicher Beschaffenheit und körperlicher Aktivität, später zunehmend unterschiedliche Erfahrungen in der Beziehung zu anderen Personen) zur Stabilisierung all jener neuronalen Verschaltungsmuster, die besonders häufig und besonders intensiv genutzt (aktiviert) werden. Ungenutzt bleibende Verknüpfungsangebote werden zurückgebildet. Je komplexer und vielfältiger die jeweilige Lebenswelt ist, in die ein Kind hineinwächst oder in der ein Mensch lebt und je besser es ihm gelingt, die Phänomene dieser jeweiligen Welt zu erkunden und sich mit ihnen in Beziehung zu setzen, desto komplexer und vielfältiger werden auch die Beziehungsmuster zwischen den Nervenzellen im Gehirn herausgeformt, desto besser gelingt also die Entfaltung der dort angelegten Potenziale.

Allein ist kein Mensch in der Lage, die in seinem Gehirn angelegten Verknüpfungsmöglichkeiten optimal zu entfalten. Möglich ist das nur innerhalb einer GEMEINSCHAFT, deren Mitglieder einander als Subjekte begegnen statt sich gegenseitig zum Objekt ihrer Bewertungen und Erwartungen, Interessen und Maßnahmen zu machen (Potenzialentfaltungsgemeinschaft).

Literatur

Hüther, Gerald: Tätigkeitsbeschreibung. Zugriff am 02.08.2016. Verfügbar unter: http://www.gerald-huether.de/wissenschaftlich/lebenslauf-von-prof-dr-gerald-huether/taetigkeitsbeschreibung-von-prof-dr-gerald-huether/index.php

Hüther, Gerald (2015): Etwas mehr Hirn, bitte. Eine Einladung zur Wiederentdeckung der Freude am eigenen Denken und der Lust am gemeinsamen Gestalten. Göttingen.

Hüther, Gerald (2016): Mit Freude lernen ein Leben lang. Göttingen.

Pränataldiagnostik

Sigrid Graumann

Pränataldiagnostik (PND) umfasst alle Verfahren der vorgeburtlichen Suche nach Entwicklungsauffälligkeiten des Fötus. Die PND ist heute normaler Bestandteil der Schwangerenvorsorge und ist durch das Gendiagnostikgesetz (§ 15 GenDG) geregelt: Die Schwangere muss vor Durchführung einer PND aufgeklärt und genetisch beraten werden (Joerden & Uhlig 2014). Wird eine Krankheit oder Behinderung des Kindes diagnostiziert, kann die Schwangerschaft legal ohne zeitliche Befristung beendet werden (§ 218 a StGB). Zu unterscheiden sind invasive und nichtinvasive Verfahren der PND.

Zu den invasiven Verfahren gehören die Fruchtwasseruntersuchung und die Chorionzottenbiopsie, mit deren Hilfe kindliche Zellen gewonnen und genetisch untersucht werden. Sie werden erst ab dem zweiten Drittel der Schwangerschaft angewandt, sind mit Eingriffsrisiken wie Fehlgeburten verbunden und ermöglichen gegebenenfalls den Abbruch der fortgeschrittenen Schwangerschaft. Zu den nichtinvasiven Verfahren gehören Ultraschalluntersuchungen, mit denen die Entwicklung des Kindes, aber auch mögliche FEHLBILDUNGEN wie ein offener Rücken untersucht werden. Außerdem zählen dazu das sogenannte Ersttrimester-Screening, eine Kombination von Ultraschall- und Blutuntersuchung zur Risikospezifizierung für ein Kind mit einer Chromosomenstörung sowie die Untersuchung von Genmaterial des Fötus aus dem Blut der Schwangeren (Bluttest). Beide Verfahren haben eine allgemein selektive Zielsetzung; sie werden Schwangeren ohne bekannte VORBELASTUNG schon im ersten Schwangerschaftsdrittel angeboten und bergen geringe Eingriffsrisiken. In den kommenden Jahren ist mit einer starken Zunahme dieser niedrigschwelligen PND-Angebote zu rechnen, die zunehmende Zahl von Krankheiten und Behinderungen erfassen können.

Auf Initiative der Behindertenverbände wurde 1995 die *embryopathische Indikation* wegen ihrer diskriminierenden Implikationen gestrichen. Gleichzeitig wurde die medizinische Indikation erweitert und die psychische Beeinträchtigung der Schwangeren wegen einer zu erwartenden Behinderung des Kindes aufgenommen. Faktisch rechtfertigt die Behinderung des Kindes so weiterhin den Abbruch einer fortgeschrittenen Schwangerschaft (Duttge 2008). Die Folge ist, dass immer weniger Kinder mit angeborenen Behinderungen – insbesondere mit Down Syndrom – geboren werden. Dies wird oft als *Eugenik durch die Hintertür* beschrieben.

Seit 2010 sind Ärztinnen und Ärzte gemäß Schwangerschaftskonfliktgesetz verpflichtet, die werdenden Eltern vor einer medizinischen Indikation zu beraten und sie an unabhängige Beratungsstellen sowie Selbsthilfegruppen oder Behindertenverbände zu vermitteln (§ 2a SchKG) (Woopen & Rummer 2010). Im Einzelfall finden Paare auf diese Weise Unterstützung, um sich bewusst für das Leben mit ihrem behinderten Kind zu entscheiden. Insgesamt zeichnet sich aber ab, dass die Selektionsdynamik der PND ungebrochen fortschreitet.

In der Medizinethik werden PND und späte Schwangerschaftsabbrüche mit dem Recht auf Selbstbestimmung der werdenden Eltern verteidigt (Wewetzer 2008). Von den Angeboten der PND geht aber auch die Botschaft an werdende Eltern aus, sie sollten kein behindertes Kind in die Welt setzen. Viele behinderte Menschen verstehen das als Infragestellung ihrer Existenzberechtigung (Gerdts 2009). Es wäre sicher falsch, einzelne Paare, die sich gegen ein behindertes Kind entscheiden, für die diskriminierenden Implikationen der PND verantwortlich zu machen. Die Selbstverständlichkeit, mit der die PND angeboten und in Anspruch genommen wird, muss aber als Ausdruck von diskriminierenden Einstellungen und negativen Bewertungsmustern in Bezug auf Behinderung in der Gesellschaft verstanden werden (Parens & Ash 2000; Amundson & Tresky 2008). Dem liegt ein *defizitorientiertes Verständnis* von Behinderung und eine Gleichsetzung mit Leiden aus der Sicht von nicht behinderten Menschen zu Grunde, das mit der Lebenswirklichkeit behinderter Menschen wenig zu tun hat (Graumann 2003). Mit der Vision einer inklusiven Gesellschaft ist dies kaum zu vereinbaren. Der Inklusionsbeirat beim Bundesbehindertenbeauftragten sieht die PND daher als *schädliche Praxis* im Sinne der UN-Behindertenrechtskonvention an (Inklusionsbeirat 2013) und die BRK-Allianz der Behindertenorganisationen kritisiert, dass mit der PND das Recht auf Leben behinderter Menschen unterlaufen wird (BRK-Allianz 2014).

Literatur

Amundson, Ron/Tresky, Shari (2008): Bioethics and Disability Rights: Conflicting Values and Perspectives. Bioethical Inquiry 5, 111–123.

BRK-Allianz (2014): Parallelbericht. Zugriff am 18.12.2015. Verfügbar unter: http://www.brk-allianz.de/index.php/parallel-bericht.html

Duttge, Gunnar (2008): Regelungskonzepte zur Spätabtreibung im europäischen Vergleich: Ansätze zur Lösung des Schwangerschaftskonflikts? In: Wewetzer, Christa/Wernstedt, Thela (Hg.): Spätabbruch der Schwangerschaft. Frankfurt a. M., 86–121.

Gerdts, Jan (2009): Bedeutung von pränataler Diagnostik für Menschen mit Behinderung. Bochum und Freiburg.

Graumann, Sigrid (2003): Sind »Biomedizin« und »Bioethik« behindertenfeindlich? Ethik in der Medizin 15, 3, 161–170.

Joerden, Jan C./Uhlig, Carola (2014): Vorgeburtliches Leben – rechtliche Überlegungen zur genetischen Pränataldiagnostik. In: Steger, Florian/Ehm, Simone/Tchrikov, Michael (Hg.): Pränatale Diagnostik und Therapie in Ethik, Medizin und Recht. Berlin und Heidelberg, 94–110.

Parens Erik/Ash, Adrienne (2000) (Hg.): Prenatal testing and disability rights. Washington DC.

Staatliche Koodinierungsstelle nach Art. 33 UN-Behindertenrechtskonvention (2013): Bioethik – Menschen mit Behinderung – UN-BRK. Zugriff am 13.12.2015. Verfügbar unter: http://www.behindertenbeauftragte.de/gzb/DokumenteKoordinierungsstelle/Downloads/17LP_FAFreiheit/20130123_Bioethik_Positionspapier.pdf?__blob=publicationFile

Wewetzer, Christa (2008): Spätabbrüche: Aktuelle Problemstellung und gesellschaftliche Debatte 1996–2007. In: Wewetzer, Christa/Wernstedt, Thela (Hg.): Spätabbruch der Schwangerschaft. Frankfurt a. M., 15–33.

Woopen, Christiane/Rummer, Anne (2010): Pränatale Diagnostik und Schwangerschaftsabbruch: Kooperation zwischen Ärzten, Beratungsstellen und Verbänden. Deutsches Ärzteblatt 107, 3, A-68/B-58/C-58.

Professionalisierung

Ursula Böing

Der Begriff der *Professionalisierung* (lat. *professio* = Gewerbe, Beruf) beschreibt auf kollektiver Ebene ein »Akademisierungsbestreben«, einen Prozess der »strategische[n] Platzierung von Berufen in der beruflichen Hierarchie« (Helsper & Tippelt 2011, 275). Auf der Ebene der einzelnen AkteurInnen wird in berufsbiografischer Perspektive ein Prozess bezeichnet, »durch den ein Praktiker die für effektive professionelle Praxis notwendigen Kenntnisse und Fähigkeiten erwirbt oder verbessert« (Hoyle 1991, zit. nach Dlugosch 2005, 28).

Der Begriff der *Professionalisierung* lässt sich mit Profession und Professionalität assoziieren. Differenztheoretisch verweisen die Begriffe jedoch auf je »unterschiedliche soziale Einheiten und damit verbundene Prozess- und Zustandsbeschreibungen« (Dlugosch 2009, 252).

In der Erziehungswissenschaft haben systemtheoretische, strukturtheoretische, interaktionistische und wissenssoziologische Analysen erheblichen Einfluss auf den Professionalisierungsdiskurs genommen (Helsper & Tippelt 2011). Zusammenfassend erscheinen folgende Erkenntnisse relevant (u. a. Dlugosch 2009, 255):

- Pädagogische Bildungs- und Erziehungsprozesse sind durch ein *Technologiedefizit* (Luhmann & Schorr 1982) charakterisiert. → Ungewissheit, Unwägbarkeit und Riskanz sind Strukturkerne pädagogischen Handelns.
- Professionelles pädagogisches Handeln zeichnet sich durch Widersprüche, Paradoxien und Antinomien aus. Widersprüchliche Anforderungen ergeben sich im Spannungsfeld von Interaktion und Organisation, Nähe und Distanz, Akzeptieren und Fördern sowie zwischen unterschiedlichen Rollenanforderungen der handelnden AkteurInnen.
- Explizites Wissen ist nicht unmittelbar handlungsleitend. Der Zusammenhang von (Ausbildungs-)Wissen und Können in konkreten Handlungsvollzügen lässt sich nicht als Transfer- oder Transformationsprozess begreifen. Es gilt die Differenz von theoretischem Wissen und praktischem Können.
- Professionelles pädagogisches Handeln bedarf »routinisierter Reflexivität« (Dlugosch 2009, 283).

Eine sich – im Kontext inklusiver Prozesse – aktuell umstrukturierende Bildungslandschaft tangiert Professionalisierungsprozesse und bedarf sowohl einer disziplinären Neubestimmung des Verhältnisses von Heil- bzw. Sonderpädagogik und Allgemeiner Pädagogik als auch einer Entwicklung pädagogisch-professioneller Tätigkeiten und Handlungsfelder.

Bislang gültige Differenzbestimmungen verschiedener Professionen und professionell pädagogischen Handelns anhand binärer Codes von *behindert/nichtbehindert, normal/unnormal, besser/schlechter* sind sowohl auf der Ebene der Organisation als auch auf interaktionaler Ebene auf Exklusionsmechanismen zu überprüfen und zu ersetzen, so beispielweise durch die → Differenz *Bedürfnis/Bedarf* (Weisser 2005) oder *vermitteln/aneignen* (Kade 1997).

Als professionelle Wesenskerne einer Pädagogik, die sich als nicht ausgrenzende Pädagogik begreift, lassen sich stellvertretende Prozesse, Ungewissheit, sowie Imperfektibilität – als anthropologisches Merkmal, welches sich auf den Menschen als *Medium* des Pädagogischen bezieht – ausmachen (Bernasconi & Böing 2015).

Diese eher unwägbare und auf REFLEXION angewiesene Bestimmung pädagogischer Professionalität verweist auf die Notwendigkeit multiprofessioneller Koordination und Kooperation (Helsper & Tippelt 2011) und eine damit einhergehende Neuausrichtung verschiedener – in Konkurrenz zueinander stehender – Professionen im pädagogischen Feld.

In der aktuell kontrovers diskutierten professionellen Entwicklung der Heil- und Sonderpädagogik spiegeln sich insofern immer auch unterschiedliche Partialinteressen und Verteilungskämpfe verschiedener Verbände und InteressenvertreterInnen sowie bildungspolitischer AkteurInnen.

Perspektivisch bedarf es einer Neustrukturierung und inhaltlichen Neuausrichtung der LehrerInnenbildung, in der unterschiedliche Interessen und widersprüchliche Entwicklungen reflektiert werden und Erkenntnisse pädagogischer Professionalisierungsforschung einfließen (Böing 2011).

Literatur

Bernasconi, Tobias/Böing, Ursula (2015): Pädagogik bei schwerer und mehrfacher Behinderung. Stuttgart.

Böing, Ursula (2011): Professionalisierung von Lehrpersonen und Schulentwicklung – eine effektive Wechselbeziehung. In: Ziemen, Kerstin/Köpfer, Andreas/Erbring, Saskia (Hg.): Inklusion – Herausforderungen, Chancen und Perspektiven. Hamburg, 59–74.

Helsper, Werner/Tippelt, Rudolf (2011): Ende der Profession und Professionalisierung ohne Ende? Zwischenbilanz einer unabgeschlossenen Diskussion. In: Helsper, Werner/Tippelt, Rudolf (Hg.): Pädagogische Professionalität. Zeitschrift für Pädagogik, 57. Beiheft. Weinheim, 268–288.

Horster, Detlef/Hoyningen-Suess, Ursula/Liesen, Christian (Hg.) (2005): Sonderpädagogische Professionalität. Beiträge zur Entwicklung der Sonderpädagogik als Disziplin und Profession. Wiesbaden.

Dlugosch, Andrea (2005): Professionelle Entwicklung in sonderpädagogischen Kontexten. In: Horster, Detlef/Hoyningen-Suess, Ursula/Liesen, Christan (Hg.): Sonderpädagogische Professionalität. Wiesbaden, 27–52.

Dlugosch, Andrea (2009): Professionalität. In: Dederich, Markus/Jantzen, Wolfgang (Hg.): Behinderung und Anerkennung. Reihe: Behinderung, Bildung, Partizipation. Enzyklopädisches Handbuch der Behindertenpädagogik. Band 2, Stuttgart, 252–256.

Kade, Jochen (1997): Vermittelbar/nicht-vermittelbar: Vermitteln: Aneignen. Im Prozeß der Systembildung des Pädagogischen. In: Lenzen, Dieter & Luhmann, Niklas (Hg): Bildung und Weiterbildung im Erziehungssystem. Frankfurt a. M., 30–70.

Luhmann, Niklas/Schorr, Karl E. (1982): Das Technologiedefizit der Erziehung und die Pädagogik. In: Niklas Luhmann (Hg.): Zwischen Technologie und Selbstreferenz. Fragen an die Pädagogik. Frankfurt a. M., 11–40.

Weisser, Jan (2005): Bedürfnis und Bedarf: Radikale Dekategorisierung. Die politische Arena der Sonderpädagogik. In: Sonderpädagogische Förderung, 2/2005, 187–207.

Psychomotorik

Volker Gottfried Kriegel

Im Sinne der Bewegungslehre bezeichnet der Begriff *Psychomotorik* zum einen die motorisch-funktionale Komplexität der Korrespondenz zwischen Bewegungsautomatismen und Bewusstsein, was die Steuerung der Bewegung als Bestandteil der Handlungsregulation betrifft; zum anderen erscheint der Terminus für das nicht zuletzt in der Rehabilitation weit verbreitete Konzept einer Übungsbehandlung, die im Sinne einer → Erziehung durch → Bewegung im Kontext der Heil- und Sonderpädagogik steht.

Der Terminus *Psychomotorik* ist ein Überbegriff. Er bezeichnet in der Handlungsregulation die psychisch regulierten Anteile der Motorik, zu denen in Wechselwirkung mit den stets mitbeteiligen Vorgängen der Wahrnehmung (Sensomotorik) die Steuerung von Bewegung, Haltung und Spannung der Muskulatur gehört.

Bei jeder Bewegungsausführung senden winzige, in Muskeln, Gelenken und Haut befindliche Sensoren unzählige Informationen an die Bewegungszentren im Gehirn, die danach ständig überprüfen und steuern, wie Beine, Arme und Kopf zueinander stehen. Physiologisch beruht die Psychomotorik somit auf sinnlich-muskulären Vorgängen, die über das Nervensystem einreguliert werden; psychologisch ist dagegen die Vernetzung sensorischer und motorischer Prozesse maßgebend. Wissenschaftshistorisch reicht dieser Gedanke wohl bis auf die epikureische Auffassung zurück, dass alle Erkenntnis letztlich auf sinnliche Erfahrungen zurückzuführen sei, was sich dann in der Moderne philosophisch bei Locke und Leibnitz in den Theoremen zur Erkenntnisfähigkeit niederschlägt. Das theoretische Leitbild der psychomotorischen Übungsbehandlung weist bis heute Bezüge zum Entwicklungsgedanken bei Maria Montessori auf und hat eine holistisch-humanistische Wurzel in Frankreich, wo bereits seit dem 19. Jahrhundert in Tradition des Sensualismus die Erziehung und Heilung von Kindern durch Bewegung nach den physiologischen Prinzipien der sogenannten ärztlichen Erziehung und pädagogisch ganzheitlich bei Itard und Seguin betrachtet wurde. Weitere Impulse kamen in der ersten Hälfte des letzten Jahrhunderts aus der Heil- und Sonderpädagogik, aus der Philosophie und Psychologie der Ganzheitlichkeit sowie aus der frühen Bewegungslehre, bis sich schließlich in den 1950er-Jahren die ersten psychomotorischen Therapiekonzepte nach Hünnekens und Kiphard in der deutschen Kinder- und Jugendpsychiatrie etablierten (Kriegel 2008).

Die Psychomotorik grenzte sich seither von den Konzepten der Bewegungstherapie ab. Letztere dienen vor allem der motorischen Funktionsverbesserung und zur Steigerung der körperlichen Leistungsfähigkeit in der Medizin (Holmann & Hettinger 1976), in der Bewegungsübungen individuell dosiert oder als ergometrische Belastungen zum sportmedizinischen Behandlungsinstrumentarium wurden (Krüger 1999).

Aus der Erfahrung mit psychomotorischen Übungen, die zunehmend auch in Heimen sowie Sonder- und Regelschulen gesammelt wurden, und nicht zuletzt unter dem Einfluss neuer Wege einer sich im

Wandel befindenden Heilpädagogik kam es schließlich ab Mitte der 1970er-Jahre mit der Gründung des Aktionskreises Psychomotorik e. V. (1976) zu einer verstärkten theoretischen Fundierung. Um den Wissens- und Erkenntniszuwachs zu systematisieren und für Qualifikationen auf Fach- und Hochschulniveau mit unterschiedlichen Ausbildungs- oder Studienbezeichnungen bis hin zum universitären Abschluss zu generieren, galt es in Erweiterung und Ergänzung empirischer Ansätze nunmehr die systematische Suche nach neuen Erkenntnissen sowie deren Dokumentation und Veröffentlichung auszubauen. Eine gezielte → Diagnostik an der Schnittstelle zur angewandten Forschung, die seither auf selbst gewonnenen wissenschaftlichen Erkenntnissen beruht und an konkreten Anwendungszielen ausgerichtet ist, resultierte aus dem eigenständigen diagnostischen Testinstrumentarium (KTK, TKT). Die gewonnenen Erkenntnisse werden verstärkt seit den 1990er-Jahren umgesetzt. Die Rehabilitation profitiert interdisziplinär davon (Kiphard 1994).

Im Rekurs auf das Entwicklungsdenken und in Übereinstimmung mit inklusiven Ansätzen zielt die Psychomotorik in der Gegenwart – vielleicht sogar noch stärker als in ihren Anfängen – auf Emanzipation und Selbstbestimmung. Ihr erklärtes Ziel ist die Erweiterung der persönlichen → Kompetenz mittels Selbst- und Umwelterfahrung sowohl auf psychisch-geistiger als auch auf körperlich-dinglicher sowie sozialer Ebene. Im Handeln wird Bewegung zum Kern eines pädagogischen Bestrebens, welches sich auf Ich-, Sach- und Sozial-Kompetenz und damit auf ein Phänomen richtet, das in der Erziehung ein Impulsgeber sein kann (Ziemen 2001).

Psychomotorische Inhalte sind heute vielfältig und vielschichtig. Schöpferische Entwürfe motivierender Übungssituationen, kreative Bewegungslandschaften und attraktive Übungsgeräte wirken nicht nur enorm stimulierend, sondern sie sind für die didaktische und methodische → Differenzierung in der Inklusion auch bestens geeignet, weil sowohl Formen der Individualisierung als auch von Gruppenerfahrung darin enthalten sind. Besonders nennenswert sind die subjektive Bezugsnorm, das experimentelle Erproben, die spielerische Umsetzung und partnerschaftliches Lernen, weil diese Verfahren die Inklusion im Sport begünstigen. Die Psychomotorik bietet für die Inklusion in Schulen wichtige Elemente zur Bewältigung der neuen Anforderungen an. Vor allem, wenn es darauf ankommt, Schule als Institution didaktisch weiterzuentwickeln und die Situation vor Ort über einen Transfer von elaborierten Handlungsimpulsen in Gang zu bringen.

In Erweiterung der schulischen Inklusion sollte zusätzlich eine psychomotorische Förderung so früh wie möglich mindestens einmal, besser noch zwei- bis dreimal wöchentlich auf freiwilliger Basis angeboten werden. Sie ist durch qualifizierte sonderpädagogische Fachkräfte durchzuführen, die sowohl Kenntnis vom Bewegungslernen als auch Kenntnisse in der psychomotorischen Übungsbehandlung haben und ebenso mit den Möglichkeit und Grenzen verhaltenstherapeutischer und heilpädagogischer Verfahren vertraut sind. Zugute käme das vor allem Heranwachsenden mit umfänglicheren Entwicklungsbeeinträchtigungen der fein- und grobmotorischen Bewegungskoordination. Bei Schulkindern, die nicht altersangemessen in der Lage sind zu balancieren, einen Ball zu fangen, eine Sprossenwand zu erklimmen oder das Schwimmen ohne Schwierigkeiten zu erlernen, obgleich das Gleichaltrigen leicht möglich ist, ließe sich im pädagogischen Ermessen abwägen, ob die psychomotorische Förderung nicht sinnvoller wäre und ohne Misserfolgserlebnisse zu provozieren Gegenstand des Sportunterrichts sein kann.

Für die Psychomotorik spricht, dass ein Kind zum Beispiel mitentscheidet, ob und inwiefern es die Bewegungsanforderungen selbst attraktiv findet. Und die Psychomotorik gewährleistet auch, dass solche ergänzenden Maßnahmen in einen Gesamtrahmen eingebettet sind, der neben der psychomotorischen Förderung die emotionale Entwicklung mit erfasst. Um Inklusion im Alltag zu leben, muss sie kommuniziert werden. Mit ihrem guten Image und ihrem attraktiven Profil ist die Psychomotorik ein Garant dafür.

Literatur

Holmann, Wildor/Hettinger, Thomas (1976): Sportmedizin. Stuttgart.

Kiphard, Ernst (1994): Psychomotorik in Praxis und Theorie. Dortmund.

Kriegel, Volker Gottfried (2008): Die Entdeckung der Leiblichkeit. In: Ziemen, Kerstin (Hg.): Reflexive Didaktik. Oberhausen, 215–234.

Krüger, Arnd (1999): Geschichte der Bewegungstherapie. In: Präventivmedizin. Heidelberg (Loseblattsammlung).

Ziemen, Kerstin (2001): Das bislang ungeklärte Phänomen der Kompetenz. Butzbach-Griedel.

Raum

Andreas Köpfer

Der Begriff *Raum* stellt eine in vielfacher und transdisziplinärer Hinsicht verwendete terminologische Kategorie dar und wird auch in pädagogischen Kontexten in unterschiedlichen Bedeutungszusammenhängen (Hummrich 2012) und Begriffskomposita angewandt – zur Beschreibung physikalischer (z. B. **Klassenraum**) wie auch sozialer (z. B. **Bildungsraum, Sozialraum**) Phänomene. Im sozialwissenschaftlichen Sinne kann *Raum* als »relationale (An)Ordnung sozialer Güter und Menschen an Orten« definiert werden. (Löw 2000, 224).

Insbesondere im Zuge des sogenannten *Spatial Turns* (Günzel 2008) erfuhr die Kategorie Raum neue Aufmerksamkeit und wurde seither verstärkt für wissenschaftliche Zwecke fruchtbar gemacht. Hintergrund der Renaissance der Beschäftigung mit Raum ist die bereits von Lefebvre (2006) formulierte *Produktion von Raum,* also der Annahme, dass soziale Praxis als Raumpraxis angesehen werden kann, durch die Räume beeinflusst bzw. erst produziert werden. Es konturieren sich also zwei unterschiedliche Verständnisse von Raum und Räumlichkeit (Budde & Rißler 2014):

- Raum als statisch-materielle Kategorie, sogenannte Containerkategorie, die den physischen bzw. absolutistischen Hintergrund für soziales Handeln darstellt, sich diesem allerdings indifferent gegenüber verhält
- Räume als flexible und relationale Phänomene, die durch soziale Praktiken

hergestellt, d. h. durch diese beeinflusst und hervorgebracht werden

Zusammenführend konstatiert Löw (2000, 119), dass Räume »Hybride aus materiellen Bedingungen und sozialer Nutzung« seien. Im Sinne einer Wechselwirkung bedingen sich im Kontext von Schule daher sowohl die architektonische Schul- und Bildungsraumgestaltung (Böhme 2009) als auch deren soziale Bearbeitung.

Die Auseinandersetzung mit Raum und Räumlichkeit spielt in der Diskussion um Inklusion in theoretischer wie empirischer Hinsicht bislang eine wenig beachtete Rolle. Vor dem Hintergrund der dargestellten Raumverständnisse können bezogen auf Inklusion Fragen thematisiert werden, wie und in welcher Form Räume für schulisches und unterrichtliches Handeln produziert werden, wie diese die Heterogenität der SchülerInnenschaft bearbeiten, z. B. in didaktischer Hinsicht (Sozialform, Inhalte, Interaktion), und welche vorgegebenen Grundstrukturen des Raums auf Individuen einwirken und von ihnen in welcher Form angeeignet werden können.

Bezogen auf inklusive Schul- und Unterrichtsentwicklung sind raumorientierte Betrachtungen auf unterschiedliche Ebenen fokussiert (Löw 2000), u. a. auf:

- Schularchitektonische und klassenraumspezifische Raumkonzepte und deren Unterstützung von Inklusion bzw. Exklusion
- Lern- und Kommunikationsräume für SchülerInnen und die darin stattfindenden sozialen Anerkennungsprozesse
- Gestaltungsräume professioneller AkteurInnen – bedingt durch sich verändernde Zuständigkeitsbereiche und Rollenausprägungen in inklusiven Settings
- Möglichkeiten der Raumaneignung für SchülerInnen in und außerhalb des Unterrichts im Sinne der eigenaktiven Nutzung von Gestaltungsräumen
- Konnotationsräume bzw. die mit Inklusion einhergehende Transformation terminologischer Kategorien

Darüber hinaus kann in den Blick genommen werden, welche Möglichkeiten der Raumaneignung die inhärenten Machtverhältnisse und pädagogischen Verständnisse für SchülerInnen mit erhöhtem Unterstützungsbedarf bieten: Sind die an Inklusion orientierten Schulen partizipationsförderlich und bildungsgerecht oder produzieren sie Aussonderung? Und welche Differenzlinien werden dabei bearbeitet? (Buchner, Grubich, Fleischanderl, Nösterer-Scheiner & Drexler 2016)

Literatur

Böhme, Jeanette (2009): Raumwissenschaftliche Schul- und Bildungsforschung. In: dies. (Hg.): Schularchitektur im interdisziplinären Diskurs. Wiesbaden, 13–22.

Buchner, Tobias/Grubich, Rainer/Fleischanderl, Ulrike/Nösterer-Scheiner, Sylvia/Drexler, Christine (2016): Inclusive Spaces: Ein partizipatorischer Forschungsansatz zur Erkundung von Schule, Differenz und Raum. In: Böing, Ursula/Köpfer, Andreas (Hg.): Be-Hinderung der Teilhabe – soziale, politische und institutionelle Herausforderungen inklusiver Bildungsräume. Bad Heilbrunn (im Druck).

Budde, Jörg/Rißler, Georg (2014): Topographie unterrichtsrelevanter Differenzkonstruktionen. In: Erziehung und Unterricht, 3/4/2014, 333–341.

Günzel, Stephan (2008): Spatial Turn – Topographical Turn – Topological Turn. Über die Unterschiede zwischen Raumparadigmen. In: Döring, Jörg/Thielmann, Tristan (Hg.): Spatial Turn. Das Raumparadigma

in den Kultur- und Sozialwissenschaften. Bielefeld, 219–237.
Hummrich, Merle (2012): Jugend und Raum. Exklusive Zugehörigkeitsordnungen in Familie und Schule. Wiesbaden.
Lefebvre, Henri (2006): Die Produktion des Raumes. In: Dünne, Jörg/Günzel, Stephan (Hg.): Raumtheorie. Grundlagentexte aus Philosophie und Kulturwissenschaften. Frankfurt a. M., 330–342.
Löw, Martina (2000): Raumsoziologie. Frankfurt a. M.

Resilienz

Michael Fingerle

Der deutsche Begriff *Resilienz* beruht auf dem im Englischen seit dem 17. Jahrhundert dokumentierten und dort wiederum dem Lateinischen entlehnten Wort *resiliency* (neuere Schreibweise: *resilience*), das sich unter anderem als Elastizität, Zähigkeit, Widerstandskraft, Strapazierfähigkeit oder Spannkraft übersetzen lässt. Der Begriff wird sowohl in technischen Kontexten (z. B. als Materialeigenschaft) als auch im Sinne des Durchhaltevermögens einer Person und sogar für die Beharrlichkeit einer Idee verwendet. In der pädagogischen und psychologischen Fachliteratur versteht man unter Resilienz in der Regel die erfolgreiche **Bewältigung** von besonderen Entwicklungsrisiken bzw. die psychische **Regeneration** nach einer traumatischen Erfahrung. Resilienz bezeichnete in der psychologischen Fachliteratur ursprünglich nur eine individuelle Eigenschaft, wird aber inzwischen auch auf soziale Gruppen und Organisationen bezogen.

In den 1970er- und 1980er-Jahren verwendete man den Begriff im Zusammenhang mit psychiatrischen und entwicklungspsychologischen Langzeitstudien zur Persönlichkeitsentwicklung, um den damals überraschenden Befund zu charakterisieren, dass sich auch Kinder aus sogenannten Hochrisikogruppen positiv entwickelten (Göppel 1997). Die Identifikation solcher unerwartet positiven Entwicklungsergebnisse bildete einen Kontrast zum damals ebenfalls geprägten Begriff und Konzept der **Vulnerabilität**. Vulnerabilität, im Sinne einer Disposition, welche die Wahrscheinlichkeit für die Entwicklung psychischer Problemlagen oder dysfunktionalen Verhaltens erhöht, stellt das Gegenteil von Resilienz dar. Das Wort Resilienz wird sowohl als begriffliche Markierung für das empirische Phänomen, dass sich Personen trotz des Vorliegens **von Entwicklungsrisiken** positiv entwickeln, verwendet als auch als ein Konstrukt bzw. ein Konzept zur Erklärung solcher Entwicklungsverläufe. Diese Art der Begriffsverwendung hat zur Folge, dass der Begriff in eine zirkuläre Logik münden kann, wenn aus einem außergewöhnlichen Entwicklungserfolg (d. h. das empirische Phänomen) auf das Vorliegen außergewöhnlicher Fähigkeiten und Prozesse zurückgeschlossen wird (die Konstrukt, bzw. Konzeptebene), ohne dass kritisch reflektiert wird, inwieweit jene Fähigkeiten oder Prozesse tatsächlich außergewöhnlich sind, bzw. welche anderen Einflüsse eine Rolle gespielt haben könnten.

Auf der konzeptionellen Ebene bezieht sich der Begriff Resilienz auf einen dynamischen Prozess der adaptiven Auseinandersetzung mit signifikanten Belastungen, bzw. Entwicklungsrisiken (Luthar, Cicchetti & Becker 2000). Um welche Belastungen (resp. Risikofaktoren) es sich dabei im Einzelnen handelt, hängt von der jeweiligen Forschungsperspektive ab. Traumatisierungen können ebenso darunter fallen wie Indikatoren sozialer Benachteiligung oder Behinderung. Ebenso gilt, dass die Kriterien für das Vorliegen einer adaptiven Auseinandersetzung, bzw. für positive Entwicklungsergebnisse durch die Definition nicht im Detail festgelegt sind. Sowohl die betrachteten Risiken als auch die als positiv eingestuften Entwicklungsergebnisse spiegeln letztlich SOZIALE NORMEN und Erwartungen wider. Da diese kontext- und kulturabhängig sind, muss der jeweilige Kontext berücksichtigt werden, um sinnvoll vom Vorliegen von Resilienz sprechen zu können (Ungar 2015). Möglicherweise ist es sogar angebracht von verschiedenen, spezifischen Resilienzen statt von einem universellen Konstrukt zu sprechen. Da es sich bei Resilienz um einen dynamischen Prozess handelt, ist es darüber hinaus möglich, dass die als Resilienz bezeichnete Bewältigungskapazität im Lebenslauf Schwankungen unterliegt und sich sogar zurückbilden kann. Nicht zuletzt aus diesen Gründen gehen neuere Autoren wie Michael Ungar (2015) oder Alex Zautra (2014) davon aus, dass sich Resilienz nicht vollständig auf ein stabiles Persönlichkeitsmerkmal reduzieren lässt, zumal SOZIALE RESSOURCEN beim Zustandekommen von Resilienz eine große Rolle spielen. Obwohl es üblich ist, Resilienz als einen Prozess aufzufassen, konzentrieren sich sowohl die empirische Erfassung als auch die pädagogische oder psychologische Förderung von Resilienz auf das Vorliegen, respektive den Aufbau personaler und sozialer Ressourcen, den sogenannten Schutzfaktoren, auch protektive Faktoren oder Resilienzfaktoren genannt. Hierzu zählen etwa die SELBSTWIRKSAMKEIT, soziale Kompetenzen, soziale Unterstützung oder ein autoritativer Erziehungsstil (Fröhlich-Gildhoff & Rönnau-Böse 2011).

Summarisch kann festgestellt werden, dass das Phänomen der Existenz von Personen, die bedeutsame Entwicklungsrisiken erfolgreich bewältigt haben, empirisch ausreichend gut belegt ist, und dass die Abhängigkeit dieser Leistung vom Vorhandensein personaler und sozialer Ressourcen ebenfalls empirisch gesichert ist. Die im Resilienzkonzept betonte Prozessebene ist hingegen nach wie vor wenig untersucht. Mit der *Differential Susceptibility Theory* (DST; Ellis, Boyce, Belsky, Bakermans-Kranenburg & Van Ijzendoorn 2011) existiert ein konkurrierender Erklärungsansatz, der davon ausgeht, dass bestimmte Persönlichkeitsanlagen besser oder schlechter auf förderliche Umwelten (z. B. den elterlichen Erziehungsstil) reagieren. In der Entwicklungspsychologie wird zudem der Rolle selbstregulativer Fähigkeiten stärkere Aufmerksamkeit gewidmet. Es ist allerdings noch nicht möglich, vorherzusagen, inwiefern dies mittel- und langfristig Änderungen des Resilienzkonzepts nötig machen wird.

Sowohl der Resilienz-Begriff, als auch das zugehörige Konzept stellen eine wichtige Legitimationsgrundlage für Präventionsprogramme und pädagogische Angebote dar, die das Ziel verfolgen, Lebenskompetenzen aufzubauen und/oder soziale Ressourcen von Kindern und Jugendlichen zu verbessern. Obwohl Resilienz weder begrifflich noch konzeptionell unmittelbar mit Inklusion verknüpft ist, bestehen durchaus indirekte Bezüge. So stellt etwa soziale Teilhabe eine Ressource für die Bearbeitung von Entwicklungsrisiken dar, da hiermit unter anderem bessere Zugriffsmöglichkeiten auf Quellen sozialer Unterstützung einhergehen. Umgekehrt kann etwa die Verfügbarkeit von sozial kompetenten Praktiken oder adaptiven Formen der Stressbewältigung Akzeptanz und Teilhabechancen fördern. Es wäre allerdings verfehlt, beide Konzepte gegeneinander ausspielen zu wollen. Nicht zuletzt, weil aus der individuellen Fähigkeit, in positiver Weise mit bestimmten Belastungen umzugehen, kein Recht der Gesellschaft ableitbar ist, ein Individuum mit beliebigen Belastungen zu konfrontieren und dann ein eventuelles Scheitern mangelnder Resilienz zuzuschreiben. Andererseits folgt aus Inklusion auch nicht automatisch Resilienz. Bei Resilienz und Inklusion handelt es sich um Begriffe, die auf unterschiedlichen Ebenen operieren.

Literatur

Ellis, Bruce. J./Boyce, W. Thomas/Belsky, Jay/Bakermans-Kranenburg, Marian J./Van IJzendoorn, Marinus H. (2011). Differential susceptibility to the environment: An evolutionary–neurodevelopmental theory. Development and psychopathology, 23, 7–28.

Fröhlich-Gildhoff, Klaus/Rönnau-Böse, Maike (2011). Resilienz. München.

Göppel, Rolf (1997): Die Ursprünge der seelischen Gesundheit – Risiko- und Schutzfaktoren in der kindlichen Entwicklung. Würzburg.

Luthar, Suniya. S./Cicchetti, Dante/Becker, Bronwyn (2000). The construct of resilience: A critical evaluation and guidelines for future work. Child Development, 71, 543–562.

Ungar, Michael (2015): Resilience and culture: The diversity of protective processes and positive adaptation. In: Theron, Linda C./Liebenberg, Linda/Ungar, Michael (Ed.): Youth resilience and culture, 37–50.

Zautra, Alex J. (2014). Resilience is a social, after all. In: Kent, Martha/Davis, Mary C./Reich, John W. (Eds.): The resilience handbook, 185–196.

Schulbegleitung

Wolfgang Dworschak

SchulbegleiterInnen sind Personen, die Kinder und Jugendliche mit besonderen Bedürfnissen im Kontext Lernen, Verhalten, Kommunikation, medizinischer Versorgung, Pflege oder Alltagsbewältigung im schulischen Alltag begleiten und sie bei der Verrichtung unterrichtlicher und außerunterrichtlicher Tätigkeiten individuell unterstützen (Dworschak 2010).

Die Schulbegleitung – häufig auch Schulassistenz, Individualbegleitung oder Integrationshilfe genannt – stellt keine schulische Ressource dar. Im Hinblick auf Kinder und Jugendliche mit → geistiger Behinderung bzw. → körperlicher Behinderung gründet die Maßnahme auf der Eingliederungshilfe (§ 54 Sozialgesetzbuch – SGB XII); für Kinder und Jugendliche mit seelischer Behinderung (z. B. → Autismus, → Verhaltensauffälligkeit) ist sie der Kinder- und Jugendhilfe zugeordnet (§ 35a SGB VIII). Sie ist eine Einzelfallmaßnahme und muss für jede/n SchülerIn individuell beantragt und genehmigt werden (Dworschak 2010).

SchülerInnen können eine Schulbegleitung erhalten, wenn diese erforderlich und angemessen ist, um eine üblicherweise erreichbare Schulbildung zu ermöglichen (§ 12 Eingliederungshilfeverordnung – EinglhVO). Die Notwendigkeit einer Schulbegleitung hängt dabei nicht nur vom individuellen Unterstützungsbedarf ab, sondern genauso von der Konzeption und (personellen) Ausstattung des Bildungsortes (Dworschak 2012a). Da die allgemeinen Schulen bisher in der Regel zu wenig auf SchülerInnen mit sonderpädagogischem Förderbedarf eingestellt sind, ist bei der inklusiven Beschulung z. B. von SchülerInnen mit dem Förderschwerpunkt geistige Entwicklung relativ schnell die Unterstützung durch eine SchulbegleiterIn notwendig. Daher wird aktuell nahezu jede/r SchülerIn dieses Förderschwerpunktes, der/die inklusiv beschult wird, durch eine Schulbegleitung unterstützt. Aber auch an den Förderschulen steigt die Zahl der Assistenzkräfte seit Jahren spürbar an. Während es zur Jahrtausendwende nur vereinzelt SchulbegleiterInnen an den Förderschulen gab, wurden im Schuljahr 2013/2014 zwanzig Prozent der SchülerInnen an der Förderschule mit dem Schwerpunkt geistige Entwicklung begleitet (Dworschak 2016 im Druck).

Bislang gibt es für SchulbegleiterInnen kein allgemein anerkanntes Stellen- bzw. Tätigkeitsprofil. Während die Sozial- und Schulverwaltung darauf hinweisen, dass SchulbegleiterInnen keine pädagogisch-unterrichtlichen Tätigkeiten im engeren Sinne ausführen dürfen – da dies die Aufgabe der Lehrkräfte ist –, zeigt sich in empirischen Studien, dass die SchulbegleiterInnen neben alltagspraktisch-pflegerischen auch pädagogisch-unterrichtliche Aufgaben im engeren Sinne übernehmen. Zudem erscheint es nur schwer möglich, zwischen alltagspraktisch-pflegerischen und pädagogisch-unterrichtlichen Tätigkeiten trennscharf zu unterscheiden. Die aus formaler Sicht notwendige Unterscheidung lässt sich in der pädagogischen Praxis häufig nicht durchhalten (Dworschak 2012b). Des Weiteren kristallisiert sich in jüngster Zeit die juristische Meinung heraus, dass die SchulbegleiterInnen – im Nachrangprinzip – durchaus pädagogische Tätigkeiten übernehmen können/müssen, solange die Lehrkraft den Kernbereich pädagogischer Arbeit abdeckt (Schönecker & Meysen 2016).

Das mögliche Tätigkeits- und Aufgabenprofil von SchulbegleiterInnen ist sehr heterogen. Es bestimmt sich in Abhängigkeit vom individuellen Unterstützungsbedarf (z. B. bei Kommunikation, Alltagsbewältigung, Verhalten/soziale Interaktion, Lernen, Pflege und medizinische Versorgung) des/der Schülers/In und der Konzeption des Bildungsortes (z. B. Schulart, Trägerschaft, Leitbild, Teamzusammensetzung) gleichermaßen und kann daher im konkreten Fall sehr unterschiedlich ausfallen. So unterscheidet sich etwa der individuelle Unterstützungsbedarf eines Kindes mit körperlicher Behinderung, das an einem Gymnasium das Abitur anstrebt, deutlich von dem eines schwer mehrfachbehinderten Kindes (→ Komplexe Behinderung), das eine Förderschule mit dem Schwerpunkt geistige Entwicklung besucht. Beide haben gegebenenfalls Anrecht auf eine Schulbegleitung (Dworschak 2012b). Aktuelle Forschungsfragen beziehen sich auf folgende Aufgaben:

- Klärung der Rolle/Aufgaben von SchulbegleiterInnen im inklusiven Unterricht sowie an der Förderschule
- Klärung notwendiger Qualifikationen für SchulbegleiterInnen
- Klärung der Kriterien zum Erhalt einer Schulbegleitung

Literatur

Dworschak, Wolfgang (2010): Schulbegleiter, Integrationshelfer, Schulassistent? Begriffliche Klärung einer Maßnahme zur Integration in die Allgemeine Schule bzw. die Förderschule. In: Teilhabe, 3/2010, 131–135.

Dworschak, Wolfgang (2012a): Schulbegleitung an Förder- und allgemeinen Schulen – Divergente Charakteristika einer Einzelfallmaßnahme im Förderschwerpunkt geistige Entwicklung. In: Zeitschrift für Heilpädagogik, 10/2012, 414–421.

Dworschak, Wolfgang (2012b): Assistenz in der Schule. Pädagogische Reflexionen zur Schulbegleitung im Spannungsfeld von Schulrecht und Eingliederungshilfe. In: Zeitschrift ›Lernen konkret‹, 4/2012, 2–7.

Dworschak, Wolfgang (2016): Welche SchülerInnen erhalten eine Schulbegleitung? In: Sturm, Tanja/Köpfer, Andreas/Wagener, Benjamin. (Hg.): Bildungs- und Erziehungsorganisationen im Spannungsfeld von Inklusion und Ökonomisierung. Bad Heilbrunn (im Druck).

Schönecker, Lydia/Meysen, Thomas (2016): Rechtsfragen in der Praxis der Schulbegleitung. In: Baden-Württemberg Stiftung (Hg.): Schulbegleitung als Beitrag zur Inklusion. Zugriff am 01.08.2016. Verfügbar unter: http://www.uniklinik-ulm.de/fileadmin/Kliniken/Kinder_Jugendpsychiatrie/Praesentationen/BWS_SchR_Schulbegleiter.pdf

Schulentwicklung

Benjamin Badstieber

Der Begriff *Schulentwicklung* verweist grundsätzlich auf Möglichkeiten und Prozesse einer zielgerichteten, systematischen Gestaltung und Verbesserung schulischer Qualität durch inner- und außerschulische Akteure. Das Verständnis von Schulentwicklung unterliegt mehreren umfassenden Bedeutungsveränderungen (Schlee 2015).

In seiner ursprünglichen Bedeutung bezieht sich der Begriff Schulentwicklung auf bildungspolitische Planungen auf der Makroebene mit dem Ziel einer bedarfsgerechten Versorgung des Schulsystems. Eine flächendeckende, qualitativ hochwertige Beschulung der SchülerInnen soll durch zentralisierte Planungs- und Steuerungsprozesse gesichert werden (top down). Kommunen und Kultusbehörden, also schulexterne Akteure, stehen im Zentrum der Betrachtung. Von ihnen sind Regelungen und Ressourcen systematisch den lokalen und regionalen Bedarfen (z. B. steigenden und sinkenden Schülerzahlen) anzupassen (Schlee 2015).

Ausgehend von der Erkenntnis, dass sich die empirischen Erscheinungsformen und Qualitäten schulischer Angebote von Schule zu Schule (auch innerhalb einzelner Schulformen und in ähnlichen lokalen Kontexten) erheblich unterscheiden und zentralistisch geplante Maßnahmen durch die AktuerInnen vor Ort in der abschließenden Umsetzung umfassend neuinterpretiert und umgeformt (rekontextualisiert) werden (Fend 2008), findet eine grundlegende Umorientierung im Verständnis von Schulentwicklung statt. Der Blick richtet sich nun zunehmend auf die Einzelschule und die in ihr tätigen Akteure. Schulentwicklung wird fortan als Optimierung der Einzelschule im Sinne der Organisationsentwicklung verstanden (Schlee 2015). Schulleitungen, Lehrkräfte und andere an Schule Beteiligte (u. a. pädagogisches und nicht pädagogisches Personal, Eltern, SchülerInnen) rücken mit ihren Handlungsspielräumen in den Fokus (bottom-up). Sie sollen neue Strukturen (z. B. Steuergruppen) etablieren und fortlaufende Qualitätszirkel durchlaufen (Zielformulierung, Planung, Umsetzung, Evaluation), um Schulen zu entwickeln (Schlee 2015).

Den in inklusiven pädagogischen Kontexten verbreiteten Schulentwicklungsinstrumenten liegt in weiten Teilen ein solches Verständnis von Schulentwicklung zu Grunde; z. B. bietet der → Index für Inklusion konkrete Hilfestellungen wie eine Steuergruppe (Index-Team), Maßnahmen zur systematischen Reduktion aller Barrieren in → Bildung und → Erziehung für alle SchülerInnen mit der Schulgemeinschaft planen, umsetzen und evaluieren kann. Dabei wird hier, wie auch in anderen Konzeptionen im Kontext schulischer Inklusion darauf hingewiesen, dass Inklusion nicht nur als Zielsetzung, sondern vielmehr als Prozessmerkmal zu verstehen ist. Die Zusammensetzung der Steuergruppe sollte entsprechend die → Vielfalt der Schulgemeinschaft repräsentieren. Partizipationsmöglichkeiten in der Planung, Umsetzung und Evaluation von Maßnahmen sind insbesondere für benachteiligte Personengruppen von Beginn an einzurichten (Booth & Ainscow 2011).

Neueste wissenschaftliche Auseinandersetzungen erweitern das Verständnis von Schulentwicklung abermals. In Anlehnung an (öko-)systemische Theorien rücken sie die Handlungskoordination inner- und außerschulischer Akteure in den Fokus der Betrachtung (Verschränkung von top-down und bottom-up). Das Schulsystem wird als Mehr-Ebenen-System konzipiert, in denen auf unterschiedlichen, meist hierarchisch angeordneten Ebenen (u. a. Unterricht, Einzelschule, Verwaltung, Bildungspolitik) Akteure ihr Handeln in ihren jeweiligen Verantwortungsbereichen systematisch abstimmten müssen (Fend 2008; Schlee 2015).

Auch im Hinblick auf Inklusion wird auf die Bedeutung einer Verschränkung von top-down und bottom-up Prozessen und einer gemeinsamen Verantwortungsübernahme der unterschiedlichen Akteure für die Schulentwicklung hingewiesen. Weder lasse sich die Umsetzung schulischer Inklusion von oben verordnen, noch könnten die Akteure auf Ebene der Einzelschule innerhalb bestehender struktureller Rahmenbedingungen des selektiven und segregierendem deutschen Schulsystems Inklusion umfassend umsetzen. Aktuelle Forschungsfragen beziehen sich entsprechend auf die:

- Identifikation bestehender Barrieren und Widersprüche auf den unterschiedlichen Ebenen des Schulsystems im Hinblick auf Inklusion,
- Möglichkeiten ihrer Überwindung durch systematische und gezielte Maßnahmen,
- Ihre Ausgestaltung durch die AkteurInnen auf den unterschiedlichen Ebenen des Schulsystems sowie
- Möglichkeiten und Herausforderungen ihrer Handlungskoordination.

Literatur

Booth, Tony/Ainscow, Mel (2011). Index for Inclusion. Developing learning and participation in schools. 3. Aufl. Bristol.

Fend, Helmut (2008): Schule gestalten. Systemsteuerung, Schulentwicklung und Unterrichtsqualität. Wiesbaden.

Schlee, Jörg (2015): Schulentwicklung gescheitert. Die falschen Versprechen der Bildungsreformer. Stuttgart.

Segregation

Georg Feuser

Der Begriff *Segregation* (lat. *segregare* = absondern/trennen) wird in verschiedenen wissenschaftlichen Domänen verwendet. Unter soziologischen Gesichtspunkten, die für Fragen der Pädagogik und der Inklusion relevant sind, geht es ursprünglich um die Bezeichnung einer bestimmten Merkmalsgruppe, die in einem beobachteten Feld konzentriert auftritt, in anderen Feldern aber unterrepräsentiert ist. Solche Ungleichverteilungen können mit Bezug auf sozialräumliche Verteilungen (z. B. nach Sozialstatus, Reichtum, Kriminalitätsraten, Konfession, Geschlecht, Hautfarbe) auch mathematisch gefasst werden.

Segregation ist nicht nur unter Aspekten erzwungener bzw. normativer Absonderung zu betrachten, sondern auch hinsichtlich freiwilliger Kontaktvermeidung zu gewichten. Im anglo-amerikanischen Sprachraum steht der Begriff für die Absonderung einer Menschengruppe aus gesellschaftlichen, eigentumsrechtlichen oder räumlichen Gründen; auch bezogen auf Rassismus.

Dieses Begriffsverständnis spiegelt sich in den verschiedenen grafischen Kreismodellen zur Veranschaulichung von Exklusion, Segregation, Integration und Inklusion, wie es z. B. Hinz (2004) ausweist. Eine dem soziologischen Verständnis näher kommende grafische Darstellung findet sich auf der Homepage der Aktion Mensch (2016) unter Aspekten der → UN-Behindertenrechtskonvention (UN-BRK) mit Hinweisen auf Behinderung und Teilhabe und das Benachteiligungsverbot. So verbreitet solche Darstellungen auch sind, so wenig vermögen sie die mit diesem Begriff zu fassenden gesellschaftlichen und domänenspezifischen Prozesse aufzudecken, geschweige denn sie zu erklären. Sie sind eher geeignet, die mit dem Begriff der Segregation gefassten realen gesellschaftlichen Verhältnisse zu verharmlosen.

Grundlegend für das Verständnis ist die soziale Frage: Dies im Zusammenhang tiefgreifender gesellschaftlicher Veränderungen, bedingt u. a. durch Arbeitsverhältnisse, deren Entlohnung das tägliche Leben nicht mehr zu finanzieren vermag bzw. Arbeitslosigkeit für große Anteile der Bevölkerung mit der Folge von Armut, die ihrerseits nicht nur zum Verlust von Teilhabemöglichkeiten und in Folge wiederum zur Ausdünnung sozialer Netze und individueller sozialer Isolation führt, sondern im Inneren der Gesellschaft zusätzlich stigmatisiert wird und zum Kampf der Schwachen gegen die Schwächeren führt. Dies in Kontexten zunehmender Durchkapitalisierung der westlichen Gesellschaften, die mit dem Neoliberalismus und den massiven Deregulierungen seit den 1980er-Jahren zu einem Prekariat führte, in dessen Zusammenhang von *Nutzlosen* und *Überflüssigen* (Bauman 2005; Bude & Willisch 2008) gesprochen wird. Formen einer massiven Spaltung der Gesellschaft mit erheblichen Gefährdungen der Demokratie sind die Folge. In den Diskursen der Soziologie steht dafür der Begriff der → Exklusion (Kronauer 2010).

Der ständig drohende Verlust sozialer Positionen und des daran gekoppelten sozialen Prestiges, der heute alle gesellschaftlichen Gruppierungen erfasst hat, verschärft vor allem auch die Exklusionen im Feld des institutionalisierten Erziehungs-, Bildungs- und Unterrichtssystems (EBU). Die Steigerung der Effizienz der Umwandlung von Humanressourcen in entsprechend verwertbares Humankapital, durch als Reformprozesse getarnte Verschärfungen der Selektionsprozesse im EBU, reicht mit der Umsetzung des Bologna-Prozesses, wiederum kaschiert z. B. mit Exzellenzinitiativen, bis in die Universitäten hinein. Das führt, wie in Folge der OECD-Studien deutlich wurde, zu einer noch weiteren Vorverlegung der Erhebung von sozialen und sprachlichen Beeinträchtigungen und der im Lernen. Dies ohne entsprechende Konsequenzen für eine Frühe Bildung und Ermöglichung einer regulären Schullaufbahn. Diese Population kann übergeordnet durch das Verhältnis von Armut und Behinderung beschrieben werden, was wiederum durch den Begriff der *Bildungsferne* der Familien der Betroffenen in entwürdigender Weise verschleiert wird. Bude (2008) schreibt: »Für die Exkludierten gilt der meritokratische Grundsatz ›Leistung‹ gegen ›Teilhabe‹ nicht mehr. Was sie können, braucht keiner, was sie denken, schätzt keiner und was sie fühlen, kümmert keinen« (14 f.).

Dieser Sachverhalt gilt in besonderer Weise für jene, die aufgrund der Schwere ihrer Beeinträchtigungen keine Humanressourcen einbringen können, in Bezug auf die auch mit entsprechendem Aufwand ihrer *Förderung* ein verwertbares Humankapital ausgebildet werden könnte. Entsprechend entbehren sie ohne erwartbaren späteren Nutzen des Wertes, ihnen Bildung zu gewähren. Ihnen werden in Anbetracht dessen, dass sie oft schon von Geburt an ausschließlich der Behindertenfürsorge anheimgestellt werden, auch in Anbetracht ihrer heute entwickelten Strukturen und Funktionsweisen ihre Menschenrechte vorenthalten, und sie verlieren dadurch auch ihre Würde. Sie werden mit fadenscheinigen Argumenten selbst von scheinbar überzeugten Inklusionsbefürwortern vom Zugang zu einem inklusiven EBU ausgeschlossen und bleiben *separiert.*

Beide exkludierten Gruppen, segregierte und separierte, werden im EBU durch eine kategoriale Heil- und Sonderpädagogik anonymisiert und im EBU in Sondersysteme segregiert. Damit erweist sich die Segregation im System als Inklusion in Bereiche des EBU, das ihre möglichen sozialen Beziehungen extrem ausdünnt und in Anbetracht eines massiven Bildungsreduktionismus die Ausgangsbedingungen fixiert und die zur Selektion führende Diagnostik als zutreffend beweist. Eine Exklusion aus solchen Zwangsinklusionen aus eigener Kraft ist ausgeschlossen. Damit nimmt zumindest für diese Population die segregierende Inklusion Formen ausgeprägter institutioneller, d. h. struktureller Gewalt an.

Der Boom an Standards outputorientierter Leistungsmessung und die Fetischisierung des Kompetenzbegriffs im Bildungssystem widersprechen dem Geist der WHO, die 1999 die Begriffe *Disability* und *Handicap*, unter Beibehaltung des Begriffes *Impairment*, durch *Activity* und *Participation* ersetzt hat: *Activity* und *Participation* drücken das Verhältnis personbezogener Möglichkeiten zu handeln in Relation zum erzielbaren Grad hinsichtlich Art und Umfang sozialer Teilhabe an verschiedenen Lebensbereichen wiederum in Relation zu dieser Teilhabe fördernden bzw. hemmenden Kontextfaktoren aus, was trotz der Inklusionsbewegung nicht nur im Bildungssystem, sondern selbst in Lehrbüchern unbeachtet bleibt. Entsprechend verschärft sich die Segregation auch im EBU und die Inklusion selbst erweist sich im Widerspruch zu den mit ihr verbundenen Forderungen der UN-BRK als Segregation.

Inklusion zu realisieren heißt heute, entschieden die Exklusion aller in Sondersysteme Inkludierten und ihre Platzierung im regulären EBU zu betreiben, was mit dem Begriff der → Integration gefasst werden kann. Dies als Voraussetzung der Umstrukturierung des gesamten EBU im Interesse von Bildung für alle, verstanden als Gegenkraft einer in Demokratie und Humanität erodierenden Gesellschaft.

Literatur

Aktion Mensch (2016): Definition und Bedeutung. Was ist Inklusion? Zugriff am 21.06.2016. Verfügbar unter: https://www.aktion-mensch.de/themen-informieren-und-diskutieren/was-ist-inklusion.html

Bauman, Zygmunt (2005): Verworfenes Leben. Hamburg.

Bude, Heinz (2008): Die Ausgeschlossenen. Das Ende vom Traum einer gerechten Gesellschaft. München.

Bude, Heinz/Willisch, Andreas (Hg.) (2008): Exklusion. Frankfurt a. M.

Hinz, Andreas (2004): Vom sonderpädagogischen Verständnis der Integration zum integrationspädagogischen Verständnis der Inklusion!? In: Schnell, Irmtraud/Sander, Alfred (Hg.): Inklusive Pädagogik. Bad Heilbrunn, 41–74.

Kronauer, Martin (2010): Exklusion. Frankfurt a. M.

Selbstreflexion

Helmwart Hierdeis

Selbstreflexion gehört mit Selbstwahrnehmung, Selbstbeobachtung, Selbstanalyse (bzw. psychoanalytische Selbstaufklärung) und Selbsterkenntnis zu den Formen der Wissensgewinnung über die eigene Person, insbesondere über die psychischen Prozesse und ihre Dynamiken. Sie sind möglich, weil das Ich in der Lage ist, den Blick auf sich selbst zu richten.

In der Terminologie von Sigmund Freud registriert die »Selbstwahrnehmung« die allgemeine Gefühlslage, insbesondere die Lust-Unlust-Empfindungen (Freud 1940a, 129). Die »Selbstbeobachtung« ist für ihn ein Zustand des Zulassens aller Gedanken und Gefühle hinsichtlich des eigenen Erlebens, in dem diese immer wieder mit dem Widerstand gegen die Anerkennung des eigenen Unbewussten zu kämpfen hat (Freud 1912 g, 268 f.). In der heutigen empirischen Psychologie gehört sie – oft unter der Bezeichnung Introspektion – zu den Methoden der Selbstbeschreibung. Die »Selbstanalyse« steht im Dienste der »psychoanalytischen Purifizierung« (Freud 1912e, 382) und richtet sich – für den Psychoanalytiker unerlässlich, für den »Normalen« in abgeschwächter Form zumindest nützlich – auf die Entdeckung und Überwindung von »Widerständen« (Freud 1910d, 108; zum Gesamtkomplex Hierdeis 2015).

Die genannten Weisen der Selbstreflexion wirken unaufhörlich in unterschiedlicher Dominanz als »Instrumente« der Person, mit denen sie sich ihren eigenen »psychischen Apparat« zum Objekt macht und »mit Hilfe der Lücken im Psychischen« (Freud 1940a, 81) ein Bild von seiner Arbeitsweise erstellt. Alle drei funktionieren nicht nur auf einer emotionalen Basis, sondern haben mit Erinnerungs- und Denkprozessen zu tun. Alle drei sind zudem an Prozessen der *Mentalisierung* beteiligt, auch wenn deren Ergebnisse (z. B. Begriffe, Theorien, Konstrukte (→ Konstruktivismus) nicht mehr verraten bzw. verraten sollen, dass sie aus Formen der Affektregulierung stammen. Unter welchem Namen auch immer die *Introspektion* erfolgt, sie »ist weder von ihren entwicklungspsychologischen Voraussetzungen, noch von ihrem ontologischen und epistemologischen Status die isolierte Leistung eines einsamen Geistes; sie geschieht vielmehr immer in einer intersubjektiven Bewusstseinsverfassung; entweder anhand eines fragenden und antwortenden Gegenübers oder anhand des inneren Dialogs mit einem vorgestellten Anderen« (Mertens 2014, 464). Dass *Selbsterkenntnis* auf die Spiegelung im Anderen angewiesen ist, war bereits der *klassischen* griechischen Philosophie bekannt: *Erkenne dich selbst!* – nämlich in deiner Verfassung den Göttern gegenüber.

Der sichtbare Eintritt des Begriffs *Selbstreflexion* in die sozialwissenschaftliche Diskussion erfolgte Ende der 1960er-Jahre mit der Schrift *Erkenntnis und Interesse* von Jürgen Habermas (1968). Er sah in ihr – gestützt auf die Psychoanalyse (v. a. Sigmund Freuds und Alfred Lorenzers) – einerseits eine weit über die bisherigen Formen philosophischer Selbsterkenntnis und geisteswissenschaftlicher → Hermeneutik hinausgehende Methode zur Analyse dessen, was im Individuum und in der Gesellschaft als unbewusster Subtext wirkt *(Tiefenhermeneutik),* andererseits einen Auftrag an die Wissenschaft, ihre Scheinobjektivität aufzugeben und ihre Erkenntnisinteressen offen zu legen. Aktuell wird der Begriff in unterschiedlichen Zusammenhängen meist unscharf verwendet, von der lebenslaufbezogenen Professionalisierung für pädagogische und soziale Berufe bis hin zur Organisationsberatung. Er hat dabei in beiden von Habermas ins Auge gefassten Hinsichten an Kontur verloren, weil es für viele zu mühselig und zeitaufwendig ist, die Dimensionen des Unbewussten zu erschließen, und weil die Wissenschaft insgesamt kein Bedürfnis verspürt, ihr Erkenntnisinteresse zu erforschen. Die → inklusive Pädagogik hätte von ihrem theoretischen und praktischen Interesse her der *Selbstreflexion* breiten Raum zu geben, einerseits um den Rahmen selbstreflexiver Möglichkeiten bei Menschen auszuloten, denen sie leicht abgesprochen oder nur begrenzt zugestanden werden, andererseits um der Gefahr zu entgehen, dass die PädagogInnen ihren eigenen Inklusionsbedarf übersehen.

Literatur

Freud, Sigmund (1910d): Die zukünftigen Chancen der psychoanalytischen Therapie. G. W. Band VIII. Frankfurt a. M., 103–115.

Freud, Sigmund (1912e): Ratschläge für den Arzt bei der psychoanalytischen Behandlung. G. W. Band VIII. Frankfurt a. M., 357–387.

Freud, Sigmund (1912 g): Das Unbewußte. G. W. Band X. Frankfurt a. M., 263–303.

Freud, Sigmund (1940a): Abriß der Psychoanalyse. G. W. Band XVII. Frankfurt a. M., 63–138.

Habermas, Jürgen (1968/1973): Erkenntnis und Interesse. 2. Aufl. Frankfurt a. M.

Hierdeis, Helmwart (2015): Epistemologische Amnesie. In: Erwägen – Wissen – Ethik. Forum für Erwägenskultur. 1/2015, 39–41.

Mertens, Wolfgang (2014): Introspektion. In: Wolfgang Mertens (Hg.): Handbuch psychoanalytischer Grundbegriffe. Stuttgart, 459–465.

Selbstvertretung

Wilfried Prammer

Um den Begriff *Selbstvertretung,* der in der fachlichen Diskussion in unterschiedlichen Synonymen (Self-Advocacy, People First) Verwendung findet, zu beschreiben, ist zunächst das Entstehen der Bewegung von Menschen mit Lernschwierigkeiten, wie sie beispielsweise in vielen Ländern durch gegründete Vereine (z. B.: *Mensch zuerst - Netzwerk People First Deutschland e. V.,* Selbstbestimmt Leben Initiative (SLI)) repräsentiert sind, näher zu betrachten.

Historisch gesehen, hängt das Entstehen der Selbstvertretungsbewegungen eng mit dem Aufkommen von Bürgerrechtsbewegungen der 1960er- und 1970er-Jahre zusammen und findet sich in den darauf folgenden sozialrechtlichen, sozialpolitischen Entwicklungen hinsichtlich des Paradigmenwechsels von fremdbestimmter zu selbstbestimmter Hilfe wieder. Aus den Initiativen marginalisierter Gruppen entwickelten sich unterschiedlichste Bewegungen. Selbsthilfe- und Selbstvertretungsgruppen forderten direkte politische Mitsprache, Mitgestaltung und Kontrolle der unmittelbaren Lebensumstände (Theunissen & Plaute 2001).

Bezeichnungen von respektive Zuschreibungen an Menschen mit einer Behinderung wie z. B. →geistige Behinderung, *kognitive Beeinträchtigungen* finden sich schon lange im fachwissenschaftlichen Diskurs. Welche nun die angebrachte oder auch fachwissenschaftlich korrekte Beschreibung ist, wird von jenen, die beschrieben werden, klar definiert, denn sie sagen über sich selbst, dass sie einfach als Menschen und nicht als Behinderte gesehen werden wollen. Diesem Anspruch ist auch der Name der Bewegung *People First* geschuldet. Dennis Heath, ein Sozialarbeiter berichtet: »One of the pioneer self-advocates – who it was is forgotten – objected to the constant use of the words ›retarded‹ and ›handicapped‹. ›I want to be treated like a person first‹ he said. From that came the group's name, People First of Oregon.« (People First, Zugriff am 11.07.2016)

Um Selbstvertretung – aber auch Selbstbestimmung – im Sinne des angesprochenen Personenkreises zu definieren und zu beschreiben, gebührt es den Betroffenen, selbst zu Wort zu kommen (Mensch-Zuerst, Zugriff am 11.07.2016):

- »**Wir sind Menschen mit Lern-Schwierigkeiten**.
  Früher sagte man: Wir sind geistig behindert.
  Wir empfinden das als ein Schimpf-Wort.
  Darum nennen wir uns Menschen mit Lern-Schwierigkeiten.
- **Wir sind Selbst-Vertreter, das heisst**:
  Wir wissen selber, was wir wollen.
  Wir wissen selber, was wir brauchen.
  Wir haben unsere Fähigkeiten.
  Wir können lernen.
  Wir brauchen aber mehr Zeit dafür.«

Mittlerweile gibt es schon in vielen Ländern diese Selbstvertretungsgruppen. In Kanada, in den USA und in Großbritannien sind Selbstvertretungsgruppen – auch aufgrund ihrer langjährigen Tradition – sehr etabliert. Dem stehen die Selbstvertretungsgruppen in Europa aber um nichts nach und sind durch die *European Platform of Self-Advocates* (EPSA) repräsentiert, die wiederum Teil von *Inclusion Europe* ist.

»EPSA has been representing self-advocacy organisations in Europe since 2000. We tell people about the rights, abilities and needs of people with intellectual disabilities. We represent self-advocacy groups in Europe. We speak to decision-makers about what is important to self-advocates. We publish accessible information about important European issues.« (Inclusion Europe, Zugriff am 11.07.2016)

Weiterhin setzen sich sowohl die europäische Plattform für SelbstvertreterInnen als auch die nationalen Vereine und Initiativen für Schulungen von SelbstvertreterInnen ein, organisieren Konferenzen zum Erfahrungsaustausch, machen Öffentlichkeitsarbeit und veröffentlichen Handreichungen, Empfehlungen für und über Selbstvertretung.

Ein ausgezeichnetes Beispiel eines Modells, wie aus Sicht der KundInnen Dienstleistungen für Menschen mit Beeinträchtigungen evaluiert werden, stellt das Projekt Proqualis (Name steht für: *Für Qualität*) des oberösterreichischen Kompetenznetzwerks Informationstechnologie zur Förderung der Integration von Menschen mit Behinderungen (www.ki-i.at) dar. Die Qualität von Dienstleistungen, die nach dem Oberöstereichischen Chancengleichheitsgesetz angeboten werden (Wohnheime, Wohngemeinschaften, Einzelwohnungen, geschützte → Arbeit, fähigkeitsorientierte Aktivität) müssen vom Auftraggeber überprüft werden. Im Auftrag des Landes Oberösterreich übernimmt dies Proqualis (www.proqualis.at) mit seinen MitarbeiterInnen, die als Qualitäts-EvaluatorInnen ausgebildet wurden und dies aus Sicht der eigenen Betroffenheit im Sinne der Selbstvertretung durchführen.

Dieses Beispiel zeigt deutlich, dass es Möglichkeiten und gesetzliche Bestimmungen gibt bzw. geben kann, dass Menschen mit → Lernschwierigkeiten *ihre Sache* selbst in die Hand nehmen. Damit wird ein wichtiger Beitrag zur SELBSTBESTIMMUNG geleistet.

Literatur

Inclusion Europe. Zugriff am 11.07.2016. Verfügbar unter: http://inclusion-europe.eu/?page_id=85

Mensch zuerst. Zugriff am 11.07.2016. Verfügbar unter: http://mensch-zuerst.ch/schweiz/de/2.0.0/wir/wir-sind.html
People First. Zugriff am 11.07.2016. Verfügbar unter: http://www.peoplefirst.org
Theunissen, Georg/Plaute, Wolfgang (2001): Handbuch Empowerment und Heilpädagogik. Freiburg.

Separation

Georg Feuser

Der Begriff *Separation* (lat. *separatio* = absondern, Absonderung) findet in vielen Bereichen, z. B. vom Verhalten von Schwarmtieren bis hin zur Staffelung des Flugverkehrs, Verwendung. Er bezeichnet aber auch *ausschließen* und verweist damit auf einen aktiven Prozess, der auf etwas oder jemanden hin zur Wirkung kommt. Damit steht er in Opposition zum Begriff der Inklusion und ist mit dem Begriff der → Segregation (absondern, trennen) vergleichbar.

Laut Brockhaus (2001) findet er ebenfalls Anwendung hinsichtlich einer Gebietsabtrennung zum Zweck der Angliederung an einen anderen Staat oder der politischen Verselbstständigung, wie er auf dem Agrarsektor im 18. und 19. Jahrhundert in Deutschland die Flurbereinigung und auch die Auflösung einer genossenschaftlichen Wirtschaftsweise kennzeichnete. Einen vergleichbaren Ausgangspunkt hat das französische Wort *séparée*, das deutlich auf eine räumliche Abtrennung/Trennung verweist (z. B. chambre séparée). Die politische Dimension drückt sich im Begriff des Separatismus aus, der sich auf religiöse, kirchliche, politische oder weltanschauliche Bereiche bezieht. Er wird auch zur Distanzierung politischer Gegner diesen zugeschrieben (Separatisten). Abspaltungsprozesse im Bereich der Kunst werden mit dem Begriff der *Sezession* gekennzeichnet. So auch der zwischen den Nord- und Südstaaten von 1861–1865 geführte Amerikanische Bürgerkrieg als Sezessionskrieg. Er speiste sich u. a. aus der ökonomisch wie moralisch behandelten Sklavenfrage. Trotz der Abschaffung der Sklaverei in den USA nach dem Krieg erstarkte ein Rassismus, der weit in die zweite Hälfte des 20. Jahrhunderts hinein ragte und bis heute nicht als überwunden angesehen werden kann.

Der Begriff Separation steht – im Gegensatz zum Begriff der Inklusion – in Kontexten von Ungleichheit und Gewalt, der Rassentrennung, Kolonialisierung, Ausbeutung und Tötung von Menschen. Mbembe (2014) verdeutlicht, dass der zeitliche Fortbestand eines durch Gewalt etablierten Systems von der Aufrechterhaltung der Gewalt abhängt und stellt fest: »Diese Gewalt besitzt drei Dimensionen. Sie ist ›Gewalt im alltäglichen Verhalten‹ des Kolonisators gegen den Kolonisierten; sie ist ›Gewalt gegen die Vergangenheit‹ des Kolonisierten, die ›bar jeder Substanz‹ ist; und sie ist Gewalt und Affront gegen die Zukunft, ›da das Kolonialsystem sich als ewig darstellen muss‹« (199 f.). Solches verdeutlicht sich exemplarisch im Prozess einer Abstraktion von einem konkreten Menschen, indem dieser einer allgemeinen Kategorie (z. B. → *geistige Behinderung*) zugeordnet wird. Das hält die Identität dessen aufrecht, der mittels seiner Definitionsmacht eine solche Zuschreibung und Zuordnung vornimmt und aufrechterhält. Aber die durch den *Namen* gegebene Identität des Anderen wird dadurch aufgehoben, was ihn als Person negiert und ihn im Grunde einem Nichts zuordnet. Das ist identisch mit dem Verlust der Menschlichkeit, ohne aufzuhören, als Mensch zu existieren und dadurch dem nicht unähnlich, wenn Singer in seiner *Praktischen Ethik* (1984) negiert, dass Menschen bestimmter Merkmalsausprägungen eine *Person* seien. In seiner Arbeit *Die Befreiung der Tiere* (1982) stellt er u. a. fest: »Der Kern der Sache ist freilich klar: die Tötung eines behinderten Säuglings ist nicht moralisch gleichbedeutend mit der Tötung einer Person. Sehr oft ist sie überhaupt kein Unrecht« (1984, 188).

Dass solches Denken einen zutiefst rassistischen Hintergrund hat, weist Mbembe (2014) bezogen auf den Begriff *Neger* und die Geschichte der Sklaverei nach, die im unmittelbaren Zusammenhang mit kapitalistischen Produktions- und Verwertungsprozessen, auch durch die Produktion von Gleichgültigkeit derart kategorisierten Menschen gegenüber, diese verobjektiviert und sie sich durch GHETTOISIERUNG unentrinnbar aneignet und deren Leben im Sinne einer Unternehmerlogik rationalisiert oder verwirft (Agamben 2002). Mit solchen Formen der Distanzierung wird der nun *andere Andere*, der, wie Jantzen schon 1976 herausstellte, eine »Arbeitskraft minderer Güte« verspricht oder keine einzubringen hat, in voller Verfügung über ihn, in einem Akt der Kolonisierung angeeignet. Dies durch einen gesellschaftlich *nicht aufnehmenden Ausschluss*, z. B. der als schwer behindert und/oder tiefgreifend entwicklungsgestört bezeichneten Kinder und Jugendlichen von der Inklusion in das reguläre Bildungssystem. Dies mit der Folge einer von vornherein erfolgenden Zuweisung in ein Sondersystem mit vergleichbar Selektierten und Kategorisierten, der Ausdünnung der sozialen Beziehungen in der Spanne von sozialer Deprivation bis hin zu Bedingungen der Isolation (z. B. durch Fixierung, Sedierung, Timeout-Maßnahmen, räumliche Separierung) und eines gravierenden Bildungsreduktionismus. Es geht dann im Sonderschul-System nicht mehr um Bildung, sondern um Förderung. Die Fortsetzung folgt nach der Schulentlassung durch Wohnen in Heimen und Arbeiten in Werkstätten für behinderte Menschen.

Der von vornherein nicht aufnehmende Ausschluss aus der Inklusion, so wäre vorzuschlagen, kann, seiner im Grunde rassistischen Gewalt und kolonisierenden Intention wegen, mit dem Begriff der *Separation* gefasst werden, während der Ausschluss, der als Folge der Unfähigkeit einer inklusionskompetenten Erziehungs-, Bildungs- und Unterrichtspraxis erfolgt, mit dem Begriff der *Segregation* beschrieben werden könnte. Zentral für die Separation ist die kollektive Negation einer wesentlich im Begriff des *Geistes* repräsentierten Vernunftfähigkeit der in bestimmter Weise etikettierten Menschen. Entsprechend werden die als Überlebensmechanismen zu begreifenden *herausfordernden Verhaltensweisen* (z. B. Stereotypien, selbstverletzende, destruktive und aggressive Handlungen) bzw. ein depressiver Rückzug als Ausdruck der etikettierten (geistigen) Behinderung und

Entwicklungsstörung wahrgenommen und damit negiert, dass sie unter den für die Betroffenen gegebenen Lern-, Entwicklungs- und Lebensbedingungen Ausdruck ihrer Vernunft sind. Ob nun die Konstruktion der Figur des *Negers* und der Prozess, »ihn als Rassensubjekt und wildes Außenstehendes hervortreten zu lassen, das als solches moralisch abgewertet und praktisch instrumentalisiert werden konnte« (Mbembe 2014, 63) oder die Konstruktion des *Schwachsinnigen*, des *Idioten*, des *Narren* und des *Geistigbehinderten* – die Parallelität beider Vorgänge ist offensichtlich. Wo immer und wem gegenüber auch immer es zur Konstruktion eines *anderen Anderen* kommt, ist die Verletzung einer universellen Gerechtigkeit, die auch die → UN-Behindertenrechtskonvention (UN-BRK) gebietet, offensichtlich.

Literatur

Agamben, Giorgio (2002): Homo sacer. Frankfurt a. M.

Brockhaus (2001): Separation. In: Die Enzyklopädie in 24 Bänden, Band 20. Mannheim, 74.

Feuser, Georg (2016): Zur endlosen Geschichte der Verweigerung uneingeschränkter Teilhabe an Bildung – durch die Geistigbehindert-Macher und Kolonisatoren. In: Markowetz, Reinhard & Fischer, Erhard (Hg.): Inklusion im Förderschwerpunkt geistige Entwicklung. Stuttgart (im Druck).

Jantzen, Wolfgang (1976): Zur begrifflichen Fassung von Behinderung aus der Sicht des historischen und dialektischen Materialismus. In: Zeitschrift für Heilpädagogik, 7/1976, 428–436.

Mbembe, Achille (2014): Kritik der schwarzen Vernunft. Berlin.

Singer, Peter (1982): Befreiung der Tiere. München.

Singer, Peter (1984): Praktische Ethik. Stuttgart.

Soziale Entwicklungssituation

Manfred Jödecke

Ein Terminus, der vor allem auf die kulturhistorisch intendierte Persönlichkeitsforschung zurückgeht und nach Boshowitsch (1970) mit Verweis auf Vygotskij, »[...] jene besondere Verbindung von inneren Entwicklungsprozessen und äußeren Bedingungen, die für jede Altersetappe typisch ist und sowohl die Dynamik der psychischen Entwicklung während der entsprechenden Altersperiode, als auch die qualitativ neuen psychischen Besonderheiten am Ende der Periode bestimmt« (115).

Psychische → Entwicklung verstand Vygotskij als einen kontinuierlichen Prozess der Interaktion affektiver und intellektueller Tendenzen der werdenden Persönlichkeit eines Menschen, der durch kritische oder krisenhafte Übergänge gekennzeichnet ist. Insbesondere mit Bezug auf die Krise des 7-jährigen wies Vygotskij darauf hin, dass die (sozialen und gesellschaftlichen) Umweltgegebenheiten, oder das Milieu des heranwachsenden Kindes nicht auf direkte Weise Einfluss nehmen auf dessen weitere psychische Entwicklung, sondern, dass es das Erleben (russ.: *pereživanie*) sei, welches bestimme, welche Art von Einfluss die Situation oder diese Umwelt auf das Kind haben werde (Vygotkij 2003). Das Erleben werde gleichsam zum Prisma, durch das die soziale Situation durch das Kind gebrochen wird.

Das Erleben bezeichnet also die innere psychische Situation des Kindes. Diese ist bestimmt davon, inwieweit die sozialen Umweltgegebenheiten geeignet erscheinen, die essenziellen BEDÜRFNISSE des Kindes nach Freiheit und Verbundenheit zu befriedigen. Frei ist die heranwachsende Persönlichkeit, wenn sie mit den ihr gegebenen Wahrnehmungs-, Denk- und Handlungskompetenzen in führenden TÄTIGKEITEN (etwa: spielen, lernen, arbeiten) sich ihre Bedürfnisse aktiv erfüllen kann. Verbunden ist das Kind, wenn es in sicheren und verlässlichen sozialen Beziehungen (emotional) anerkannt wird und ein *stabiles* SELBSTWERTGEFÜHL entwickeln konnte.

Die heranwachsende Persönlichkeit bewertet den Erfolg, die Sinnhaftigkeit ihres Tuns am Maß seiner emotionalen Erfülltheit. Dabei hängt alles davon ab, wie es im System der sozialen Beziehungen und gesellschaftlichen Verhältnisse *positioniert* ist. Wird das Kind geboren, so nimmt es eine bestimmte Stellung oder Position im gegebenen, historisch entstandenen und sich wandelnden Familiensystem ein. Die soziale Situation eines Einzelkindes etwa unterscheidet sich grundlegend von der differenzierten Position in der Geschwisterreihe einer Mehrkindfamilie. Mit dem Eintritt in die Schule beginnt, wie es so schön heißt, *der Ernst des Lebens.* Die Kinder beginnen nach der neuen gesellschaftlichen Stellung des Schülers zu streben und der dort bedeutsamen Tätigkeit nachzukommen, sie wollen lernen. Die Lerneinstellung hängt dabei letztendlich auch davon ab, inwieweit es durch das Lernen, die Entwicklung von *Werksinn* gelingt, die Position eines (guten) Schülers einzunehmen. Stimmt das schulische Betriebsklima, können die SchülerInnen expansiv, ohne Angst vor dem Versagen lernen und ihre Potenziale entfalten (Jödecke 2016). So kommt zu dem im Familiensystem *geschenkten* Selbstwertgefühl auch noch *gesundes* Selbstvertrauen in die eigenen Lern- und Lebenskompetenzen hinzu.

Die gesellschaftliche Position des Jugendlichen unterscheidet sich wiederum grundlegend von der des (älteren) Schulkinds. Diese wird nicht zuletzt dadurch bestimmt, ob es diesem gelingt, sich gegenüber den Mikrosystemen von Familie und Schule in der Peergroup zu behaupten. Im Idealfall funktioniert der *Code der Freundschaft* (Jödecke 2007), in dem eigene Wertorientierungen selbstverantwortlich konstruiert und vertreten werden können. Im ungünstigen Fall diffundiert die jugendliche *Identität* und findet Stabilität allein in stereotypieförmigen Strukturen psychischen Leidens.

Die Positionierung als Erwachsener in gesellschaftlichen Produktions-, Zirkulations-, Konsumptions- und Distributionsverhältnissen geht einher mit der psychischen Transformation der Persönlichkeit als selbstbestimmt und *generativ engagierter* Bürger; ja im Horizont einer mehr oder weniger gelingenden GLOBALISIERUNG, gar als *Mensch der Menschheit.* Auch der Charakter der gesellschaftlichen Positionierung des/der Senioren/Seniorin führt zu einem Erleben, einer inneren Position, die zwischen Integrität und Lebensekel einen Ausgleich sucht (Erikson 1973).

Mit anderen Worten: Kinder, Jugendliche, Erwachsene und Alte sind auf unterschiedliche Weise positioniert zum Leben in der Gesellschaft. Danach bestimmen sich auch der Gehalt und das Funktionieren ihrer dominierenden Tätigkeiten. Dabei drückt die äußere Seite der *Positionie-*

rung die (gesellschaftliche) Bedeutung, die innere den (persönlichen) SINN derselben im Leben, widergespiegelt im Bewusstsein und der Persönlichkeit eines Menschen aus.

Literatur

Boshowitsch, Lydia Iljitschna (1970): Die Persönlichkeit und ihre Entwicklung im Schulalter. Berlin (DDR).

Erikson, Erik. H. (1973): Identität und Lebenszyklus. Frankfurt a. M.

Jödecke, Manfred (2007): »Der Mensch muss werden können, was er seinem Wesen nach ist …« – Reflexionen zum psychischen Gestaltwandel am Beispiel des Jugendalters. In: Behindertenpädagogik. Vierteljahresschrift für Behindertenpädagogik in Praxis, Forschung und Lehre und Integration Behinderter, 3+4/2007, 343–373.

Jödecke, Manfred (2016): Was ist und was sein könnte – inklusive Handlungsoptionen »diagnostischer Fallarbeit«. In: Amrhein, Bettina (Hg.): Diagnostik im Kontext inklusiver Bildung: Theorien, Ambivalenzen, Akteure, Konzepte. Bad Heilbrunn, 178–190.

Vygotskij, Lev (2003): Ausgewählte Schriften. Band II. Arbeiten zur Entwicklung der Persönlichkeit. Berlin.

Soziale Ungleichheit

Eckhard Rohrmann

Soziale Ungleichheit resultiert aus unterschiedlichen Zugangsmöglichkeiten zu materiellen und immateriellen Ressourcen. Zwar wurde formalrechtliche Gleichheit seit der bürgerlichen Revolution in nationalen und internationalen Verfassungen und Menschenrechtserklärungen verankert, gleichzeitig jedoch meist ebenfalls der Schutz des Privateigentums – auch an Produktionsmitteln. Damit blieben soziale Ungleichheiten zwischen denjenigen, die über Privateigentum verfügen und denen, die nichts derart zu schützendes haben, bestehen oder sie verschärften sich.

→ Ungleichheitsforschung war lange spezifischen Beschränkungen unterworfen: »Wer die herkömmliche Schichtungs- und Klassenforschung kennt, der weiß, daß sie sich im Grunde schon immer damit beholfen hat, von einer Art *bereinigtem ›gesellschaftlichen Normalfall‹* auszugehen: Es wurden vorzugsweise einheimische, in der Regel männliche Haushaltsvorstände im erwerbsfähigen → Alter untersucht. Die Jungen und die Alten, die Hausfrauen und die Kranken, die Ausländer und die Kasernierten, die Behinderten […] blieben ausgeblendet. […] Eine stillschweigende Prämisse herkömmlicher Ungleichheitsforschung ist die Ausgliederung bestimmter Kategorien gesellschaftlich benachteiligter, der sog. *›Rand‹gruppen*, aus ihrem Gegenstandsbereich« (Kreckel 2004, 43). ARMUTSFORSCHUNG hingegen war bis in die 1970er-Jahre primär Randgruppenforschung. Erst seit 2001 der Forderung nach einer regelmäßigen Armutsberichterstattung erstmals mit der Vorlage des ersten Armuts- und Reichtumsberichtes entsprochen wird, ist der Zusammenhang zwischen ARMUT und Ungleichheit in den Fokus sozialpolitischer Debatten und einschlägiger Forschungen gerückt.

Auch im Zusammenhang dieses Beitrages ist das vertikale Disparitätenmodell zu erweitern und der Blick auch auf andere

Ungleichheitsdimensionen zu richten, welche sich etwa an den drei Kapitalformen nach Bourdieu (2005) festmachen lassen: Neben ökonomisches tritt hier kulturelles Kapital, welches sich z. B. in formalisierten Bildungsabschlüssen, Titeln etc. ausdrückt sowie soziales Kapital als Netz »von mehr oder weniger institutionalisierten Beziehungen gegenseitigen Kennens und Anerkennens« (→ Anerkennung) (Bourdieu 2005, 63).

Ausdrücklich ist der Aspekt gesellschaftlicher Armut in die Betrachtungen mit einzubeziehen, denn hier geht es um »ein Ausmaß an Ungleichheit, das als sozialpolitisch nicht mehr akzeptabel gilt« (Groh-Samberg & Goebel 2007, 397).

Ungleichheit steht in einem engen Wechselverhältnis zu sozialer → Exklusion, dies in doppelter Hinsicht: Hoch privilegierte gesellschaftliche Gruppen streben vielfach Exklusivität im Sinne bewusster Abgrenzung vom Rest der Bevölkerung an. Sozial benachteiligte Gruppen hingegen werden meist unfreiwillig ausgegrenzt (exkludiert).

Der Zugang zu allen drei Bourdieu'schen Kapitalformen ist ihnen weitgehend verwehrt, unter anderem im Bildungssystem, das durch seine gegliederte Struktur, Selektion und → Separation bestehende Exklusivität und Exklusion zusätzlich verschärft. Dadurch trägt es in entscheidendem Maße zur sozialen Vererbung von Armut und anderen sozialen Benachteiligungen und damit zur Reproduktion sozialer Ungleichheit bei. Zu Recht kritisiert z. B. der seinerzeitige Sonderberichterstatter für das Menschenrecht auf Bildung der UN, Vernor Muñoz, »das mehrgliedrige Schulsystem [in Deutschland, E.R.], das selektiv ist und zu einer Form der De-facto-Diskriminierung führen könnte. […] Er konnte im Verlaufe seines Besuchs beispielsweise feststellen, dass sich diese Einordnungssysteme auf arme Kinder und Migrantenkinder sowie Kinder mit Behinderungen negativ auswirken.« (HRC 2007: Summary).

Anzumerken ist, dass → Exklusion nicht primär im Sonder-, sondern im sogenannten Regelschulsystem stattfindet. Sonderpädagogik ist daran nur insofern beteiligt, als sie Ausschluss meist nicht mit Unterstützung beantwortet, diesen zu überwinden, sondern mit Einschluss in besondere Schulen und Ausschluss mittels sonderpädagogischer Diagnostik fachlich legitimiert und legalisiert.

Die Gegenüberstellung von Sonder- und Regelpädagogik ist zudem irreführend. Unser Schulsystem ist in vertikaler Hinsicht fünfgliedrig. Von Gymnasial- bis zur Geistigbehindertenpädagogik sehe ich mit Feuser (1989) keine Regelpädagogik, sondern fünf exklusiv an je eine Leistungsgruppe gerichtete Sonderpädagogiken – unter Ausschluss aller anderen.

Literatur

Bourdieu, Pierre (2005): Die verborgenen Mechanismen der Macht. 2. Aufl. Hamburg.

Feuser, Georg (1989): Allgemeine integrative Pädagogik und entwicklungslogische Didaktik. In: Behindertenpädagogik, 1/1989, 4–48.

Groh-Samberg, Olaf/Goebel, Jan (2007): Armutsmessung im Zeitverlauf. Indirekte und direkte Armutsindikatoren im Vergleich. In: Wirtschaftsdienst, 6/2007, 397–403.

HRC: Human Rights Council (2007). Report of the Special Rapporteur on the right to education, Vernor Muñoz. Addendum Mission to Germany (13–21 February 2006). A/HRC/4/29/Add.3.

Kreckel, Reinhard (2004): Politische Soziologie der sozialen Ungleichheit. 3. Aufl. Frankfurt a. M.

Sprachbehinderung

Ulrike Lüdtke

Der Begriff ›Sprach*behinderung*‹ *(disability)* fasst übergeordnet die tiefgreifenden personalen und sozialen Aspekte, die eine ›Sprach*störung*‹ *(disorder)* mit sich bringen kann (Knura 1982; Lüdtke 2016). Aktuell erfolgt im Inklusionskontext eine Abkehr von dieser individuumsbezogenen Perspektive hin zur Fokussierung der Beeinträchtigung-Barriere-Situation.

Die fachliche Zuständigkeit liegt seit Ende des 19. Jahrhunderts insbesondere in der Integrationswissenschaft der SPRACHBEHINDERTENPÄDAGOGIK bzw. Sprachheilpädagogik sowie in der Phoniatrie/Pädaudiologie, Patholinguistik und Logopädie bzw. Sprachtherapie. Diese pädagogisch-medizinische Dichotomie verweist auf einen unterschiedlich bewerteten deutschen Sonderweg (Braun & Lüdtke 2012). Internationales Pendant wäre die Disziplin der *Speech-Language Pathology* (SLP). Die vielfältigen institutionell verorteten Aufgabenfelder reichen dabei von der Prävention und sprachlichen → Frühförderung in der Krippe über die vorschulische Sprachbildung und SPRACHFÖRDERUNG in Kindertagesstätten und Schulen bis hin zur SPRACHTHERAPIE in Praxen und Kliniken (Lüdtke & Stitzinger 2015).

Basis einer interdisziplinären Verständigung in Forschung und Praxis sind von jeher ordnende Klassifikationsmodelle der vielfältigen Störungsbilder. Diese sind aufgrund ihrer Abhängigkeit von disziplinären Sichtweisen oder zeitgeistgeprägten Paradigmen stets im Wandel. Derzeit ist sowohl für die → Arbeit im klinischen und inklusiven Kontext als auch ausbildungsstrukturell (B. A./M. A.) die pragmatische Einteilung in Stimm-, Sprach-, Redefluss-, Sprech- und Schluckstörungen z. B. gemäß Heilmittelkatalog relevant.

Grundsätzlich können Störungen der genannten Bereiche in der gesamten Lebensspanne auftreten. Hinsichtlich ihrer Auswirkungen auf Bildungsprozesse sind bei Kindern und Jugendlichen neben Stottern und Mutismus vor allem die SPRACHENTWICKLUNGSSTÖRUNGEN relevant, die sich auf einer, mehreren oder allen linguistischen Ebenen zeigen können: Auf der pragmatischen Ebene als Besonderheiten in der verbalen und nonverbalen Kontaktaufnahme, Partnerorientierung und Kommunikationsgestaltung, auf der semantisch-lexikalischen Ebene als Schwierigkeiten beim Erwerb, Speichern oder Abrufen von Wortbedeutungen und Wörtern, auf der syntaktisch-morphologischen Ebene als Verletzung von Satzstellungs- und Wortmarkierungsregeln, auf der phonologischen Ebene als Schwierigkeiten in der lautlichen Bedeutungsunterscheidung und auf der phonetischen Ebene als Artikulationsprobleme. Infolge einer kritischen Sicht dieser rein sprachlichen bzw. erstsprachlichen Beeinträchtigungen verlagert sich das Augenmerk speziell im inklusiven Kontext seit Kurzem mehr und mehr auf Spracherwerbsprobleme im Kontext von Mehrsprachigkeit sowie als eingebettetes Phänomen in andere primäre Beeinträchtigungen, beispielsweise des Hörens, des Lern- und Leistungsverhaltens sowie der emotional-sozialen, der geistigen und/oder der körperlich-motorischen Entwicklung (Lüdtke & Stitzinger 2015).

Aus pädagogischer Perspektive unterliegt der Gestaltung der Bildungsprozesse von Kindern und Jugendlichen mit sprachlich-kommunikativen Beeinträchtigungen ein anthropologischer Zugang (→ Anthropologie). Dabei wird die → Differenz der Sprachlichkeit eines jeden Menschen hinsichtlich ihrer VULNERABILITÄT auf den Ebenen des Individuums, der Gesellschaft und der → Kultur entfaltet und sonderpädagogische Prämissen – wie z. B. die Rekonstruktion und Integration beschädigter sprachlicher Identität, die institutionelle → Anerkennung sprachlicher Heterogenität sowie die kulturelle Offenheit für sprachlichen Synkretismus – zur Ermöglichung von dekonstruierenden Antworten aufgestellt (Lüdtke 2016). Nachgeordnete Ansätze der sprachspezifischen Beobachtung, → Diagnostik, Förderung und Therapie erfolgen dabei jeweils störungs- und kontextspezifisch (Lüdtke & Stitzinger 2015).

Die schulische → Bildung von SchülerInnen mit sprachlichen Beeinträchtigungen beschritt ebenfalls paradigmatisch wie organisatorisch einen deutschen Sonderweg, der in der einzigartigen Konzeption der Sprachheilschule als Durchgangsschule kulminierte (Knura 1982; Lüdtke 2016). In aktueller inklusiver Sicht verstehen sich jedoch sprachlich-kommunikative Störungsbilder von Kindern und Jugendlichen nicht mehr per se als Beeinträchtigungen, sondern erst im Kontext schulischer und unterrichtlicher Lernbarrieren, so z. B. in der Übertragung phonetisch-phonologischer Schwierigkeiten auf den Schriftspracherwerb und -gebrauch im Anfangsunterricht.

Als Bausteine eines multiprofessionellen Angebots in inklusiven schulischen Kontexten, die den Abbau dieser sprach- und kommunikationsspezifischen Hindernisse in den Mittelpunkt stellen, sind zum einen die Konzeption der UNTERRICHTSINTEGRIERTEN SPRACHTHERAPIE (Lüdtke 2015), zum anderen die des Komplementären UNTERSTÜTZUNGSPROFILS SPRACHE UND KOMMUNIKATION (Lüdtke & Stitzinger 2015) zu nennen. In Letzterem werden fünf Säulen vorgeschlagen, welche grundlegend für den Abbau sprachlich-kommunikativer Lernbarrieren sind: die besondere Strukturierung des Lernortes sowie die Vorbereitung der zumeist sprachbasierten Lerngegenstände, die spezifische → Förderung und Unterstützung der Äußerungen der SchülerInnen auf den unterschiedlichen Sprachebenen, der gezielte Einsatz der Sprache der Lehrkräfte, die spezifische Gestaltung des sprachlich-kommunikativen Milieus und der kooperativen Prozesse im Unterricht sowie die intersubjektive Unterrichtsgestaltung und emotionale Stärkung der SchülerInnen.

Aktuelle Forschungsfragen befassen sich u. a. mit folgenden fachlichen Veränderungsprozessen:

- von spezifischen zu eingebetteten Sprachentwicklungsstörungen (SSES > ESES),
- von der MEHRSPRACHIGKEIT zu SPRACHLICH-KULTURELLER VIELFALT (Cultural-Linguistic → Diversity/CLD),
- vom sprachtherapeutischen Unterricht zu einer INKLUSIVEN SPRACHDIDAKTIK,
- vom therapieimmanenten Unterricht in Personalunion zu Rollenfindung und Kompetenztransfer im multiprofessionellen Team.

Literatur

Braun, Otto/Lüdtke, Ulrike. (Hg.) (2012): Sprache und Kommunikation. – Behinderung, Bildung und Partizipation. Enzyklopädisches Handbuch der Behindertenpädagogik, Band 8. Stuttgart.

Knura, Gerda: (1982): Grundfragen der Sprachbehindertenpädagogik. In: Knura, Gerda/Neumann, Berthold (Hg.): Pädagogik der Sprachbehinderten – Handbuch der Sonderpädagogik, Band 7. Berlin, 3–64.

Lüdtke, Ulrike. (2015): Unterrichtsintegrierte Sprachtherapie als Baustein eines multiprofessionellen Angebots in inklusiven schulischen Kontexten. In: Grohnfeldt, Manfred (Hg.): Inklusion in Schule und Gesellschaft. Band Inklusion im Förderschwerpunkt Sprache. Stuttgart, 37–75.

Lüdtke, Ulrike. (2016): Sprachliche Konstruktion von ›Bildung‹ in der Inklusion. In: Kilian, Jörg/Brouër, Birgit/Lüttenberg, Dina (Hg.): Handbuch Sprache in der Bildung. Berlin, 400–418.

Lüdtke, Ulrike/Stitzinger, Ulrich (2015): Pädagogik bei Beeinträchtigungen der Sprache. München.

Störung

Norbert Störmer

Der Begriff *Störung* kommt in den vielfältigsten Zusammenhängen vor. Im Sozial-, Bildungs- und Gesundheitswesen wird von einer Störung gesprochen, wenn **Abweichungen** von einer fiktiven Norm deutlich werden, die im gesellschaftlichen Kontext gemäß geltender Maßstäbe als *störend* beurteilt werden. Dort aber, wo Menschen so handeln, dass sie gewissen Normalitätserwartungen nicht entsprechen können bzw. nicht wollen, zieht dies oftmals Prozesse der Diskriminierung, Stigmatisierung und Ausgrenzung nach sich. Besonders deutlich wird dies in Institutionen. In Institutionen sind Menschen gefordert, die hier verankerten Normen bei ihrem Handeln zu akzeptieren und zu berücksichtigen, um den *normalen* Ablauf nicht zu stören. Tun sie dies nicht, weichen sie von der hier geltenden Norm ab: Sie stören (Störmer 2013).

Handeln einzelne Menschen in bestimmten Lebens- und Lernsituationen in einer ähnlichen und sich wiederholenden Art und Weise, dann zeigt sich in der Häufung und scheinbaren Praktikabilität des Handelns eine gewisse Normalität. Zeigen nun einzelne Menschen in solchen sozialen Gegebenheiten andere, also von der fiktiven Norm *abweichende* Handlungsweisen, dann stören sie möglicherweise das jeweilige prozesshafte Geschehen. Ob derartige abweichende Handlungsweisen letztendlich jedoch als *störend* bewertet werden, hängt weitgehend von den jeweiligen sozialen Bedingungen des institutionellen und situativen Zusammenhanges ab. Nicht gefragt wird in diesem Zusammenhang jedoch, ob auch etwas die Kinder stören könnte. Störende (Lern-)Bedingungen werden oftmals nicht betrachtet und problematisiert.

Sehr schnell wird dann aufgrund der ausgeprägten gesellschaftlichen Tendenz, soziale Probleme zu individualisieren und zu pathologisieren, die störende Person selbst als *gestört* angesehen.

In sozialen Systemen verankerte Normen schaffen zwar eine gewisse Ordnung und bilden auch die Grundlage für das Denken und Handeln in diesem sozialen System. Gleichfalls sind sie aber auch Fiktionen, denn sie stellen nie eine naturhaft begründete Leitlinie des *richtigen Lebens* dar. Da sich soziale Systeme immer im Wandel befinden, wandeln sich auch normative Vorstellungen und Standards in diesen Systemen. Folglich kann es auch kein *normales* Handeln an sich geben. Gerade Wandlungen sind überhaupt nur dann möglich, wenn es zeitweilig zu Abweichungen von der Norm bzw. ihrer Negierung gekommen ist.

Hinsichtlich der jeweiligen Handlungsweisen eines Menschen ist immer auch zu fragen, ob eine Person in ihrer bisherigen Lebensgeschichte solche Handlungsweisen erwerben konnte, die in einer gegebenen sozialen Situation normativ eingefordert werden. Zudem ist zu fragen, welchen Anteil möglicherweise erziehende Personen an diesem Problem gehabt haben können bzw. aktuell haben. Was in diesem Kontext – normativ betrachtet – vielleicht als Störung bewertet wird, kann bei der Rückbindung dieses Handelns auf die realen Lebens- und Lernprozesse vielleicht schon in einem ganz anderen Licht erscheinen. Denn in spezifischen sozialen Situationen kann sich unter Berücksichtigung der sozialen Umstände ein Handeln möglicherweise nicht als Störung, als individuelles Fehlverhalten zeigen, sondern als ein Akt von couragierter WIDERSTÄNDIGKEIT.

Im Prozess der Individualisierung von in sozialen Kontexten deutlich werdenden Störungen spielt die Spiegelung normativer Vorstellungen eine große Rolle. Abweichungen von der Norm müssen einerseits einen gewissen Schweregrad aufweisen, um als Störung eingestuft zu werden. Zum anderen müssen sich bezogen auf das beobachtete Handeln ganz bestimmte Symptome fixieren lassen, die sich nach spezifischen fachlichen Kriterien oder aber bezogen auf ein Klassifikationssystem wie ICD-10 *(Internationale Klassifikation psychischer Störungen)* und DSM-5 *(Diagnostisches Statistisches Manual Psychischer Störungen)* zuordnen lassen (Frances 2013). In der Summation werden solche Symptome dann zu einer spezifischen Störung verdichtet.

Die in diesem Sinne zu einer spezifischen Störung verdichteten Symptome sind jedoch weniger als individuelle Ausfallerscheinungen bzw. Defekte zu sehen, sondern eher als Indikatoren für persönliche Schwierigkeiten unterschiedlicher Art (Brenssell & Weber 2014). Sie sind eher Zeichen der Abwehr unerträglicher Impulse und stellen eine Kompensierung oder einen Bewältigungsversuch, eine Linderung von Spannungen, Ängsten, Scham- und Schuldgefühlen wie auch Minderwertigkeitsgefühlen und Identitätsdiffusionen dar (Störmer 2013). Zu diesen greift das Individuum in seiner subjektiven Not, weil ihm andere Handlungsweisen aktuell nicht zur Verfügung stehen. Gerade aber zur Vermeidung von Ausgrenzungsprozessen und zur Verbesserung der Möglichkeiten der Teilhabe in den verschiedensten sozialen Kontexten scheint es unabdingbar zu sein, an der Entdeckung und Herausbildung alternativer Handlungsweisen zu arbeiten, die zur Bewältigung realer Problemzusammenhänge zweckmäßiger erscheinen.

Literatur

Brenssell, Ariane/Weber, Klaus (Hg.) (2014): Störungen. Hamburg.

Frances, Allen (2013): Normal – Gegen die Inflation psychiatrischer Diagnosen. Köln.

Störmer, Norbert (2013): Du störst! Herausfordernde Handlungsweisen und ihre Interpretation als »Verhaltensstörung«. Berlin.

Taubblindheit

Norbert Störmer

Taubblindheit ist dann gegeben, wenn Menschen über die beiden Fernsinne *Sehen* und *Hören* Sinneseindrücke nur sehr eingeschränkt oder aber gar nicht gewinnen können. Der Begriff *Taubblindheit* verweist auf spezifische Lebens- und Lernerschwernisse von Menschen, die aus einer eingeschränkten bzw. nicht möglichen Orientierung über die Bereiche Sehen und Hören resultieren. Die Erschwernisse können sich jedoch für den jeweiligen Menschen sehr unterschiedlich ausgestalten. Zentrale Probleme sind insbesondere die Kommunikation, die räumliche Orientierung und die Mobilität (Lemke-Werner 2009).

In der Lebens- und Lernumgebung von Menschen mit Taubblindheit kommt der Kommunikation eine besondere Bedeutung zu (Podolski 2015). Sind die Gebärdensprache bzw. die Blindensprache (z. B. BRAILLESCHRIFT) nicht verfügbar, so ist eine Kommunikation nur über eine *taktile* GEBÄRDENSPRACHE (Berührungssprache) möglich. Weit verbreitet – auch in Deutschland – ist hier das LORMEN. Buchstaben des Alphabets werden in diesem Kommunikationssystem durch ein punktuelles Berühren oder Streichen über bestimmte Sektoren der Handinnenfläche aufgerufen. In anderen Ländern wird hingegen auch die geführte GEBÄRDE eingesetzt. Hierbei handelt es sich um eine spezielle Gebärdensprache, die darauf ausgerichtet ist, dass sie vom Hörenden an den Händen des Sprechenden abgefühlt wird. Sind Kinder erst nach dem Laut- und Schriftspracherwerb taubblind geworden, verfügen sie möglicherweise auch über die Laut- und Schriftsprache. Konnte die Entwicklung wenigstens noch zeitweise unter Eindrücken des Sehens und/oder des Hörens erfolgen, ist vielleicht auch eine Kommunikation über die Gebärdensprache bzw. über die Brailleschrift möglich.

Ist eine Kommunikation hauptsächlich über die taktile Ebene möglich, besteht die Gefahr eines frühzeitigen Kontaktabbruchs. Denn Menschen mit Taubblindheit sind darauf angewiesen, dass andere Menschen den Kontakt zu ihnen herstellen. Folglich sind sie ihrer Umgebung sehr stark ausgeliefert und haben wenige Einflussmöglichkeiten auf die Geschehnisse in ihrer unmittelbaren Umgebung.

Die Blindheit erschwert in diesem Zusammenhang die räumliche Orientierung, die Mobilität und die Aufnahme all jener Informationen, die ausschließlich oder überwiegend nur optisch verfügbar sind. Hingegen schränkt die Gehörlosigkeit die Kommunikation stark ein. Eine Taubblindheit erschwert also eine selbstbestimmte und selbstständige Lebensführung erheblich. Aus solchen Erfahrungen resultieren oftmals Misstrauen und Angst. Bezugspersonen müssen sich auf diese spezifischen Situationen einlassen können und eine angemessene Lebens- und Lernumgebung schaffen (Meščerjakov 2001).

Die Ursachen für eine Taubblindheit sind vielfältig. Es sind ca. 70 verschiedene Ursachen bekannt. Eine der häufigsten Ursachen stellen Virusinfekte und bakterielle Infektionen während der Schwangerschaft, aber auch Infektionskrankheiten nach der Geburt dar. Kinder werden hingegen selten aufgrund von Unfällen und schwierigen Krankheitsverläufen taubblind. Eine Besonderheit kommt in diesem Zusammenhang dem USHER-SYNDROM zu. Typisch ist hier, dass zu einer von Geburt an vorhandenen Hörbeeinträchtigung im Erwachsenenalter eine Sehbeeinträchtigung hinzukommt. Sowohl von der Hör- wie auch von der Sehbeeinträchtigung her können die jeweiligen Ausprägungen sehr unterschiedlich sein. Im → Alter kann es zudem zu einer Verschlechterung bereits bestehender Probleme kommen.

Es gibt wirkungsvolle Hilfsmittel wie z. B. den bekannten Taststock oder Vibrationsmelder und allerlei Dinge, die den Alltag unterstützen. Besonders wichtig sind Computer bzw. Lesegeräte mit Braillezeile. Die Braillezeile setzt die Buchstaben in ertastbare Zeichen um. Sie ermöglichen die Informationsaufnahme und den Zugang zum Internet. Das Internet ist für taubblinde Menschen eine wichtige Informationsquelle und ein wertvolles Kommunikationsmittel.

Die Verbesserung der Teilhabe von Menschen mit Taubblindheit am Leben in der Gesellschaft kann in bestimmten Lebenslagen durch eine sogenannte TAUBBLINDEN-ASSISTENZ deutlich verbessert werden. Das Problem hierbei ist jedoch die Bezahlung. Nur in den Bundesländern Nordrhein-Westfalen und Baden-Württemberg ist es seit einigen Jahren möglich, dass Menschen mit Taubblindheit eine Taubblinden-Assistenz auf der Grundlage der Kranken- und Pflegeversicherung bezahlt bekommen können.

Literatur

Lemke-Werner, Gudrun (2009): Taubblindheit, Hörsehbehinderung – Ein Überblick. Würzburg.

Meščerjakov, Alexander I. (2001): Helen Keller war nicht allein: Taubblindheit und die soziale Entwicklung der menschlichen Psyche. Berlin.

Podolski, Jannek (2015): Kommunikationssysteme für taubblinde und hörsehbehinderte Menschen: Berücksichtigung von Rehabilitation und Schule. Berlin.

Team Teaching

Birgit Lütje-Klose

Die KOOPERATION VON LEHRPERSONEN ist nicht erst in den letzten Jahren, sondern bereits seit den Anfängen der Integrationsbewegung in Deutschland Gegenstand pädagogischer Forschung und wird als wesentliches Merkmal einer Pädagogik und Didaktik für alle Kinder gesehen (Lütje-Klose & Urban 2014). Die Organisationspsychologin Spieß (2004) arbeitet folgende Merkmale professioneller Kooperation heraus: »Kooperation ist gekennzeichnet durch den Bezug auf andere, auf gemeinsam zu erreichende Ziele bzw. Aufgaben, sie ist intentional, kommunikativ und bedarf des Vertrauens. Sie setzt eine gewisse Autonomie voraus und ist der Norm der Reziprozität verpflichtet« (199).

Für inklusive Prozesse ist die **MULTIPROFESSIONALITÄT** der KooperationspartnerInnen und eine gemeinsame Wertorientierung maßgeblich, der zufolge Kooperation auf der Gleichwertigkeit der Professionellen basiert und auf der Grundlage von gegenseitigem Vertrauen und Aushandlungsprozessen die Schaffung bestmöglicher Entwicklungsbedingungen für alle Kinder anstrebt (Lütje-Klose & Urban 2014). Im anglo-amerikanischen Sprachraum wird der Begriff der **COLLABORATION** verwendet, der für ein hohes Niveau kollegialer Zusammenarbeit steht (Friend & Cook 2010) und die Kollegialität und Gleichwertigkeit in einem einvernehmlichen Problemlösungsprozess betont. Kooperation findet in inklusiven Schulen auf unterschiedliche Weise statt: indirekt im Rahmen von Beratung und Unterstützung der Regellehrpersonen bei Diagnose, Förderplanung und → Differenzierung sowie direkt beim gemeinsamen Unterrichten.

Der Begriff des *Team Teaching* bzw. *Co-Teaching* steht für eine unterrichtsbezogene Zusammenarbeit von Lehrkräften derselben oder unterschiedlicher Professionen. Dabei können verschiedene Co-Teaching-Strategien zum Einsatz kommen (Friend & Cook 2010, 531):

- »One teach, one observe«: Eine Lehrkraft übernimmt die Moderation des Unterrichts, die andere beobachtet einzelne SchülerInnen, um ihre Lernvoraussetzungen oder -strategien zu rekonstruieren.
- »One teach, one assist«: Eine Lehrperson unterstützt nach einem abgesprochenen Förderplan oder nach Bedarf einzelne SchülerInnen, während die andere den Unterricht moderiert.
- »Station Teaching«: Die Unterrichtsinhalte werden auf drei oder mehr Stationen verteilt, die verschiedene Aspekte oder Bearbeitungsformen des Unterrichtsgegenstands repräsentieren und unterschiedliche Niveaus berücksichtigen können. Die Lehrkräfte teilen ihre Verantwortung für die Vorbereitung und Umsetzung einzelner Stationen auf.
- »Parallel Teaching«: Die Lehrkräfte unterrichten je eine Hälfte der gesamten Lerngruppe zum gleichen Unterrichtsgegenstand und haben aufgrund der kleineren Gruppengröße die Möglichkeit, individuelle Förderbedarfe differenzierter wahrzunehmen und darauf einzugehen.
- »Alternative Teaching«: Eine Lehrkraft arbeitet mit einer Kleingruppe oder einzelnen SchülerInnen auf einem anderen Niveau oder mit anderen Methoden, um z. B. basale Schwierigkeiten bei der Aneignung des jeweiligen Lerngegenstandes zu berücksichtigen.
- »Team Teaching« oder »Teaming«: Beide Lehrkräfte arbeiten in der Planung, Durchführung und Auswertung von Unterricht und Förderung gleichberechtigt zusammen und ergänzen sich gegenseitig. Dabei sind sie so aufeinander eingespielt, dass sie je nach Bedarf und ihren jeweiligen Kompetenzschwerpunkten flexibel die Führung wechseln können.

Die Strategie »One teach, one assist«, die auch spontan ohne gemeinsame Stundenvorbereitung umgesetzt werden kann, ist empirisch am häufigsten vorzufinden (Friend & Cook 2010), allerdings oft mit einer asymmetrischen Rollenverteilung mit dem/der Sonderpädagogen/Sonderpädagogin als Unterstützungskraft verbunden. Das Team Teaching erfordert das höchste Kooperationsniveau, es wird als besonders anspruchsvoll und empirisch relativ selten vorzufinden beschrieben, allerdings regelmäßig von Kollegien in besonders erfolgreichen inklusiven Schulen mit hohem Wohlbefinden der SchülerInnen berichtet (Lütje-Klose, Kurnitzky & Serke 2015; Arndt & Werning 2016). Der Unterricht kann dadurch nach Einschätzung kooperationserfahrener Lehrkräfte in höherem Maße differenziert werden und eine höhere Adaptivität in Bezug auf die Förderbedürfnisse einzelner SchülerInnen erreichen als in den anderen Kooperationsformen. Wichtig ist den Lehrkräften in solchen Schulen zudem ein flexibler Umgang mit verschiedenen Co-Teaching-Strategien.

Literatur

Arndt, Ann-Katrin/Werning, Rolf (2016): Unterrichtsbezogene Kooperation von Regelschullehrkräften und Sonderpädagog/innen im Kontext inklusiver Schulentwicklung. Implikationen für die Professionalisierung. In: Moser, Vera & Lütje-Klose, Birgit (Hg.): Schulische Inklusion. 62. Beiheft der Zeitschrift für Pädagogik.

Friend, Marilyn/Cook, Lynne (2010): Interactions. Collaboration Skills for school professionals. 6th ed. Boston.

Lütje-Klose, Birgit/Urban, Melanie (2014): Kooperation als wesentliche Bedingung inklusiver Schul- und Unterrichtsentwicklung. Teil 1: Grundlagen und Modelle inklusiver Schul- und Unterrichtsentwicklung. In: Vierteljahrsschrift für Heilpädagogik und ihre Nachbargebiete VHN, 2/2014, 111–123.

Lütje-Klose, Birgit/Kurnitzki, Sarah/Serke, Björn (2015): Deutungsmuster von Lehrkräften in Bezug auf die handlungsleitenden Prinzipien eines entwicklungsfördernden Unterrichts. In: Redlich, Hubertus/Schäfer, Lea/Wachtel, Grit/Zehbe, Katja/Moser, Vera (Hg.): Veränderung und Beständigkeit in Zeiten der Inklusion. Perspektiven Sonderpädagogischer Professionalisierung. Bad Heilbrunn, 224–240.

Spieß, Erika (2004): Kooperation und Konflikt. In: Schuler, Heinz (Hg.): Organisationspsychologie – Gruppe und Organisation. Göttingen, 193–247.

Therapie

Manfred Jödecke

Therapien in inklusiven Prozessen fordern dazu heraus, Maßnahmen, Strukturen und Verhaltensweisen so zu gestalten, dass sie die Annahme und Bewältigung menschlicher → Vielfalt ermöglichen und Menschen (trotz physischer, psychischer und sozialer Teilhabeerschwernisse/Barrieren) zu sich selbst verhelfen.

Der Begriff *Therapie* verbindet sich von seinem etymologischen Ausgangspunkt her mit Tätigkeiten wie *Dienen, Pflegen* und *Heilen* (Jantzen 1990). Er geht davon aus, dass sich zwischen Therapeuten und Patienten/Klienten ein möglichst gleichmächtiges Verhältnis, eine Beziehung auf Augenhöhe aufbaut, die von Vertrauen und Humanität geprägt ist. Sieht man das *human beeing* als bio-psycho-soziales Geschehen, so wird deutlich, dass therapeutische Unterstützung bei verschiedenen Momenten dieses Geschehens ansetzen und in diesem systemisch-dynamisch wirken und sich einbringen kann. Vergegenwärtigt man sich Attribute, die mit *Therapie* in einem derart umfassenden Sinne verwendet werden: kausal, symptomatologisch, kurativ, palliativ, konservativ, operativ, supportiv, präventiv … so wird deutlich, dass die therapeutische Situation mitunter einen ausgesprochen *künstlichen* Charakter annehmen kann (Störmer 1997).

Therapeutische Settings (auch) im Umfeld von → Bildung, → Erziehung und → Förderung kultivieren nicht selten Verbesonderung und trainieren auf vereinzelte, voneinander isolierte Funktionalitäten hin. *Therapiebedürftige* werden dabei zu trivialen Maschinen mit linearem In-Output verdinglicht und auf Defizite und Defekte hin behandelt, ohne an der Bedürfnislage, der Leidens- und Glücksbalance des Menschen als *kybernetischem System 2. Ordnung* und seinen psychosozialen Gegebenheiten konkret anzusetzen. Patienten und Klienten werden so leicht zu Objekten der (zumeist gut gemeinten) Bemühungen der Therapeuten gemacht und mit ihren Erfahrungen und → Kompetenzen (Stärken, Fähigkeiten und Zuständigkeiten) nicht selten negiert, abgewertet oder ignoriert (Störmer 1997). Auf diesem Wege wird das bio-psycho-soziale Leiden des Menschen, werden die Blockierungen auf dem Wege zum persönlichen Wachstum verstärkt oder verfestigt. Wandelt sich das funktionale Klima der Therapiesituation jedoch in der Weise, dass Annahme und → Anerkennung des Patienten als ExpertIn in eigener Sache oder Zuständigkeit für das eigene Leben die Folge sind und Raum greifen, dann kann auch eine künstliche Therapiesituation *Experimentier- oder Spielraum* für Veränderungen sein, indem *Modelle des Künftigen* antizipierend und handlungsbezogen erprobt werden können.

Ein Beispiel einer solchen experimentellen Therapiesituation mit Ernstcharakter hinsichtlich des Transfers gemachter Erfahrungen und Kompetenzen in konkreten Lebenswelten der Patienten/Klienten hinein, bildet die Substituierend Dialogisch-Kooperative Handlungstherapie (SDKHT). Sie war und ist an Menschen adressiert, deren Lebensgeschichten oft Jahrzehnte vorenthaltener Bildung, schwerster HOSPITALISIERUNG, sozialer Deprivation und hochgradiger ISOLATION beinhalteten und die zumeist als *austherapiert* bezeichnet wurden (Feuser 2001). Über ein systemisch-dynamisches Setting erhielten diese die Möglichkeit zur Neuorientierung und Gestaltung ihrer Tätigkeitsorganisation, die auch die lösungsorientierte Bearbeitung erlittener traumatischer Ereignisse und Erfahrungen mit einschloss und ihnen auf basaler Ebene die Verfügung über (zukünftige) Lebens- und Entwicklungsbedingungen (wieder) anbahnte.

Therapie in ihrem Auftrag, den Menschen zu sich selbst zu verhelfen, gelingt am nachhaltigsten, wenn sie nicht nur Eingang in den Alltag findet, sondern *systemisch* zu einer Bewusstwerdung des Leidens an sich selbst und der Welt beiträgt. Dieses Leiden hängt vor allem damit zusammen, dass Menschen mehr oder weniger den Kontakt zu ihren Bedürfnissen verloren haben und von Affekten und Emotionen überschwemmt werden, denen sie sich scheuen, Ausdruck zu geben. Sie verlieren den Zugang zu den Reservoirs des Lebendigen in sich selbst. Und eben diesen Zugang gilt es wieder herzustellen, in dem sie im Hier und Jetzt der gegebenen sozialen Entwicklungssituation ankommen und sich zu dieser hin *allseitig* öffnen. Auf diese Weise können Klarheit (des Geistes) und Mitgefühl (Empathie und Sympathie) für andere Menschen, ja das Leben insgesamt, zurückgewonnen werden. In einem solchen, den Menschen in all seinen Lebensbezügen umfassenden Sinne kann der *psycho-soziale Gestaltwandel* (Jödecke 2016) gelingen. Das Leiden wird nicht gemieden oder entsorgt, sondern auftauchende Barrieren, Hemmnisse und Lebenserschwernisse werden als Möglichkeiten für inneres Wachstums und die Entwicklung von Lebensqualität anerkannt. Der Alltag gerät zu einer Praxis von Selbstveränderung und Sinnerfüllung.

Literatur

Feuser, Georg (2001): Substituierend Dialogisch- Kooperative Handlungstherapie (SDKHT)- Aspekte ihrer Grundlagen, Theorie und Praxis. In: Mitteilungen der Luria- Gesellschaft, 2/2000 und 1/2001. Bremen, 5–35.

Jantzen, Wolfgang (1990): Allgemeine Behindertenpädagogik. Band 2: Neurowissenschaftliche Grundlagen, Diagnostik, Pädagogik und Therapie. Weinheim.

Jödecke, Manfred (2016): Was ist und was sein könnte- inklusive Handlungsoptionen »diagnostischer Fallarbeit«. In: Amrhein, Bettina (Hg.): Diagnostik im Kontext inklusiver Bildung: Theorien, Ambivalenzen, Akteure, Konzepte. Bad Heilbrunn, 178–190.

Olvedi, Ulli (2006): Einführung in die Buddhistische Psychologie. DVD. München.

Störmer, Norbert (1997): Zum Zusammenhang von Pädagogik und Therapie in integrativen Lernprozessen. In: Landesverband Sachsen Lebenshilfe für Menschen mit geistiger Behinderung e. V. (Hg.): Integration aktuell. Chemnitz, 16–31.

Trisomie 21

André Frank Zimpel

Der Organismus von Menschen mit Trisomie 21 (**Down-Syndrom**) verfügt in seinen Zellkernen über 47 statt 46 Chromosomen. Das dreifach vorhandene Chromosom 21 (HSA21) enthält eine Gruppe von Genen (DSCR – Down Syndrome Critical Region), die auch die Hirnentwicklung (Montoya et al. 2014) beeinflussen: Acht dieser Gene wirken auf Bewegungszentren im Gehirn, zwei auf Emotionszentren (Limbisches System) und weitere zwei auf das Kurzzeitgedächtnis (Cornu Ammonis, Typ 1 und 2) ein. Diese genetische Variante der menschlichen Neurodiversität verursacht bei Nichtbeachtung Lernschwierigkeiten.

Nach dem britischen Apotheker und Neurologen Dr. John Langdon Haydon Down (1828–1896) heißt Trisomie 21 auch Down-Syndrom. Er schuf mit seiner Typologie *Mongolian type of idiocy* (Down 1866) die Ursache für den Verwirrung stiftenden Begriff **Mongolismus**. Erst 1965 wurde einem Antrag der Mongolei an die WHO stattgegeben, den Begriff *Mongolismus* aufgrund seiner rassistischen Bedeutung nicht mehr zu verwenden.

Downs Spekulationen beziehen sich auf äußerliche Merkmale. Die eher mandelförmige Augenform aufgrund der geschrägten

Lidachsen, die flache Nasenwurzel und die kleine sichelförmige Hautfalte an den inneren Augenwinkeln, die typisch für Menschen mit einer Trisomie 21 sind, mögen dazu beigetragen haben. Er glaubte, man erkenne die Einheit der menschlichen Rasse an anatomischen Merkmalen von Kindern, die bei ihren Eltern nicht zu finden seien.

Das dritte Chromosom stammt in über 90 Prozent der Fälle von der Mutter. Mit zunehmendem → Alter der Mutter wächst die Wahrscheinlichkeit, dass die Meiose nicht fehlerfrei abläuft. Bei Unregelmäßigkeiten (Genommutationen) während der Zellteilung kann sich die Zahl einzelner Chromosomen erhöhen oder reduzieren.

Enthalten alle Zellkerne in einem Organismus das 21. Chromosom dreimal, liegt eine freie Trisomie 21 vor. Mehr als 90 Prozent der Personen, bei denen das Down-Syndrom diagnostiziert wurde, sind davon betroffen.

Seltener sind:

- die Mosaikform der Trisomie 21, hier ist nur in einem Teil der Körperzellen das Chromosom 21 dreifach vorhanden
- die Translokationsform der Trisomie 21, hier hat sich eines der beiden Chromosomen Nummer 21 an ein anderes Chromosom geheftet
- die partielle Trisomie 21, hier sind Genabschnitte eines der beiden Chromosomen Nummer 21 verlängert

Lange Zeit wurde fälschlich angenommen, es handele sich um eine Erbkrankheit. Heute weiß man, dass es sich um eine CHROMOSOMENANOMALIE handelt. Man ging lange Zeit bei Trisomie 21 von einer geringen Lebenserwartung aus. Dies war früher zwar tatsächlich der Fall, doch mittlerweile gibt es Menschen mit Trisomie 21, die älter als 70 Jahre sind.

Beispiele von studierten Menschen mit Trisomie 21, wie zum Beispiel Pablo Pineda (2013), zeigen, dass eine Trisomie 21 nicht zwingend mit einer Einschränkung der Intelligenz einhergehen muss. Allerdings brauchen Menschen mit einer Trisomie 21 längere Orientierungs- und Übungsphasen, wenn Lernaufgaben ihren Aufmerksamkeitsumfang überschreiten. Hinter der angeblichen Langsamkeit verbirgt sich also eine Stärke, nämlich eine besondere Achtsamkeit.

Experimentelle Befunde an 1.294 Personen mit Trisomie 21 belegen eine Einengung des Umfangs der Aufmerksamkeit auf weniger als vier Einheiten zur selben Zeit – sowohl der visuellen, kinästhetischen, haptischen und auditiven AUFMERKSAMKEIT (Zimpel 2016). Die Folge ist, dass Menschen mit Trisomie 21 stärker von abstrakter Bildung profitieren als neurotypische Personen: Schon Zweijährige mit dem Syndrom lernen zuerst lesen und dann erst die Lautsprache – und sie verstehen Algebra besser als Arithmetik. Diese Ergebnisse sprechen dafür, dass der anschauungsgebundene, kleinschrittige und Abstraktionen vermeidende Unterricht an Förderschulen den neuropsychologischen Besonderheiten von Menschen mit einer Trisomie 21 nur wenig Rechnung tragen kann. Lernende mit einer Trisomie 21 werden in Inklusionsklassen von Gleichaltrigen gut akzeptiert. Davon profitieren vor allem ihre Lernfähigkeit und Sprachentwicklung (de Graaf, van Hove & Haveman 2012).

Literatur

De Graaf, Gert/van Hove, Geert/Haveman, Meindert (2012): Effects of Regular Versus Special School Placement on Students with Down Syndrom: A Systematic Review of Studies. In: van den Bosch, Alard/

Dubois, Elise (Eds.): New Developments in Down Syndrom Research. Hauppauge, New York, 45–86.
Down, John Langdon Haydon (1866): Observations on an Ethnic Classification of Idiots. In: London Hospital Reports 3, 259–262.
Montoya, Julio Cesar/Fajardo, Dianora/Peña, Angela/Sánchez, Adalberto/Domínguez, Martha C./Satizábal, José María/García-Vallejo, Felipe (2014): Global differential expression of genes located in the Down Syndrome Critical Region in normal human brain. In: Colombia Médica 45/4, 154–61.
Pineda, Pablo (2013): Herausforderung Lernen. Ein Plädoyer für die Vielfalt. Zirndorf.
Zimpel, André Frank (2016): Trisomie 21 – Was wir von Menschen mit Down-Syndrom lernen können. 2000 Personen und ihre neuropsychologischen Befunde. Göttingen.

UN-Behindertenrechtskonvention (UN-BRK)

Carmen Dorrance & Clemens Dannenbeck

Das Übereinkommen der Vereinten Nationen über die Rechte von Menschen mit Behinderungen (UN-BRK 2009, org. CRPD 2006 – die im Beitrag erwähnten Dokumente sind einsehbar auf der Webseite des Deutschen Instituts für Menschenrechte, Monitoring-Stelle UN-BRK am Deutschen Institut für Menschenrechte: http://www.institut-fuer-menschenrechte.de/monitoring-stelle-un-brk/) ist ein Völkerrechtsvertrag, der nach seiner Ratifizierung durch Bund und Länder seit dem 26. März 2009 für die Bundesrepublik Deutschland geltendes Recht darstellt.

Der Völkerrechtsvertrag repräsentiert eine neue Rahmenbedingung und Orientierung von zentraler Bedeutung für sämtliche behindertenpolitisch engagierten Akteure. Aus ihm resultieren völkerrechtliche Verpflichtungen, die in der UN-BRK spezifizierten und reformulierten Menschenrechte auf nationaler Ebene anzuwenden. Das Völkerrecht folgt dabei eigenen Regeln und steht in einem Spannungsverhältnis zum entwickelten deutschen Behinderten- und Sozialrecht. Dieses Spannungsverhältnis erfordert sowohl einen anhaltenden gesellschaftlichen Diskurs über die kulturelle Bedeutung von Behinderung und → Differenz als auch eine gesellschaftspolitische Diskussion über die Teilhabebedingungen und Diskriminierungsrisiken von Menschen, die als behindert adressiert sind. Insofern geht es bei der Anwendung der UN-BRK nicht um die Formulierung und Etablierung von Sonderrechten für eine spezifische nach diagnostischen Kriterien definierbare Zielgruppe, sondern um das akzessorische Verbot von Diskriminierung aufgrund einer kulturell relevanten und gesellschaftlich wirksamen Differenzkategorie, nämlich der der Behinderung. An die Stelle einer Kritik der Benachteiligung tritt das unteilbare Recht auf Repräsentanz.

Als innovativ zu werten ist die partizipatorische Vorgehensweise bei der Erarbeitung der UN-BRK und die konsequente Einbeziehung von Nichtregierungsorganisationen im Zuge ihrer jeweiligen innerstaatlichen Umsetzung (Kreutz, Lachwitz & Trenk-Hinterberger 2013). Dies führte nicht nur zu einem bemerkenswerten Verständnis von Behinderung (KULTURELLES MODELL), das über medizinische und soziale Modelle hinausweist (Waldschmidt 2007), sondern auch zu einer Neuerung im internationalen Menschenrechtssystem. Dieses wird deutlich am (durch die Bundesrepublik Deutschland ebenfalls ratifizierten) Zusatzprotokoll (Fakultativprotokoll), das ein Individualbeschwerdeverfahren vorsieht und unter dessen Bezugnahme Verletzungen der Konvention angemahnt werden können und regelmäßige den nationalen Anwendungsprozess einschätzende Begutachtungen durch einen partizipativ zusammengesetzten UN-Fachausschuss erfolgen. Im März 2015 fand die erste dementsprechende (kritisch ausgefallende) Einschätzung seitens des UN-Fachausschusses auf Grundlage des Ersten Staatenberichts der Bundesregierung (BMAS 2011) sowie der Parallelberichte der Zivilgesellschaft zur Umsetzung der UN-BRK (BRK-Allianz 2013) statt.

Der Menschenrechtsbezug der UN-BRK verhindert, dass die aus ihr abgeleiteten gesellschaftspolitischen Herausforderungen sich in einer Strategie der Integrationsoptimierung behinderter Menschen nach Maßgabe des politisch jeweils Opportunen erschöpfen. Stattdessen veranlasst die Anwendung der UN-BRK eine auf Dauer gestellte Reflexion über be- oder entstehende TEILHABEBARRIEREN und Diskriminierungspotenziale, die im Zusammenhang stehen mit körper- und gesundheitsbezogenen Differenzsetzungen. Im Sinne eines Disability Mainstreaming stehen damit sämtliche strukturelle Verhältnisse (etwa gesellschaftlicher Teilsysteme wie des Bildungssystems), praktische Prozesse (etwa verwaltungstechnischen oder wissenschaftlich-fachlichen Handelns) und wirksame Haltungen (→ Vorurteile und Defizitorientierungen) auf dem Prüfstand, die einer gleichwürdigen uneingeschränkten Teilhabe von als behindert adressierten Menschen gesellschaftlich entgegenstehen.

Die deutsche (nicht rechtswirksame) Übersetzung des Textes der UN-BRK vermeidet den Begriff der Inklusion und spricht an dessen Stelle konsequent von → Integration (Netzwerk Art. 3, Schattenübersetzung). Diese und andere kritisierte sprachliche Anpassungen an Traditionen deutschen fürsorge- und rehabilitationstheoretischen Denkens bahnen den Weg zu einer verkürzten Wahrnehmung der Reich- und Tragweite, die mit einer unhintergehbaren Anwendung der UN-BRK verbunden ist. Dies betrifft zum einen die Unteilbarkeit der in ihr bekräftigten Menschenrechte, die einem Denken und Handeln in den Grenzen behaupteter Integrierbarkeit die Legitimation entziehen. Demgegenüber bekennt sich die UN-BRK zum Prinzip der Unteilbarkeit und Gleichwertigkeit von Sozial- und Freiheitsrechten (Welke 2012). In diesem Sinne etabliert die UN-BRK eine Diversitätsperspektive (→ Diversität) auf der Grundlage der → Anerkennung menschlicher → Vielfalt im Unterschied zu bisherigen (auch im globalen Vergleich fortschrittlichen) sozialgesetzlichen Praxen, die bestenfalls an defizitorientierten Kompensationsstrategien orientiert waren. Eine weitere Tendenz zur Ausblendung und Unterhöhlung des Sinngehalts der UN-BRK durch die sich auf sie berufende innerstaatliche Politikstrategie besteht in der Uminterpretation des Prozesscharakters, der inklusionsorientiertem gesetzgeberischem und politischem Handeln zugeschrieben wird. Zwar hält Art. 4 der UN-BRK fest, dass die volle Verwirklichung der wirtschaftlichen, sozialen und kulturellen Rechte unter Ausschöpfung der verfügbaren Mittel progressiv zu erreichen ist. Dennoch ist diese Zieldefinition nicht als unbestimmte gesellschaftliche Utopie zu interpretieren, sondern an konkrete Achtungs-, Schutz- und positive Gewährleistungspflichten gebunden.

Der menschenrechtliche Kontext und Status der UN-BRK ermöglicht eine Gesellschaftstheoretische Kritik an diagnostizierten Ungleichheitsverhältnissen und herrschenden Exklusionsbedingungen (→ Exklusion) (Becker 2015). Darüber hinaus zielt sie, gerade weil sie einen stark programmatischen Duktus verfolgt und die Gestaltung konkreter Umsetzungsprozesse weitgehend der innerstaatlichen Willensbildung überlässt, auf eine Reflexionsebene gesellschaftspolitischen Handelns, die sich die Mühe macht, die wirksamen Grenzziehungen zwischen Normalität und Abweichung, zwischen Gesundheit und Krankheit und zwischen Legitimität und Illegitimät stets neu zu vermessen.

Literatur

Becker, Uwe (2015): Die Inklusionslüge. Behinderung im flexiblem Kapitalismus. Bielefeld.

Kreutz, Marcus/Lachwitz, Klaus/Trenk-Hinterberger, Peter (2013): Die UN-Behindertenrechtskonvention in der Praxis. Erläuterungen der Regelung und Anwendungsgebiete. Köln.

Waldschmidt, Anne (2007): Macht – Wissen – Körper. Anschlüsse an Michel Foucault in den Disability Studies. In: Anne Waldschmidt/Werner Schneider (Hg.): Disability Studies, Kultursoziologie und Soziologie der Behinderung. Reihe: Disability Studies: Körper – Macht – Differenz. Bielefeld, 55–77.

Welke, Antje (Hg.) (2012): UN-Behindertenrechtskonvention mit rechtlichen Erläuterungen. Deutscher Verein für öffentliche und private Fürsorge e. V. Berlin.

Ungewissheit

Ursula Böing

Unter dem Begriff der *Ungewissheit* lassen sich allgemein all jene Situationen und Zustände subsumieren, die »mehrdeutig, komplex, unlösbar und/oder neu sind« (König 2003, 22). Ungewissheit ist Forschungsgegenstand verschiedener Disziplinen, so beispielsweise der Natur-, Rechts-, Geistes- und Wirtschaftswissenschaften. Ungewissheit markiert darüber hinaus die Möglichkeiten und Begrenzungen von Erkenntnisgewinnung und Wissenserwerb und dient insofern allgemein als Reflexionsfolie wissenschaftlichen Denkens.

Innerhalb der Erziehungswissenschaft wird Ungewissheit als konstitutives Moment pädagogisch-professioneller Tätigkeit betrachtet. Die Frage, inwiefern Ungewissheit als epistemologischer Kern die Disziplin selbst repräsentiert, wird innerhalb der Erziehungswissenschaft kontrovers diskutiert (Keiner 2005). Mit Ungewissheit assoziiert sind weitere Begriffe, die, je nach Disziplin und gewähltem Theoriebezug, teilweise synonym oder in Abgrenzung zueinander genutzt werden, so Unsicherheit, RISIKO, KONTINGENZ, Ambiguität, NICHT-WISSEN, Unvorhersehbarkeit und Unbestimmtheit (Tetens 2013).

Keiner (2005) verweist zur begrifflichen und konzeptionellen Klärung des Begriffs auf unterschiedliche Theorieansätze und grenzt eine handlungs- und entscheidungstheoretische von einer wissenschaftstheoretischen und sozial- und gesellschaftstheoretischen Perspektive ab. Entscheidungstheoretisch wird Ungewissheit – in Abgrenzung zu Risiko – zur Subkategorie von Unsicherheit. Hier gilt, dass die Eintrittswahrscheinlichkeit einer Entscheidungsfolge unbekannt, d. h. ungewiss, ist.

In wissenschaftstheoretischer, epistemologischer Perspektive werden das Verhältnis von Wissen und Nicht-Wissen und die – begrenzten – Möglichkeiten der Erkenntnisfähigkeit näher betrachtet und bestimmt (Keiner 2005). Nicht-Wissen wird hier nicht im Sinne eines *Noch-Nicht-Wissens* als vorübergehender Zustand hin zu einer dauerhaften und umfassenden Erkenntnis verstanden, sondern als Bedingung von Wissen (Kade & Seitter 2005). Ungewissheit wird zu einem konstitutiven Element der Erkenntnismöglichkeit.

Sozial- und gesellschaftstheoretisch werden unter den Stichworten *Reflexive Moderne* und *Risikogesellschaft* (Beck 1986) die Begrenzungen der Wissensgenerierung und Handlungssteuerung sowie die daraus resultierenden Folgen für postmoderne Gesellschaften in den Blick genommen. Ungewissheit, im Sinne einer fehlenden linear-kausalen Zurechenbarkeit und einer dynamischen Zukunftsoffenheit, erscheint hier als wesentliche »Dimension moderner Selbst- und Weltverhältnisse« (Gamm 2000, 7).

In der Erziehungswissenschaft ist die Thematisierung von Ungewissheit als Herausforderung an pädagogisches Handeln u. a. durch die systemtheoretische These des TECHNOLOGIEDEFIZITS IN DER ERZIEHUNG (Luhmann & Schorr 1982) bzw. durch die strukturtheoretische Betrachtung von → Erziehung als *stellvertretender Krisenbewältigung unter Ungewissheit* (Oevermann 1996) bekannt geworden.

Ungewissheit, als Kern oder Strukturmerkmal PÄDAGOGISCHER PROFESSIONALITÄT, bestimmt in dieser Blickrichtung erziehungswissenschaftliches Agieren und beeinflusst Theoriebildung und pädagogisch-professionelles Handeln.

Unter den aktuellen Herausforderungen und Entwicklungen hin zu einer *inklusiven* Bildungslandschaft und angesichts damit verbundener Veränderungen, potenziert sich Ungewissheit – sowohl in Bezug auf die Struktur sich verändernder Bildungsorganisationen als auch in Bezug auf die Entwicklung professioneller Rollen und Zuständigkeiten und der damit einhergehenden pädagogischen Gestaltung kommunikativer Räume.

Wird Ungewissheit in diesem Prozess – explizit oder implizit – als *bedrohliches Szenario* entworfen, als Defizit, welches vermeintlich pädagogisch abgesichertes Wissen und Handeln und deren institutionelle Struktur gefährdet, kann dies zu vorzeitigen Schließungen und Ausblendungen (Kade & Seitter 2005) und zu einer möglichst umfassenden Aufrechterhaltung tradierter Organisations- und Professionsstrukturen führen.

Betrachtet man Ungewissheit jedoch nicht als Bedrohung sondern als »Konstitutionsbedingung der Pädagogik« (Wimmer 2014, 53), so erscheint die derzeitige Entwicklungsdynamik als Chance, bisher gültige Verkettungen von Ursache und Wirkung, z. B. hinsichtlich der Bedeutung von Schulleistung und damit einhergehender Differenzsetzungen (→ Differenz) bzw. binärer Konstruktionen von *besser/schlechter* oder *behindert/nichtbehindert* aufzugeben und pädagogische Strukturen und Praktiken in ihrer fragilen Form anzuerkennen (Böing 2016 im Druck).

Ungewissheit als *Grund* pädagogischen Handelns und damit als *Motor* für inklusive Prozesse anzuerkennen, hieße auf organisationaler Ebene bisherige Konstruktionen und Funktionen von Schule infrage zu stellen, durchlässige Strukturen und Netzwerke zu schaffen und diese immer wieder im Hinblick auf ihre eigenen Setzungen und möglichen Schließungen hin zu überprüfen (Kramer 2005). Auf interaktionaler Ebene müsste mit der → Anerkennung von Ungewissheit eine – organisatorisch abgesicherte – Aufwertung reflexiver und kooperativer Prozesse der pädagogisch Tätigen erfolgen (Kade & Seitter 2005).

Literatur

Beck, Ulrich (1986): Risikogesellschaft. Auf dem Weg in eine andere Moderne. Frankfurt a. M.

Böing, Ursula (2016): Ungewissheit in der Pädagogik – Implikationen zur Gestaltung inklusiver Strukturen und Praktiken unter Kontingenz. In: Böing, Ursula/Köpfer, Andreas (Hg.): Be-Hinderung der Teilhabe. Soziale, politische und institutionelle Herausforderungen inklusiver Bildungsräume. Bad Heilbrunn (im Druck).

Gamm, Gerhard (2000): Nicht nichts. Studien zu einer Semantik des Unbestimmten. Frankfurt a. M.

Kade, Jochen/Seitter, Wolfgang (2005): Jenseits des Goldstandards. In: Helsper, Werner/Hörster, Reinhard/Kade, Jochen (2005): Ungewissheit. Pädagogische Felder im Modernisierungsprozess. 2. Aufl. Weilerswist, 50–72.

Keiner, Edwin (2005): Stichwort: Unsicherheit – Ungewissheit – Entscheidungen. Zeitschrift für Erziehungswissenschaft, 2/2005, 155–172.

König, Silvio (2003): Der Einfluss der Ungewissheitstoleranz auf den Umgang von Lehrenden mit schulischen Belastungen – eine quantitative Analyse an Berufsschulen, Dissertation. Zugriff am 13.07.2016. Verfügbar unter: https://sundoc.bibliothek.uni-halle.de/diss-online/03/03H104/of_index.htm

Kramer, Rolf-Torsten (2005): Die »Öffnung der Schule« als anachronistische Methapher. System- und strutkurtheoretische Reflexionen zum Problem der Steigerung von Ungewissheit im pädagogischen Handlungsfeld Schule. In: Helsper, Werner/Hörster, Reinhard/Kade, Jochen (2005): Ungewissheit. Pädagogische Felder im Modernisierungsprozess. 2. Aufl. Weilerswist, 251–270.

Luhmann, Niklas/Schorr, Karl E. (1982): Das Technologiedefizit der Erziehung und die Pädagogik. In: Niklas Luhmann (Hg.): Zwischen Technologie und Selbstreferenz. Fragen an die Pädagogik. Frankfurt a. M., 11–40.

Oevermann, Ulrich (1996): Theoretische Skizze einer revidierten Theorie professionalisierten Handelns. In: Combe, Arno/Helsper, Werner (Hg.): Pädagogische Professionalität. Untersuchungen zum Typus pädagogischen Handelns. Frankfurt a. M., 71–181.

Tetens, Jakob (2013): Ungewissheit und Lehrerhandeln. Eine theoretische und empirische Untersuchung am Beispiel des Umgangs mit Gewalt in der Schule. Göttingen.

Wimmer, Michael (2014): Pädagogik als Wissenschaft des Unmöglichen. Paderborn.

Ungleichheitsforschung

Timo Dexel und Marcel Veber

Ungleichheitsforschung untersucht und beschreibt aus verschiedenen (z. B. soziologischen oder erziehungswissenschaftlichen) Perspektiven die Präsenz, Ursachen und Folgen der ungleichen Behandlung von Gruppen, der Vielfalt zwischen wie auch innerhalb einzelnen Individuen in der Gesellschaft und ihren Institutionen.

→ Soziale Ungleichheit wandelt sich entsprechend den historischen Epochen und gehört zu den sozialwissenschaftlichen Hauptthemen. Es ist schwierig, einen Startpunkt dieser Forschung zu datieren. Der Beginn des Diskurses, aus dem sich die Ungleichheitsforschung entwickelte, könnte mit Rousseaus »Abhandlung über den Ursprung und die Grundlagen der Ungleichheit unter den Menschen« markiert werden. Zu den Klassikern der Ungleichheitsforschung zählen u. a. Arbeiten von Marx & Engels sowie später von Weber, in denen v. a. die Benachteiligungen von Gesellschaftsgruppen thematisiert wurden (Müller 2003). Die Idee, systematische Benachteiligungen zu erkennen und kritisieren, hat weitreichende Folgen auf verschiedenste Disziplinen und ist bis dato ein viel beforschtes Feld. Einen zentralen Beitrag zur Analyse von Ungleichheiten liefert Bourdieu, v. a. mit den Konzepten Kapital, soziales Feld und Habitus (siehe auch → Kompetenz).

»Soziale Ungleichheit beginnt im soziologisch präzisen Sinne erst dort, wo aus sozialer Ungleichartigkeit oder Heterogenität über einen Bewertungsprozess soziale Ungleichwertigkeit bzw. Ungleichheit entsteht.« (Hillebrandt 2001, 60) Diese Ungleichwertigkeiten von → Vielfalt sind bis heute nicht überwunden. In jüngerer Vergangenheit wurde dies auch durch den sog. PISA-Schock in Deutschland deutlich. Damit wurden bereits bekannte, jedoch kaum beachtete ungleiche Chancen zur Teilhabe an schulischer Bildung v. a. in Bezug zur sozioökonomischen Lage aufgezeigt.

Die Beschäftigung mit Ungleichheitsstrukturen ist mit → Inklusion gleichzusetzen. → Inklusive Pädagogik nimmt die Rechte von marginalisierten Gruppen zum Ausgangspunkt, um eine gleichberechtigte Teilhabe aller am gesellschaftlichen Leben zu ermöglichen. So ist z. B. die ungleiche Behandlung von geflüchteten Menschen oder Menschen mit Beeinträchtigungen Thema der Inklusionsdiskussion, v. a. durch die → UN-Behindertenrechtskonvention (UN-BRK) vorangebracht. Inklusion strebt durch Abbau von Ungleichheiten mehr → Bildungsgerechtigkeit an.

Es ist somit eine Verbindung von Forschung und Systemveränderung zu beobachten. Im erziehungswissenschaftlichen Diskurs wird zudem das Konzept der → Intersektionalität für Ungleichheitsforschung relevant. Daraus folgt aus inklusionspädagogischer Perspektive die Aufgabe, nicht nur Benachteiligungen von Gruppen oder einzelnen Personen wissenschaftlich zu erfassen, sondern auch die Vielfalt von Personen, die von sozialer Ungleichheit betroffen oder bedroht sind.

Merz-Atalik (2014) unterscheidet zwischen Integrations-, Exklusions- sowie Inklusionsforschung. Wenn Inklusion und → Exklusion als zwei Seiten einer Medaille verstanden werden, ist neben der Inklusionsforschung, die die Vielfalt in und zwischen Individuen berücksichtigt und den Fokus auf Abbau von Ungleichheit legt, auch die Exklusionsforschung wichtig. Hier werden Ursachen, Mechanismen sowie Folgen von Ungleichheit wissenschaftlich erfasst, was Barrieren zur gesellschaftlichen Teilhabe abbauen soll. Jedoch wird häufig Integrationsforschung durchgeführt, bei der der Blick insbesondere auf Vielfalt zwischen Individuen gerichtet und Forschung zur Integration einzelner von Marginalisierung bedrohter SchülerInnen betrieben wird. Diese Forschung könnte Strukturen von Ungleichheit (re)produzieren. Wenn beispielsweise die soziale Position von zuvor stigmatisierten SchülerInnen im Vergleich zum Klassenverband erhoben wird, kann nicht nur eine bestehende Exklusion manifestiert werden. Es besteht die Gefahr, dass durch diese Forschung Exklusion bzw. soziale Ungleichheit erst entsteht.

Für die Inklusionspädagogik ist die zentrale Aufgabe der Ungleichheitsforschung, theoretisch fundiert empirisch zu erfassen, welchen Beitrag sie zur Überwindung von Ungleichheit leisten kann. Dies äußert sich in aktuellen Forschungsfragen zu der Situation von geflüchteten Menschen, Teilhabemöglichkeiten von Menschen aus benachteiligten Milieus, geschlechtsspezifischen Chancen im Bildungssystem oder der Teilhabe von Menschen, die als behindert bezeichnet werden. Weiterhin sind die Verhältnisse von Ungleichheit, Bildungs- und Chancengerechtigkeit mit Bezug auf die Funktionen von Schule auf theoretischer Ebene zu klären (Heinrich 2015) und die praktischen Folgen zu untersuchen.

Literatur

Heinrich, Martin (2015): Inklusion oder Allokationsgerechtigkeit? Zur Entgrenzung von Gerechtigkeit im Bildungssystem im Zeitalter der semantischen Verkürzung von Bildungsgerechtigkeit auf Leistungsgerechtigkeit. In Manitius, Veronika/Hermstein, Björn/Berkemeyer, Nils/Bos, Wilfried (Hg.): Zur Gerechtigkeit von Schule. Theorien, Konzepte, Analysen. Münster, 235–255.

Hillebrandt, Frank (2001): Differenz und Differenzierung in soziologischer Perspektive. In: Lutz, Helma/Wenning, Norbert (Hg.): Unterschiedlich verschieden. Differenz in der Erziehungswissenschaft. Opladen, 47–70.

Merz-Atalik, Kerstin (2014): Der Forschungsauftrag aus der UN-Behindertenrechtskonvention, nationale und internationale Probleme und ausgewählte Erkenntnisse der Integrations-/Inklusionsforschung zur inklusiven Bildung. In: Trumpa, Silke/Seifried, Stefanie/Franz, Eva/Klauß, Theo (Hg.): Inklusive Bildung. Erkenntnisse und Konzepte aus Fachdidaktik und Sonderpädagogik. Weinheim, 24–46.

Müller, Hans-Peter (2003): Hauptwerke der Ungleichheitsforschung. Wiesbaden.

Unterrichtsplanung

Ursula Carle

Unterrichtsplanung ist die geistige Vorwegnahme künftigen Unterrichts. Indem Unterricht systematisch durchdacht wird, ermöglicht Planung eine langfristig konsistente Umsetzung pädagogischer Ideen ebenso wie sie die Projektierung einzelner Vorhaben und ihre materielle Vorbereitung erleichtert (Carle 1995). Unterrichtsplanung findet vor dem Hintergrund einer → inklusiven Didaktik nicht nur auf Klassenebene statt, sondern ist Teil der → Arbeit verschiedener Teams.

Im Kontext kompetenzorientierter Standards ist die Unterrichtsplanung eine zentrale Bedingung guten Unterrichts. Unterrichtsplanung setzt die Stellschrauben für die Auswahl der Inhalte und Ziele, für die Motivierung und Aktivierung von vertieften Lernprozessen, für die Individualisierung, die → Differenzierung und die Beachtung von Lernvoraussetzungen, für die Klarheit und Strukturiertheit, für die Konsolidierung und Vernetzung des Gelernten, für die fachliche Korrektheit und für die Leistungsanforderungen (Kornmann 2015). Sie adaptiert schulinterne Curricula (→ Curriculum) auf die Arbeit mit einer konkreten Lerngruppe. Langfristige Unterrichtsplanung zielt auf die Etablierung einer guten Ordnung im Unterricht (Prengel 1999), auf die materielle und räumliche Gestaltung der Lernumgebung und auf die Entwicklung eines sozialintegrativen Klassenklimas. Die Erweisbarkeit und Überprüfbarkeit von Unterricht ist ohne Berücksichtigung der Unterrichtsplanung nicht möglich. Unterrichtsplanung ist deshalb das Reflexionsgerüst der Unterrichtsentwicklung (Carle 2016).

Im Unterricht geht es vor allem darum, wie die Konstruktionsleistungen der Kinder mit den fachlichen Ideen zusammengebracht werden können. Entscheidend ist, dass das, was aus Sicht der Kinder der Kern der Sache ist, zum Ausgangspunkt der Unterrichtsplanung wird. So entstehen mehrperspektivische Sinnbezüge, die Anlass sein können, der Sache gemeinsam auf den Grund zu gehen (Seitz 2006). Entsprechend muss von der Vorstellung eines linearen Wissensaufbaus, dem alle Kinder folgen sollen, zugunsten der Möglichkeit vielfältiger Einstiege und Erkenntniswege in Annäherung an das fachliche Wissen zuzulassen, abgerückt werden.

Langfristige Unterrichtsplanung umfasst auf Basis gemeinsamer Leitziele die Erarbeitung der fachlichen Eckpunkte des didaktisch-pädagogischen Konzepts sowie zentrale zeitliche, materielle, räumliche und soziale Strukturen. Sie muss im Kollegium abgestimmt erfolgen, weil guter Unterricht nicht isoliert stattfindet. So ist z. B. das für inklusiven Unterricht unhintergehbare Ziel der Entkopplung von Schulleistung und sozialer Wertschätzung auf ein geeignetes Feedbacksystem ebenso angewiesen wie auf etablierte demokratische Strukturen und auf die Verbindlichkeit für alle. Mit der langfristigen Planung wird das Fundament für den Unterricht an der Schule gelegt.

Mittelfristig umfasst Unterrichtsplanung die Entscheidung für thematische Abschnitte und geeignete methodische Großformen (z. B. Projekte, Wochenplanunterricht), den Ausschluss von Arbeitsmethoden, die einzelne Kinder benachteiligen würden, sowie Überlegungen, wie sich die unterschiedlichen Kinder den Kompetenzzielen nähern können. Die mittelfristige Unterrichtsplanung ermöglicht zudem eine Entzerrung der Vorbereitungsarbeiten, z. B. bezüglich der Zusammenstellung von Unterrichtsmaterial, des Entwerfens von Dokumentationsmöglichkeiten, der Konzeption von individuellen Leistungsüberprüfungen.

Kurzfristig folgt Unterrichtsplanung den Lernwegen der SchülerInnen, legt die Grundlage für Differenzierungsmaterial auf diversen Verständnisebenen oder für Lernschleifen und Übungen. Im Zentrum stehen Planung und Auswertung der Begleitung von Lernprozessen Einzelner oder Gruppen ebenso wie die Bearbeitung aktueller Problemlagen und Konflikte sowie die kooperative Arbeit der Lehrpersonen.

Forschung zur Unterrichtsplanung ist bis heute vor allem didaktisch und unterrichtsmethodisch orientiert. Unterrichtsplanung als Tätigkeit ist weitgehend ein Forschungsdesiderat.

Literatur

Carle, Ursula (1995): Mein Lehrplan sind die Kinder. Eine Analyse der Planungstätigkeit von Lehrerinnen und Lehrern an Förderschulen. Weinheim. Zugriff am 19.07.2015. Verfügbar unter: http://www.grundschulpaedagogik.uni-bremen.de/archiv/Carle/1995/lehrplan.pdf

Carle, Ursula (2016): Eckpunkte für die Entwicklung inklusiven Unterrichts. In: Hellmich, Frank/Blumberg, Eva (Hg.): Inklusiver Unterricht in der Grundschule. Stuttgart (im Druck).

Kornmann, Reimer (2015): Indikatoren inklusiver Unterrichtspraxis. In: Schnell, Irmtraud (Hg.): Herausforderung Inklusion. Theoriebildung und Praxis. Bad Heilbrunn, 242–252.

Prengel, Annedore (1999): Vielfalt durch gute Ordnung im Anfangsunterricht. Opladen.

Seitz, Simone (2006): Inklusive Didaktik: Die Frage nach dem ›Kern der Sache‹. Zeitschrift für Inklusion. Online-Magazin, 1. Jg., H. 1. Zugriff am 19.07.2015. Verfügbar unter: www.inklusion-online.net/index.php/inklusion-online/article/view/184/184

Unterrichtsstörungen

Günther Opp

Störungen (→ Störung) des Unterrichts sind im Prinzip Schülerhandlungen, die den geplanten und geordneten Ablauf des Unterrichts unterbrechen, den Lehrer und die Lehrerin am Unterricht hindern und die MitschülerInnen am Erlernen der Unterrichtsinhalte beeinträchtigen oder hindern.

Unterricht ist im weitesten Sinne eine institutionalisierte Form des Lehrens und Lernens. Er umfasst die Tätigkeit von Lehrkräften (PROFESSION), die ihren SchülerInnen in systematisierten Vermittlungsprozessen (DIDAKTIK) relevante Bildungsinhalte (→ Curriculum) im organisatorischen Kontext pädagogischer Institutionen (z. B. Zeit, → Raum, soziale Rollen) vermitteln sollen. Unterricht ist dabei ein höchst störungsanfälliges Unternehmen, weil er in seinem Verlauf und Erfolg von vielfältigen Einflüssen abhängig ist, die nur teilweise kontrollierbar sind und widersprüchliche Rollenzuschreibungen bündeln, die sich situativ schnell verändern können. Zusätzlich bringen LehrerInnen ihre eigene Bildungs- und Professionsgeschichte, die SchülerInnen ihre Biografie, Lerngeschichte und Bildungsambitionen in die Unterrichtssituationen permanent mit ein. Angesichts dieser Komplexität des Unterrichts müssen die Professionellen lernen, die »Ungewissheiten im Lehrerberuf nicht nur zu ertragen, sondern als konstitutives Moment des Handelns anzunehmen« (Combe 2015, 118).

Zu den Unterrichtsstörungen zählen unterschiedlich schwerwiegende störende Verhaltensweisen (→ Verhaltensauffälligkeit): zu spät kommen, schwatzen, dazwischenreden, aufstehen, herumlaufen, singen, essen, Unaufmerksamkeit, streiten, sich mit unterrichtsfremden Dingen beschäftigen (MEDIEN), sich schlagen und vieles mehr. Dem Störverhalten durch die Unterrichtsorganisation und -vorbereitung vorzubeugen und durch ein kompetentes KLASSENMANAGEMENT zu verhindern, ist ein wesentlicher Bestandteil der professionellen Aufgaben des Lehrers und der Lehrerin. Unterricht ist anfällig für Interaktionsstörungen, wird gleichzeitig durch seine institutionelle Rahmung (z. B. Rollenzuschreibungen) und rituelle Rahmung gegen Störungen abgestützt. Die SchülerInnen verfolgen dabei in der Regel eine pragmatische Orientierung, die Breidenstein (2006) im Begriff des *Schülerjobs* zusammenfasste. Die SchülerInnen tun mehr oder weniger, was von ihnen erwartet wird, ohne sich damit allzu sehr zu identifizieren. Im Rahmen des Schülerjobs müssen die SchülerInnen mit der Lehrperson kooperieren und Wissen zeigen, ohne dabei zu große Anerkennungsverluste in der Peergruppe zu erleiden. Sie können durch subversives Verhalten das Unterrichtsgeschehen aber auch unterlaufen, wenn sie in einer Umkehrung von unterrichtlicher Vorder- und Hinterbühne die peerkulturelle Hinterbühne in den Vordergrund stellen (Zinnecker 1978).

Unterrichtsstörungen können pädagogisch auf drei unterschiedlichen Ebenen bearbeitet werden. (1) Auf der Ebene der individuellen Schülerin/des individuellen Schülers wäre nach den Motiven zu fragen, die zu Unterrichtsstörungen führen. Dabei geht es um Überforderung im sozialen und im Leistungsbereich, subjektive Wahrnehmungsverzerrungen (private Logik) und die Suche nach sozialer → Anerkennung. Die SchülerInnen müssen ihren schulischen Lebenskontext grundsätzlich als sicheren Raum wahrnehmen, um eine angemessene Schülerrolle ausfüllen zu können. (2) Auf einer unterrichtspraktischen und didaktischen Ebene müssen die Professionellen in der Lage sein, die Komplexität des Unterrichts zu beherrschen und durch problemantizipierende Unterrichtsvorbereitung, flexible Unterrichtsgestaltung und flüssigen Unterrichtsablauf heterogene Schülergruppen gleichzeitig zu unterrichten, zu disziplinieren und zu unterhalten. Dazu gehören insbesondere Techniken des Klassenmanagements (Kounin 1976), eine Fokussierung auf das Gruppengeschehen (Gruppenfokus), die engagierte Wahrnehmung der Aktivitäten in der Gruppe (Allgegenwärtigkeit) und die Entwicklung unterrichtsförderlicher Regeln und Routinen in gemeinsamen Aushandlungsprozessen mit den Schülern. (3) Eine dritte Ebene der Bearbeitung und Prävention von Unterrichtsstörungen ist die Berücksichtigung und Gestaltung der peerkulturellen Prozesse im Klassenkontext, durch offene Interaktionsangebote, in denen die SchülerInnen im Sinne positiver Peerkultur (Opp & Unger 2006; Otto 2015) partizipativ an der Gestaltung ihrer schulischen Lebenswelt und der reflexiven Bearbeitung und Lösung alltäglicher Konfliktsituationen beteiligt werden. Die Schulen schaffen sich erst dadurch die sozialen Voraussetzungen unterrichtlichen Handelns gerade in heterogenen Schülergruppen. Unterrichtsstörungen werden damit zu einem eigenen Lerngegenstand.

Literatur

Breidenstein, Georg. (2006): Teilnahme am Unterricht. Ethnographische Studien zum Schülerjob. Wiesbaden.

Combe, Arno (2015): Schulkultur und Professionstheorie. Kontingenz als Handlungsproblem des Unterrichts. In: Böhme, Jeanette/Hummrich, Merle/Kramer, Rolf-Torsten (Hg.): Schulkultur. Theoriebildung im Diskurs. Wiesbaden, 117–136.

Kounin, Jacob S. (1976): Techniken der Klassenführung. Bern.

Opp, Günther/Unger, N. Nicola (2006): Kinder stärken Kinder. Positive Peer Culture in der Praxis. Hamburg.

Otto, Ariane (2015): Positive Peerkultur aus Schülersicht. Herausforderungen (sonder-)pädagogischer Praxis. Wiesbaden.

Zinnecker, Jürgen (1978): Die Schule als Hinterbühne oder Nachrichten aus dem Unterleben der Schüler. In: Reinert, Gerd Bodo/Zinnecker, Jürgen (Hg.): Schüler im Schulbetrieb. Berichte und Bilder vom Lernalltag, von Lernpausen und vom Lernen in den Pausen. Reinbek, 29–121.

Unterstützte Kommunikation

Jens Boenisch

Unterstützte Kommunikation (UK) ist die deutschsprachige Bezeichnung für den internationalen Terminus **Augmentative and Alternative Communication** (AAC). Ziel von UK bzw. AAC ist die Ermöglichung gelingender Kommunikation von Menschen mit schwer verständlicher und fehlender Lautsprache.

Sich nicht verständigen zu können ist ein wesentlicher Faktor sozialer Ausgrenzung. Die → UN-Behindertenrechtskonvention (UN-BRK) hat darauf reagiert und fordert zur Förderung der Inklusion explizit den Einsatz ergänzender (augmentativer) und alternativer **Kommunikationshilfen** für kommunikationsbeeinträchtigte Menschen ein (Art. 24, Abs. 3a). In der UK-Systematik wird hierbei unterschieden zwischen UK als Ausdrucksmittel bei Menschen mit gutem Sprachverständnis, UK als zeitlich befristete Maßnahme zur Unterstützung des Spracherwerbs (z. B. Einsatz lautsprachunterstützender Gebärden) und UK als einziges Kommunikationsmittel (z. B. für geistig sehr schwer behinderte Menschen; von Tetzchner & Martinsen 2000). Der Personenkreis der nicht (verständlich) sprechenden Menschen umfasst Kinder, Jugendliche und Erwachsene mit angeborener, fortschreitender oder traumatisch bedingter schwerer Sprech- und Sprachbehinderung (u. a. **cerebrale Bewegungsstörungen**, **geistige Behinderung**, **Mehrfachbehinderung**, **Schädel-Hirn-Trauma**, Locked-in-Syndrom, ALS). Eine Beeinträchtigung des Hörvermögens kann, muss aber nicht vorliegen und ist in der UK in der Regel nicht die Ursache für die fehlende Lautsprache.

UK findet sowohl als eigenständiges Förderkonzept als auch komplementär zur sprachtherapeutischen Intervention Anwendung. Der multimodale Ansatz in der UK unterstützt die Nutzung mehrerer Kommunikationsformen aus dem Spektrum körpereigener **Kommunikationsformen** (Gestik, Mimik, Blickbewegungen, Handzeichen, Gebärden) und externer Kommunikationsform (Kommunikationstafeln, -bücher, -ordner und elektronische Kommunikationshilfen, sogenannte **Talker**), um den Kommunikationserfolg zu steigern (z. B. Blickbewegungen und Tafeleinsatz überwiegend zu Hause, Talkernutzung außerhalb der Familie).

Zu den Besonderheiten in der Verständigung mit unterstützt kommunizierenden Menschen gehören die extrem reduzierte Kommunikationsgeschwindigkeit und die Dominanz des Sprechenden. Gleichberechtigte Kommunikation zwischen den Partnern kann jedoch gelingen, wenn das soziale Umfeld eine kompetente Gesprächsstruktur entwickelt und eine UK-Kultur entsteht (Lage 2016). Das in den Niederlanden entwickelte COCP-Programm bietet hierzu gezielte Partnerstrategien an, um das soziale Umfeld, die Kommunikationsangebote und das eigene Sprachverhalten im Gespräch mit unterstützt kommunizierenden Menschen zu reflektieren (Heim, Jonker & Veen 2005). Darüber hinaus ist das kompetente Mitbenutzen der Kommunikationssysteme durch Bezugspersonen (**Modeling**) eine zentrale Interventionsstrategie, um dem UK-Nutzer im Sinne eines Vorbildes verständlich zu machen, wie die Kommunikationshilfen eingesetzt werden können (Sachse & Boenisch 2009). Dies gelingt in der frühen Sprachförderung besonders gut, wenn mit **Kernvokabular** gestartet wird. Kernvokabular bezeichnet die ca. 200 am häufigsten verwendeten Wörter der Alltagssprache. Sie machen bereits 80 Prozent des Gesprochenen aus und können unabhängig von → Alter und Thema flexibel eingesetzt werden. Es sind vor allem situationsunspezifische Funktionswörter, die durch einzelne Inhaltswörter ergänzt werden (Boenisch 2014). In der UK vollzieht sich seit einigen Jahren ein deutlicher Wandel von einer Sprachförderung, bei der eher Inhaltswörter dominieren, hin zu einer am Kernvokabular orientierten Sprachförderung. Auch in der technischen Weiterentwicklung elektronischer Hilfen ist diese veränderte Förderstrategie erkennbar mit dem Ergebnis, dass sich Kommunikationsgeschwindigkeit und die Möglichkeiten zur aktiven und spontanen Teilhabe an Gesprächen deutlich erhöht haben. Zudem ermöglichen multimediafähige Talker schwerer behinderten Menschen eine räumlich unabhängige Interaktion. In der Regel ist hierfür der Erwerb von Schriftsprachkompetenzen Voraussetzung. Der **Schriftspracherwerb** stellt unterstützt kommunizierende Menschen jedoch vor besonders große Probleme, deren Ursachen noch nicht ausreichend erforscht sind.

UK gewinnt in den letzten Jahren auch im Erwachsenenbereich, in Pflegeheimen und Kliniken an Bedeutung. Dieses pädagogisch-therapeutische Förderkonzept rückt zunehmend ins Bewusstsein der Gesellschaft, da es Menschen mit schwerer oder mehrfacher Behinderung und/oder komplexer Kommunikationsbeeinträchtigung durch verbesserte Verständigungsmöglichkeiten eine soziale Teilhabe (wieder) ermöglicht.

Literatur

Boenisch, Jens (2014): Kernvokabular im Kindes- und Jugendalter: Vergleichsstudie zum Sprachgebrauch von Schülerinnen und Schülern mit und ohne geistige Behinderung und Konsequenzen für die UK. In: uk & forschung 3, 4–22. Sonderbeilage in Unterstützte Kommunikation 1.

Lage, Dorothea (2016): Unterstützte Kommunikation. In: Hedderich, Ingeborg/Biewer, Gottfried/Hollenweger, Judith/Markowetz, Reinhard (Hg.): Handbuch Inklusion und Sonderpädagogik. Bad Heilbrunn, 375–379.

Heim, Margriet/Jonker, Vera/Veen, Majan (2005): COCP: Ein Interventionsprogramm für nicht sprechende Personen und ihre Kommunikationspartner. In: von Loeper/ISAAC (Hg.): Handbuch der Unterstützten Kommunikation. Karlsruhe, 01.026.007–01.026.015.

Sachse, Stefanie/Boenisch, Jens (2009): Kern- und Randvokabular in der Unterstützten Kommunikation: Grundlagen und Anwendung. In: von Loeper/ISAAC (Hg.): Handbuch der Unterstützten Kommunikation. Karlsruhe, 01.026.30–01.026.040.

Von Tetzchner, Stephen/Martinsen, Harald (2000): Einführung in die Unterstützte Kommunikation. Heidelberg.

Unterstützung

Andreas Köpfer

Der Begriff *Unterstützung* weist im Allgemeinen auf eine Leistung hin, die einer Person oder Sache entgegengebracht wird, damit diese in die Lage versetzt wird, eigenständig, selbstbestimmt und unabhängig zu agieren und zu bestehen. *Unterstützung* ist in verschiedensten Kontexten gebräuchlich und kann nicht isoliert im Hinblick auf pädagogische Kontexte betrachtet werden. Das verbale Kompositum, bestehend aus dem Präfix *unter* und dem Wortstamm *stützen,* verdeutlicht dabei bildlich eine basale Form von Hilfeleistung.

Der Begriff wird zum Beispiel in ökonomischen Feldern (Arbeitslosenunterstützung, ugs. *Stütze*), im Bauwesen oder in sozialen Kontexten im Sinne von sozialer/pädagogischer Unterstützung verwendet. Dabei kann neben der inhaltlichen auch eine teleologische Kategorie von Unterstützung skizziert werden – wie unter Bezugnahme auf den englischen Begriff SUPPORT und den lateinischen Ursprung *supportare* (dt. *heranbringen*) deutlich wird: Unterstützungsleistungen werden – ggf. als flexible Maßnahmen ausgerichtet – zu Personen herangebracht.

Mittler (2000) beschreibt den weiten Bedeutungs- und Anwendungsradius in pädagogischen Kontexten: »To some, it [support, Anm. d. Verf.] has a reassuring warmth, conjuring up images of understanding and belevolence. To others, it means extra money, equipment and above all additional staff.« (121)

Unter Anwendung der Denkfigur des Kapitals aus Pierre Bourdieus Sozialtheorie kann verdeutlicht werden, dass sich Unterstützungsleistungen für Bildung und Schule in sehr unterschiedlicher Form ausdrücken können, z. B. als ökonomisches Kapital in Form von Ressourcen sachlicher und personeller Art an Schulen, als kulturelles Kapital im Sinne von Bildungsinhalten für SchülerInnen oder auch in Form von symbolischem Kapital als → Anerkennung und soziale Wertschätzung bzw. Unterstützung. Letzteres kann sich in schulischen Kontexten als Form des Vertrauensvorschusses äußern, die einer Schülerin bzw. einem Schüler von einer Lehrperson oder von MitschülerInnen entgegengebracht wird und sich z. B. – rekurrierend auf Mittler (2000, 121) – als *reassuring warmth* ausdrückt.

Innerhalb des deutschsprachigen (sonder-)pädagogischen Fachdiskurses wird für Unterstützungsleistungen oftmals der Begriff → Förderung verwendet, für den es kein direktes englischsprachiges Äquivalent gibt. Allerdings wird *Förderung* in schulischen Zusammenhängen primär für die Personengruppe scheinbar leistungsschwächerer, förderbedürftiger SchülerInnen angewandt (Bundschuh, Heimlich & Krawitz 2007), welche von der Norm abfallen bzw. abgefallen sind. Die Popularität des Begriffes – insbesondere in der Sonderpädagogik – lässt sich hierbei an der Vielzahl von Komposita mit diesem feststellen, z. B. *Förderschwerpunkte, Förderschulen, Förderbedarf* oder *Individuelle Förderung,* um nur einige wenige anzuführen.

Unterstützende Strukturen und Praktiken hingegen zeichnen sich im Kontext von Inklusion – Hinz (2008) zufolge – dann als qualitativ aus, wenn sie »systemisch angelegt [sind, Anm. d. Verf.], d.h. sie verorten die Herausforderung oder das Problem nicht in einer bestimmten Person – z.B. einer ›behinderten‹ – sondern beziehen das Umfeld notwendigerweise in ihre Betrachtung von Barrieren ein.« (43) Im Index for Inclusion (Bereich B2 »Organising support for diversity«, Booth & Ainscow 2002, 2011) ist Support als essentieller Bestandteil inklusiver Systeme verankert. Dies wird auch an der kanadichen Provinz New Brunswick deutlich (Köpfer 2013), wo sich unterstützende Strukturen und Rollen etabliert haben:

- im Klassenraum (SchülerInnen, Lehrperson, *Teacher Assistant*);
- durch das *Methods & Resource Team* als direkte Ansprechpartner und Reflexionsfläche für Lehrpersonen;
- im Schulteam als multiprofessionelles und interdisziplinäres Team;
- auf schuladministrativer Ebene, z.B. *Student Services Teams,* die die Bedarfe der Schulen in enger Kommunikation mit diesen aufnehmen.

Es kann konstatiert werden, dass der Begriff der *Unterstützung* im Kontext von inklusiver Bildung an Bedeutung gewinnt und auch bildungspolitisch verwendet wird (»sonderpädagogische Unterstützung« in den KMK-Empfehlungen von 2009) – in der Forschung jedoch unterrepräsentiert ist. Empirisch und theoretisch notwendig zu klärende Fragen sind z.B., in welchem Verhältnis Förderung und Unterstützung in inklusionspädagogischen Feldern stehen, oder, welche schulstrukturellen und -kulturellen Transformationsprozesse notwendig sind, um Inklusion im Spannungsfeld personenbezogener Unterstützung und institutioneller Selektion zu organisieren.

Literatur

Booth, Tony/Ainscow, Mel (2002, 2011): Index for Inclusion: Developing learning and participation in schools. Bristol.

Bundschuh, Konrad/Heimlich, Ulrich/Krawitz, Rudi (Hg.) (2007): Wörterbuch der Heilpädagogik. Bad Heilbrunn.

Hinz, Andreas (2008): Inklusion – historische Entwicklungslinien und internationale Kontexte. In: Hinz, Andreas/Körner, Ingrid/Niehoff, Ulrich (Hg.): Von der Integration zur Inklusion. Grundlagen – Perspektiven – Praxis. Marburg, 33–52.

Köpfer, Andreas (2013): Inclusion in Canada – Analyse inclusiver Unterrichtsprozesse, Unterstützungsstrukturen und Rollen am Beispiel kanadischer Schulen in den Provinzen New Brunswick, Prince Edwards Island und Québec. Bad Heilbrunn.

Mittler, Peter (2000): Towards Inclusive Education. London.

Verhaltensauffälligkeit

Anke Langner

Verhaltensauffälligkeit ist ein von kulturellen und sozialen Erwartungen abweichendes Verhalten, welches aus der Kompensation von isolierenden Bedingungen entsteht. Sie ist somit nicht eine → Störung der Person, sondern eine Störung der sozialen Interaktion infolge von Isolation und damit der Prozess einer sozialen Konstruktion auf biologischer, psychologischer und sozialer Ebene.

Im konstruktivistischen Verständnis (→ Konstruktivismus) besteht keine alleinige objektive Wirklichkeit, sondern vielmehr konstruiert jedes Subjekt als selbstreferentielles autopoetisches System sich selbst und in sich Realität. Verhalten entsteht als Konstruktion zwischen zwei Personen in einem intersubjektiven Raum. Eine Störung des Verhaltens ist die von außen vollzogene Bewertung/Zuschreibung eines wahrgenommenen Ereignisses durch das beobachtende Individuum. Bewertet das Individuum das Beobachtete als Abweichung von der erwarteten oder erhofften Reaktion, als außerhalb eines individuell und sozial konstruierten Konsensraumes, so macht das Verhalten für die beobachtende Person keinen Sinn: Die *Verhaltensauffälligkeit* ist konstruiert. Für das Individuum selbst, welches die Reaktion zeigt, ist das Verhalten in der Situation jedoch immer sinnvoll, denn sein Verhalten stellt die Reaktion auf die Situation auf der Basis des selbst Erlebten oder Erfahrenen dar.

Unter Bezugnahme auf die → Kulturhistorische Schule muss die Verhaltensauffälligkeit als Kompensationsleistung von isolierenden Bedingungen in der sozialen Entwicklungssituation eines Individuums bezeichnet werden. Isolierende Bedingungen (z. B. Marginalisierung oder sozialer Ausschluss) stellen, auf direkte oder indirekte Art, Gewalterfahrungen dar. Je umfangreicher isolierende Bedingungen in der sozialen Entwicklungssituation kompensiert werden müssen, desto notwendiger sind entsprechende Neubildungen für das Individuum. Im Verlauf der Entwicklung erfolgen Kompensationen immer in Form von sekundärer Neubildung. Bei Verhaltensauffälligkeiten kommt es allerdings zu sekundären Komplikationen bei der Kompensation, welche dann wiederum durch tertiäre Kompensationen behoben werden müssen (Vygotskij 2001). Die daraus entstehenden tertiären Neubildungen werden oftmals im Sinne psychopathologischer Prozesse bewertet. In deren Folge wird der soziale Austausch häufig behindert bzw. massiv gestört.

Für ein pädagogisches Verständnis von *Verhaltensauffälligkeit* sollten demnach zwei Kategorien von zentraler Bedeutung sein, die sich gegenseitig bedingen: Die Konstruktion von Sinn(-haftigkeit) und das Verstehen des anderen. Beide erfordern einen → Dialog zwischen PädagogInnen und Lernenden, um einen gemeinsamen Bedeutungsraum herzustellen.

Leontjew (1973) zeigt in seiner Entwicklungstheorie auf, dass jeder Mensch von Geburt an über einen biologischen Sinn verfügt. Im Laufe der Entwicklung und durch die Auseinandersetzung mit der Umwelt bildet sich ein sozialer Sinn heraus. Dieser – wie auch der sich entwickelnde persönliche Sinn – ist Motivträger für die individuellen Handlungen. Damit konstatiert die Genese des Sinns, dass jedes Verhalten für das einzelne Individuum in der jeweiligen Situation sinnvoll ist, auch wenn es der Pädagogin/dem Pädagogen nicht sinnvoll erscheint. Die Herausforderung für die Pädagogik besteht darin, die Sinnhaftigkeit des Verhaltens zu rekonstruieren, folglich zu verstehen und das beobachtete störende Verhalten nicht zu unterbinden. Die Verhaltensauffälligkeit lediglich abzustellen, impliziert erneut, den sozialen Austausch durch Ausübung von Gewalt zu behindern und die Ursachen des beobachteten Verhaltens nicht zu untersuchen. Vielmehr muss dieses störende Verhalten als Symptom für einen misslingenden Dialog oder von Gewalt geprägten Lebensbedingungen Beachtung finden.

Nicht nur Menschen mit schwersten Beeinträchtigungen entwickeln Verhaltensauffälligkeiten aufgrund eines fehlenden Dialogs. Ebenfalls Folge von → Lernschwierigkeiten können Verhaltensauffälligkeiten sein. Diese sind dann nicht selten ein Resultat des Versuchs von Lernenden, subjektive Sinnhaftigkeit in der Schule herzustellen (Holzkamp 1991).

Folgt man dem Gedanken, dass jedes Verhalten für das jeweilige Individuum sinnhaftes Handeln ist, muss das pädagogische Ziel sein, Verhaltensauffälligkeit in einem anerkennenden Dialog miteinander (Lehrpersonen – Lernende) zu dekonstruieren.

Literatur

Holzkamp, Klaus (1991): Lehren als Lernbehinderung. In: Forum Kritische Psychologie 27. 5–22.

Leontjew, Alexej. N. (1973): Probleme der Entwicklung des Psychischen. Berlin.

Vygotskij, Lev S. (2001): Zur Frage kompensatorischer Prozesse in der Entwicklung des geistig behinderten Kindes. In: Wolfgang Jantzen (Hg.): »Jeder Mensch kann lernen – Perspektiven einer kulturhistorischen (Behinderten-) Pädagogik«. Neuwied, 109–135.

Vielfalt

Katharina Walgenbach & Susanne Winnerling

Der Begriff *Vielfalt* bedeutet im erziehungswissenschaftlichen Kontext die Wertschätzung von sozialen, kulturellen und individuellen Merkmalen bzw. Differenzen pädagogischer Adressaten und Fachkräfte. Etymologisch lässt sich der Terminus *Vielfalt* bis in das 18. Jahrhundert zurückverfolgen und wird dort dem älteren Begriff *Einfalt* gegenübergestellt. Das Adjektiv *vielfältig* ist hingegen bereits in Glossaren des 15. Jahrhunderts bezeugt (Kluge 1960).

In einer konstruktivistischen Perspektive ist Vielfalt nicht *natürlich* gegeben, sondern wird erst durch historische, soziale, kulturelle und pädagogische Praktiken hervorgebracht. Häufig genannte Differenzen im Vielfaltsdiskurs sind z. B. Behinderung/Beeinträchtigung, Kultur, Ethnizität, Sprache, Religion, Geschlecht, Sexualität, Lebensformen, Lerninteressen.

Positiv konnotiert wird Vielfalt auch in anderen Wissenschaftsdisziplinen und Handlungsfeldern. Exemplarisch lässt sich auf das offizielle Motto der Europäischen Union *In Vielfalt geeint*, das *Übereinkommen über die biologische Vielfalt* (CBD) oder auf die Unternehmensinitiative *Charta der Vielfalt* (2006) verweisen. In der → UN-Behindertenrechtskonvention (UN-BRK) wird Behinderung (1) als Teil der menschlichen Vielfalt akzentuiert, (2) auf die Vielfalt innerhalb der Gruppe von Menschen mit Behinderungen verwiesen sowie (3) die Vielfalt ihrer Communities gewürdigt. Im Hinblick auf die positive Wertschätzung von Vielfalt lassen sich in der Erziehungswissenschaft schließlich Parallelen zu Begriffen wie Diversity oder → Heterogenität – hier besonders zum Diskurs *Heterogenität als Chance* – ziehen, die Vielfalt ebenfalls positiv adressieren (Walgenbach 2014).

Zur Etablierung des Begriffs Vielfalt in der Erziehungswissenschaft hat Prengels Werk *Pädagogik der Vielfalt* (1993) entscheidend beigetragen, indem sie Diskursstränge der feministischen Pädagogik, interkulturellen Pädagogik und Integrationspädagogik zusammenführte. Basierend auf Honneths *Theorie der Anerkennung* entwickelte Prengel die Denkfigur der *egalitären Differenz* als pädagogische Orientierung und Gestaltungsauftrag. Egalitäre Differenz verweist dabei auf die Notwendigkeit gleicher Rechte, aber auch auf die → Anerkennung der Verschiedenheit pädagogischer Adressaten. Nach Prengel führt → Differenz ohne Gleichheit zu Hierarchisierungen und Gleichheit ohne Differenz wiederum zur Angleichung an eine Norm (Prengel 1993). Rückblickend weist Prengel darauf hin, dass die Entwicklung einer Pädagogik der Vielfalt maßgeblich durch die Praxis der Integrationspädagogik inspiriert war, da hier der gemeinsame Unterricht von Kindern mit vielfältigen Leistungsständen und Begabungsprofilen erprobt wurde (Prengel 2009).

Überlegungen zu einer Pädagogik der Vielfalt stellte auch Preuß-Lausitz Anfang der 1990er-Jahre an. Er adressierte dabei die Frage, wie Erziehung bzw. Bildung in Zeiten gesellschaftlicher Modernisierung, Individualisierung, postmoderner Pluralisierung und Globalisierung aussehen kann. Als pädagogische Leitidee entwirft er eine *Pädagogik der Vielfalt in der Gemeinsamkeit,* die Pluralisierung positiv aufgreift und zugleich auf Gerechtigkeit, Friedensfähigkeit, Gewaltfreiheit und ökologische Lebenserhaltung rekurriert. Folglich muss Bildung sowohl plural als auch wertgebunden sein (Preuß-Lausitz 1993).

Trotz parallel existierender Begriffsangebote, die sich in der Erziehungswissenschaft vor allem seit der Jahrtausendwende etabliert haben, wie → Diversität, Diversity, Heterogenität, → Intersektionalität prägt der Terminus *Vielfalt* bis heute die erziehungswissenschaftliche Debatte. Besonders gilt dies für die Sexualpädagogik (sexuelle Vielfalt), Interkulturelle Bildung (kulturelle Vielfalt, Mehrsprachigkeit, Religion) und Inklusionspädagogik. Zum Beispiel verweisen Boban und Hinz (2003, 3) im Vorwort für die deutschsprachige Ausgabe des *Index for Inclusion* darauf, dass das »was im deutschsprachigen Diskurs Pädagogik der Vielfalt, im englischsprachigen eben Inklusion genannt wird« und definieren Vielfalt als »im Prinzip unbegrenztes Spektrum von Verschiedenheit des Menschen auf der Basis von Gleichwertigkeit« (117).

In einem der Publikation *Pädagogik der Vielfalt* zeitlich nachgelagerten Beitrag verweist Prengel auf die Auseinandersetzung mit Paradoxien als zentrale Herausforderung einer Pädagogik der Vielfalt, die »Unvereinbares und Heterogenes zulassende Denkanstrengungen erfordert«. Dazu zählt sie beispielsweise das Spannungsverhältnis von Bereicherung versus Leiderfahrung, Standardisierung versus Individualisierung und »illusionäre Ideologisierung von Vielfalt versus Bemühung um partielle Annäherung an Vielfalt« (Prengel 2009, 109).

Kritik am Vielfaltsbegriff wird mitunter geübt, wenn bei seiner Verwendung nicht zwischen sozialer, kultureller und individueller Vielfalt differenziert wird. Kategorien → sozialer Ungleichheit werden dann auf derselben Ebene verhandelt (und positiv konnotiert) wie individuelle Unterschiedlichkeiten. Des Weiteren bleibt die Ungleichheitsdimension *soziale Herkunft* im Vielfaltsdiskurs häufig ausgeblendet.

Literatur

Boban, Ines/Hinz, Andreas (Hg.) (2003): Index für Inklusion. Lernen und Teilhabe in der Schule der Vielfalt entwickeln. Entwickelt von Tony Booth und Mel Ainscow. Halle-Wittenberg.

Kluge, Friedrich (1960): Etymologisches Wörterbuch der deutschen Sprache. 18. Aufl. Berlin.

Prengel, Annedore (1993): Pädagogik der Vielfalt. Verschiedenheit und Gleichberechtigung in interkultureller, feministischer und integrativer Pädagogik. Opladen.

Prengel, Annedore (2009): Vielfalt. In: Dederich, Markus/Jantzen, Wolfgang (Hg.): Behinderung und Anerkennung. Stuttgart, 105–112.

Preuß-Lausitz, Ulf (1993): Die Kinder des Jahrhunderts. Zur Pädagogik der Vielfalt im Jahr 2000. Weinheim.

Walgenbach, Katharina (2014): Heterogenität, Intersektionalität, Diversity in der Erziehungswissenschaft. Opladen.

Vorurteil

Reinhard Markowetz

Ein Vorurteil ist eine unkritische, ungeprüfte oder nur durch Minimalinformationen abgesicherte, affektiv geladene und irrationale Übernahme bzw. Produktion einer Meinung, Erwartung oder Auffassung gegenüber einzelnen Personen, Gruppen, Verhältnissen, Institutionen, Produkten, Ereignissen oder Objekten, die sich schnell zu einem stabilen, nur schwer veränderbaren Urteil verfestigt.

VORAUS-URTEILE (engl. *prejudice;* lat. *praejudicium*) lassen sich als extrem starre und negative Einstellungen auffassen, die sich weitgehend einer Beeinflussung widersetzen. Die Einstellungsforschung belegt, dass Vorurteile gegenüber behinderten Menschen nicht durchgängig und zwangsläufig existieren. Die Einstellung nicht behinderter Menschen gegenüber behinderten Menschen kann positiv, negativ oder ambivalent sein.

Um den Begriff *Vorurteil* präziser fassen zu können, ist es notwendig, sich auch mit den oft synonym verwendeten Termini *Einstellung, Stigma, Stigmatisierung, Stereotyp, Etikett* und *Etikettierung* auseinanderzusetzen (Markowetz 2007). Sie alle spiegeln die *soziale Reaktion* auf behinderte Menschen wider und bestimmen die *soziale Nähe* und die *soziale Distanz* zu Mitgliedern unserer Gesellschaft mit Beeinträchtigungen. Im Kontext von Inklusion ist von Bedeutung, dass die hier für Menschen mit Behinderung skizzierten Zusammenhänge für alle marginalisierten Gruppen zutreffen, d. h. die Existenz von Vorurteilen ein hohes Exklusionsrisiko darstellt!

Menschen mit Behinderungen sind »in unerwünschter Weise anders, als wir [sie, Anmerkung R. M.] antizipiert hatten« (Goffman 1967, 13). Sie besitzen behinderungsbedingte, meist sichtbare Merkmale (Visibilität), die sich unserer Aufmerksamkeit aufdrängen. BEHINDERUNG wird als abweichendes Verhalten (Devianz) aufgefasst, das nicht in Einklang mit den Normen und Werten unserer Gesellschaft zu bringen ist. Vorurteile entstehen durch den

Vergleich von Merkmalen und sind das Resultat sozialer Wahrnehmungs- und Beurteilungsprozesse. Solche vergleichende Prozesse sind affektiv-emotional vorherbestimmt und verlaufen irrational. Eine intensive, umfassende und in sich konsistente sowie intersubjektiv nachprüf- und rekonstruierbare Auseinandersetzung mit der sozialen Realität von Menschen mit Behinderungen findet kaum statt. Entsprechend wenig begründet sind Vorurteile.

So gesehen ist ein Vorurteil auch ein STIGMA. Goffman (1967) definiert Stigma als eine Eigenschaft einer behinderten Person, die zutiefst diskreditierend ist und diese von vollständiger sozialer Akzeptierung ausschließt. Umgekehrt lässt sich sagen, dass ein Stigma der Sonderfall eines sozialen Vorurteils gegenüber einer behinderten Person ist, durch das ihr negative Eigenschaften zugeschrieben werden. Mit Stigmatisierung ist der aktive Prozess auf der Verhaltensebene im konkreten Umgang mit behinderten Menschen gemeint, nachdem man sich ein Stigma zu Eigen gemacht hat. Das Verhalten knüpft an aufgespürte abweichende Merkmale an. Stigmatisierer neigen dazu den Stigmatisierten vorschnell weitere negative Eigenschaften zu unterstellen. Solche Generalisierungen führen zu globalen Etiketten, die einem behinderten Menschen einen negativen, persönlichen und sozialen Status (Master Status) verleihen. Stigmatisierungen und Vorurteile gehören zur gesellschaftlichen Realität des Zusammenlebens von Menschen.

Kein Mensch ist frei von Vorurteilen. Entscheidend und für Inklusion von Bedeutung sind die Folgen für die Stigmatisierten. Vorurteile und Stigmatisierungen führen zu DISKRIMINIERUNGEN, die mit Rollenverlust, Interaktionsstörungen, eingeschränkter gesellschaftlicher Teilhabe, Isolation und Ausgrenzung einhergehen und schließlich die Identität behinderter Menschen bedrohen. Die *Stigma-Identitäts-These* geht davon aus, dass stigmatisierende Zuschreibungen zu einer Gefährdung und Veränderung der Identität stigmatisierter Menschen führen.

Die *Kontakthypothese* (Cloerkes 2007) besagt, dass der Kontakt zu Menschen mit Behinderungen Vorurteile abbaut und die Einstellung gegenüber Behinderten verbessert. Von Bedeutung sind die Kontaktbedingungen. Oberflächliche und zufällige Kontakte verstärken eher Vorurteile. Nicht die Häufigkeit, sondern die Qualität der Kontakte ist entscheidend. Qualitative Kontakte zeichnen sich durch intensive Beziehungen aus, die freiwillig zustande kommen und echte Begegnungen zulassen. Wirksam sind gemeinsame affektiv-emotionale Erlebnisse, die Freude am Kontakt, positive Gefühle beim Zusammensein sowie ein fundamentales und ehrliches Interesse, sich und das Fremde des Anderen besser kennenzulernen und Gemeinsamkeiten als verbindendes Etwas in möglichst konkurrenzfreien Kontexten zu entdecken.

Gezielt einsetzbare und erfolgversprechende Strategien zur Veränderung von Einstellungen und zum Abbau von Vorurteilen gibt es bisher nicht. Von einer konsequenten und sorgfältig realisierten sozialen Teilhabe behinderter Menschen allerdings verspricht man sich langfristig die besten Möglichkeiten, Vorurteile gegenüber Menschen mit Behinderungen abzubauen. Diese behindertensoziologische Annahme findet ihren Ausdruck in der These *Entstigmatisierung durch Inklusion!* Allerdings ist Inklusion ein tiefgreifender Reform- und Modernisierungsprozess, der per se ein hohes Potenzial an

Umbruchs-, Befreiungs- sowie Gewinn- und Verlusterfahrungen beinhaltet.

Inklusionsprojekte sind Identitätsprojekte und inklusive Erfahrungen sind identitätsrelevante Erfahrungen, die sich auf die Einstellung und soziale Reaktion gegenüber behinderten Menschen auswirken und die soziale Kohäsion in heterogenen Gruppen bestimmen. Aus soziologischer Sicht kann eine inklusive Pädagogik im Kern nur eine identitätsstiftende Pädagogik sein (Cloerkes & Markowetz 2003). Die Wirksamkeit von Inklusion beweist sich am Gelingen von Identität und über eine entstigmatisierende Kraft, die eine inklusive Pädagogik zu entfalten vermag und nachhaltig zum allmählichen Verschwinden von Vorurteilen spürbar beitragen kann.

Literatur

Cloerkes, Günther (2007): Soziologie der Behinderten. Eine Einführung. Heidelberg.

Cloerkes, Günther/Markowetz, Reinhard (2003): Stigmatisierung und Entstigmatisierung im Gemeinsamen Unterricht. Zeitschrift für Heilpädagogik, 11/2003, 452–460.

Goffman, Irving (1967): Stigma. Über Techniken der Bewältigung beschädigter Identität. Frankfurt a. M.

Markowetz, Reinhard (2007): Vorurteil. In: Bundschuh, Konrad/Heimlich, Ullrich/Krawitz, Rudi (Hg.): Wörterbuch Heilpädagogik. Ein Nachschlagewerk für Studium und pädagogische Praxis. Bad Heilbrunn, 289–293.

Markowetz, Reinhard (2011): Lebenslagen von Menschen mit Behinderungen – soziologische Zugänge. In: Eurich, Johannes/Lob-Hüdepohl, Andreas (Hg.): Inklusive Kirche. Stuttgart, 23–49.

Vorurteilsbewusste Bildung und Erziehung

Petra Wagner

Vorurteilsbewusste Bildung und Erziehung ist ein inklusives Praxiskonzept, das seit 2000 im Berliner Institut für den Situationsansatz auf der Grundlage des **Anti-Bias Approach** für die → Arbeit in Kitas und Grundschulen entwickelt und verbreitet wird. Der Anti-Bias Approach ist ein pädagogischer Ansatz für Bildungsgerechtigkeit und Inklusion für Kinder ab zwei Jahren aus den USA (Derman-Sparks & Olsen 2010). Er beruht auf entwicklungspsychologischen Befunden zur Vorurteilsbildung und Identitätsentwicklung im frühen Kindesalter und auf Forschungsergebnissen zu den Implikationen **institutionalisierter Diskriminierung** in Erziehungs- und Bildungseinrichtungen. Das Konzept verbindet das Respektieren von Unterschieden mit dem Nicht-Akzeptieren von Diskriminierung in den Routinen pädagogischer Praxis und setzt auf die Kompetenzerweiterung pädagogischer Fachkräfte.

Im Ansatz Vorurteilsbewusster Bildung und Erziehung werden Kinder in ihrer Gesamtheit gesehen, mit allen Aspekten ihrer sozialen Identität, die für sie und ihr Leben relevant sind: Geschlecht, → Alter, Herkunft, Religion, Hautfarbe, Behinderung, sexuelle Orientierung, sozio-ökonomischer Status, Familienkultur, Aufenthaltsstatus, Migrations- oder Fluchtgeschichte etc. Die Aufmerksamkeit gilt allen Formen und Mechanismen von Ausgrenzung und Herabwürdigung, die kindliche Bildungsprozesse beeinflussen (→ Intersektionalität). Es wird davon ausgegangen, dass Inklusion tiefgreifender Veränderungen des Bildungssystems auf struktureller, institutioneller wie pädagogisch-fachlicher Ebene bedarf. Das Praxiskonzept zielt auf letztere Ebene.

Kinder geben mit Äußerungen bereits im dritten Lebensjahr zu erkennen, dass sie bewertende Informationen über sich und andere Menschen verarbeiten, die ihr Bild von sich selbst und von anderen beeinflussen. Derman-Sparks, die Mitbegründerin des Ansatzes, spricht von »Vor-Vorurteilen« (pre-prejudices), die junge Kinder aktiv und eigensinnig aus diversen Informationsquellen wie Kommunikation, Werbung, Kinderbüchern, Spielmaterialien, Alltagsroutinen und Regeln usw. konstruieren (Derman-Sparks & A.B.C. Task Force 1989). Bei der Gestaltung der Interaktion mit Kindern sowie bei der Gestaltung ihrer Lernumgebung ist daher darauf zu achten, dass Menschen oder Gruppen von Menschen nicht einseitig, stereotyp, verzerrt oder abwertend dargestellt werden.

Unterstützt von didaktischen Prinzipien, Arbeitsmethoden und Materialien geben vier Ziele Orientierung für die Praxisgestaltung (ISTA/Fachstelle Kinderwelten 2016):

- Alle Kinder in ihrer Identität stärken (→ Anerkennung ihrer Vorerfahrungen und Familienkulturen).
- Allen Kindern Erfahrungen mit → Vielfalt ermöglichen, indem sie diese aktiv und bewusst erleben.
- Das kritische Denken der Kinder über Vorurteile, Einseitigkeiten und Diskriminierung anregen.
- Kinder unterstützen, sich gegen Einseitigkeiten und Diskriminierung zu wehren.

Die Orientierung an den Zielen und Prinzipien kommt allen Kindern zugute, benachteiligten wie privilegierten. Kinder erwerben Kompetenzen im Umgang mit Menschen, die anders sind als sie selbst, und lernen, Ungerechtigkeiten zu erkennen und sich dagegen zur Wehr zu setzen. Die Wertschätzung ihrer Familien und Familienkulturen, sodass sie ein positives Selbstbild, Wohlbefinden und Zugehörigkeit entwickeln, ist entscheidend dafür, dass sich Kinder in Bildungsprozessen engagieren. Sie gewinnen Mut und Zutrauen, wenn sie erleben, dass ihre Eltern aktiv sind und etwas Bedeutsames zur Kita oder Schule beitragen. Dies ist insbesondere für Kinder wichtig, deren Familien von sozialer Marginalisierung/Diskriminierung betroffen sind und die daher ein höheres Risiko tragen, selbst ausgegrenzt oder abgewertet zu werden (VULNERABILITÄT) (Mac Naughton 2006).

Um das Konzept Vorurteilsbewusste Bildung und Erziehung zu realisieren, brauchen pädagogische Fachkräfte einen geschärften Blick für → Diversität und Diskriminierung, als Ergebnis von kritisch reflektierten Erkenntnissen und Erfahrungen. Dies gelingt nur in einer kritischen Lerngemeinschaft, denn man braucht andere, um das zu hinterfragen, was im eigenen Referenzrahmen selbstverständlich und normal erscheint. Vorurteilsbewusste Bildung und Erziehung setzt auf einen langfristigen Prozess der inklusiven Qualitätsentwicklung, dem sich das ganze Team einer Einrichtung verpflichtet. Kontinuierliche Selbst- und Praxisreflexion und Veränderungen der Praxis gehören dabei zusammen. Pädagogische Fachkräfte treffen eine Werteentscheidung für Inklusion und gegen → Exklusion, die sie in konkreten Alltagssituationen immer wieder überprüfen. Sie werden sich ihrer eigenen Identitäten und Familienkulturen bewusst, reflektieren ihren Umgang mit Unterschieden und ihre → Vorurteile. Dies geschieht in fachlich begleiteten Teamentwicklungsprozessen, die allerdings etwas beanspruchen, woran es in Kitas und Grundschulen mangelt: Zeit für Reflexion.

Literatur

Derman-Sparks, Louise/A.B.C. Task Force (1989): Anti-Bias Curriculum. Tools for Empowering Young Children. NAEYC, Washington.

Derman-Sparks, Louise/Olsen Edwards, Julie (2010): Anti-Bias Education for Young Children and Ourselves. Washington.

ISTA/Fachstelle KINDERWELTEN für Vorurteilsbewusste Bildung und Erziehung (Hg.) (2016): Inklusion in der Kitapraxis. 4 Bände (Zusammenarbeit mit Eltern, Lernumgebung, Interaktion mit Kindern, Zusammenarbeit im Team). Berlin.

Mac Naughton, Glenda M. (2006): Respect for diversity. An international overview. Bernard van Leer Foundation: Den Haag (Working Papers in Early Childhood Development, Nr. 40).

Wagner, Petra (Hg.) (2013): Handbuch Inklusion. Grundlagen vorurteilsbewusster Bildung und Erziehung. Freiburg.

Wohnen

Caren Keeley

Die Etymologie des Begriffs *Wohnen* gibt Auskunft über seine tatsächliche Bedeutung. Sowohl im Althochdeutschen *(wonen),* Altsächsischen *(wuon),* als auch im Gotischen *(wunian)* wird von »sich aufhalten, bleiben, gewohnt sein und wohnen« (Duden 2007, 932) gesprochen. Wohnen kann in seiner grundsätzlichen Bedeutung demnach als *zufrieden bleiben* oder *in Frieden sich aufhalten* beschrieben werden. Eng verknüpft sind damit die Wünsche nach Schutz und Geborgenheit, welche **Grundbedürfnisse** darstellen, die durch das Wohnen befriedigt werden.

Wohnen hat eine zentrale Bedeutung für die individuelle Lebenszufriedenheit. Thesing (2009) spricht vom Wohnen als einer Grundverfassung des Menschen und Speck (1998) sieht hier einen Wert für menschwürdiges Dasein. Grundsätzlich erfüllt der Lebensbereich Wohnen unterschiedlichste Bedürfnisse, die in ihrer Bedeutung elementar für den Menschen sind. Wohnen ist demnach ein Grundbedürfnis und für alle Menschen gleichbedeutend. Dies gilt natürlich auch für die Bedürfnisse von Menschen mit Behinderung: »Für alle Menschen (wenn auch mit individuellen Unterschieden) stellt ›Wohnen‹ einen wichtigen Lebensaspekt dar. Dies ist für Menschen mit Behinderung nicht anders. Es ist davon auszugehen, dass sie die gleichen (Wohn-) Bedürfnisse und Ansprüche an Wohnen haben, wie Menschen ohne Behinderung.« (Metzler & Rauscher 2004, 9)

Diese grundlegende Bedeutung für die individuellen Bedürfnisse ist in Deutschland auch gesetzlich verankert. Die allgemeinen Menschenrechte beschreiben in Art. 12 den persönlichen Wohnbereich als Freiheitssphäre des Einzelnen, die eines besonderen Schutzes bedarf. Die → UN-Behindertenrechtskonvention (UN-BRK) legt in Art. 22 die Pflicht zur Achtung der Privatsphäre fest und betont damit das Recht auf Schutz vor Eingriffen in das Privatleben und den eigenen Wohnraum. In der Konvention festgelegt ist zudem in Art. 19 das Recht auf eine unabhängige Lebensführung, was mit Forderungen an Unterstützungsleistungen einhergeht, die noch zu beschreiben sind. Nicht zuletzt beschreibt das deutsche Grundgesetz in Art. 13 das Recht auf die Unverletzlichkeit der Wohnung zum Schutz des privaten Raums. Diese gesetzlichen Regelungen gelten auch bzw. vor allem auch für Menschen mit Behinderungen. Die Umsetzung wird allerdings noch immer durch institutionelle und strukturelle Rahmenbedingungen erschwert, die sich auf die selbstbestimmte Gestaltung des Lebensbereich Wohnen auswirken und deutlich machen, dass die Entwicklung der Wohnsituation von Menschen mit Behinderung im Sinne einer gleichberechtigten und normalisierten Lebensführung noch immer nicht abgeschlossen ist.

Wesentliche Impulse der historischen Entwicklungen in diesem Bereich wurden durch die anglo-amerikanische *Selbstbestimmt-Leben-Bewegung*, die in Deutschland verabschiedete *Psychiatrie-Enquête* und weitere sozialpolitische Entwicklungen angestoßen, sodass es in der Mitte des letzten Jahrhunderts zu ersten Deinstitutionalisierungsprozessen kam. Seitdem werden Konzepte und Modelle entwickelt, die das Leben in der Gemeinschaft *(Community Care)* und eine möglichst selbstbestimmte Lebensführung *(Supported Living)* für Menschen mit Behinderung zum Ziel haben.

In den letzten Jahren ist eine stetige Zunahme ambulanter Wohnformen zu verzeichnen, die sicherlich mit der konsequenten Umsetzung der Zielvorgabe *ambulant vor stationär* und entsprechender Unterstützungsinstrumente (Fördermaßnahmen, Beratungsangebote, → Persönliches Budget und andere leistungsrechtliche Veränderungen) zu begründen ist.

Im Sinne der Leitideen von Normalisierung, → Partizipation und Selbstbestimmung ist eine Inklusion in die Gemeinde anzustreben, was nur mit einer vollständigen Deinstitutionalisierung, d. h. mit einer Auflösung institutionalisierter Wohnbedingungen einhergehen kann. In Zukunft müssen Wohnformen geschaffen werden, die es allen Menschen ermöglichen, so zu wohnen, wie es ihren Wünschen und Bedürfnissen entspricht. Dies muss auch für Menschen mit schweren Behinderungen und einem hohen Unterstützungsbedarf gelten. Die Öffnung der Wohnformen hin zu Ambulant Betreutem Wohnen ist der Weg, der den Lebensbereich Wohnen auch für Menschen mit Behinderung zu dem Bereich macht, in dem das höchste Maß an Selbstbestimmung erfolgen kann und der die Forderung nach inklusivem Leben im Sinne der UN-BRK (u. a. Art. 19) in konsequenter Weise umsetzen kann und muss.

Literatur

Duden (2007): Duden. Das Herkunftswörterbuch. Etymologie der deutschen Sprache. Mannheim.

Landschaftsverband Westfalen-Lippe (LWL) (2013): Zugriff am 30.12.2015. Verfügbar unter: http://www.lwl.org/LWL/Soziales/Richtung-Inklusion/weitere-informationen/statistiken/wohnen/statistiken

Metzler, Heidrun/Rauscher, Christine (2004): Wohnen inklusiv. Wohn- und Unterstützungsangebote für Menschen mit Behinderung in Zukunft. Projektbericht. Tübingen.

Speck, Otto (1998): Wohnen als Wert für ein menschwürdiges Dasein. In: Fischer, Ute/ Hahn, Martin Th./Lindmeier, Christian/ Reimann, Bernd/Richardt, Michael (Hg.): Wohlbefinden und Wohnen von Menschen mit geistiger Behinderung. Reutlingen, 19–42.

Thesing, Theodor (2009): Betreute Wohngruppen und Wohngemeinschaften für Menschen mit geistiger Behinderung. 4. neub. und erg. Aufl. Freiburg.

Zukunftsplanung

Ines Boban & Andreas Hinz

Zukunftsplanung (ZP) bezeichnet einen aus Nordamerika stammenden Ansatz, schwierige aktuelle Situationen einer Person oder einer Gruppe mit einer Vision der *schönsten Zukunft* zu verbinden und so zur Planung nächster pragmatischer Veränderungsschritte in Richtung auf ein gutes Leben zu kommen.

Der Begriff *Zukunftsplanung* wird im anglo-amerikanischen Diskurs meist als *person-centered planning* bezeichnet und oft als *persönliche Zukunftsplanung* übersetzt; sie schließt an Arbeiten von Wolfensberger an und baut auf Prinzipien der Organisationsentwicklung auf. Seit den 1990er-Jahren ist ZP im deutschsprachigen Bereich unter verschiedenen Titeln zunehmend verbreitet und wird in Netzwerken entwickelt (Kruschel & Hinz 2015).

Im Kontrast zur *individuellen Hilfeplanung* geht es bei ZP um einen Ansatz, der den/die betreffenden Menschen als aktiv Teilhabende/n in den Mittelpunkt des von ihm/ihnen eingeladenen Unterstützerkreises stellt und ausgehend von seinen/ihren Visionen und Träumen nächste Schritte ableitet (Boban & Hinz 1999). Dieses subjektzentrierte, kompetenzorientierte, dialogisch angelegte und außerhalb institutioneller Strukturen verortete gemeinsame Planen zielt darauf, gegebene Strukturen an die Bedarfe des Individuums/der Gruppe anzupassen und das Umfeld in Richtung auf mehr Inklusion zu verändern (Kruschel & Hinz 2015).

Um solche Veränderungen durch den von der Hauptperson eingeladenen Unterstützerkreis zu erreichen, bedarf es moderierter Treffen (Boban 2007). Ein *Zukunftsfest* kann dafür den Schwung gebenden Auftakt bilden, weitere Treffen in unterschiedlichen Formationen zu Subthemen können sich anschließen (Hinz & Kruschel 2013).

Angeregt durch große Fragen und getragen durch mehrschrittige Instrumente (z. B. *MAP* und *PATH*, Hinz & Kruschel 2013) kann der Unterstützerkreis soziales und kulturelles Kapital entdecken, vergrößern und nutzen. Wenn also FreundInnen, Bekannte und Verwandte – und demnach Menschen unterschiedlichsten Alters und solche in ähnlicher Situation – ebenso wie Professionelle als UnterstützerInnen mitwirken, kann es zu sehr stärkenden Prozessen kommen (Boban 2008). Kann die Hauptperson selbst ihre Wünsche nicht äußern, erhalten der Unterstützerkreis und hierin Gleichaltrige eine zusätzliche Funktion: die des Deutens spezifischer Signale. Deshalb ist ein vielfältig zusammengesetzter Unterstützerkreis bedeutsam. Und je umfassender der Unterstützungsbedarf, desto früher machen Planungen für die *schönste aller Zukünfte* Sinn, denn die massiven, als notwendig erkannten Veränderungsbedarfe des Felds können viel Kraft und Zeit in Anspruch nehmen.

Nach der Geburt, einer Diagnosestellung (→ Diagnostik), einer Flucht, bei Übergängen, zentralen Lebensfragen, vor dem Ende des Arbeitslebens oder in anderen Situationen nach den Wünschen für den weiteren Lebensweg zu fragen und im Kreis Gleichgesinnter dafür aktiv zu werden, ist oft individuell hoch bedeutsam. Es enthält darüber hinaus gesellschaftlich-inklusives Veränderungspotenzial, denn die hohe individuelle Relevanz wirkt sich auch auf der Ebene direkter Beziehungen und auf der Ebene gesellschaftlicher → Kulturen, Strukturen und Praktiken aus. Insofern ist ZP basisdemokratisches Handeln mit hohem Transformationspotenzial durch konsequente Bürgerzentrierung – bezogen auf jede Hauptperson als BürgerIn mit ihrem Recht auf volle → Partizipation in der Gesellschaft und auf ihr Umfeld, das von BürgerInnen gebildet wird (Hinz & Kruschel 2013). Dies wird durch die kollektive Wahrnehmung der Situation verstärkt und mündet in die Intention, das gemeinsame Aktionsfeld zivilgesellschaftlich zu verändern und ggf. durch Neuerfindungen (z. B. von Wohn- oder Beschäftigungsmöglichkeiten) von der Zukunft her denkend neu zu gestalten.

Wird ZP im Rahmen von Institutionen genutzt, stellt sich die Herausforderung, ihr Potenzial nicht durch institutionelle Begrenzung so weit zu reduzieren, dass es nur noch um *Lebensstilplanung* in der Einrichtung geht. Untersuchungen zeigen, dass ZP auch für die Transformation von Institutionen genutzt werden kann (Lunt & Hinz 2011; Kruschel & Hinz 2015). Daher gilt es, die Qualität von ZP abzusichern und ihr Potenzial über den Fokus Beeinträchtigung und die einzelne Person hinaus weiter auszuloten.

Literatur

Boban, Ines (2007): Moderation persönlicher Zukunftsplanung in einem Unterstützerkreis – »You have to dance with the group!« Zeitschrift für Inklusion, 1/2007. Zugriff am 21.06.2016. Verfügbar unter: http://www.inklusion-online.net/index.php/inklusion-online/article/view/180/180

Boban, Ines (2008): Bürgerzentrierte Zukunftsplanung in Unterstützerkreisen. Inklusiver Schlüssel zu Partizipation und Empowerment pur. In: Hinz, Andreas/Körner, Ingrid/Niehoff, Ulrich (Hg.): Von der Integration zur Inklusion. Marburg, 230–247.

Boban, Ines/Hinz, Andreas (1999): Persönliche Zukunftskonferenzen. Unterstützung für individuelle Lebenswege. Behinderte in Familie, Schule und Gesellschaft, 4+5/1999, 13–23. Zugriff am 21.06.2016. Verfügbar unter: http://bidok.uibk.ac.at/library/q?publication=1&publication_id=18

Hinz, Andreas/Kruschel, Robert (Hg.) (2013): Bürgerzentrierte Planungsprozesse in Unterstützerkreisen. Praxishandbuch Zukunftsfeste. Düsseldorf.

Kruschel, Robert/Hinz, Andreas (2015): Zukunftsplanung als Schlüsselelement von Inklusion. Praxis und Theorie personenzentrierter Planung. Bad Heilbrunn.

Lunt, Julie/Hinz, Andreas (Eds.) (2011): Training and Practice in Person Centred Planning – a European Perspective. Experiences from the New Paths to Inclusion Project. Stamford. Zugriff am 21.06.2016. Verfügbar unter: http://www.personcentredplanning.eu/images/New_Paths_publication.pdf

Sachregister

AutorInnenverzeichnis

Ameln-Haffke, Hildegard, Dr.in, Arbeitsbereich Heilpädagogische Kunsterziehung/ Kunsttherapie, Ästhetische Frühförderung/Früherziehung, Universität zu Köln

Badstieber, Benjamin, Department Heilpädagogik und Rehabilitation, Universität zu Köln

Baldin, Dominik, Fakultät für Sport- und Gesundheitswissenschaften,TU München

Becker-Mrotzek, Michael, Prof. Dr., Mercator-Institut für Sprachförderung und Deutsch als Zweitsprache, Universität zu Köln

Bernasconi, Tobias, Dr., Department Heilpädagogik und Rehabilitation, Universität zu Köln

Bitschnau, Karoline, Dr.in, Akademie für soziale Kompetenz, Lofer

Boban, Ines, Allgemeine Rehabilitations- und Integrationspädagogik, Martin-Luther-Universität Halle-Wittenberg

Boenisch, Jens, Prof. Dr., Department Heilpädagogik und Rehabilitation, Universität zu Köln

Böing, Ursula, Dr.in, Department Heilpädagogik und Rehabilitation, Universität zu Köln

Bösl, Elsbeth, Dr.in, Historisches Institut, Universität der Bundeswehr München

Brackertz, Stefan, Institut für Physik und Ihre Didaktik, Universität zu Köln

Bruckermann, Till, Leibniz-Institut für die Pädagogik der Naturwissenschaften und der Mathematik, Christian-Albrechts-Universität zu Kiel

Brüggemann, Tim, Prof. Dr., Institut für Weiterbildung & Kompetenzentwicklung (IWK), Fachhochschule des Mittelstands (FHM) GmbH, Bielefeld

Carle, Ursula, Prof.in Dr., Arbeitsgebiet Elementar- und Grundschulpädagogik, Universität Bremen

Dannenbeck, Clemens, Prof. Dr., Fakultät Soziale Arbeit, HAW Landshut

Dederich, Markus, Prof. Dr., Department Heilpädagogik und Rehabilitation, Universität zu Köln

Dexel, Timo, Institut für Didaktik der Mathematik und der Informatik, Westfälische Wilhelms-Universität Münster

Dorrance, Carmen, Prof.in Dr., Fachbereich Sozialwesen, Hochschule Fulda

Dworschak, Wolfgang, Dr., Institut für Präventions-, Inklusions- und Rehabilitationsforschung, Ludwig-Maximilians-Universität München

Eckert, Andreas, Prof. Dr., Departement Heilpädagogische Lehrberufe, Interkantonale Hochschule für Heilpädagogik, Zürich

Falkenstörfer, Sophia, Department Heilpädagogik und Rehabilitation, Universität zu Köln

Ferreira González, Laura, Institut für Biologiedidaktik, Universität zu Köln

Feuser, Georg, Prof. em. Dr., Institut für Erziehungswissenschaft, Universität Zürich

Fingerle, Michael, Prof. Dr., Arbeitsbereich Förderdiagnostik und Evaluation, Goethe-Universität Frankfurt a. M.

Flieger, Petra, Mag.a, freie Sozialwissenschaftlerin, Österreich

Fornefeld, Barbara, Prof.in Dr., Department Heilpädagogik und Rehabilitation, Universität zu Köln

Frantik, Petr, Institut für vergleichende Bildungsforschung und Sozialwissenschaften/Interkulturelle Bildungsforschung, Universität zu Köln

Geiling, Ute, Prof.in Dr., Institut für Rehabilitationspädagogik, Martin-Luther-Universität Halle-Wittenberg

Graumann, Sigrid, Prof.in Dr. Dr., Evangelische Fachhochschule Rheinland-Westfalen-Lippe, Bochum

Heinen, Norbert, apl. Prof. Dr., Department Heilpädagogik und Rehabilitation, Universität zu Köln

Hierdeis, Helmwart, Prof. (i. R.) Dr., Psychoanalytiker, als Erziehungswissenschaftler ehemals tätig an den Universitäten Bamberg, Erlangen-Nürnberg, Innsbruck, Bozen-Brixen

Hinz, Andreas, Prof. Dr., Allgemeine Rehabilitations- und Integrationspädagogik, Martin-Luther-Universität Halle-Wittenberg

Hug, Theo Prof. Dr., Institut für Psychosoziale Intervention und Kommunikationsforschung, Universität Innsbruck

Hüther, Gerald, Akademie für Potenzialentfaltung, Göttingen

Jantzen, Wolfgang, Prof. (i. R.) Dr., ehem. FB 12 Erziehungs- und Bildungswissenschaften, Universität Bremen

Jödecke, Manfred, Prof. Dr., Heilpädagogik/Inclusion studies, Hochschule Zittau/Görlitz

Karim, Sarah, M.A., Soziologie und Politik der Rehabilitation, Disability Studies, Universität zu Köln

Keeley, Caren, Dr.in, Department Heilpädagogik und Rehabilitation, Universität zu Köln

Kladnik, Chistine MA., Institut für inklusive Pädagogik, Pädagogische Hochschule Oberösterreich, Linz

Köpfer, Andreas, Jun.-Prof. Dr., Inklusive Bildung und Lernen, Institut für Erziehungswissenschaft, Pädagogische Hochschule Freiburg

Korff, Natascha, Prof.in Dr., Arbeitsbereich Inklusive Pädagogik, Schwerpunkt Didaktik, Universität Bremen

Kricke, Meike, Dr.in, Institut für vergleichende Bildungsforschung und Sozialwissenschaften, Universität zu Köln

Kriegel, Volker, Dr., Geschwister-Scholl-Gesamtschule, Moers

Langer, Stephan, StR i. H., Geographisches Institut, Universität zu Köln

Langner, Anke, Prof.in Dr., Erziehungswissenschaft mit dem Schwerpunkt Inklusive Bildung, TU Dresden

Lambert, Katharina, Dr.in, Hector-Institut für Empirische Bildungsforschung, Universität Tübingen

Linnemann, Markus, Dr., Institut für Deutsche Sprache und Literatur II, Universität zu Köln

Lüdtke, Ulrike, Prof.in Dr., Institut für Sonderpädagogik, Institut für Sonderpädagogik, Abteilung Sprach-Pädagogik und -Therapie, Leibniz Universität Hannover

Lütje-Klose, Birgit, Prof.in Dr., Arbeitsgruppe 3: Schultheorie mit dem Schwerpunkt Grund- und Förderschulen, Universität Bielefeld

Manske, Christel, Dr.in, Christel Manske Institut, Hamburg

Markowetz, Reinhard, Prof. Dr., Institut für Präventions-, Inklusions- und Rehabilitationsforschung, Ludwig-Maximilians-Universität München

Münchhalfen, Keven, Institut für Biologiedidaktik, Universität zu Köln

Mürner, Christian, Dr., Hamburg

Neuenhausen, Benedikta, Dr., Institut für Schulpädagogik, Philipps-Universität Marburg

Opp, Günther, Prof. Dr., Martin-Luther-Universität Halle-Wittenberg

Pech, Detlef, Prof. Dr., Institut für Erziehungswissenschaften, Abteilung Grundschulpädagogik, Humboldt-Universität zu Berlin

Pfitzner, Michael, PD. Dr., Institut für Sportwissenschaft, Christian-Albrechts-Universität zu Kiel

Prammer-Semmler, Eva, M.A., Institut Inklusive Pädagogik, Pädagogische Hochschule Oberösterreich

Prammer, Wilfried, M.A., Institut Inklusive Pädagogik, Pädagogische Hochschule Oberösterreich

Rohde, Andreas, Prof. Dr., Englisches Seminar II, Universität zu Köln

Rödler, Peter, Prof., Dr., Institut für Pädagogik, Abt. Schulpädagogik/Allgemeine Didaktik, Universität Koblenz-Landau, Campus Koblenz

Rohrmann, Eckhard, Prof. Dr., Institut für Erziehungswissenschaft, Philipps-Universität Marburg

Römer, Susanne, Vertret.-Prof., Dr., Fakultät Sozialwesen, Heilpädagogik/Inclusion Studies, Hochschule Zittau/Görlitz

Roth, Hans-Joachim, Prof. Dr., Institut für Vergleichende Bildungsforschung und Sozialwissenschaften, Universität zu Köln

Rott, David Christopher, Institut für Erziehungswissenschaft, Westfälische-Wilhelms-Universität Münster

Schäfers, Markus, Prof. Dr., Fachbereich Sozialwesen, Hochschule Fulda

Schildmann, Ulrike, Prof.in, Fakultät für Rehabilitationswissenschaften, TU Dortmund

Schlüter, Kirsten, Prof.in Dr., Institut für Biologiedidaktik, Universität zu Köln

Scholz, Daniel, Gesamtschule Holweide, Köln

Schomaker, Claudia, Prof.in Dr., Institut für Sonderpädagogik, Abteilung Sachunterricht und Inklusive Didaktik, Leibniz-Universität Hannover

Schulz, Andreas, Prof. Dr., Institut für Physikdidaktik, Universität zu Köln

Schulz, Axel, Dr., Institut für Didaktik der Mathematik, Universität Bielefeld

Schwager, Michael, Dr., Gesamtschule Holweide, Köln

Simon, Toni, Mag., Professional School of Education, Humboldt-Universität zu Berlin

Stinkes, Ursula, Prof.in Dr., Institut für sonderpädagogische Förderschwerpunkte, Pädagogische Hochschule Ludwigsburg

Stöger, Christine, Prof.in Dr., Hochschule für Musik und Tanz Köln

Stöger, Peter, Ao. Univ.-Prof. Dr. Dr. h. c., Institut für LehrerInnenbildung und Schulforschung, Universität Innsbruck

Störmer, Norbert, Prof. Dr., Institut für Bildung, Information und Kommunikation, Hochschule Zittau/Görlitz

Sturm, Tanja, Prof.in Dr., Institut Spezielle Pädagogik und Psychologie, Pädagogische Hochschule FHNW, Basel

Terfloth, Karin, Prof.in Dr., Institut für Sonderpädagogik, Geistig- und Mehrfachbehindertenpädagogik, Pädagogische Hochschule Heidelberg

Tolle, Patrizia, Prof.in Dr., Fachbereich 4: Soziale Arbeit und Gesundheit, University of Applied Sciences Frankfurt a. M.

van Essen, Fabian, Vertretungsprofessor Dr., Departement of Community Health, Hochschule für Gesundheit, Bochum

Veber, Marcel, Dr., Institut für Erziehungswissenschaft, Westfälische Wilhelms-Universität Münster

Wagner, Petra, Institut für den Situationsansatz, Berlin

Walgenbach, Katharina, Prof.in Dr., Institut für Bildungswissenschaft und Medienforschung, FernUniversität in Hagen

Weiß, Hans, Prof. em. Dr., Abensberg, ehemals Institut für sonderpädagogische Förderschwerpunkte, Pädagogische Hochschule Ludwigsburg

Winnerling, Susanne, Dr.in, Institut für Bildungswissenschaft und Medienforschung, FernUniversität in Hagen

Wittenhorst, Mara, Department Heilpädagogik und Rehabilitation, Universität zu Köln

Zieger, Andreas, apl. Prof. Dr. med., Institut für Sonder- und Rehabilitationspädagogik, Carl von Ossietzky Universität Oldenburg

Ziemen, Kerstin, Prof.in Dr., Department Heilpädagogik und Rehabilitation, Universität zu Köln

Zimpel, André Frank, Prof. Dr., Behindertenpädagogik und Psychologie in Erziehung und Unterricht, Universität Hamburg